北海道キャンプ場&コテージガイド

2024-25

花岡俊吾 著
photo&text by Hanaoka Shungo

はじめに

この本では、北海道内にあるたくさんの魅力的なキャンプ場の中から、お勧めの施設をピックアップして紹介しています。初心者でも楽しめるキャンプ場を中心に掲載していますが、一部上級者やライダーに人気の野営場も含まれています。キャンプ自体を目的に、じっくりのんびりと過ごすのもよし。観光名所を周遊しながらテント泊で巡る旅もよし。この本を片手にキャンプフィールドへ向かいませんか。あなたのキャンプが思い出深いものになりますように。

「フィールドでの遊び」や野生動物情報、野鳥・昆虫など自然情報に関することは、取材先からの資料や管理人さんたちからのお話をもとに掲載しています。しかし、自然相手のことなので一応の目安として参照していただければ幸いです。野鳥や昆虫、草花がいつも見られるとは限りません。季節や時間帯などによっても異なります。あくまで参考情報としての掲載ですので、ご承知おきください。

なお、掲載情報（データ）は 2024 年（令和 6 年）3 月現在の情報です。料金や施設情報は変更になる場合もあります。また、新型コロナウイルスの感染拡大の影響により、キャンプ場の閉鎖、設備の利用制限、開設期間や利用時間の短縮などの可能性もあります。ご利用の際には、必ず事前にご確認ください。

写真はニセコサヒナキャンプ場（蘭越町）

北海道新聞社

キャンプ場・コテージ

目次
CONTENTS

道 央

2

オホーツク

アイコンマークは色が濃いマークが、利用できるもの。色が薄くなっているマークは利用できないものを示しています。ペットマークなど一部半分にしてあるものは「一部OK」「条件付きOK」（条件は個々の施設にて異なる）という意味合いですので、ご利用の際には必ず確認してください。トイレは「水洗」と確認できた場合、その旨記載しています。

フリーサイト オートサイト コテージ 車椅子対応 温泉
ペット ゴミ たき火 Wi-Fi ランドリー

ロケーションのおおよその特徴を目安にして、キャンプ場を「公園」「田園・丘陵」「森林・川辺」「湖畔」「海辺」の5タイプに分類しています。

● キャンプ場施設マーク

オートキャンプ可能なサイト　テントサイト　コテージ・バンガロー　あずまや　管理棟・センターハウス

シャワー施設　洗濯できる施設　駐車場　炊事場　炉　水　ゴミ　場内の諸設備

● レジャー情報マーク

温泉または銭湯　海水浴・水遊び場　遊技施設　自転車コース・レンタル　カヌーやボートができる　パークゴルフ場

釣りの情報　山菜の情報　リスや野生動物情報　野鳥の情報　草花の情報　昆虫の情報

札幌市定山渓自然の村

（さっぽろし じょうざんけいしぜんのむら）　森林・川辺

所在地　札幌市南区定山渓（豊平ダム下流国有林野）
電話　011-598-3100（現地管理センター）
予約　定山渓自然の村管理センターにて通年（12月29日〜1月3日を除く、一部臨時休業日は休み）受付・利用希望の2カ月前前日から電話受付、一部WEBあり
（9〜17時、申込は土日・祝日の場合は翌月曜日から）
キャンセル料・予約日の5日前から全額徴収

通年で利用できる初心者にやさしい施設

キャビン付きの特別テントサイトが2つある

春夏秋冬、シーズンを通じてアウトドアライフを楽しめる場所である。受付となる管理センターにはレンタル品も充実していて、初心者やこれから本格的にキャンプを始める人にはうれしい品揃え。場内は区画割りされたテントサイトと、2棟まで使うのに最適なコテージが並ぶエリアと、円形のモンゴルゲルのようなテントハウスが並ぶエリアがある。どちらも樹木が多いため森の中の雰囲気が心地いい。駐車場については管理センター前の駐車場が利用できる。

DATA

通年（12/29〜1/3 休と、一部臨時休業日は休み）
IN　13時〜翌 18時 30分／9時〜17時（日帰り）（この2コースから選択して利用）
OUT　21時／翌 8時5時に部門
開門時間　24時間開放
使用料　●普通サイト使用料（テント1区画5人まで）1泊1区画500円 ● 連結サイト（テント1区画10人まで）1泊1区画1000円
レンタル　寝袋と枕セット 600円、カセットコンロ300円（ガスも販売）、スノーシュー（300円、施設利用者）
施設　受付、白板機、トイレ「ふれあいハウス」にシャワー、トイレ、紙本などをそろえる「ふれあいルーム」、木工クラフトができる「学習ルーム」
温泉　不遍

各区画にはゴミ一時保管箱がある

朝は爽快な景色みごとだ

通年利用ができて、スノーキャンプも可能だ

まき持ち込み・濃火・花火・ホットプレートなどの使用に制約・発電機の持参・炉広場制限

通年（12月29日〜1月3日を除く、一部臨時休業日は休み）
1月 2月 3月 4月 5月 6月 7月 8月 9月 10月 11月 12月

■ memo
■ フィールド遊び
・各体験プログラム用意されている

DATA

タイプ　● コテージ（5人用×2室）10棟（20室）1泊 4,700円、日帰り 1,800円（車イス対応のコテージあり）● テントハウス（7人用）10棟　1泊1棟 3,900円、日帰り 1,300円
時間　IN／13時〜、OUT／翌 11時 30分まで、日帰り9時〜17時

商品・設備など

バスなし、ふれあいハウスに有料シャワー
流しのみ（コテージ、カセットコンロのレンタルあり）
マット、寝袋・枕有料レンタル
ストーブ（据置型：各コテージのみ、コンセントなし）
コテージの中央が共用スペースになっている
NG
森を背景にテントハウスが立ち、いい雰囲気だ
テントハウスの室内にはストーブもある
1棟につき2つで構成されるコテージ
コテージ内部はベッドスペースやキッチンも

周辺スポット

イベントや各種体験プログラムをもとにした各種のプログラム、「森作り作り」といったスタッフ案内をするガイドプログラムのほか、「クイズラリー」などのセルフプログラムがある

温泉情報

キャンプ場から車で約5分に定山渓日帰り温泉豊別館。100人以上入れる大大きな露天風呂が人気、レストランなどの飲食施設も充実。

豊平峡温泉　☎ 011-598-2410

DATA欄の中で、INはチェックイン、OUTはチェックアウトの略です。レンタル用品はスペースの都合で、代表的なもののみ記載しています。

周辺スポットはキャンプ場内の見どころや、キャンプ場に近いところにある観光スポットや体験プログラムといったアクティビティの紹介をしています。

温泉情報はキャンプ場から近いところにある入浴施設を紹介しています。

目 次

CONTENTS

ロケーション別

湖畔	静かな湖を眺めながら 上質な時間を過ごせる場所

仲洞爺キャンプ場（壮瞥町）

道 央

石狩・後志・胆振・日高・
空知管内のキャンプ場を
紹介しています

札幌市定山渓自然の村

森林・川辺

さっぽろし　じょうざんけいしぜんのむら

現地　札幌市南区定山渓（豊平峡ダム下流国有林野）

電話　011-598-3100（現地管理センター）

予約　定山渓自然の村管理センターで通年(12月29日〜1月3日と、一部臨時休業日は休み)受付
受付／利用希望の2カ月前同日から電話受付、一部WEBあり
(9〜17時、申込日が土日・祝日の場合は翌平日から)
キャンセル料／予約日の5日前から全額徴収

アクセス

札幌市街から国道230号を定山渓方向に約35km。定山渓温泉街を過ぎて豊平峡ダムへの交差点から3kmほど入る

通年で利用できる初心者にやさしい施設

春夏秋冬、シーズンを通じてアウトドアライフを楽しめる場所である。受付となる管理センターにはレンタル品も充実していて、初心者やこれから本格的にキャンプを始める人にはうれしい品揃え。場内は区画割りされたテントサイトと、2家族で使うのに最適なコテージが並ぶエリアと、円形のモンゴルゲルのようなテントハウスが並ぶエリアがある。どちらも樹木が多いためか森の中の雰囲気が心地いい。駐車場については管理センター前の駐車場が利用できる。

キャビン付きの特別テントサイトが2つある

DATA

開設期間	通年(12/29〜1/3休と、一部臨時休業日は休み)
利用時間	13時〜翌11時30分／9時〜17時(日帰り)(この2コースから選択して利用)
ゲート	21時〜翌6時は閉門
管理人	24時間駐在
利用料金	●普通サイト使用料(テント1区画5人まで)1泊1区画500円　●連結サイト(テント1区画10人まで)1泊1区画1,000円
レンタル用品	寝袋と枕セット600円、カセットコンロ300円(ガスも販売)、スノーシュー(200円、施設利用者)
管理棟	受付、自販機、トイレ(「ふれあいハウス」にシャワー、トイレ、絵本などをそろえた「ふれあいルーム」、木工クラフトができる「学習ルーム」)
キャンピングカー	不適

各区画にはごみ一時保管箱がある

秋は黄葉がみごとだ

通年利用ができて、スノーキャンプも可能だ

	1月	2月	3月	4月	5月	6月	7月	8月	9月	10月	11月	12月
開設期間	通年（12月29日〜1月3日と、一部臨時休業日は休み）											

禁止事項　まきの持ち込み・直火・花火・ホットプレートなどの電化製品・発電機の使用・昆虫植物採取

 フリーサイト オートサイト コテージ 車椅子対応 WC 水洗 温泉

 ペット ゴミ たき火 Wi-Fi ランドリー

memo
■ フィールド遊び
　各種体験プログラムが用意されている

DATA

タイプ・宿泊料金	●コテージ（5人用×2室）10棟（20室）1泊1室 4,700円、日帰り 1,600円（車イス対応のコテージあり）●テントハウス（7人用）10棟　1泊1棟 3,900円、日帰り 1,300円
利用時間	IN／13時〜、OUT／翌11時30分まで、日帰り 9時〜17時

備品・設備など

🛏	バスなし、ふれあいハウスに有料シャワー	🚰	流しのみ（コテージ）、カセットコンロのレンタル可
🛌	マット・寝袋・枕有料レンタル可	🔥	ストーブ、照明電源、冷蔵庫（コテージのみ、コンセントなし）
🔥	コテージの中央が共用スペースになっている	🚫	NG

国道230号 定山渓温泉
一般駐車場 P

森を背景にテントハウスが立ち、いい雰囲気だ

テントハウスの室内にはストーブもある

1棟につき2室で構成されるコテージ

コテージ内部はベッドスペースやキッチンも

周辺スポット

イベントや各種体験プログラムもたくさん準備されている。「森の工作会」といったスタッフが案内するガイドプログラムのほか、「クイズラリー」などセルフプログラムがある

温泉情報

キャンプ場から車で約5分にある日帰りの温泉施設。100人は入れる大きな露天風呂が人気。レストランのインドカレーは本格的

豊平峡温泉　☎ 011-598-2410

【営業時間】10時〜22時30分営業（最終受付21時45分）
【定休日】無休　【料金】大人 1000円、3歳以上小学生まで 500円

15

オートリゾート滝野

公園 おーとりぞーと　たきの

現地	札幌市南区滝野247　国営滝野すずらん丘陵公園内
電話	011-594-2121（4月20日〜10月31日）
	上記期間以外の問い合わせは、滝野公園案内所（☎ 011-592-3333）で通年対応 https://www.facebook.com/autoresortTAKINO/
予約	受付／利用日の2カ月前から、インターネットで予約受付 オープン前は3月1日から予約開始（土日祝を除く）9〜17時 キャンセル料／14〜1日前20%、当日50%、連絡なし100%

アクセス
札幌市街から支笏湖方面に向かう国道453号へ。
「芸術の森」を過ぎた分岐点から滝野方向へ約5km

滝野すずらん丘陵公園内にある総合サイト

日本オートキャンプ協会から5つ星の認定を受ける、道内を代表するキャンプ場のひとつ。北海道で唯一の国営公園である「滝野すずらん丘陵公園」の渓流口から入って一番奥に位置している。場内の木々が年々成長していて、だんだんと森の雰囲気が濃くなってきた。センターハウスに近い部分にキャンピングカーサイトと、炊事場を8つのサイトで共有するスタンダードカーサイトがある。フリーサイトは一番奥の少し離れた場所にある。コテージはつくりが異なる3タイプから選べる。

フリーサイトはスカッとさわやか開放的

DATA

開設期間	4月20日〜10月31日
利用時間	IN／13〜17時（6、7、8月〜18時）、OUT／8〜11時
ゲート	22時〜翌7時　閉門につき出入り不可
管理人	24時間常駐（センター開放22時まで）
利用料金	●施設利用料　大人870円、6〜14歳120円（65歳以上630円）●フリーテントサイト／55張1,600円〜 ●わんわんフリーテントサイト／5張1,550円、1匹500円 ●スタンダードカーサイト／40区画（電源）4,200円〜 ●キャンピングカーサイト／23区画（電源＋水道＋TV端子）5,250円〜
レンタル用品	毛布、シュラフ、イス、ランタン、ツーバーナー、BBQコンロ、テント、タープほか
管理棟	売店（酒、氷あり）、Wi-fi、シャワー、ランドリー、水洗トイレ、多目的炊事室、多目的ホール、バリアフリートイレ、シャワー
キャンピングカー	専用サイトのみ可、20mまで

スタンダードカーサイトの炊事場

キャンピングカーサイトの個別水場

フリーサイトではリヤカーが使える

	1月	2月	3月	4月	5月	6月	7月	8月	9月	10月	11月	12月
開設期間				4月20日～10月31日								

⊗ 禁止事項　直火・打ち上げ花火・発電機使用・同伴保護者のいない高校生以下の利用・植物採取

 フリーサイト
 オートサイト
 コテージ
 車椅子対応
水洗
 温泉
 ペット
 ゴミ
 たき火
Wi-Fi
ランドリー

---

memo

■ フィールド遊び
水遊び、遊具、散策、昆虫採集

🏕 DATA 〰〰〰

タイプ・宿泊料金	●キャビンS(6人用)6棟　1泊1棟15,750円　●キャビンA(6人用)14棟　1泊1棟9,400円　●キャビンB(5人用)5棟　1泊1棟8,400円　別に●施設使用料　大人870円、6～14歳120円(65歳以上630円)
利用時間	IN／13～17時(6、7、8月～18時)、OUT／8～11時

備品・設備など

トイレ・シャワーは共同施設利用／キャビンSのみトイレ付き	なし、電源の使用可／キャビンSのみキッチン付き
マットのみ。毛布・寝袋のレンタルあり	ストーブ、照明、冷蔵庫、電源。キャビンSはテレビ付き、AはTV端子のみ
設備はないが、前庭にスペースあり。BBQコンロ、イス、タープなどのレンタルも利用できる	ペットOKのサイトあり(要問い合わせ)

トイレ・キッチンがある別荘タイプから、照明とマットのみのキャビンなど多彩

ロフト・小上り(たたみ)・ウッドデッキがあるタイプ

空中の森でバーベキューをしているかのよう

フリーサイト近くの遊具

📍 周辺スポット

一旦ゲートをくぐって「滝野すずらん丘陵公園」へ。大遊具施設がある「こどもの谷」でおもいっきり遊ぼう。飛んだり跳ねたりする「フワフワエッグ」や、迷路を進む「ありの巣トンネル」、雨の日も安心の室内「虹の巣ドーム」もあって便利

♨ 温泉情報

国道36号沿い、札幌ドーム近くにある温浴施設。露天岩風呂や檜風呂、寝湯などがある。四階の露天風呂は自慢の景色。レストラン「とんでん」で食事もできる

つきさむ温泉　☎ 011-855-4126

【営業時間】10時～24時、6時～9時
【定休日】年中無休　【料金】大人1,500円、小学生650円、幼児無料

道央

道南

道北

オホーツク

道東

八剣山ワイナリー焚き火キャンプ場

森林・川辺

はっけんざんわいなりーたきびきゃんぷじょう

現地	札幌市南区砥山 194-1
電話	011-211-4384
予約	全サイト予約可

▶ **アクセス** ▶

札幌市内中心部から国道230号を定山渓方面へ。白川方面、八剣山トンネルを過ぎて右折

地元ワインを味わいながら、八剣山を眺める

標高498メートルの八剣山の正式名称は「観音岩山」。岩峰が8本の剣に見えることから、八剣山と呼ばれている。山の麓、ワイナリーのブドウ畑の隣にテントが張れる。場内は、奥側にサイトが広がり、オープン当初から2倍ほどの広さになった。その突き当たりの小高い部分には沢水を引いた遊水池が整備され、子どもたちの遊び場にもなっている。サイトはすべて車を横付けできる区画サイト。受付は入ってすぐの「キッチン＆マルシェ」内にある。ここでは、やっぱり地元ワインを味わいながらの夜がいい。

新設された「H」と書かれたハラッパエリア

新設された水遊び場

受付はこの赤い建物内にある

キャンプ場のとなりに建つ「八剣山キッチン＆マルシェ」では、地元食材を使った定食のほか、ワインはもちろん地元野菜なども販売される。ぜひ利用しよう

DATA

開設期間	通年（年末年始、雪解け期の休業あり）
利用時間	IN／8時〜18時、OUT／翌7時〜11時
ゲート	19時半に閉門
管理人	24時間駐在
利用料金	●高校生以上土日2,000円、小学生300円、6歳未満は無料 ●プライベートサイト、ドッグランサイトは追加で3,000円
レンタル用品	テント、タープ、たき火台など各種あり
管理棟	受付、自動販売機
キャンピングカー	一部エリアで利用可

	1月	2月	3月	4月	5月	6月	7月	8月	9月	10月	11月	12月
開設期間							通 年					

水洗

memo
■フィールド遊び 乗馬、フルーツ狩り、野菜収穫、花火は手持ちのみ

⊗ 禁止事項 19時半以降の車の移動

公園

紅櫻アウトドアガーデン
べにざくら　あうとどあがーでん

現地	札幌市南区澄川389-6
電話	090-9252-6575（受付は10時〜17時）
予約	完全予約制、毎月1日から翌月分の予約を受付。公式サイトから。定休日は毎週月曜日（祝日の場合は祝日明けの平日休み）

アクセス
地下鉄南北線の真駒内駅から車で約7分、自衛隊前駅から徒歩約20分

真駒内駅から500メートル、紅櫻公園にある都市型サイト

自然いっぱいの池のほとりにテントが張れる。このキャンプ場は、実は市営地下鉄南北線真駒内駅のすぐ近く、直線距離で500メートルほどのところにある。しかし、駐車場までのアクセス道路が砂利道の林間道路になっていることなどから、大自然の中にいるような気分が味わえる。サイトはコンパクトな10数区画。地面に張られたロープで区画が示されている。受付では木炭などの販売があるほか、「澄川麦酒」として地元のクラフトビールも販売している。場内の一段上にある「紅櫻焙煎所」では、コーヒーや軽食が提供されている。

キャンプサイトは快適な芝生地だ

トイレ棟は階段を上ったところにある

シンプルな手作り炊事場はかわいい印も

場内には、北海道初となるジンの蒸溜所がある。紅櫻公園内のさまざまな植物を使用した"土地の香りのするジン"が購入できる。「紅櫻珈琲」はアウトドアカフェになっている

開設期間	1月 2月 3月 4月 5月 6月 7月 8月 9月 10月 11月 12月
	4月下旬〜11月中旬

水洗

禁止事項　直火

memo
■フィールド遊び
昆虫採集、バード
ウォッチング

DATA

開設期間	4月下旬〜11月中旬
利用時間	IN／13時〜17時、OUT／翌10時まで
ゲート	なし
管理人	10時〜17時（利用者がいる場合）
利用料金	●宿泊利用（土祝前日）区画利用料3,500円、大人1人1,500円、小学生以下1人500円　※平日料金、日帰り料金あり
レンタル用品	タープ、コンロ、テーブルなど各種あり
管理棟	受付、テント設営撤収サービス（3,300円）あり
キャンピングカー	カーサイトにて区画利用料6,500円＋入場料

SOTOIKU FIELD

田園・丘陵

そといくふぃーるど

現地	札幌市南区藤野 473-1
電話	011-591-8111
予約	公式 HP から

アクセス

国道 230 号を定山渓方面へ。藤野公園手前を左折、看板を目印に進むと現地

memo
■ フィールド遊び
散策・星空・昆虫
採集・トレッキング

清潔感のある炊事場

❌ 禁止事項　直火（たき火台・たき火シート必須）、敷地内禁煙

冬はスキー場、夏はキャンプ場をはじめウォーキングバイクや MTB などアウトドア施設として営業。麓から山頂までゆっくり歩いても 90 分で往復できる散策コースでは、札幌岳や余市岳などが望める。専用袋を購入することで、可燃ゴミを回収してもらえるサービスもある。

	1月	2月	3月	4月	5月	6月	7月	8月	9月	10月	11月	12月
開設期間							6月下旬～10月上旬					

DATA

開設期間	6月中旬～10月上旬（予定）
利用時間	IN／13時～16時30分、OUT／8時30分～11時
ゲート	あり（夜間閉鎖） ／ 管理人 駐在
利用料金	● SORA サイト／5,500円、DAICHI サイト／3,300円、手ぶらキャンプサイト／16,500円、CAR サイト／5,500円。一区画の人数制限はカーサイト・フリーサイト各 5 名まで。未就学児は人数不要。手ぶらキャンプの定員数は 4 名まで。
レンタル用品	テント、ヘキサタープ、寝袋、コット、マット、BBQ コンロ、ガスコンロ、ホットサンドメーカー、ランタン、テーブル、チェアなど
管理棟	受付、売店、トイレ（夜間閉鎖） ／ キャンピングカー 不適

VILLAGE 杜の贈り物

森林・川辺

びれっじもりのおくりもの

現地	札幌市南区豊滝 277
電話	080-3211-7767
予約	キャンプ場予約サイト「なっぷ」から

アクセス

国道 230 号、ノースサファリサッポロを通り過ぎて約 200m 進む

memo
■ フィールド遊び
散策・星空・昆虫
採集

管理棟ではかき氷や生ビールの販売も

❌ 禁止事項　直火

札幌中心部から約 30 分で到着するにもかかわらず、人里離れた感のあるキャンプ場。受付には、たき火台の販売やくつろぎスペースがある。トイレも清潔。アウトドアウェディングやイベントなど施設貸切プランも実施している。

	1月	2月	3月	4月	5月	6月	7月	8月	9月	10月	11月	12月
開設期間					5月～11月中旬							

DATA

開設期間	5月～11月中旬
利用時間	IN／12時、OUT／～11時
ゲート	なし ／ 管理人 駐在
利用料金	●入場料　大人高校生以上 1,500円・小学生 500円、テント 1 張 2,500円、タープ 1 張 1,000円　デイキャンプ 12時～／大人高校生以上 1,000円、小学生以下無料
レンタル用品	なし
管理棟	受付、売店 ／ キャンピングカー 可

晴好雨喜
せいこううき

森林・川辺

現地	札幌市南区定山渓 937
電話	非公開
予約	公式 HP から

アクセス

定山渓ダム下流園地に向かって時雨橋を渡り約100m進むと、左側に林道が見える。林道を50mほど進む

プライベート感たっぷりの隠れ家サイト

「晴好雨喜」という名前には、晴れでも雨でも美しい自然を楽しんでほしいという思いが込められており、自然と共に変化、成長を目指しているキャンプ場。プライベートサイトでは葉が生い茂り目隠しになり、人目を気にせずひっそりと楽しめる。キャンプ利用者のみ通れる秘密の道の先は、とある渓流の河原に到着。川遊びや釣りが楽しめる。通年で営業しており、冬季は週末のみの営業となっている。札幌ダム側に野生動物除けの電気柵を設置。

ひっそりキャンプが楽しめるのは、プライベートサイトならでは

キャンプ場入り口すぐ目の前に受付

川遊びを楽しむファミリーキャンパー

炊事場とトイレはおしゃれな雰囲気

DATA

開設期間	通年営業
利用時間	IN／12 時、OUT／11 時、日帰り／12 時〜17 時
ゲート	なし
管理人	夜間不在（防犯カメラあり）
利用料金	●入場料 夏季／大人 1,000 円・小学生 500 円 冬季／大人 2,500 円・小学生 500 円（冬季期間はサイト利用料無料）●サイト利用料 フリーサイト 1,500 円、オートサイト 2,000 円、プライベートサイト 3,000 円、デイキャンプ 1,000 円
レンタル用品	なし
管理棟	受付
キャンピングカー	可

開設期間	1月 2月 3月 4月 5月 6月 7月 8月 9月 10月 11月 12月
	通年

 フリーサイト オートサイト

ペット ゴミ たき火 Wi-Fi

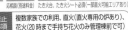

応相談（別途料金） たき火台、たき火シート必須（一部直火可能エリアあり）

memo

■フィールド遊び

散策・星空・川遊び・釣り・昆虫採集・バードウォッチング

禁止事項 複数家族での利用、直火（直火専用の炉あり）、花火（20 時まで手持ち花火のみ管理棟前で可）

21

森林・川辺

さっぽろばんけいキャンプフィールド
さっぽろばんけいきゃんぷふぃーるど

現地	札幌市中央区盤渓 410
電話	011-641-0071
予約	完全予約制（ウェブサイトからも可能）

アクセス

円山公園・宮の森方面から「ばんけい峠」を越えて信号を左折後、右折してスキー場内へ

スキー場のゲレンデ斜面を利用したビューサイト

札幌市内中心部から車でわずか20分。冬はスキー場となるゲレンデ斜面にキャンプ場が整備されている。テントサイトはゆるやかなスロープを段々畑状にしてフラットな敷地を確保。車を横付けできるカーサイトと、駐車場に車を停めて利用する区画サイトがある。上部に行くほど眺めがいいが、その分トイレなどの施設は遠くなるので、ほどよい場所を見つけたい。ばんけいにはジップラインやツリートレッキングといった遊びのメニューもいろいろある。じっくり楽しんでいこう。

カーサイトの最上部から見た風景

キャンプサイトの全景

キャンプサイト全景

炊事場はセンターロッヂ前

センターロッヂ内にある「森のやさい屋さん」では毎朝長沼町の契約農家から集荷された新鮮な野菜類の販売が行われている。野菜はディスプレイも含めておしゃれで珍しいもの多数

開設期間	1月	2月	3月	4月	5月	6月	7月	8月	9月	10月	11月	12月
					5月下旬〜10月31日予定							

フリーサイト　オートサイト　　　　　　　　　　水洗

ペット　　ゴミ　　　たき火　Wi-Fi　　　
　　　　有料　　　　　　　センターロッヂのみ

❌ 禁止事項　直火・ロケット花火・爆竹・カラオケ・発電機など大きな音の出るもの・ドローン・ペット

DATA

開設期間	5月下旬〜10月31日予定
利用時間	IN／13時〜、OUT／翌10時まで
ゲート	あり
管理人	17時まで常駐
利用料金	●入場料　1人500円（未就学児無料）・フリーサイト1区画2,500円〜 ●カーサイト1区画3,500円〜
レンタル用品	テント、タープ、テーブルなど各種あり
管理棟	センターロッヂに野菜の直売コーナー「森のやさい屋さん」、売店コーナーでは炭・薪など販売
キャンピングカー	8mまで可

memo
■フィールド遊び
ジップライン、昆虫採集

札幌手稲キャンプリゾート ホリッパ

森林・川辺

さっぽろていねきゃんぷりぞーと　ほりっぱ

現地	札幌市手稲区手稲前田 452-1
電話	090-5012-6796
予約	公式 HP から可能（初回のみ会員登録必要）

アクセス
札幌市内中心部から新川通を手稲前田方面へ、約 13 キロ

前田森林公園近く、新川通に面した民間キャンプ場

札幌市手稲区の前田森林公園近く、新川通（道道 125 号）に面した民間のキャンプ場。名称のホリッパとはアイヌ語で「輪になって踊る」という意味。たき火を囲んで語り合える場所をコンセプトに、フリーサイト・ソロサイト・オートサイト・ペットサイトが整備されている。野菜も売られる管理棟がある入り口広場は、夏フェスをほうふつさせる遊び場の様相。グランピング施設も 5 棟立っている。場内は簡易排水のため、できるだけ水を使わないエコなキャンプを心がけたい。

ペットと一緒に過ごせるサイトもあり

場内中央にあるトイレ棟

受付には野菜も販売

入り口中央の広場には夏はプールが登場。子どもたちの格好の遊び場がある。生ビールの販売もしており、おおらかで自由な雰囲気がここの魅力だ

開設期間	1月 2月 3月 4月 5月 6月 7月 8月 9月 10月 11月 12月
	通 年

フリーサイト　オートサイト　フリー　障碍者対応　入浴

ペット　ゴミ　たき火　Wi-Fi　ランドリー

memo
■フィールド遊び
　昆虫採集、農業体験、
　各種イベントあり

禁止事項　特になし

DATA

開設期間	通年
利用時間	IN／11 時～、OUT／翌 10 時半まで（各種時間帯プランあり）
ゲート	なし
管理人	9 時～18 時駐在
利用料金	●フリーサイト 1 区画 1,760 円（平日半額）、大人 1 人 1,760 円、小学生以下無料　●オートサイト 1 区画 3,300 円（平日半額）、大人 1 人 1,760 円、小学生 880 円、幼児無料
レンタル用品	テントセット、手ぶらセット、コーヒーセットなどあり
管理棟	受付・自動販売機・各種レンタル
キャンピングカー	駐車場のみ可

※内容に変更がある場合あり

ワンダーランドサッポロ

森林・川辺

わんだーらんどさっぽろ

現地	札幌市西区福井478番地
電話	011-661-5355
予約	公式HPから事前に要予約

アクセス
札幌市内中心部から車で約25分

森の雰囲気を存分に味わえるサイト、直火もできる

札幌市内とは思えない、森の雰囲気を存分に感じることができるサイト。斜面を利用したプライベート感たっぷりの広めの区画は、ワイルドだ。車を乗り入れて利用ができる。湖こそ見えないが朱鞠内湖のサイトを思わせる。遊具も併設されており、子どもも楽しめる。もともとはATVという四輪バギーやサバイバルゲームなどを提供する施設。スペアリブやサーロインといった肉類も販売しているので、合わせて利用したい。敷地はクマ除けの電気柵で囲まれ、対策もばっちりだ。

砂利のサイトにたき火の炉がある

トイレと給湯室がある建物内部

池では有料で釣りもできる

四輪バギーのツアーがある。運転免許・資格不要。ガイドが先導するので安心して参加できる。ガイドとの2人乗りも可能だ

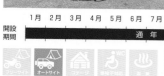

開設期間	1月 2月 3月 4月 5月 6月 7月 8月 9月 10月 11月 12月
	通年

memo
■フィールド遊び
昆虫採集、コイ釣り、
バギーツアー

水洗

ペット
リード使用、
排泄物持ち帰り
ゴミ
たき火
Wi-Fi
一部
ランドリー

禁止事項 打上げ花火・21時以降の活動・ドローン

DATA

開設期間	通年
利用時間	IN／13時～、OUT／翌11時まで
ゲート	なし
管理人	9時～17時駐在
利用料金	1区画(大人子ども含めて2～5名・テント類2張まで)1泊5,500円、ソロキャンプ1泊2,750円、追加テント類1張2,200円
レンタル用品	キャンプ用品の有料、炭や薪の販売、BBQ食材、肉は販売あり
管理棟	受付、BBQコーナー、自販機
キャンピングカー	駐車場内のみ可

Para-to Sunset River ／ とれた小屋ふじい農場

ぱらとさんせっとりばー／とれたこやふじいのうじょう

森林・川辺

現地	札幌市北区篠路町拓北 243-2
電話	011-773-5519
予約	川側の4区画と電源サイト（整備予定）、夏季日祝前日は予約必要

アクセス

あいの里教育大駅から教育大方向へ、約2.6キロ

北区篠路、茨戸川が目の前に広がるロケーション

農業生産法人が牧草地をキャンプフィールドに整備して2022年にグランドオープンした施設。目の前に茨戸川があり、夕景が美しい。受付は施設入口に新設されたファームレストラン「ベジタベーレ」のカウンターになっている。店内には運営する農場で収穫された野菜類が販売されているので、食事メニューに取り入れたい。テントサイトは細い砂利道を進んだ草まじりの土の地面。車も乗り入れ可能になっている。茨戸川に面した一角のみ、予約ができる区画になっている。

地面は草地だが多少のでこぼこがある

簡易な水場は場内3カ所に設置

冬キャンプではワカサギ釣りができる

敷地内の入り口部分には、直売所を兼ねたファームレストランもオープンしている。農場で採れた野菜が販売されており、ランチも味わえる

DATA ⚒⚒⚒

開設期間	4月～11月、12月～3月
利用時間	IN／9時～18時、OUT／翌10時半まで(オートキャンプ)
ゲート	20時門限
管理人	9時～18時駐在
利用料金	●オートキャンプ車1台1,500円 ●リバーサイド側1台3,000円 ●手ぶらデイキャンプ4人用一式16,000円
レンタル用品	テント、タープ、テーブルなど各種あり
管理棟	道路側にある野菜直売所を兼ねる
キャンピングカー	可

開設期間	1月	2月	3月	4月	5月	6月	7月	8月	9月	10月	11月	12月
	12月～3月			4月～11月								

水洗

フリーサイト　オートサイト

事前申告で可　ゴミ 40リットル1枚1,000円　たき火　Wi-Fi

⊗ 禁止事項　直火・打ち上げ花火・大きな音が出る花火

memo
■ フィールド遊び
昆虫採集、SUP 体験、収穫体験

Another Sky Camping Field

森林・川辺

あなざーすかいきゃんぴんぐふぃーるど

現地	札幌市清田区有明 254-1
電話	080-1868-8228（9時半～18時半）
予約	完全予約制。電話、または Instagram キャンセル料／予約日3日前営業終了時間を過ぎると発生。（人数変更も同じ）

手ぶらキャンプも可能

memo
■フィールド遊び
散策・星空・昆虫
採集

アクセス

道道341号を滝野方面へ5km直進。小さな看板を左折

アウトドア用品の販売やレンタルが充実しており、道具のみの手ぶらキャンプも可能。キャンプサイトは、秘境エリア・林間エリア・野営エリア・ペットサイトなど種類が豊富。ソロからファミリーまで楽しめる。

	1月	2月	3月	4月	5月	6月	7月	8月	9月	10月	11月	12月
開設期間					5月上旬～10月末							

DATA

開設期間	5月上旬～10月末
利用時間	IN／9時半～18時半、OUT／8～11時、日帰り／9時半から18時半　**ゲート**　なし
管理人	9時30分～18時30分駐在（不在時あり）
利用料金	●大人（中学生以上）1,000円、小学生以上500円、ペット500円、幼児無料。アーリーチェックイン料金あり
レンタル用品	テント、タープ、寝袋、チェア、BBQコンロ（事前予約）
管理棟	受付、売店　**キャンピングカー**　可（1,000円）

禁止事項　直火、花火（21時以降）、一部立ち入り禁止エリアあり、楽器、カラオケ

Rusan Village

田園・丘陵

るさんびれっじ

現地	喜茂別町留産 21 番地
電話	080-3238-3097（対応時間 9：00～17：00）
予約	電話、公式HP、メール info@rusan.whitesnow.jp

手作り感満載のバンガロー

memo
■フィールド遊び
散策・星空・釣り
カヤックツアー

アクセス

国道276号を京極町に向かい、留寿都喜茂別線を右折。尻別川越えてすぐ左折

標高1,898メートルの羊蹄山を眺めながらキャンプが楽しめる。管理棟内にある水道は尻別岳の付流水を汲み上げている。囲炉裏を完備した手作りのバンガローもあり。生ゴミのみ無料回収している。

	1月	2月	3月	4月	5月	6月	7月	8月	9月	10月	11月	12月
開設期間						通 年						

DATA

開設期間	通年
利用時間	IN／13時～（アーリーチェックインは11時～）、OUT／11時（レイトチェックアウト13時　別途1人500円）、日帰り11時～17時
ゲート	なし　　**管理人**　8時～17時
利用料金	●バンガロー（4人用）3,000円　別途入場料　●入場料　大人1,000円、子ども・小中学生500円、幼児無料　●フリーサイト／1,000円　●オートサイト／7張　1泊1区画1,000円（no.5, no.6）、2,000円（no.1～no.4, no.7）
レンタル用品	BBQコンロ、焚き火台、ランタン、寝袋、コット、エアマット、ダッチオーブン、釣り竿など
管理棟	受付、カフェ、トイレ　**キャンピングカー**　可

禁止事項　直火

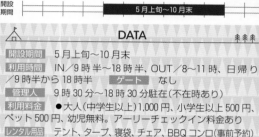

田園・丘陵

「雪月花廊」旧双葉小学校史料館

せつげっかろう　きゅうふたばしょうがっこう　しりょうかん

現 地　喜茂別町中里 392

電 話　0136-33-6067（随時受付）
つながらない場合は ☎ 090-3112-0208（今関まで）

アクセス
喜茂別市街から国道276号を支笏湖方向に12kmほど進んだ国道沿い左手が現地

旧小学校を利用した昭和レトロな雰囲気

2003 年に 100 年の歴史に幕を閉じた喜茂別町の双葉小学校。その校舎を利用したレトロカフェレストランにあるキャンプサイト。旧校舎前のグラウンド部分と裏手にあたる中庭部分にテントが張れる。どちらもフラットな芝生地。車を横付けしてオート感覚で利用ができる。職員室だったカフェレストランではルスツ豚を使った豚丼が人気のメニュー。各教室は昭和感いっぱいの驚きの世界が広がる。オーナーの今関さんを慕って全国からリピーターが集まる。オーナーの温かい想いが伝わる唯一無二の場所である。

正面側のグラウンドがあった場所にも設営可能

店内の入り口のようす

教室に畳が敷かれたゲストハウス

開設
期間

| 1月 | 2月 | 3月 | 4月 | 5月 | 6月 | 7月 | 8月 | 9月 | 10月 | 11月 | 12月 |

通　年（キャンプ場は 4 月下旬～10 月下旬）

 フリーサイト　 オートサイト　 コテージ　 宿泊施設　 温泉
水洗
 ペット　 ゴミ　 たき火　 Wi-Fi　 ランドリー

memo
■ フィールド遊び
　釣り、昆虫採集、川遊び、体育館遊び

⊗ 禁止事項　特になし

DATA

タイプ・宿泊料金　キャンプサイトはビジター料金として中学生以上 800 円、小学生 500 円、幼児無料　●普通車1台 500 円　●キャンピングカー 1,000 円　●ゲストハウスの素泊まり1人 3,000 円から（通年）●冬期（11 月～4 月）暖房料としてプラス 500 円

利用時間　IN／13 時～、OUT／翌 11 時まで
キャンピングカー　可

備品・設備など

内風呂、露天風呂あり	レストランで食事も可
ベッド／畳、布団	暖房器具、照明
BBQ コーナー	室内は不可、マナー厳守

江別市森林キャンプ場

公園

えべつし　しんりんきゃんぷじょう

現地	江別市西野幌 928
電話	011-389-6493（現地管理棟）
予約	団体・日帰り炊飯のみキャンプ場管理棟にて 5月1日から受付。 冬季は☎ 011-391-1515（エコ・グリーン事業協同組合）

アクセス
道道46号・江別恵庭線から野幌神社横を曲がり約2.5km

札幌に隣接する野幌森林公園内にあるサイト

道道46号・江別恵庭線側からアクセスし、野幌森林公園の北側にあるキャンプ場。場内への道が途中から砂利道になり、まるで都会の秘境に行くかのような趣になるが、心配はいらない。キャンプサイトは、野幌総合運動場のホッケー場の隣に位置している。場内は平坦な芝生の広場。フリーサイトのみがある。トイレは場内の端に。炊事場は真ん中に位置している。ちょっとした遊具もある。みんなそれぞれ好きな場所にテントを張っている。Bサイト側には日帰り用の炊飯広場もある。

場内は基本、平坦地。空は開けている

炊事場はサイトの中央に1つ

サイトの角にあるトイレ

キャンプ場近くに「のっぽろ野菜直売所」があり、地元江別産の新鮮な野菜類を買うことができる。江別市はブロッコリーの収穫量が全道一。ぜひ味わってみよう。テナントのパン店も人気がある

DATA

開設期間	5月1日～10月31日
利用時間	IN／8時～、OUT／翌11時まで
ゲート	なし
管理人	8時～20時駐在、繁忙期は24時間常駐
利用料金	1泊高校生以上400円、小中学生80円、日帰り料金あり
レンタル用品	なし
管理棟	受付
キャンピングカー	駐車場のみ可

	1月	2月	3月	4月	5月	6月	7月	8月	9月	10月	11月	12月
開設期間					5月1日～10月31日							

フリーサイト　水洗

Wi-Fi

memo
■フィールド遊び 遊具、昆虫採集

キャンプ場のすぐ近くにある「コロポックル山荘」は地元に人気のそば店

禁止事項　たき火・カラオケ・花火・発電機

森林・川辺

北広島市自然の森キャンプ場

きたひろしまし しぜんのもりきゃんぷじょう

現地	北広島市島松 577-1
電話	011-377-8112（現地管理棟）
予約	事前予約が必要 開設期間は現地管理棟へ、それ以外は北広島市観光振興課 にて受付、☎ 011-372-3311

アクセス
国道 36 号から輪厚中央
4 交差点の信号を曲がり
約 1.5km

周囲を高い木々に囲まれた居心地のいい場所

コンパクトな場内は芝生がきれいに整っている。周囲を背の高い木々に囲まれているから、落ち着くサイトになっている。駐車場側に三別川が流れていて、せせらぎが心地よいと同時に、子どもたちは川に入って遊べる。その反対側の奥には小さな池がある。池の中にはコイが泳いでいるが、釣り堀ではないので注意したい。ここは利用できる曜日が毎日ではなく、月によって異なるので事前に確認を。利用者層はファミリーが多いが、シニアのソロキャンパーも一定数いる。きっと居心地がいいからだろう。

川のせせらぎを BGM にできるエリアは人気

管理棟横のバーベキューハウス

奥に管理棟、トイレはここで

場内からは森の中への散策路があったり、池もある。池の中には飼育されているコイが泳いでいる

1月	2月	3月	4月	5月	6月	7月	8月	9月	10月	11月	12月

開設期間　　5月上旬〜9月30日

水洗

memo
■フィールド遊び

川遊び、昆虫採集、散策路

禁止事項 カラオケ・手持ち以外の花火・発電機・ガスボンベ・ローラースケートなどの乗り物・ペット同伴・たき火・釣りは禁止

DATA

開設期間	5月上旬〜9月30日 5月は土・日・祝のみ、6月は金・土・日のみ、7月〜9月は毎日
利用時間	IN／13時〜17時、OUT／翌12時まで
ゲート	なし
管理人	9時半〜17時駐在
利用料金	一般1人400円、小中高生と65歳以上1人200円、幼児無料
レンタル用品	なし
管理棟	受付、トイレ
キャンピングカー	NG

北広島かえるキャンプ場

森林・川辺

きたひろしまかえるきゃんぷじょう

現地	北広島市三島 62-1
電話	011-377-2205（現地管理棟）
予約	可（2カ月前から可能）

アクセス
国道 36 号の島松沢、旧島松駅てい所から約1.6km

ペットにやさしいドッグサイトが秀逸な新キャンプ場

2022 年 7 月にオープンしたキャンプ場。島松沢の里山の雰囲気で快適キャンプができる。管理棟がある方のコンパクトな場内はすべて区画サイト。電源付きのオートサイト、キャンピングトレーラーハウスに泊まるサイトが並ぶ。中でもワンぱくサイトは車を横付けできるようになっていて画期的。道路を挟んだ反対側には 40 台ほどが入れるフリーオートサイトがある。管理棟にあるトイレやお湯が使える炊事場は清潔そのもの。シャワー室やランドリー室もあり、これからのスタンダードになりそうな理想的なキャンプ場だ。

車とテントが入るワンぱくサイト

豪華ホテルのようなトレーラー

お湯が使えて清潔な炊事場

売店が充実、生ビールも販売する管理棟。シャワー室も使える

開設期間

	1月	2月	3月	4月	5月	6月	7月	8月	9月	10月	11月	12月
	1月上旬～3月中旬			4月中旬～12月下旬								

memo
■ フィールド遊び
昆虫採集、水遊び場、キャンプファイヤー

禁止事項 音を発する機器

DATA

開設期間	4月中旬～12月下旬、1月上旬～3月中旬
利用時間	IN／11時～17時　OUT／翌9時半～10時半
ゲート	あり（19時半以降の車の移動は禁止）
管理人	24時間駐在
利用料金	●入場料　大人 1,200 円、中学生以下1人無料、2人目から 800 円　●オートサイト B1 区画 3,600 円～、第1エリアワンぱくサイト 6,000 円～、ほか期間によって変動制
レンタル用品	テント、タープ、シュラフなど多数あり
管理棟	売店、自動販売機、炊事場、コインシャワー、コインランドリー、トイレ
キャンピングカー	可（オートサイト A のみ）

厚田キャンプ場

森林・川辺

あつた　きゃんぷじょう

現地	石狩市厚田区厚田 120
電話	0133-78-2100（管理センター） ※受付時間 9：00〜17：00
予約	完全予約制、公式 HP からのみ

厚田市街地から道道 11 号で約 3km

道南
道北
オホーツク
道東

周囲に観光スポットもあり、場内では川遊びができる

キャンプ場の周囲には、人気の道の駅、石狩「あいろーど厚田」があり石狩の特産品が集まる。漁港では「厚田港朝市」が開催され新鮮な海産物が手に入る。その隣には防波ブロックに囲まれて穏やかな波と戯れることができる「厚田海浜プール」が整備されている。こんな好環境で、川遊びができるのが厚田のキャンプ場だ。厚田の市街地から少し山の方へ入り、ちょっと怖い細い道を進んだ先にサイトが現れる。場内は大きく 3 つのエリアがあり、それぞれ雰囲気が異なる。しかし、どこにいても場内を流れる牧佐内川のせせらぎが耳に心地いい。

車が中まで入れてオート感覚のサイト

場内中央にある管理棟と駐車場

牧佐内川は絶好の遊び場

厚田港では毎年 4 月上旬から 10 月中旬までの毎日「厚田港朝市」が開催されている。港にあがる旬のおさかなを買って BBQ で味わおう

DATA	
開設期間	未定
利用時間	IN／12 時〜17 時、OUT／翌 10 時まで
ゲート	なし
管理人	9 時〜17 時駐在
利用料金	未定
レンタル用品	なし
管理棟	受付
キャンピングカー	芝生地以外であれば可

メモ：リニューアルオープンを予定しており、詳細は道の駅「石狩あいろーど厚田」の HP を参照

開設期間

	1月	2月	3月	4月	5月	6月	7月	8月	9月	10月	11月	12月
開設期間					未	定						

フリーサイト　オートサイト　ロッジ　車椅子対応
WC　温泉
水洗

ペット　ゴミ　たき火　Wi-Fi　ランドリー

memo
■フィールド遊び
川遊び、昆虫採集、ジップライン

⊗ 禁止事項　カラオケ・花火・発電機

川下海浜公園

かわしもかいひんこうえん

海辺

現地	石狩市浜益区川下
電話	0133-79-5700（石狩観光協会浜益事務所）
予約	不可

アクセス
石狩市街から国道231号を北に約57km。国道451号の分岐を過ぎてすぐの左手側

海水浴場に隣接する芝生地のキャンプサイト

石狩市の浜益区川下地区。国道231号沿いにあって、海水浴場に隣接するキャンプ場。サイトが芝生地という快適さもあり、夏休み期間などは大混雑する。駐車場の近くにテントを張れば、快適オートサイトのように利用できる部分もある。ちょっとだけ高くなった小山のようなエリアからは、海が見える。国道をはさんでセイコーマートがあり、地元の漁師が経営する海産物の直売所もあって便利だ。場内には足などについた砂を落とせるシャワー場も設置されている。お湯ではなく水のみだが、ありがたい。

小山の所に設営すれば海が見える

水洗トイレは場内中央にある

砂浜の川下海水浴場「はまますピリカ・ビーチ」

キャンプ場から山の方へ約4kmにある「浜益温泉」は、解放感あふれる広い露天風呂が人気。洗い場が併設されていて快適（露天風呂は冬季閉鎖）

開設期間	1月	2月	3月	4月	5月	6月	7月	8月	9月	10月	11月	12月
					5月上旬～10月31日							

フリーサイト

オートサイト コテージ 車椅子対応 水洗 温泉

ペット

memo
■フィールド遊び
海水浴

禁止事項 カラオケ・花火・発電機・直火・ペットの放し飼い

DATA

開設期間	5月上旬～10月31日
利用時間	フリー
ゲート	なし
管理人	不在
利用料金	駐車場代として普通車1台1日1,000円、1泊2日で2,000円（7月上旬～8月中旬の海水浴期間）
レンタル用品	なし
管理棟	なし
キャンピングカー	駐車場のみ可

近くの「善成園」ではサクランボ狩りが楽しめる

道央

道南

道北

オホーツク

道東

石狩浜海水浴場あそびーち石狩

海辺

いしかりはまかいすいよくじょう　あそびーちいしかり

現地	石狩市弁天町地先
電話	0133-62-5554（期間中のみ 管理事務所）
	問い合わせ　石狩観光協会　☎ 0133-62-4611
予約	なし

アクセス
石狩市街地から道道225号を本町方面へ、約10km

道内でもトップクラスの人気を誇る海水浴場。砂浜にもテントを設営できるが、波打ち際から一段高くなったエリアにも張ることが可能。札幌市内から車で40分ほど。開設期間は1ヶ月少々だが、海水浴とキャンプを同時に楽しめる。

開設期間	1月	2月	3月	4月	5月	6月	7月	8月	9月	10月	11月	12月
							7月上旬～8月中旬					

波打ちぎわから一段高い場所にも張れる

memo
■フィールド遊び
遊泳、水遊び　など

DATA

開設期間	7月上旬～8月中旬		
利用時間	フリー（遊泳時間は8時～17時）	ゲート	なし
管理人	8時～17時（管理事務所に駐在）		
利用料金	キャンプは無料、駐車料金1日（8時～18時）普通車1,000円、2輪車300円　※キャンプで宿泊して翌日の8時以降に帰る場合にも駐車料金が発生		
レンタル用品	海の家でキャンプ用品やバーベキューセットなど		
管理棟	なし	キャンピングカー	駐車場のみ可

※砂浜への一般車両の乗り入れは禁止

禁止事項　直火・打ち上げ花火・発電機・ペットの放し飼い

キャンパーズエリア恵庭【TCS Village】

森林・川辺

きゃんぱーずえりあえにわてぃーしーえすびれっじ

現地	恵庭市盤尻307-1
電話	なし
予約	公式HPから

アクセス
道道117号を支笏湖方面へ。恵庭市民スキー場の手前約600m左側に

恵庭ICから車で約8分。区画なしのオートサイトが魅力。キャンプ用品一式や灯油・電気ストーブのレンタルもあり。他キャンパーとの距離がしっかり取れるのが嬉しい。ジップラインやスラックラインなどのアトラクションも楽しげ。

開設期間	1月	2月	3月	4月	5月	6月	7月	8月	9月	10月	11月	12月
	通年											

子どもが夢中になる、スラックラインや手作りアトラクション

memo
■フィールド遊び
散策・星空・昆虫
採集・遊具

DATA

開設期間	通年営業		
利用時間	IN／11時～18時、OUT／～10時45分、トレーラー泊IN／13時～18時、OUT／～11時、日帰り11時から19時		
ゲート	なし	管理人	9時～18時
利用料金	●入場料　大人・子ども1,100円　●利用料　大人1,650円・子ども無料　●トレーラーハウス大人7,700円・子ども半額		
レンタル用品	各種あり		
管理棟	受付、売店	キャンピングカー	可

禁止事項　直火、花火

えこりん村 シープシープキャンプ場

えこりんむら　しーぷしーぷきゃんぷじょう

現地	恵庭市牧場 281-1
電話	0123-34-7800
予約	予約制、キャンプ場予約サイト「なっぷ」にて。前日の 16 時まで受付 キャンセル料／2 日前から前日まで 50%、当日 100%

アクセス

道央自動車道恵庭 IC からえにわ湖方面へ約 600 メートル

目の前にヒツジを見ながら牧歌的な風景を楽しむ

最大で 1,000 頭ものヒツジを放牧飼育する国内最大級のヒツジ牧場。放牧ヒツジを間近に見ながらキャンプができる。「かまどサイト」はその名のとおり直火ができる炉が付いたオートサイト。通路を挟んでその向かいには「まきばサイト」がある。少し離れて「ひつじサイト」が整備されフリーサイトとして利用ができる。こちらは車が比較的近くに停められるので、セミオート感覚で利用が可能だ。「ウェルカムセンター」では食品が購入でき、「らくだ軒」では食事もできる。

フリーサイトは木陰がありいい感じ

ステンレス製の炊事場は清潔だ

受付はウェルカムセンターの一角に

ウェルカムセンター内には、大型 BBQ 用品なども販売される。売店ではえこりん村産のソーセージや、ポークカレーなどもある。レストラン「らくだ軒」からピザのお持ち帰りも楽しめる

開設期間	1月	2月	3月	4月	5月	6月	7月	8月	9月	10月	11月	12月
						6月3日～11月25日						

フリーサイト　オートサイト

水洗

ペット　一部 OK　ゴミ　たき火　Wi-Fi　ランドリー

禁止事項 カラオケ・発電機・音楽機器

memo

■ フィールド遊び
ファームツアー、牧羊
犬ショー、銀河庭園散策など

🏕 DATA

開設期間	6月3日～11月25日
利用時間	IN／12 時～16 時、OUT／翌 10 時まで
ゲート	19 時～翌 6 時閉門
管理人	9 時半～17 時駐在
利用料金	●利用料金　大人 1,200 円、小学生・中学生 500 円、未就学児無料　●区画料金　まきばサイト【約 12m×8m】700 円、かまどサイト（直火・車横づけ可能）【約 10m×16m】1,200 円、ひつじサイト【テントタープ各 1 張り】700 円ほか
レンタル用品	一部あり
管理棟	ウェルカムセンター、売店、キャンプ用品販売、各種食料などあり
キャンピングカー	駐車場内のみ可

メイプルキャンプ場・RV パーク

めいぷるきゃんぷじょう・あーるぶいぱーく

現地	恵庭市西島松 576-1
電話	0123-39-3345
予約	不可、到着順（アーリーチェックイン制度は夏期のみ金曜・土曜のみで 8 時半から） 電源サイト、キャンピングカーサイトのみ予約可

アクセス

国道 36 号、島松付近の道央自動車道が高架で交差する近くを陸上自衛隊側へすぐ

車の乗り入れ自由、芝生が美しいサイト

チェックイン時間が午前 10 時からと比較的早く、なおかつ 8 時半からのアーリーチェックイン制度もあることから利用がしやすい。芝生が美しい場内に車を乗り入れできるフリーサイトということもあり、デビューから一躍人気のキャンプ場となった。芝がきれいに手入れされているのは、元がパークゴルフ場だったから。ゆえにたき火の際には防火シートを使用し、板も敷くなど決して芝を焼かないように注意したい。ソロキャンプ専用のエリアやドッグランもある。

まさに快適オートサイト、自由に使える

炊事場は 1 カ所。温水が使える

トイレは温水洗浄便座付き

センターハウスではソフトクリームや、生ビールも販売される。薪は 1 束 1,100 円、炭などちょっとしたキャンプ用品もある。オーナーが乗っていたクラシックカーも展示されている

DATA

開設期間	通年（夏と冬の切りかえで休場の場合あり）
利用時間	IN ／ 10 時〜19 時、OUT ／翌 11 時まで、夏期のみアーリーチェックインあり（8 時半〜、入場料プラス 500 円冬期変更あり）
ゲート	あり
管理人	8 時半〜18 時半駐在
利用料金	●フリーサイト 4 月〜11 月 大人 1,700 円、小学生 500 円 12 月〜3 月 大人 2,200 円、小学生 500 円 ● RV サイト 1 泊 1 台 2,000 円（大人 1 人分含む、追加大人 1 人 1,700 円、小学生 500 円・12 月〜3 月 1 台 2,500 円（追加大人 2,200 円、小学生 500 円）
レンタル用品	ランタン、テーブルなど
管理棟	受付、売店、カフェスペース、22 時以降はお静かに
キャンピングカー	専用のサイトのみ可

開設期間	1月	2月	3月	4月	5月	6月	7月	8月	9月	10月	11月	12月
						通 年						

水洗

一部

memo
■フィールド遊び
散策、ドッグランあり

⊗ 禁止事項　直火（不燃シート使用の場合は可）

フォーエバーキャンピングパラダイス

ふぉーえばーきゃんぴんぐぱらだいす

現地	千歳市駒里 2320-2
電話	080-9616-5510（管理人）
予約	電話にて随時

アクセス

千歳市街から国道 36 号を苫小牧方面へ。千歳科学技術大方向へ左折。シャムロック CC 入り口すぐを左折、少し進む

新千歳空港近く、レンタカー店が集まる一角のそばにオープンした民間のキャンプ場。キャンプ場になる前はパークゴルフ場であったため、平坦な芝生地で、車乗り入れ可能なフリーサイトだ。通年営業、道道からの入り口がわかりにくいのでご注意を。ペット可。

開設期間	1月 2月 3月 4月 5月 6月 7月 8月 9月 10月 11月 12月
	通 年

大きな管理棟にはトイレも

memo
- ■ フィールド遊び
  - 昆虫採集

⊗ **禁止事項** 直火、打ち上げ花火、カラオケ、発電機、ドローン

DATA

開設期間	通年
利用時間	IN／12 時〜18 時　OUT／翌 11 時まで
ゲート	なし　　管理人　9 時〜18 時駐在
利用料金	●入場料　大人 1,650 円、小学生 825 円、未就学児無料
	●駐車料　自動車 550 円、オートバイ 330 円　●ゴミ回収料 440 円
レンタル用品	たき火用の板、まき割り機、ほか
管理棟	受付、薪の販売、自動販売機、トイレ、炊事場（流し）
キャンピングカー	可

樽前山から見る支笏湖

モラップキャンプ場

もらっぷきゃんぷじょう

湖畔

現地	千歳市モラップ
電話	0123-25-2201（休暇村支笏湖）
予約	ネットによる完全予約制

アクセス

支笏湖温泉街から国道276号を美笛峠方面へ約8km。カーブを下る途中に案内看板あり

支笏湖を目の前に、人気施設が進化中

美しいカルデラ湖・支笏湖を目の前にテントを張れる人気のキャンプ場。その人気ゆえに2022年から予約制となり、今シーズンからは周辺を含めて一帯が大きくリニューアルとなる。昭和の雰囲気を残していた「旧丸美食堂」が解体され、その場所が「ユニバーサルサイト」になる。100メートルほど離れた「樽前荘」があった場所には、民間の売店数店が建ち並ぶ予定だ。フリーサイト自体は、受付のキャンプセンターが2023年に新しくなった以外はこれまで通り。2024年シーズンは注目だ。

テントサイトからボートをこぎ出せる

炊事場は3カ所あるので便利

リニューアル予想図

支笏湖は国内屈指のカルデラ湖。環境省の水質調査では何度も日本一に輝く透明度を誇る。支笏湖温泉街の湖畔からは、カヌーツアーやシュノーケル・ダイビングなどのアクティビティがあるのでぜひ楽しもう

開設期間	1月 2月 3月 4月 5月 6月 7月 8月 9月 10月 11月 12月
	4月下旬〜10月上旬

memo
■フィールド遊び
　水遊び、カヌー、釣り、昆虫採集　など

⊗ 禁止事項　カラオケ・打ち上げ花火・発電機・遊泳・直火

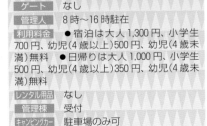

DATA

開設期間	4月下旬〜10月上旬
利用時間	IN／11時〜18時、OUT／翌11時まで（日帰り利用は9時〜16時）
ゲート	なし
管理人	8時〜16時駐在
利用料金	●宿泊は大人1,300円、小学生700円、幼児（4歳以上）500円、幼児（4歳未満）無料　●日帰りは大人1,000円、小学生500円、幼児（4歳以上）350円、幼児（4歳未満）無料
レンタル用品	なし
管理棟	受付
キャンピングカー	駐車場のみ可

美笛キャンプ場

湖畔

びふえきゃんぷじょう

現地	千歳市美笛
電話	090-5987-1284（センターハウス内）
予約	予約制　冬季は一般社団法人千歳観光連盟 ☎ 0123-24-8818

アクセス
支笏湖温泉街から国道453号を西へ約24km

巨木な森と湖に抱かれる、道央屈指のロケーション

　美笛の良さは筆舌に尽くし難いほど。道央屈指、秀逸のロケーションが魅力だ。カツラやミズナラといった巨木の森に車を乗り入れでき、ブルーに輝く支笏湖の水際にもテントが張れる。右側には風不死岳の山容が、左手には急峻な恵庭岳の山肌が迎える。サイトの奥から支笏湖に流れ込む美笛川ではヤマメを狙った釣り人が竿を振り、ヤマセミやキセキレイといった川の鳥もやってくる。ここは非常に人気が高いのでできれば平日利用で、豊潤な自然を静かに感じてみたい。なお、支笏湖一帯には関係機関が定めた「支笏湖ルール」というものが存在する。検索して一読をおすすめしたい。

ファミリーからソロキャンパー、キャンピングカーの旅行者などあらゆる人々を受け入れるサイト

三角屋根が美しい管理棟

売店には食料や調味料などもある

支笏湖湖畔にある「支笏湖ビジターセンター」にはぜひ寄ってみよう。インフォメーションコーナーには最新の情報が掲示されるほか、森の世界や山の世界といった支笏湖の自然を紹介している

	1月	2月	3月	4月	5月	6月	7月	8月	9月	10月	11月	12月
開設期間					5月上旬～10月下旬							

水洗

禁止事項	直火・手持ち以外の花火（21時まで）・カラオケ・発電機

DATA

開設期間	5月上旬～10月下旬
利用時間	IN／11時～19時、OUT／翌7時～10時まで
ゲート	あり（19時～翌7時閉鎖）
管理人	24時間常駐、対応は7時～19時
利用料金	大人2,000円、小中学生1,000円、幼児400円、4歳未満無料、日帰り料金あり（千歳市在住者料金あり）
レンタル用品	テント、タープ、シュラフなど
管理棟	受付、売店、ロビー、シャワー室、洗濯機
キャンピングカー	可

memo

■フィールド遊び

水遊び、カヌー、釣り、昆虫採集　など

メモ：キャンプ場周辺や支笏湖温泉街にはコンビニを含めて商店がないため千歳市内などで調達しておこう

豊平峡温泉オートキャンプ場

ほうへいきょうおんせんおーときゃんぷじょう

開設期間	5月初旬〜10月末
利用時間	IN/14時〜、OUT/翌11時まで
管理人	10時〜22時駐在（豊平峡温泉に駐在）

現地	札幌市南区定山渓608番地2
電話	011-598-2410（豊平峡温泉）
予約	完全予約制（豊平峡温泉で随時受付、キャンセル料あり）

利用料金　入場料　大人1,000円、小人500円　※2日間温泉入り放題付き（チェックイン〜アウトの間）　●持ち込みテント1張6×9（3,500円）、9×9（4,000円）　●トレーラー1台3,500円

青葉公園ピクニック広場

あおばこうえんぴくにっくひろば

開設期間	4月下旬〜10月末
利用時間	IN/12時〜、OUT/翌11時まで
管理人	9時〜17時駐在

現地	千歳市泉沢868
電話	0123-24-1366（千歳市環境整備事業協同組合） 0123-23-1216（現地管理棟）
予約	完全予約制（キャンプ場予約サイト「なっぷ」から）

利用料金　●利用料　大人600円、中学生以下300円　大人300円、中学生以下100円（千歳市民）

小樽望洋シャンツェオートキャンプ場

おたるぼうようしゃんつぇおーときゃんぷじょう

開設期間	7月〜9月の土曜日および祝日の前日（夏休み期間は毎日 ※要問い合わせ、臨時休業の場合あり）
利用時間	IN/13時〜17時、OUT/翌10時30分まで（要問い合わせ）
管理人	チェックインからチェックアウトまで駐在（不在の時間あり）

現地	小樽市朝里川温泉1丁目146番地4外
電話	0134-52-1185（ウィンケルビレッジ）
予約	完全予約制。利用の前日18時から当日11時までWebにて受付（空きがあれば当日利用も可）

利用料金　●利用料　大人1,500円、小学生600円、幼児300円　●車1,200円、バイク無料　※大型車・トレーラーは追加料金あり（料金は変更の可能性あり）

Youtei Outdoor キャンプサイト

ようていあうとどあきゃんぷさいと

開設期間	5月〜10月初旬
利用時間	IN/14時〜、OUT/翌10時まで
管理人	8時〜17時まで駐在

現地	倶知安町字富士見449-4
電話	080-6075-9466（現地管理棟）
予約	完全予約制（公式HPにて受付）

利用料金　テント1張り1サイト（車横付け可・ペット可）平日3,000円、土曜・祝前日4,000円、大人1,000円、4歳以上500円

幌向ダム公園多目的広場

ほろむいだむこうえんたもくてきひろば

開設期間	4月29日〜11月3日
利用時間	フリー
管理人	不在

現地	岩見沢市毛陽町36
電話	0126-23-4111（岩見沢市役所）
予約	不可

利用料金　無料

栗山公園キャンプ場

くりやまこうえんきゃんぷじょう

開設期間	4月下旬〜11月3日
利用時間	IN/14時〜、OUT/翌10時まで ※デイキャンプ IN/10時〜、OUT/14時まで（デイキャンプは予約不可）
管理人	9時〜17時公園管理室に駐在（10月1日以降は16時まで）

現地	栗山町桜丘2丁目38-16
電話	0123-72-0706（栗山公園案内所）
予約	完全予約制。ネット予約が便利。栗山公園案内所でも随時受付（9〜17時）。10月1日からは16時まで

利用料金　●スタンダードプラン　1区画500円　●アーリーチェックインプラン1区画1,000円（10時〜翌10時まで）　●デイキャンププラン　1区画500円※予約不可

洞爺水辺の里 財田キャンプ場

とうやみずべのさと　たからだきゃんぷじょう

現地	洞爺湖町財田6番地
電話	0142-82-5777（現地センター）
予約	受付／3月1日から開始、利用の2カ月前の1日から受付 公式ホームページ内に予約システムあり キャンセル料／キャンセル料はかからないが、事前に必ず連絡を

アクセス

国道230号を洞爺湖に向かい、旧洞爺村への標識から湖畔に進んで市街地へ。そこから道道132号を壮瞥町方向へ約2km、沿道の入口案内板を右折

フラットで快適な芝生サイト、カフェも人気

旧洞爺村エリア、洞爺湖の北側にある総合キャンプ場。フリーサイトからキャンピングカーサイトまで大きく5つのエリアからなる。テントサイトは完全にフラットで、良く手入れされた芝生が美しい。愛犬家やファミリーがのんびりと過ごすいい空気感がただよっている。場内入り口にあるセンターハウスにはカフェ＆ショップ「COKOU」が入る。生ビールやドリップコーヒーが飲めるほか、地元の農園が栽培するニンニクを使ったピザやパスタが提供される。ぜひ、味わいたい。

プライベートサイトがあったり多彩な利用が可能

DATA

開設期間	4月下旬～10月下旬
利用時間	IN／13時～18時、OUT／翌8時～11時
ゲート	6時～22時（利用者はリモコンで出入り自由）
管理人	24時間常駐
利用料金	●入場料　土、祝前日中学生以上1,200円、小学生600円　平日中学生以上1,000円、小学生500円　●フリーサイト　入場料＋駐車料金（1台800円）　●カーサイト　入場料＋下記のサイト使用料　●プライベートサイト／A2,200円、B1,100円、オープン1,200円　●キャンピングカーサイト／3,300円
レンタル用品	テント、タープ、寝袋、ランタン、テーブルセット、コッヘル、ガスコンロ、BBQ炉
管理棟	受付、自販機、トイレ、シャワー、ランドリー、食堂、売店（炭、ガスボンベ、調味料、食器など）
キャンピングカー	10mまで可

食材調達

- 車で5分ほどで、セイコーマートがある
- 「とうや・水の駅」では、新鮮野菜が安く購入できるほか、地元食材使用の丼ぶりも人気
- センターハウスにカフェがあり、ピザやパスタなどが食べられる

炊事棟は炭置き場も兼ねる

センターハウスにはカフェもある

開設期間	1月 2月 3月 4月 5月 6月 7月 8月 9月 10月 11月 12月
	4月下旬～10月下旬

禁止事項 ⊗ 直火・打ち上げ花火・音の出る花火・発電機使用

フリーサイト　オートサイト　コテージ　車椅子対応　水洗

ペット　ゴミ　たき火　Wi-Fi　ランドリー

memo
■ フィールド遊び
カヌー、散策路、釣り、サイクリング

DATA

タイプ・宿泊料金	●ケビン（6人用）5棟　1泊1棟20,000円（日帰り利用なし）
利用時間	IN／14時～18時、OUT／翌8時～10時

備品・設備など

バス、シャワー、トイレ、洗面台アメニティはなし		流し台、クッキングヒーター、炊飯器、鍋や包丁、まな板	
フローリング床／マット、布団など寝具一式		照明、電源、冷蔵庫、暖房／洗濯機はセンターハウスに	
テラスにテーブルベンチ／BBQコンロのレンタルあり		ケビンはNG	

湖畔に一番近いところに並ぶケビン。バス・トイレ・キッチンつき

リビングからテラス方向、湖は目の前

二階のロフト部分が寝室

レンタル自転車も借りよう

📍 周辺スポット

湖畔には自然観察道が約1.8km整備されている。洞爺湖の自然を解説したパネルがあったり、野鳥観察小屋もある。湖を眺めながら森林浴を楽しもう

カヌーを持参できる人は、ここのキャンプ場をベースにカヌーをこぎ出せる。事前予約で有料の「クリアカヌー」に乗って湖をカヌー体験できるプログラムもある。ガイドが案内する

♨ 温泉情報

キャンプ場から4kmほど。内風呂には大きなガラス窓があり、洞爺湖のパノラマが広がる。露天はないが、気分はまるで露天風呂のよう

洞爺いこいの家　☎ 0142-82-5177
【営業時間】11時～21時営業　【定休日】第1・3月曜、年末年始休み
【料金】大人490円、小学生140円、乳幼児70円

グリーンステイ洞爺湖
ぐりーんすてい　とうやこ

湖畔

道央

道南

道北

オホーツク

道東

現地 | 洞爺湖町月浦 56 番地
電話 | 0142-75-3377（現地管理センター）
予約 | 受付／4月1日より現地管理棟にて電話受付（8時30分〜18時）
キャンセル料／キャンセル料はかからないが、事前に必ず連絡を
オフ期間／オフ期間も現地管理センターの電話より転送で対応

アクセス
洞爺湖温泉から約5km、国道230号に案内板あり。湖畔を走る道道578号からも入れる

老舗の風格漂う正統派のオートサイト

オープンは1991年（平成3年）という老舗の風格漂うキャンプ場。高規格オートキャンプ場の道内の第1号施設である。場内、小高い部分にキャンピングカーサイトとキャビン・バンガローが並ぶ。中央の広場の周辺にカーサイトが配置されている。カーサイトの通路はテント面と段差がなく、自然と一体化している。洞爺湖の湖面をちらちらと感じながら、明るく開放的なキャンプができる。なお、フリーサイトはないのでご注意を。キャビンは2023年度から廃止になった。

芝生の手入れが行き届いていて清潔感いっぱい。気持ちのいいサイト

DATA

開設期間	4月28日〜10月31日
利用時間	IN／13時〜18時、OUT／翌12時まで
ゲート	8時30分〜18時駐在
管理人（繁忙期）	8時30分〜18時駐在、売店は8〜20時
利用料金	ゴミ処理料200円 ●2輪サイト 1泊1張 700円 ●カーサイト／117区画（電源付き12／なし105）1泊1区画5,000円／4,000円 ●キャンピングカーサイト／6区画（電源、給排水栓）1泊1区画6,000円
レンタル用品	テント、寝袋、マット、ランタン、テーブルセット、鍋・飯ごう、ガスコンロ、パークゴルフ用具など
管理棟	受付、自販機、トイレ、シャワー、ランドリー、売店（酒類、氷、炭、インスタント食品など）、場内にパークゴルフ場（9ホール）
キャンピングカー	カーサイトは5〜6m、専用サイトは10〜11m可

食材調達

- 場内の売店で、洞爺湖名産のソーセージなどが購入できる。団体のバーベキューの注文にも対応可能（要予約）
- 洞爺湖温泉街にコンビニがあり、車で5分ほど

炊事場とトイレ棟が並ぶ

管理棟には売店があり食材もある

42

開設期間	1月	2月	3月	4月	5月	6月	7月	8月	9月	10月	11月	12月

4月28日〜10月31日

禁止事項　直火・カラオケ・発電機・打上げ花火

フリーサイト

オートサイト

コテージ

車椅子対応水洗

温泉

ペット

ゴミ

たき火

Wi-Fi

ランドリー

memo
■ フィールド遊び
水遊び、カヌー、パークゴルフ、昆虫採集

DATA

タイプ・宿泊料金　●バンガロー（4人用）18棟（屋外に流し台付き4棟）1泊1棟8,500円（流し台付き）8,000円（流し台なし）●ロッジ（10人用）2棟 1泊1棟15,000円 ※ゴミ処理料1泊200円

利用時間　IN／13時〜18時、OUT／翌11時（ロッジは10時）まで

備品・設備など

トイレ／シャワーはセンターハウスに	流し台／鍋、飯ごう、ガスコンロのレンタルあり
なし、寝袋・マットのレンタルあり	照明、電源／洗濯機はセンターハウスに
なし、一部タープスペースあり、BBQコンロのレンタルあり	放し飼い禁止、自己責任で、室内は要ケージ

バンガローの内部、畳敷きで落ち着く

バンガローはウッディなものとコンテナタイプがある。どちらもユニーク

周辺スポット

洞爺湖温泉街には北海道洞爺湖サミット記念館をはじめ、火山科学館などもあり見どころ盛りだくさん。2000年に噴火した西山火口散策路も合わせて見てみたい

毎年4月下旬から10月の終わりにかけて半年間、ロングランの花火大会が開催される。1日の打ち上げは20分間に約450発だ

温泉情報

洞爺湖温泉街にあり、一番キャンプ場に近い和風ホテル。露天風呂から見える雄大な洞爺湖の姿が印象的。サウナもある

北海ホテル　☎ 0142-75-2325

【営業時間】15時〜21時営業
【定休日】無休　【料金】大人500円、3歳〜小学生300円

洞爺月の光キャンプ場

とうやつきのひかりきゃんぷじょう

湖畔

現地	洞爺湖町月浦 9-7
電話	090-3390-7105（代表） 070-9095-8827（キャンプ場担当者）
予約	予約制（空きがあれば当日も可）、キャンセル料は前日で半額分、当日で全額（入場料＋サイト使用料）

アクセス
洞爺湖温泉街から国道230号で約4キロ

風光明媚な洞爺湖を一望できる高台に位置する

「風光明媚」という言葉がぴったりの洞爺湖にあって、高台から清らかで美しい湖面を眺められる唯一のキャンプ場。民間経営で、サイト数も少ないことから比較的こぢんまりとした雰囲気が特徴だ。場所は洞爺湖温泉街から車で約5分。場所は国道230号に面している。サイトは駐車場横の針葉樹が立ち並ぶ一角。加えて、一段下側にまるでプライベートサイトのようなエリアがあり、洞爺湖の眺望を心ゆくまで堪能できる場所が特等席。通年で利用でき、四季を通じておだやかな湖面に心を洗われる。

国道に面したサイト入り口と駐車場

炊事施設はコンテナの屋内型

受付は左奥の建物だ

写真は「木の中サイト」。夜は名称にある通り、月の光が湖面を照らし光の道のように輝く。「木の前サイト」は3つ、「木の下サイト」が3つ。フリーサイトにオートサイト、全部で20張り

開設期間	1月 2月 3月 4月 5月 6月 7月 8月 9月 10月 11月 12月
	通年

水洗

一部サイトのみ OK

禁止事項　20時以降の音楽など

DATA

開設期間	通年
利用時間	IN／10時、OUT／翌10時まで
ゲート	なし
管理人	9時〜17時駐在
利用料金	●入場料 大人 1,000円、4歳〜12歳 500円、大型犬 500円、小型犬 300円 ●フリーサイト 2,500円 ●カーサイト 3,500円
レンタル用品	テント、テーブル、コットなど有料
管理棟	受付、薪・炭の販売、専用ゴミ袋 300円
キャンピングカー	駐車場のみ可

memo
■フィールド遊び
洞爺湖の眺望、月夜を眺める、近くに乗馬施設

44

仲洞爺キャンプ場

なかとうやきゃんぷじょう

湖畔

現地	壮瞥町字仲洞爺 30-11
電話	0142-66-3131（現地管理棟）
予約	不可、受付後先着順に自由選択 オフ期間／NPO そうべつ観光協会 （0142-66-2750）

アクセス

洞爺湖温泉街から道道2号・132号で約14km

水際近くまでテントが張れる大人気のサイト

洞爺湖周辺でも屈指の人気を誇るキャンプ場。大きな樹木が適度に木陰をつくり、その先にはエメラルドグリーンに輝く洞爺湖が見える。洞爺湖の水際、ぎりぎりのところにもテントが張れる。新しくなった管理棟の右側は「第1」サイト。ペット不可、車は進入できない。左側の「第2」サイトはペットOK、乗用車も入場可能になっている。キャンピングカーなどは道路を挟んだ部分に専用エリアがある。キャンプ場への入り口は温泉施設「来夢人の家」と一体化された。チェックインは11時。週末はその前から長い車列ができている。

湖と森と、両方を楽しめるすばらしいロケーションだ

キャンピングカー専用エリア

新しくなったトイレ棟

入り口には「来夢人の家」があり、源泉掛け流しの温泉入浴が楽しめる。露天風呂はないが、木の香り豊かなこぢんまりとした温泉で気持ちがいい

DATA	
開設期間	4月下旬〜10月中旬
利用時間	IN／11時〜、OUT／翌14時まで
ゲート	なし（利用時間とゲートは変更の場合あり）
管理人	10時〜17時駐在
利用料金	●使用料 大人700円、小学生400円、変更予定あり ●キャンピングカー1台1,000円／オートサイト1台500円
レンタル用品	なし
管理棟	受付、売店コーナー、まきの販売
キャンピングカー	専用コーナーあり

	1月	2月	3月	4月	5月	6月	7月	8月	9月	10月	11月	12月
開設 期間					4月下旬〜10月中旬							

フリーサイト　オートサイト　コテージ　手ぶらセット　温泉
水洗

ペット　ゴミ　たき火　wi-fi　ランドリー

memo
■フィールド遊び
昆虫採集、水遊び

禁止事項　直火・カラオケ・花火・発電機

45

ニセコサヒナキャンプ場

森林・川辺

にせこ　さひなきゃんぷじょう

現地	蘭越町湯里 224-19
電話	0136-58-3465（現地管理棟）
予約	受付／現地管理棟にて随時電話による受付 キャンセル料／利用日の前日と当日は全額徴収

アクセス

国道5号・蘭越町昆布市街から、道道207号へ。
分岐点より7kmほど進むと、沿道右手に案内板
（小さいので要注意）があり右折して約1km

全国に名をはせる羨望のキャンプ場

テントサイトの数は合わせて24。バンガローが2つ。この組数の人たちのみが、ニセコの森の中にあって、羊蹄山とニセコアンヌプリの眺望を得ながら直火にあたるという、まさに至福の夜を過ごすことができる。各サイトは背の高い草木に囲まれプライベート感あふれる雰囲気。特筆すべきは、その清潔さ。きれいに掃き清められた土間のような地面と炉を見れば、スタッフの仕事ぶり、ていねいさがうかがい知れる。国内トップクラスと名をはせる所以だろう。

写真はテントサイトA、12区画。テントとタープが1張ずつ張れる広さ

DATA

開設期間	通年（要予約）
利用時間	IN／13時半〜、OUT／翌11時まで
ゲート	なし
管理人	24時間常駐
利用料金	●利用料　大人1,000円、小学生以下700円（日帰り利用は大人700円、小学生以下400円）●テントサイトA（12区画）1区画2,000円　テントサイトB（3区画）1区画1,400円　●カーサイト（9区画）1区画3,500円／電源なし、電源使用の場合＋900円
レンタル用品	寝袋、マット、ランタン、テーブル、テント、タープ
管理棟	受付、売店（炭、まき、虫除け、氷、飲料品など）
キャンピングカー	駐車帯は5m

食材調達

●時期によって地元農家による季節の野菜が、管理棟のデッキで売られている

●国道5号沿いにある道の駅「ニセコビュープラザ」には、大きな農産物直売所があり新鮮な野菜が購入できる

背の高い木々に囲まれるサイト

まきストーブがあるセンターハウス

開設期間

| 1月 | 2月 | 3月 | 4月 | 5月 | 6月 | 7月 | 8月 | 9月 | 10月 | 11月 | 12月 |

通年（冬期は留守の場合もあるので予約が必要）

禁止事項　他人に迷惑をかけない大人のマナーで

 フリーサイト
 オートサイト
 コテージ
 身障者用WC 水洗／温泉

 ペット
 ゴミ
 たき火／Wi-Fi／ランドリー

memo
■ フィールド遊び
自然散策、たき火、星空

DATA

| タイプ・宿泊料金 | ●バンガロー「こくわ」（4人用）1泊1棟 5,500円 ●バンガロー「ドングリ」（5人用）1泊1棟 6,000円 別に ●利用料として、大人 1,000円、小学生以下 700円 |
| 利用時間 | IN／13時半〜、OUT／翌11時まで |

備品・設備など

なし、共同トイレ利用	なし、バーナーのレンタルあり
寝袋レンタルあり	照明、電源、ヒーター
タープスペースあり	排泄物の不始末、放し飼い厳禁。室内同伴は必ず敷物を

マップ内
バンガロー
朝は小鳥（カラ類）のさえずりがにぎやか
ニセコアンヌプリ
WC 簡易水洗トイレ
炊 炊事棟
センターハウス
休憩
管理棟
水
羊蹄山がバッチリ見える
留萌・昆布・岩内（道道66号）へ
クリの木
P
バンガロー
畑 地

バンガローは2棟。趣が異なるタイプがそれぞれある

シンプルながら清潔。FF ストーブもあり

森に溶け込むタイプ「ドングリ」

まきストーブで音と炎を楽しめる

周辺スポット

場内には小川が流れていたり、ガーデニングが施されていたり、とても気持ちがいい雰囲気。秋には紅葉が美しい。冬もキャンプができる貴重なサイト

敷地内にある多目的体験施設の2階に、そば茶屋「松きち」がある。内装にこだわり、田舎そばにこだわった本格的なメニューが楽しめる。週末のみ営業

温泉情報

キャンプ場から約4km。アンヌプリスキー場の近くにある温泉宿。露天風呂やサウナ、寝湯などがある

いこいの湯宿 いろは　☎ 0136-58-3111
【営業時間】12時30分〜21時（最終入場20時）
【定休日】無休 【料金】大人 1,000円、小学生 500円

蘭越町ふるさとの丘キャンプ場

らんこしちょう　ふるさとのおかきゃんぷじょう

現地	蘭越町相生 969
電話	0136-55-3251
	（道の駅らんこし・ふるさとの丘）
予約	完全予約制。公式 HP からのみ

▷アクセス▷
国道5号沿道にある道の駅「らんこし・ふるさとの丘」が受付。そこから1kmほど入ると左手にキャンプ場

道の駅裏手にオートサイトが加わる

国道5号に面した道の駅「らんこし・ふるさとの丘」の裏手にあたる部分に、オートサイトが新設された。場内は砂利が敷かれたS字カーブの道と元からあった樹木が自然な雰囲気を保ち、以前からここがキャンプサイトであったかのように馴染んでいる。トイレやシャワー、温水が使える「森と木の里センター」は快適だ。もともとあるフリーサイトとバンガローも健在である。こちらも良く手入れがされた公園のようなサイトになっている。いずれも予約が必要で、WEBサイトから可能。

車の横付けは荷物の積み降ろし時のみ可能

バンガローなどはそのままだ

受付は国道5号沿いにある道の駅で

「森と木の里センター」にはトイレとシャワー、ランドリー（20時まで）が使える

	1月	2月	3月	4月	5月	6月	7月	8月	9月	10月	11月	12月
開設期間					5月中旬～10月中旬							

水洗

memo
■フィールド遊び
昆虫採集

⊗ 禁止事項　ペット同伴（オートサイトは可）・花火

DATA

開設期間	5月中旬～10月中旬
利用時間	IN／13時～16時、OUT／翌11時まで
ゲート	なし
管理人	8時50分～16時駐在
利用料金	●持ち込みテント 1泊1張1,000円 ●バンガロー（2人用）1棟、（4人用）2棟 1泊1棟（2人用）2,500円、（4人用）3,000円 ●オートサイト 1泊1区画4,000円（電源付）
レンタル用品	なし
管理棟	道の駅が受付、軽食コーナー、売店（自家製アイス、ソフトクリーム、菓子類、特産品、野菜の直売）
キャンピングカー	オートサイトのみ利用可（全長5mまで）

真狩焚き火キャンプ場

森林・川辺

まっかりたきびきゃんぷじょう

現地	真狩村社 86-1
電話	0136-55-6400
予約	公式 HP から予約

アクセス

真狩の市街地から道道 66 号をニセコ町方面へ約 2km

完全プライベートなサウナは本格的なフィンランド式の薪のサウナ。部屋からは羊蹄山が見える

memo
- ■フィールド遊び
- たき火

⊗ 禁止事項 夜間の大きな声・打ち上げ花火

羊蹄山を目の前に、グランピングとサウナが楽しめる施設。ドーム型のグランピングテントをメインに、コンテナハウスや完全プライベートなサウナコテージもある。なお、持ち込みテントは張ることができない。

	1月 2月 3月 4月 5月 6月 7月 8月 9月 10月 11月 12月
開設期間	通 年

DATA

開設期間	通年
利用時間	IN／14 時～19 時、OUT／翌 10 時まで
ゲート	なし　　管理人　20 時 30 分まで
利用料金	●手ぶらキャンプ 13,500 円から　●グランピング 24,800 円から
レンタル用品	たき火台、BBQ コンロ、ランタン、調理器具など
管理棟	まき、炭、虫除け
キャンピングカー	未定

真狩村ユリ園 コテージ

田園・丘陵

まっかりむらゆりえん　こてーじ

現地	真狩村緑岡 174-3
電話	0136-45-2717
	（まっかり温泉・月曜定休）

アクセス

国道 5 号または 230 号から道道 66 号を通り真狩村へ。真狩市街より 2km ほどで現地。受付は温泉のフロントで

快適、清潔な室内、リビングは吹き抜け

memo
- ■フィールド遊び
- ゆりの鑑賞

⊗ 禁止事項 特になし

有名なフレンチレストラン「マッカリーナ」や「まっかり温泉」がある一角に立つコテージ。貸別荘タイプの宿泊施設、8 人用が 5 棟ある。周囲には世界のユリが植えられ夏には一斉に花を咲かせる。通年で利用ができる。場所は真狩の市街地から東へ約 2 キロ。

	1月 2月 3月 4月 5月 6月 7月 8月 9月 10月 11月 12月
開設期間	通 年

DATA

タイプ・宿泊料金	●コテージ(8 人用)5 棟　1 泊 1 棟 4 人まで 16,000 円、追加 1 人 3,000 円増　10 月～4 月は暖房料 1 泊 2,000 円追加　期間限定の特別料金あり(休前日、祝祭日は除く)(室内での焼き肉は厳禁)
利用時間	IN／15 時～19 時、OUT／翌 11 時まで

備品・設備など

バス、シャワー、トイレ、洗面台	照明、電源、冷蔵庫、テレビ、暖房
ベッド、畳床／寝具一式	NG
なし	なし
流し台、ガスコンロ、オーブンレンジ、炊飯器、食器、調理器具	

羊蹄山自然公園真狩キャンプ場

ようていざんしぜんこうえんまっかりきゃんぷじょう

森林・川辺

現地	真狩村字社
電話	0136-45-2955（森林学習展示館）
予約	フリーサイトは不要、オートサイトは必要 5月上旬から10月下旬まで、冬季は真狩村役場 ☎ 0136-45-3613

アクセス
真狩中心部から道道66号をニセコ方面へ約5km

羊蹄山の登山口にあり、山が目の前にある場所

標高1,898メートルの名峰、羊蹄山を目の前にして、登山口「真狩コース」の入り口にあたるところにあるキャンプ場。登山者専用駐車場という駐車場があり、その上部に区画分けされたフリーサイトと電源付きのオートサイトがある。通路はアスファルト敷きでサイトは芝生地、快適に利用できる。受付にもなっている「森林学習展示館」近くの一帯にも設営することができ、遊具が近いこともあってかファミリーを中心に大型テントが立ち並ぶ。その中間に「Bサイト」もあり利用できる。

木立が残り、芝生のサイトは快適そのもの

炊事場、ゴミ置場は全部で4カ所ある

トイレは水洗式

受付にもなっている「森林学習展示館」には羊蹄山に生える高山植物の展示パネルがあったり、木の砂場があったりと、遊んで学べる施設（館内見学中止の場合あり）

開設期間	1月 2月 3月 4月 5月 6月 7月 8月 9月 10月 11月 12月
	5月上旬～10月下旬

フリーサイト オートサイト コテージ 車椅子対応 水洗

ペット 一部可 ゴミ たき火

memo
■フィールド遊び 登山、昆虫採集、テニス、パークゴルフ

禁止事項 カラオケ・花火・発電機

DATA

開設期間	5月上旬～10月下旬（月曜休、祝日の場合は翌日休み）
利用時間	IN／8時45分～17時30分、OUT／翌11時まで
ゲート	なし
管理人	8時45分～17時30分駐在
利用料金	衛生協力金 大人800円、小・中学生700円 ●フリーサイト テント・タープ各1張800円～ ●オートサイト 1区画2,800円、テント・タープ各1張600円 ●バリアフリーサイト 1区画2,000円、テント・タープ各1張600円
管理棟	まきの販売あり（1束800円）
キャンピングカー	18～20mまで可

ルスツ山はともだちキャンプ場

森林・川辺

るすつやまはともだちきゃんぷじょう

現地	留寿都村字泉川13
電話	0136-46-3111 (ルスツリゾート総合予約センター)
予約	完全予約制(公式HPから)、キャンセル料の規定あり

アクセス▶
喜茂別町の「郷の駅ホッときもべつ」から国道230号を留寿都村方面へ。約7km

遊園地とプールと温泉をあわせて楽しむ

キャンプ場はリゾートの入り口から「V」のロゴが付いたホテルの裏手を通って、ひつじひろばを過ぎ、砂利道を上がった先にある。スキー場の緩やかな斜面を利用したエリアには、12区画のオートサイトがセンターハウス前に整備され、その両サイド側がフリーサイトになっている。かつて夏休みに1カ月間だけ営業していたキャンプ場をリニューアルし、期間も拡大しての営業。遊園地や温泉などリゾート施設とあわせて楽しめる。車の出入りは8時から16時まで。それ以外はゲートの閉鎖があるのでご注意を。

オートサイトは砂利敷の通路と芝生のサイト

受付とその横には炊事場がある

温水洗浄便座もあるトイレ

フリーサイトは斜面下側。その先は歩いて10分ほどで温泉「ことぶきの湯」に行ける

⌂ DATA

開設期間	6月上旬〜9月下旬
利用時間	IN／13時〜16時、OUT／翌8時〜11時まで
ゲート	あり
管理人	8時〜17時駐在
利用料金	●入場料(入浴料含む) 大人3,300円、小学生(6歳〜11歳)2,200円、幼児(4歳〜5歳)1,650円 ●サイト使用料 ビッグオートサイト／12区画(18m×13m)1泊1区画4,400円、フリーサイト(テント1張＋タープ1張)1泊2,200円
レンタル用品	手ぶらセット(36,000円)、テント、寝袋など各種あり
管理棟	自販機、売店
キャンピングカー	6mまで可

	1月	2月	3月	4月	5月	6月	7月	8月	9月	10月	11月	12月
開設期間						6月上旬〜9月下旬						

水洗

memo

■フィールド遊び
　遊具、昆虫採集

⊗ 禁止事項　ペット・直火・発電機・大音量の機材使用

森林・川辺

歌才オートキャンプ場ルピック

うたさいおーときゃんぷじょう　るぴっく

現地　黒松内町字黒松内 521-1

電話　0136-72-4546（現地管理棟）
オフ期間の問い合わせはブナセンター（☎ 0136-72-4411）へ

予約　受付／4月上旬の日曜日からインターネット予約
キャンセル料／キャンセル料はかからないが、事前に必ず連絡を

歌才森林公園
歌才オートキャンプ場ルピック
9　函館本線
5

アクセス
黒松内市街より道道 9 号を南へ約 3km

北限のブナ林近く、直火ができるオートサイト

　後志管内黒松内町はブナ北限のまちとして知られる。国の天然記念物に指定される「歌才ブナ林」の近く、「ブナセンター」の向かいに雰囲気のよいキャンプ場がある。場内はオートサイトがメインの 27 区画。豊かな森の中にゆったりと配置されている印象だ。各サイトには直火ができる炉が付いているのが特徴である。一方通行のアスファルト通路が場内をゆるやかにつなぐ。中央にオープンスペースがあり、管理棟近くにフリーサイトのほか、芝生スペースにタープを張ることができるバンガローが 3 棟立つ。

各サイトには炉がある。背後には森が広がり、いい感じ

DATA

開設期間	4月下旬〜10月中旬
利用時間	IN／13 時〜17 時、OUT／翌 8 時〜11 時
ゲート	21 時〜翌 7 時閉鎖
管理人	24 時間常駐
利用料金	●入場料　高校生以上 900 円、小中学生 450 円（2 泊目からは入場料不要）　●日帰り利用　高校生以上 450 円、小中学生 250 円（別にサイト使用料 250 円）　●フリーテントサイト／9 区画　1 泊 1 張 550 円　●カーサイト／24 区画（電源 10A、流し台、野外炉）1 泊 1 区画 2,500 円　●カーサイト／3 区画（電源 30A、流し台、野外炉）1 泊 1 区画 3,500 円
レンタル用品	寝袋、たき火台レンタルあり
管理棟	受付、自販機、トイレ、シャワー、ランドリー、共同炊事場、売店コーナー（まき、炭、特産品のハム、ソーセージなど）
キャンピングカー	20m まで可

メモ：黒松内町観光協会ブナ北限の里ツーリズムでは、ブナ林のガイドツアーや、手ぶらで釣り体験などを開催。地元とのふれあい交流体験ができる。要予約で楽しもう

トイレ棟は中央部分にある

流し台には専用のフタがある

開設期間	1月	2月	3月	4月	5月	6月	7月	8月	9月	10月	11月	12月
				4月下旬～10月中旬								

⊗ 禁止事項　カラオケ・花火・発電機

フリーサイト　オートサイト　コテージ　車椅子対応

水洗

ペット　ゴミ　たき火　Wi-Fi　ランドリー

memo
■ フィールド遊び
ブナ林散策、木工・陶芸体験、MTB、昆虫採集

バンガローの窓は外側から雨戸のように閉じられる仕様

🏕 DATA 🎏🎏🎏

タイプ・宿泊料金	●バンガロー(3～4人)3棟　1泊1棟5,500円　別に●入場料　高校生以上900円、小中学生450円(2泊目からは入場料不要)
利用時間	IN／13時～17時、OUT／翌8時～11時

備品・設備など

なし、共同施設利用／シャワーは管理棟に	戸外に流し台と炉、ダッチオーブンのレンタルあり
クッションフロア／寝袋のレンタルあり	照明、電源／洗濯機は管理棟に
野外炉、流し台／タープスペースあり	予約時に申告すれば同伴可、ただしバンガロー内は不可。放し飼い禁止

板張りの室内はいたってシンプル

管理棟にはウィンナーやチーズも販売

管理棟の水場。シャワーやランドリーもある

📍 周辺スポット

キャンプ場の向かいにある「ブナセンター」にはぜひ寄ってみよう。黒松内のブナの歴史や、ブナに関する本なども多数ある

キャンプ場から約12kmにある道の駅「くろまつない」には地元の野菜の直売があるほか、地元で製造されるソーセージ類も。パンやピザも人気の逸品

♨ 温泉情報

キャンプ場からすぐのところにある温泉施設。サウナやジェットバスがある洋風浴室と、檜風呂や露天風呂がある和風浴室があり、日替わりで男女を入れ替える

黒松内温泉　ぶなの森　 ☎ 0136-72-4566

【営業時間】11時～21時30分営業(4月～10月)【定休日】第1水曜休(11月～3月は第1・第3水曜休)【料金】大人600円、小学生300円、幼児無料

森林・川辺

豊浦町森林公園
とようらちょうしんりんこうえん

現地	豊浦町字礼文華 526 番地 1
電話	0142-85-1120（現地管理棟）
予約	完全予約制　キャンプ場予約サイト「なっぷ」から

アクセス

国道 37 号を豊浦町へ。道道 609 号との分岐から礼文華海岸へ向かうと、途中に森林公園への案内板。そこを右折し約 2km ほど

広い森林公園の中にあって遊びも充実

豊浦といえば、多くのキャンパーたちは海を見ながらのキャンプシーンを思い描くだろう。実際、海に面したロケーションの良いサイトがいくつかある。でも、たまには森の中でというキャンパーにお薦めなのがこのサイト。場内は管理棟近くに三角屋根のシャープなバンガローがあり、テントサイトは場内奥へいくつかに分かれている。チャプチャプ池からは小川が流れ、木製アスレチック遊具もある。実は、国道 37 号の道路の下側に位置するのだが、到着するにはぐるっと回り込む必要がある。

あえて狭い場所で設営するキャンパー。なんとも落ち着く感じに納得だ

DATA

開設期間	5月上旬～10月末日
利用時間	IN／13 時～、OUT／翌 11 時まで
ゲート	なし
管理人	8 時～17 時駐在
利用料金	●テント、タープ　各 1 張 500 円
レンタル用品	なし
管理棟	受付、自販機／集会場（30 人以上の団体）1 日 10,000 円
キャンピングカー	専用サイトのみ可

キャンプ場から約 18km の国道沿いにある道の駅「とようら」

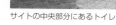

サイトの中央部分にあるトイレ

シンプルなバーベキューハウス

	1月	2月	3月	4月	5月	6月	7月	8月	9月	10月	11月	12月
開設期間					5月上旬～10月末日							

⊗ 禁止事項　花火（指定の場所で21時まで）・カラオケ

水洗

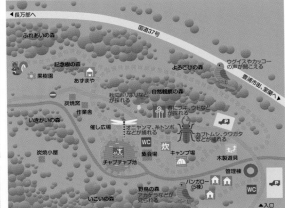

ほどよい間隔で立つバンガロー。管理棟のある入り口近くに立つ

---

memo
■ フィールド遊び
　水遊び、遊具、昆虫採集

 DATA

タイプ・宿泊料金	●バンガロー（5～6人用）3棟、（2～4人用）2棟　1泊1棟　4,000円
利用時間	IN／13時～、OUT／翌11時まで

備品・設備など

🛏 なし、共同トイレ利用		🍴 なし／用具レンタルなし	
🛏 なし、フローリング床		🔌 照明、電源	
🔥 ブロック無料、ターブスペースあり		排泄物の不始末、放し飼い厳禁。室内犬同伴可	

内部の設備は最小限

バンガローの外観

木製遊具もあって楽しく遊べる

📍 周辺スポット

豊浦町噴火湾展望公園
坂道を上がって展望台に上れば、豊浦のまちが一望できる。大型ローラー滑り台もあって楽しい

日本一の秘境駅「小幌」駅
すぐ近くには室蘭本線が通り、知る人ぞ知る秘境駅がある。JRでしかアクセスできないこの駅はトンネルとトンネルの間わずか87mにホームだけがあるという不思議な駅

♨ 温泉情報

豊浦市街地にあり、噴火湾に面して立つ温泉宿泊施設。海側から見ると客船風の外観デザイン。露天風呂では名前のとおり「潮騒」が聞こえ、心地よい。ジャグジーや打たせ湯など11種類の風呂が楽しめる。レストランもあり

天然豊浦温泉　しおさい　☎ 0142-83-1126
【営業時間】10時～21時
【定休日】無休　【料金】大人600円、子ども200円、3歳未満無料

大岸シーサイドキャンプ場

おおきししーさいどきゃんぷじょう

海辺

現地	豊浦町字大岸 184
電話	090-7513-1800（管理人）
予約	不要

アクセス
道の駅とようらから国道37号〜道道608号へ約12km

内浦湾の波の音を感じながら贅沢な時間を過ごす

まるでプライベートビーチでキャンプをしているかのようである。左右に岬状になった岩があり、背後には道路と山。三方を囲まれたその先には、内浦湾（噴火湾）が広がる。芝生地の上には愛車を入れられ、車の横にテントが張れる。愛用品に囲まれて、ひたすら海を眺める。何とも贅沢な時間が過ごせる。「リピーターさんが多いんです」と管理人さんが言う。設備は炊事場など必要最小限のものしかないが、そんなことはあまり気にならない。ここでは波の音を聞きながら極上の時間を過ごそう。

こんな風景を前にテント泊ができる

サイトは芝生で横に長い

テントサイトの下は数メートルの砂浜

温泉はサイトから約10km、豊浦のまちなかにある天然温泉「しおさい」に。和風タイプと洋風タイプの湯船は1日ごとに男風呂と女風呂が入れ替わる。露天風呂からは、その名のとおり潮騒が聞こえる

	1月	2月	3月	4月	5月	6月	7月	8月	9月	10月	11月	12月
開設期間				4月下旬〜10月末ごろ								

DATA

開設期間	4月下旬〜10月末ごろ
利用時間	フリー
ゲート	なし
管理人	巡回
利用料金	テント1張 1,000円、タープ 1,000円、駐車料金普通車 500円、キャンピングカー 1,000円
レンタル用品	なし
管理棟	受付
キャンピングカー	可

フリーサイト／オートサイト／コテージ／車椅子対応 水洗 WC／温泉

ペット／ゴミ／たき火／釣り／ランドリー

memo
- **フィールド遊び**
  海を眺める
- **豊浦町はイチゴが名産品。**
  「礼文華観光農園」では
  6月の上旬から下旬まで
  イチゴ狩りができる

禁止事項 カラオケ・発電機

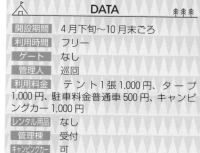

道の駅とようらには地元の特産品がたくさん並ぶ

海辺

豊浦町高岡オートキャンプ場
とようらちょうたかおかおーときゃんぷじょう

現地	豊浦町字高岡海浜地
電話	0142-83-1234（管理棟）
予約	完全予約制、キャンプ場予約サイト「なっぷ」から

アクセス 豊浦の市街地から西へ約1.5km

道央
道南
道北
オホーツク
道東

ユニークなキャンピングカーサイトが特徴

胆振管内豊浦町にはいくつかキャンプ場があって、海を眺めながらのキャンプが楽しめる。その中でも、ここはキャンピングカーの専用サイトが特徴だ。場内入って左側がその専用部分。広いスペースにアスファルトが敷かれ、一つの炊事場を中心に放射状に4台が使うレイアウトになっている。一方のフリーサイトは右側にある。海に向かって芝生が張られたフラットな場所。10台分の駐車スペースがあるので、荷物運びに便利だ。内浦湾を眺めながら、潮騒をBGMに開放感あふれるキャンプができる。

フリーサイトは駐車場が近く、オート感覚で使える

フリーサイトの炊事場

トイレを兼ねる管理棟

キャンピングカーの専用サイト。中央の炊事場を共通で使うユニークなもの

DATA

開設期間	7月中旬～9月末
利用時間	IN／13時～17時、OUT／翌11時まで
ゲート	なし
管理人	7月中旬～8月中旬は8時～17時駐在、それ以外は巡回
利用料金	●フリーサイト 1台5,000円（ワンボックスカー程度までの車両）●キャンピングカーサイト 5,000円（電源・炊事場あり）※有料ゴミ袋（60円）で燃えるゴミのみ回収可（ゴミ捨て場は隣りの豊浦海浜公園キャンプ場へ）
レンタル用品	なし
管理棟	受付、トイレ
キャンピングカー	7mまで可

	1月	2月	3月	4月	5月	6月	7月	8月	9月	10月	11月	12月
開設期間							7月中旬～9月末					

memo
■フィールド遊び
浜遊び

⊗ 禁止事項 遊泳禁止・花火（指定の場所で21時まで）

57

豊浦海浜公園キャンプ場

とようらかいひんこうえんきゃんぷじょう

海辺

現地	豊浦町浜町海浜地
電話	0142-82-8260（電話予約は不可）
予約	完全予約制　キャンプ場予約サイト「なっぷ」から

▶ アクセス ▶
道の駅とようらから「しおさい」を目指し約2kmで現地

道央自動車道 / 貫気別川 / 702 / 噴火湾展望公園 / 37 / ふるさとドーム / 室蘭本線 / ▲豊浦海浜公園キャンプ場 / 内浦湾

噴火湾で海水浴が楽しめる

フリーサイトは40組限定。10メートル×10メートルの範囲内でテントとタープを各一張できる（3張以上の場合は追加で1組予約が必要）。敷地内には、堤防に囲まれたエリア内唯一の海水浴場があり、海水浴が楽しめる。屋外には無料シャワーを完備しているためうれしい。茜色に染まる夕やけは格別の美しさである。2023年から有料ゴミ袋（60円）購入で燃えるゴミのみの回収が可能になっている。

海から見るキャンプサイト

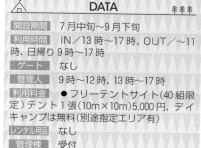
とても広いサイトに40組限定

炊事場、炭捨て場ともに3ヵ所ある

海水浴後に常温シャワーを浴びてスッキリ

DATA

開設期間	7月中旬〜9月下旬
利用時間	IN／13時〜17時、OUT／〜11時、日帰り9時〜17時
ゲート	なし
管理人	9時〜12時、13時〜17時
利用料金	●フリーテントサイト（40組限定）テント1張（10m×10m）5,000円、デイキャンプは無料（別途指定エリア有）
レンタル用品	なし
管理棟	受付
キャンピングカー	不可

	1月	2月	3月	4月	5月	6月	7月	8月	9月	10月	11月	12月
開設期間							7月中旬〜9月下旬					

memo
■フィールド遊び
海水浴・星空
■温泉 なし
隣接に「豊浦温泉しおさい」あり

⊗ 禁止事項　直火、花火（一部エリアでOK）

礼文華海浜公園キャンプ場

海辺

れぶんげかいひんこうえんきゃんぷじょう

現地	豊浦町字礼文華海浜地
電話	0142-85-1111
予約	完全予約制 キャンプ場予約サイト「なっぷ」による事前決済制

アクセス
豊浦IC から道道 608 号へ、約 10km で現地

目の前は太平洋、後ろを振り返れば山というロケーション

キャンプ用トレーラーハウス（snow peak・住箱）が5棟あり、そのうちの2棟に常温シャワー・トイレが完備されている。室内もとてもきれいに管理されている。キャンプ場目の前には噴火湾が広がり、海水浴は NG だが海辺で遊びができる。

開設期間
1月 2月 3月 4月 5月 6月 7月 8月 9月 10月 11月 12月
4月29日〜10月29日
トレーラーハウス 通年

memo
■フィールド遊び
散策・星空・昆虫
採集・水遊び

⊗ 禁止事項　直火、遊泳

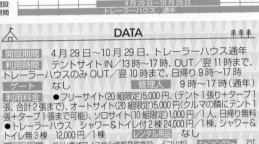

DATA

開設期間	4月29日〜10月29日、トレーラーハウス通年
利用時間	テントサイト IN／13時〜17時、OUT／翌11時まで、トレーラーハウスのみ OUT／翌10時まで、日帰り9時〜17時
ゲート	なし	管理人	9時〜17時（通年）
利用料金	●フリーサイト(20組限定)5,000円、(テント1張り+タープ1張、合計2張まで)、オートサイト(20組限定)5,000円(クルマの隣にテント1張+タープ1張まで可能)、ソロサイト(10組限定)1,000円／1人、日帰り500円●トレーラーハウス　シャワー&トイレ付2棟24,000円／1棟、シャワー&トイレ無3棟 12,000円／1棟　 レンタル用品　なし
管理棟	受付(豊浦アイヌ文化情報発信施設　イコリ内)　キャンピングカー　可

赤井川 "シエル" キャンプ場

森林・川辺

あかいがわしえるきゃんぷじょう

現地	赤井川村字都 221
電話	080-6076-4505
予約	電話、公式 HP から

アクセス
国道 393 号を赤井川方面へ。コロポックル村向かいに現地

ほぼ全てのゴミを捨てて帰宅できるのは嬉しい

道の駅「あかいがわ」から約1.6キロ、国道393号沿いに位置する。場内奥に余市川が流れているため、車の音はほとんど気にならない。指定ゴミ袋を購入で、可燃・不燃・資源物の回収をしてくれる。場内にあるカフェでの飲食も楽しい。

直火が楽しめるみんなのたき火場

開設期間
1月 2月 3月 4月 5月 6月 7月 8月 9月 10月 11月 12月
4月〜11月

memo
■フィールド遊び
散策・星空・
川遊び

⊗ 禁止事項　直火、花火(21時以降)

DATA

開設期間	4月〜11月
利用時間	IN／12時〜18時、OUT／11時
ゲート	なし	管理人	8時〜17時
利用料金	●オートサイト(川沿いエリア)1泊1,000円、フリーサイト(フリーエリア)区画利用料無料　●施設利用料(1泊1名)宿泊／平日600円、土日祝1,000円(小学生以下無料)、日帰り／平日500円、土日祝800円(小学生以下無料)
レンタル用品	なし
管理棟	受付(水・木・金の受付は併設カフェで)　キャンピングカー　可

AKAIGAWA TOMO PLAYPARK

森林・川辺

あかいがわ　とも　ぷれいぱーく

現地	赤井川村字明治 56
電話	0135-34-7575
予約	キャンプサイト、グランピング共に公式 HP から要事前予約（オンライン予約のみ）

アクセス

赤井川村にある道の駅「あかいがわ」から倶知安方面へ約 3km

清流が横に流れ、豊かな森の中にいる気分

道の駅「あかいがわ」から車で5分ほど、白井川の流れる音が聞こえる森のキャンプ場。場内は車の乗り入れが指定境界まで可能で、一部、オートキャンプのような利用もできるようになっている。著名建築家がデザインしたトレーラーハウス「住箱」が3つ点在し、広いウッドデッキを配して快適なコテージキャンプが楽しめる。キャンプ場の隣には「フィッシングポンド」があり、ルアーかフライでニジマスのキャッチ＆リリースが楽しい。温泉は村内の「赤井川カルデラ温泉」まで約9キロ。

ホテルのような室内とタープにデッキがついた「住箱」。2022 年シーズンからハンモックとロッキングチェア、冷蔵庫が追加になっている

シンプルな炊事場は 2 カ所

管理棟の自動販売機でチケットを購入

開設期間	1月	2月	3月	4月	5月	6月	7月	8月	9月	10月	11月	12月
					5月上旬～11月上旬							

DATA

開設期間	5月上旬～11月上旬
利用時間	IN／11 時 30 分～、12 時～、12 時 30 分～、13 時～（予約時に空きのある時間帯から選択制）、OUT／8 時～10 時 30 分
ゲート	なし
管理人	8 時 30 分～17 時 30 分
利用料金	●入場料　大人 1,250 円、小学生 500 円、幼児無料　●車　普通車 1,200 円、キャンピングカー 2,100 円、バイク 500 円、自転車無料　●手ぶらセットは 7,500 円から、グランピングは 1 泊大人 1 人 9,050 円～
レンタル用品	たき火台、BBQ コンロ、ランタンなど各種有料
管理棟	販売の炭・まきあり
キャンピングカー	一部可能、要電話問合せ

memo
■フィールド遊び
釣り、昆虫採集　など

水洗

フリーサイト　オート　コテージ　温泉

ペット　ゴミ　たき火　WiFi　ランドリー

禁止事項　カラオケ・発電機・直火

農村公園フルーツパークにき

のうそんこうえん　ふるーつぱーく　にき

田園・丘陵

現地	仁木町東町 16丁目 121
電話	0135-32-3500（フルーツパークにき）
予約	4月1日から電話受付

アクセス
国道5号を余市から仁木市街に向かうと、観光センター少し手前に道路標識。そこから左折して約2km、フルーツ街道沿い

前庭にキャンプサイトが登場、コテージもある

サクランボやリンゴなどの果樹を主軸にした農村公園。カフェレストランと育苗温室をメインに、ジャンボ滑り台や、日本海が見える展望台などがある。この敷地内、建物前庭の芝生広場に相当する部分にキャンプサイトが登場している。8つの区画サイトに「お泊りキャンプ」プランや「日帰りデイキャンプ」プラン、手ぶらサイトがある。園内の斜面中腹には別荘タイプのコテージが並び、こちらは快適なホテルのようである。施設内には子ども用のボルダリング施設もあって、無料でトライすることができる。

5棟並んで立つコテージ。うち1棟はバリアフリー

一階のダイニングからキッチン方面

ベッドルームはホテルのよう

施設内には子どもたちのためのアミューズメントスペースが開放。ボルダリングもあり、気軽にクライミング体験ができる。雨天でも大丈夫だ

	1月	2月	3月	4月	5月	6月	7月	8月	9月	10月	11月	12月
開設期間				4月20日～10月末日								

コテージ　車椅子対応　温泉
WC　水洗

ペット　ゴミ　たき火　Wi-Fi
コテージ内は不可　ゴミ袋購入で　　　管理棟のみ

memo
■フィールド遊び
遊具、キッズスペース、
子供ボルダリング

禁止事項	特になし

DATA

開設期間	4月20日～10月31日
利用時間	キャンプサイトIN／11時、OUT／翌10時まで　コテージIN／14時30分、OUT／翌10時まで
ゲート	なし
管理人	9時～18時在住
利用料金	●キャンプサイト1泊1サイト 5,800円～　●コテージ（6人用）平日は1泊 14,500円、金・土・日・祝日、7・8月は1泊 15,700円
レンタル用品	テント、寝具セットなどあり
管理棟	レストランあり
キャンピングカー	RVパーク内可（有料、要問い合わせ）

ウィンケルビレッジ朝里川温泉オートキャンプ場

ういんけるびれっじ　あさりがわおんせんおーときゃんぷじょう

現地	小樽市朝里川温泉2丁目686
電話	0134-52-1185（ウィンケルビレッジ）
予約	受付／キャンプ場は4月上旬からウィンケルビレッジにて、予約受付 キャンセル料／前日・当日は利用料金の100％、利用日前によって 20％〜30％を請求 ※1グループ6人まで。7人以上は複数サイトを予約しても利用不可

アクセス

国道5号の小樽市街から6kmほど札幌寄り・朝里
十字街の交差点を朝里川温泉方向（道道1号）へ約
4km

露天風呂付きテラスがあるコンドミニアム

朝里川温泉街近くにある複合型宿泊施設。コンドミニアムと貸別荘がメインだが、オートキャンプ場とソロキャンパー向けのこぢんまりとした設営地が使える。テントサイトはさらさらと川の流れる音が聞こえる心地いい場所。大きな木々があるためか、建物などの人工物があまり気にならない。受付をするフロントではダッチオーブンやバーベキューセットなどのレンタル品も貸し出している。コンドミニアムのテラスには源泉100％の露天風呂と暖炉が備え付けられていて、通年営業している。

DATA

開設期間	GW〜10月下旬
利用時間	IN／13時〜17時、OUT／翌10時30分
ゲート	18時閉鎖　チェーン規制
管理人	24時間常駐（夜間は従業員宿舎で）
利用料金	●入場料　大人880円、小学生440円、幼児220円（ペットは犬のみ550円、ごみ処理料含む）●区画オートサイト（電源付き）1泊1区画4,400円 ●KOYAハウス　1泊1棟16,500円 ●パオハウス1泊1棟13,750円　※予約なしの場合は入場料550円増
レンタル用品	BBQ用具一式、テント、タープ、ライト、生ビールサーバー、釣り道具など
管理棟（ウィンケル受付事務所）	受付、売店（網、たき付け、酒類、調味料、スナック、炭、まきほか）
キャンピングカー	8mまで可

車横付可能なオートサイト。建物がすぐそばにあるがさほど気にならない

定員4人用のパオハウス　　　管理棟は右の建物

食材調達

●朝里市街（車で約5分）まで行くと、ホクレンショップやトライアルなどのスーパーあり

●管理棟の受付に売店があり、スナック菓子や飲料が買える

	1月	2月	3月	4月	5月	6月	7月	8月	9月	10月	11月	12月
開設期間					GW～10月下旬（貸別荘は通年）							

 禁止事項 夜間の大声・大騒ぎ・打ち上げ花火・直火

 水洗

一部可

memo
■ フィールド遊び
散策、釣り、昆虫採集、海水浴

DATA

タイプ・宿泊料金	● 温泉露天風呂付コンドミニアム6棟（4人用3棟、5人用2棟、7人用1棟）1泊1棟37,840円～、平日少人数プラン1人12,100円～ ●一般貸別荘10棟（6人～14人用）1泊1棟31,020円～、平日少人数プラン1人6,160円～
利用時間	IN／15～18時、OUT／翌10時30分まで

備品・設備など

	バス、トイレ、シャワー（露天風呂付きも）		ガスコンロ、炊飯器、トースターなど調理器具一式、食器一式
	カーペットなど／寝具一式		照明、暖房、テレビ、冷蔵庫、扇風機、エアコン
	バーベキューセットのレンタルあり		ペットOKの棟あり

道道1号沿いに貸別荘がずらりと並ぶ。タイプはそれぞれ異なり個性的

露天風呂につかりながら絶景も

落ち着いた和風の室内

グループや団体向けの部屋もあり

周辺スポット

敷地のすぐ近くを流れる朝里川では釣りや川遊びができる。釣り具のレンタルもあり（解禁期間のみ）。子供は保護者同伴で遊ぼう

朝里海水浴場までは車で約10分。きれいな日本海にいやされる。開設は7月中旬から8月下旬までの期間。浜は砂ではなく、石の浜になっている

温泉情報

キャンプ場から道路をはさんで向かいにある温泉ホテル。露天風呂には夜、ホタルを連想させるイルミネーションが彩られる。大浴場やサウナもあり

朝里クラッセホテル ☎ 0134-52-3800
【営業時間】平日は11時～18時、土日祝は11時～16時
【料金】大人 1,500円、小学生 700円

おたる自然の村

森林・川辺

おたるしぜんのむら

小樽駅
小樽運河
北照高校
おたる自然の村
小樽IC

現地	小樽市天狗山1丁目4152林班
電話	0134-25-1701
予約	受付／利用希望日の6カ月前から、電話受付 キャンセル料／予約時に確認 オフ期間／一般財団法人おたる自然の村公社で通年対応

アクセス
小樽市街地から環状線（道道956号）を塩谷方向
へ。北照高校を過ぎたところにある案内板を左
折、2kmほど

野外学習にも使われ、学校や団体にも最適

小樽天狗山の山頂に通じる道の途中にある林間のサイト。管理棟にもなっている「おこばち山荘」は日帰り入浴や宿泊もできる研修施設である。学校や団体の利用も多い。駐車場から受付を通って設営地までは少々リヤカー引きが続く。キャンプサイトはカラマツ木立の中にある。テントの大きさを考えて適度な場所を選びたい。三角屋根のシンプルなバンガローも森の中にたたずんでいる。ちなみに、おこばちとは、「於古発」と書く。小樽を流れる川の名称だ。

フリーサイトは背の高い木立の中。木漏れ日がやさしく涼しげ

DATA

開設期間	5月上旬〜10月下旬
利用時間	IN／14時〜、OUT／翌10時まで
ゲート	22時〜翌6時閉門
管理人	24時間常駐（おこばち山荘9時〜22時）
利用料金	●入場料　1人200円（宿泊、日帰り） ●持ち込みテント　1泊1張500円〜（タープなど1張500円追加）　●常設テント（5人用）　1泊1張1,000円
レンタル用品	パークゴルフ用具1日200円
センターハウス （おこばち山荘）	受付、自販機、食堂、ランドリー、浴室、研修室、ロビーのみWi-Fi可
キャンピングカー	不適

食材調達

- 小樽の地酒といえば、田中酒造。創業1899年（明治32年）の老舗の酒造会社。小樽運河近くの亀甲蔵で酒造見学と合わせて地酒を仕入れよう
- ワインでは北海道ワインの本社併設「おたるワインギャラリー」が朝里川温泉近くにある。こちらも見学と試飲が可能。お気に入りを見つけよう

炭火を扱う炉が2カ所にある

常設テント近くにはイステーブルも

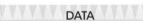

道央 道南 道北 オホーツク 道東

	1月	2月	3月	4月	5月	6月	7月	8月	9月	10月	11月	12月
開設期間					5月上旬～10月下旬							

 禁止事項　打ち上げ花火・音の出る花火・ペット・カラオケ・場内への車両乗り入れ

 フリーサイト
 オートサイト
 コテージ
 車椅子対応
水洗
 温泉

ペット　ゴミ　たき火　Wi-Fi　ランドリー

たき火はタープテント、もしくはスクリーンテントの屋根（庇）内のみ

memo
■フィールド遊び
　遊歩道多数、昆虫採集、パークゴルフ

DATA

タイプ・宿泊料金	●バンガロー(5人用)10棟　1泊1棟3,000円　●常設テント(5人用)　1泊1張1,000円　別に ●入場料1人200円
利用時間	IN／14時～、OUT／翌10時まで

備品・設備など

なし、共同トイレ利用	なし／炊事セットレンタルあり
なし／寝具セットレンタルあり	照明なし／電池ランタン無料レンタル
炊事棟、炊飯棟	NG

林道の遊歩道
ハトの鳴き声に注目！「デデッポーポー」はキジバト、「オーアオー」と鳴くのがアオバト、探してみましょう！

クジャクチョウも姿を見せる

天狗山へ

フリーサイト

尾根コースへ

冒険の森

アオバト（小樽市の鳥）やアカゲラ、オオルリなどが見られる

運動広場

おこばち山荘

看板

管理棟

炊

倉庫
受付

バンガロー(10棟)

パークゴルフ場

農園

小樽市街へ　天狗山観光道路

ミヤマクワガタやアキアカネなど

バンガローも木立の中に不規則に立っている。イステーブルが使えて便利

内部はいたってシンプル

立派なトイレ棟

入口にはリヤカーがずらりとある

周辺スポット

天狗山へは遊歩道が続いていて歩いても行ける。山頂からは小樽市内はもちろん港や日本海が一望できる絶景ビュースポット

小樽の新観光スポット「青の洞窟」へは、小樽運河をはじめ、各所から船やボート、カヤックツアーが出ている。神秘的な輝きをぜひ見てみよう

温泉情報

小樽築港近くにあり深夜でも入浴できる温浴施設。フェリー待ちの人にも人気。秋田杉の露天風呂や寝湯、サウナなどがある

小樽温泉オスパ　☎0134-25-5959

【営業時間】9時30分～翌7時50分営業　【定休日】無休
【料金】大人850円、3歳～小学生300円（深夜料金は別途）

monk camp site

海辺
もんくきゃんぷさいと

日本海
monk camp site
塩谷駅
後志自動車道

現地	小樽市塩谷2丁目33-5
電話	090-9512-0961（9時〜17時）
予約	予約制、メール（sekai2179@gmail.com）、SNSダイレクトメッセージ（https://www.instagram.com/oteranpu/）

アクセス

札幌方面から国道5号を余市方面へ。塩谷海水浴場手前の伊藤文学碑向かい。

子どもから大人まで夢中になる屋内スケートパーク

memo
■フィールド遊び
星空・昆虫採集・
スケートボード・
海水浴・釣り

海が近い森の中のキャンプ場。徒歩約6分で塩谷海水浴場に到着する。トイレや炊事場も清潔で、シャワー室も完備。キャンプ場内にあるスケートボードができるパークの利用も可能だ。友人同士・企業の親睦会に適する森の貸切プランもあり。

開設期間 | 1月 2月 3月 4月 5月 6月 7月 8月 9月 10月 11月 12月
通 年（予定）

DATA

開設期間	通年営業（予定）
利用時間	IN／12時〜18時、OUT／13時、日帰り／12時から19時
ゲート	なし	管理人	8時〜17時駐在
利用料金	●大人2,000円、子ども1,000円、ペット500円、森貸切25,000円（平日）
レンタル用品	テント、タープ、テントサウナフルセット、ハンモック、石油ストーブ、薪ストーブなど
管理棟	受付、売店、休憩所	キャンピングカー	可

⊗ 禁止事項 | 直火

京極スリーユーパークキャンプ場

公園
きょうごく　すりーゆーぱーくきゃんぷじょう

京極スリーユーパークキャンプ場　ワッカタサップ川
道の駅　京極温泉　京極町役場　尻別川

現地	京極町字川西
電話	0136-42-2189（現地管理棟）
予約	完全予約制、5月1日から、利用日の2日前までに予約のこと

アクセス

京極の市街地から道道478号を道の駅方面へ約1km

受付はパークゴルフと共用だ

memo
■フィールド遊び
昆虫採集、パーク
ゴルフ、テニス

京極温泉に隣接するキャンプ場。パークゴルフ場の横の芝生地にテントが張れる。雰囲気は公園そのもの。トイレも清潔で温水洗浄便座も備えられている。コンビニも近い。多くの人で賑わう道の駅や「羊蹄のふきだし湧水」で知られるふきだし公園もすぐそばだ。

開設期間 | 1月 2月 3月 4月 5月 6月 7月 8月 9月 10月 11月 12月
5月上旬〜10月末

DATA

開設期間	5月上旬〜10月末
利用時間	IN／11時〜17時、OUT／翌11時まで
ゲート	なし	管理人	7時半〜19時半
利用料金	●持ち込みテント、タープ各1張500円（大型の場合は500円追加）
レンタル用品	なし
管理棟	受付、休憩コーナー
キャンピングカー	駐車場のみ可（1台500円）

⊗ 禁止事項 | カラオケ・花火・発電機

余市アウトドアパーク・ノボリ

田園・丘陵

よいちあうとどあぱーくのぼり

現地	余市町登町 907-1
電話	0135-22-3000 （現地、10 時〜18 時）
予約	可能　キャンセル設定あり

アクセス

後志自動車道の余市 IC から道道 753 号へ、500m ほど南へ進み左折。Y の字を右斜めに進む。IC から約 6 分

個人オーナーが手作りで始めたキャンプ場。余市 IC から近いが、看板などがないためアクセスにはご注意を。こぢんまりとした場内だが、A サイトから G サイトまで 5 タイプの区画割された車乗り入れ可能なサイトがある。全区画でペットも OK。

	1月 2月 3月 4月 5月 6月 7月 8月 9月 10月 11月 12月
開設期間	4月〜11月末

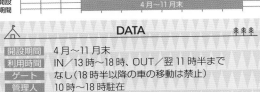

DATA

開設期間	4月〜11月末
利用時間	IN／13 時〜18 時、OUT／翌 11 時半まで
ゲート	なし（18 時半以降の車の移動は禁止）
管理人	10 時〜18 時駐在
利用料金	● 施設利用料　A サイト 2,800 円、B サイト 5,500 円（平日料金あり）ほか　※場内には水道がないので飲料水は必携
レンタル用品	なし　　管理棟　受付、自動販売機
キャンピングカー	可

場内のトイレ棟、温水洗浄便座も設置

memo
■ フィールド遊び
昆虫採集

 禁止事項　エンジン発電機・花火

コテージ 「アリスの里」

田園・丘陵

こてーじ　ありすのさと

現地	岩内町野束 258-92
電話	0135-62-2661（天野商店）または、 080-1893-2461（9〜17 時受付）
予約	公式 HP から

アクセス

岩内市街から道道 840 号を「いわないスキー場」方向へ。誘導板に従い坂道を上り、温泉郷に入る手前の枝道を右折（案内板あり）。国道から約 5km

後志管内岩内町のオートキャンプ場の近く。露天風呂が付いたコテージやログハウスなど個性あふれる 11 棟が利用できる。設備も充実。貸別荘感覚で利用が可能だ。通年で利用ができるので、冬はニセコ方面へのスキー拠点としてもいいだろう。

	1月 2月 3月 4月 5月 6月 7月 8月 9月 10月 11月 12月
開設期間	通年

DATA

タイプ・宿泊料金	コテージ 1 棟 平 日 2 人 で 11,000 円〜。休前日や夏休み料金は詳細プランが各種あり、公式ホームページで確認のこと
利用時間	IN／14 時〜、OUT／翌 10 時まで

備品・設備など

バス、シャワー、トイレ、洗面台	流し台、レンジ
フローリング	照明、冷蔵庫、テレビ
なし	不可

眺望がいいバルコニー

memo
■ フィールド遊び
遊歩道、岩内港で釣り、パークゴルフ場、美術館巡り

 禁止事項　特になし

いわないリゾートパーク オートキャンプ場マリンビュー

いわないりぞーとぱーく　おーときゃんぷじょうまりんびゅー

現地	岩内町野束 350-8
電話	0135-61-2200（センターハウス）
予約	受付／4月上旬より電話と公式 HP https://www.iwanai-kanko.jp/iwanai_camp にて受付 キャンセル料／キャンセル料はかからないが、事前に必ず連絡を オフ期間／岩内町役場観光経済課 ☎ 0135-67-7096

アクセス
岩内市街より道道 840 号をいわない温泉入口の方向に約 5km で現地

日本海を一望、夜景がきらめく高台サイト。電源付サイトが増えた

後志管内岩内町の市街地から車で約 10 分、坂道を上った先にある総合キャンプ場。センターハウス付近には電源付きのキャンピングカーサイトがあり、その先に 5 人用の立派なコテージが 9 棟並ぶ。さらにもう一段、坂を上った先にフリーテントサイトと電源付きのカーサイトがある。上側のサイトからは岩内湾と神恵内方面の積丹半島がよく見え、夜は夜景を見ながら過ごせる。センターハウスは充実した設備で、観光案内はもちろん、売店やシャワー室、ランドリーもある。

一番上のオートサイト。道路はアスファルト。眺望キャンプを存分に楽しめる

DATA

開設期間	4 月下旬〜10 月 31 日（2024 年は工事のため 9 月 30 日まで）
利用時間	IN／13 時〜17 時、OUT／翌 7 時〜10 時 30 分
ゲート	24 時間（カードで通行可、夜間の出入りは遠慮を）
管理人	24 時間常駐（センター 6 時〜23 時開放）
利用料金	●入場料 中学生以上 1,000 円、小学生 500 円 ●フリーテントサイト／10 張 1 泊 1 サイト 1,000 円 ●カーサイト／40 区画（電源付き） 1 泊 1 区画 3,000 円 ●キャンピングカーサイト／13 区画（電源・炊事台） 1 泊 1 区画 5,000 円 デイキャンプはすべて半額
レンタル用品	寝袋、毛布、タープ、テーブルセット、コンロ、テントなど
管理棟	受付、自販機、情報ギャラリー、図書室、トイレ、シャワー、ランドリー、売店（酒類、氷、インスタント食品、炭、たき付けなど）
キャンピングカー	12〜13m まで可

食材調達

- 岩内町には歴史ある老舗店があり、かまぼこの「カネタ吉田蒲鉾店」や「村本テント」、「さんまる餅店」などぜひ立ち寄りたい
- 道の駅の近くにある「ささや食堂」ではご当地ラーメンの「えび天ぷらラーメン」が味わえる

キャンピングカーサイトには流し台も

展望室もあるセンターハウス

開設期間	1月	2月	3月	4月	5月	6月	7月	8月	9月	10月	11月	12月
				4月下旬〜10月31日								

⊗ 禁止事項　直火・打ち上げ花火・カラオケ・発電機使用

 フリーサイト オートサイト コテージ 車椅子対応 水洗 WC 温泉

 ペット  ゴミ たき火 Wi-Fi ランドリー

memo
■ フィールド遊び
　遊具、散策、昆虫採集

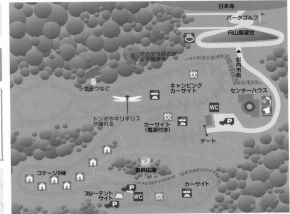

DATA

タイプ・宿泊料金	●コテージ（5人用）9棟　1泊1棟 12,000円　別に●入場料 中学生以上 1,000円、小学生 500円
利用時間	IN／13時〜17時、OUT／翌7時〜10時30分

備品・設備など

トイレ、洗面台／シャワーはセンターハウスに（無料）	流し台、電気ケトル
フローリング床／布団など寝具一式	照明、電源、冷蔵庫、テレビビデオ、暖房／洗濯機はセンターハウスに
野外炉、テーブルベンチ、タープスペースあり	室内同伴は不可、放し飼い禁止、糞の始末はきちんと

ゆるやかな坂道に立つコテージは貸別荘タイプ。設備充実

テレビやソファが完備されるリビング

二階のロフトコーナー

コテージからの眺望

🔍 周辺スポット

いわないパークゴルフ場　36ホールを有するパークゴルフ場。キャンプ場利用者に用具無料のセット割りがある。清々しい眺めはもちろん、高原を渡る風を感じながらプレーができる

帰厚院　1921年（大正10年）に完成した高さ6.8m、木造総金箔塗りの大仏は東京以北では最大の木造の大仏といわれている。とにかく圧倒される。見学の際はひと声かけて

♨ 温泉情報

キャンプ場から下って約1km。源泉100％かけ流しの湯。内湯のみだがシャンプーやボディソープは備え付け。大広間があってくつろげる

サンサンの湯　☎ 0135-62-3344
【営業時間】9時〜21時営業　【定休日】不定休
【料金】大人600円、中学生400円、小学生200円、未就学児無料

道央

道南

道北

オホーツク

道東

69

神恵内青少年旅行村
かもえない　せいしょうねんりょこうむら

海辺

現地	神恵内村ブエダウス
電話	0135-76-5148（現地管理棟）
予約	受付／4月15日から、現地管理棟にて電話受付（9時〜17時） キャンセル料／キャンセル料はかからないが、必ず事前に連絡を オフ期間／役場企画振興課商工観光係　☎ 0135-76-5011

アクセス
国道229号を神恵内村に入り、神恵内市街を珊内方向へ進むとすぐ、沿道に案内板。1kmほど坂道を上る

日本海を見下ろすオーシャンビューが楽しめる

　初夏から夏にかけて、積丹半島の海は独特のブルーに輝く。そんな時季、特に晴れ予報の日にお薦めなのがここのサイトだ。神恵内の高台にあって、寿都方面の弁慶岬や島牧の茂津多岬などが一望できる。場内は道路を挟んで海側と山側にサイトが分かれる。特に海側のコテージからはオーシャンビューが広がる。そのため週末はお気に入りの場所を巡ってコテージの予約合戦が繰り広げられる。テントサイトはやや傾斜がある。

DATA

開設期間	5月1日〜9月中旬
利用時間	IN／14時〜17時、OUT／翌10時まで
ゲート	なし
管理人	8時〜17時
利用料金	●入村料　大人600円、4歳〜高校生400円　●持ち込みテント　1泊1張　1〜3人用300円（＋タープ450円）、4人用以下800円（＋タープ1,200円）、8人用以上1,000円（＋タープ1,500円）
レンタル用品	毛布、網、鍋、鉄板、テニス用具
管理棟	受付、自販機、電話、炭やまきを販売／旅行村内にスポーツセンター、郷土資料館なども
キャンピングカー	不可

テントサイトは芝生地や林間コーナー、広場サイトなどいろいろあり

場内中央部分にある炊事場

木々が点在して木陰をつくる

食材調達

● 神恵内市街地には「伊藤精肉店」、「岡田商店」（酒・食料品）、「菅原商店」（水産加工品・珍味）などがある

● キャンプ場から積丹岬方面へ約5kmのところには道の駅「オスコイ！かもえない」があり、ホタテの活貝やウニなどが販売されている

開設期間	1月	2月	3月	4月	5月	6月	7月	8月	9月	10月	11月	12月

5月1日～9月中旬

⊗ 禁止事項　打ち上げ花火・ペット同伴・カラオケ・発電機使用

フリーサイト　オートサイト　コテージ　洗面手拭所　温泉
水洗

ペット　ゴミ　たき火　Wi-Fi　ランドリー

memo
■ フィールド遊び
海釣り、スポーツセンターでバレーやバスケ・卓球

 DATA

タイプ・宿泊料金	●コテージ（5人用）12棟　1泊1棟16,000円　●バンガロー（7人用）20棟　1泊1棟5,000円 ほかに時間貸し料金あり、要問い合わせ 別に●入村料　大人600円、4歳～高校生400円
利用時間	IN／14時～17時、OUT／翌10時まで

備品・設備など

🚻 トイレ、洗面台	🍳 流し台、ガスコンロ
🛏 畳床／マット、布団など一式	🔌 照明、電源、冷蔵庫
🍖 BBQテーブル、テラス、タープスペースあり	🚫 NG

別荘タイプのコテージと、バンガローがいくつかの場所にある

室内にはトイレやキッチン、ダイニングも

二階は琉球畳が敷かれた和室

森に佇むバンガロー群

📍 周辺スポット

キャンプ場の中にある「神恵内村郷土資料館」。鰊御殿をイメージした建物の中には、鰊漁のあゆみなどが展示される。旅行村利用者は無料で入館できる

キャンプ場の中にある「青少年スポーツセンター」。スポーツ用品の貸出が行われていて、雨の日でもスポーツを楽しめる。旅行村利用者は無料で使用できる（運動靴の持参が必要）

♨ 温泉情報

キャンプ場から積丹方面へ。浴槽と休憩室から日本海が楽しめる温泉。こぢんまりとした浴槽だが、鉄を多く含み、よく温まる

珊内ぬくもり温泉　☎ 0135-77-6131
【営業時間】13時～20時営業　【定休日】毎週月曜日、12／31～1／3
【料金】大人500円、中学生400円、小学生200円

道民の森一番川オートキャンプ場

森林・川辺

どうみんのもり　いちばんがわおーときゃんぷじょう

道民の森
一番川オートキャンプ場

現地　当別町字青山奥二番川
電話　0133-22-3911（道民の森管理事務所）
予約　受付／利用日の3カ月前から道民の森管理事務所で電話受付
　　　（9時30分～16時30分、2月～4月は平日のみ）
　　　（公式HPからのネット予約可能）
　　　キャンセル料／前日の16時30分以降はキャンセル料あり

アクセス
当別市街から道道28号
で約33km

森の中で一番川のせせらぎを聞くオートサイト

石狩管内当別町と空知管内月形町にまたがる「道民の森」。4つのキャンプ場がある中で、車を横付けしてのオートキャンプができるのは、ここだけだ。サイトは深い森の中の様相。場内を1周できる道の両側にランダムに配置されている。背の高い木々があり、ゆったりと広く間隔をあけているため、快適。ナチュラルな雰囲気のオートサイト50区画が利用できる。場内のすぐ横を「一番川」が流れており、せせらぎの音が心地いい。川にコットを持ち出せば、渓流のBGMを聴きながらの昼寝も楽しい。

各サイトがゆったりと配置され、快適に使える

一番川では水遊びもできる

レンタル品もある管理棟

温泉が近くにないのが唯一の難点だが、このキャンプ場のすぐ隣りにある「一番川自然体験キャンプ場」には五右衛門風呂がある。ちょっと大変だけれど想い出に残る体験だ。ぜひチャレンジしてみよう

開設期間

	1月	2月	3月	4月	5月	6月	7月	8月	9月	10月	11月	12月
					5月下旬～9月30日							

memo
■フィールド遊び
川遊び、釣り、昆虫採集

DATA

開設期間	5月下旬～9月30日（融雪状況により変更あり）
利用時間	IN／14時～、OUT／翌12時30分まで
ゲート	なし
管理人	9時30分～16時30分駐在（宿泊者がいる場合24時間駐在）
利用料金	1泊1サイト（車両1台）6,000円（入場料無料）
レンタル用品	テント2,000円、タープ1,500円など。「初めてキャンプセット」あり
管理棟	受付、トイレ、岩風呂
キャンピングカー	5m程度のキャブコンは可、トレーラータイプは一部のみなので予約時に相談

フリーサイト　オートサイト　コテージ　車椅子対応　温泉
水洗WC

ペット　生ゴミのみ　焚火　Wi-Fi　ランドリー
ゴミ

禁止事項　カラオケ・手持ち以外の花火・発電機

72

森林・川辺

道民の森一番川自然体験キャンプ場

どうみんのもり　いちばんがわしぜんたいけんきゃんぷじょう

現地	当別町字青山奥二番川
電話	0133-22-3911（道民の森管理事務所）
予約	受付／利用日の3カ月前から道民の森管理事務所で電話受付（9時30分〜16時30分、2月〜4月は平日のみ）公式ネット予約可能 キャンセル料／前日の16時30分以降はキャンセル料あり

アクセス
当別市街から道道28号で約33km

道民の森
一番川自然体験キャンプ場

五右衛門風呂に入れるコンパクトなフリーサイト

「道民の森一番川オートキャンプ場」の奥にあるキャンプ場で、この2カ所は歩いて行き来できる距離にある。こちらはフリーサイトのみの施設だ。比較的コンパクトな場内は芝生地で、中央にある大きな三角屋根のバーベキューハウスがシンボルになっている。キャンパーはその周りに自由に設営ができる。人気は一番川沿いの部分。森の中、渓流のせせらぎを感じながら一夜を過ごせる。ここではぜひ五右衛門風呂を体験しよう。水入れからまき割りまで自分たちで行い、ようやく沸いたお湯につかるひとときはきっと思い出に残る楽しい時間だろう。

それぞれのスタイルが並ぶ川沿いエリア

要受付の五右衛門風呂は3つある

トイレは1カ所

五右衛門風呂への入り方。お湯をよくかき混ぜ、入浴に適した温度になった後は、かまどにまきを投入せずにお湯が冷めない程度の残り火にしてから入浴しよう。お湯に入る時には備え付けの「スノコ」を沈めて足裏が釜の底に触れないようにしよう

DATA

開設期間	5月下旬〜9月30日（融雪状況により変更あり）
利用時間	IN／14時〜、OUT／翌12時30分まで
ゲート	なし
管理人	9時30分〜16時30分駐在（宿泊者がいる場合24時間駐在）
利用料金	1泊1張2,500円（入場料無料）
レンタル用品	テント2,000円、タープ1,500円など。「初めてキャンプセット」あり
管理棟	受付、トイレ
キャンピングカー	駐車場での車中泊不可

	1月	2月	3月	4月	5月	6月	7月	8月	9月	10月	11月	12月
開設期間					5月下旬〜9月30日							

フリーサイト オートサイト コテージ 車椅子対応 WC
水洗 温泉

ペット ゴミ 生ゴミのみ たき火 WI-FI ランドリー

memo
■フィールド遊び
川遊び、釣り、昆虫採集

⊗ 禁止事項　カラオケ・手持ち以外の花火・発電機

73

道民の森神居尻地区コテージ・林間キャンプ場

森林・川辺

どうみんのもり　かむいしりちくこてーじ・りんかんきゃんぷじょう

現 地	当別町青山奥三番川
電 話	0133-22-3911（道民の森管理事務所）

現地管理棟／☎ 0133-28-2431

予 約	受付／利用日の3カ月前から道民の森管理事務所で電話受付

（9時30分～16時30分、2月～4月は平日のみ）
（公式HPからのネット予約可能）
キャンセル料／前日の16時30分以降は、キャンセル料あり

アクセス

国道275号で当別町市街に入り、青山中央への分岐から道道28号（当別浜益線）へ

日帰りBBQやテント泊、コテージ泊ができる

道民の森施設のいわば「センター」的ポジションとも言えるのが、ここ神居尻地区である。森林学習センターやコテージ棟、キャンプサイトなどが揃う。やや傾斜がある斜面に日帰り用の焼肉広場があり、炉が利用できる。宿泊サイトはその奥、木立が残る傾斜地に丸太の枠で囲われた砂地のサイトが27用意されている。コテージエリアは少し離れた場所にあり、車で移動する。雰囲気のいい木造建物が森に溶け込んでいる。体験プログラムも豊富だ。周囲のトレッキングを楽しむウォーキングマップも整備されているので活用しよう。

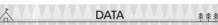

DATA

開設期間	5月1日～10月31日（融雪状況により変更あり）
利用時間	IN／14時～、OUT／翌12時30分まで
ゲート	なし
管理人	9時30分～16時30分駐在（宿泊者がいる場合24時間駐在）
利用料金	●1泊1床(1張)2,500円　シャワー室20分間300円
レンタル用品	「初めてキャンプセット」、テント、シュラフ、BBQコンロ、ランタンなど
案内所	受付、自販機（ジュース類）、水洗トイレ、学習室
キャンピングカー	駐車場での車中泊は不可

傾斜地に川が流れる地形にうまく作られたキャンプサイト

がっしりとした炊事場

トイレは森の中に佇む

食材調達

●当別町内には「いとうジンギスカン」という人気の精肉店があり各種BBQ用の肉が買える。地元の特産品などは当別セレクトショップ「つじの蔵」で。JR当別駅前には「ふれあい倉庫」もあり地元の農産物や加工品が販売される。どっさり買って日帰りBBQコーナーでわいわい味わおう

開設期間	1月	2月	3月	4月	5月	6月	7月	8月	9月	10月	11月	12月

5月1日〜10月31日

禁止事項　カラオケ・手持以外の花火・発電機

車椅子対応
水洗
温泉

ベッド　ゴミ　たき火　キャンプサイト
生ゴミのみ　　　　　　　のみ
Wi-Fi　ランドリー

---

memo

■ フィールド遊び

散策路、水遊び、昆虫採集

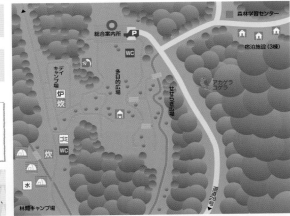

DATA

タイプ・宿泊料金 ●コテージ 4人用 14,000円、6人用 16,000円 ●宿泊管理棟（団体用）4人用 12,000円、6人用 14,000円

利用時間 IN／14時〜、OUT／翌10時まで

※コテージでのたき火は不可

備品・設備など

トイレあり、浴室は管理棟に		クッキングヒーター、炊飯器、電子レンジ、洗剤など	
ロフト・ベッド（1台、一部の部屋）／マット（寝袋・シーツあり）		照明、電源、暖房、冷蔵庫、洗濯機は管理棟に	
炉とイスあり（屋根付き）		NG	

コテージへは車で移動。屋根つきの廊下でつながるタイプもある

内部には必要な設備が整う

キッチンや冷蔵庫もある

屋外の屋根つき BBQ ハウス

周辺スポット

森林学習センターには体育館があり、研修室や工作室もある。人気は「木の砂場」。雨天時にはありがたい施設だ。コテージサイトからすぐ近くにある

標高947mの神居尻山頂までは3つのコースがあり、3〜4時間で登ることができる。山頂は360度のすばらしい展望だ。ぜひチャレンジしてみよう

温泉情報

キャンプ場から浜益方面へ30kmほどあるが、ぜひ立ち寄りたい温泉施設。国道451号沿いにある。露天風呂は気持ちがいい。大浴場にはサウナもあって快適

浜益温泉　☎ 0133-79-3617

【営業時間】10時〜21時営業（11月〜3月は13時〜20時、露天は閉鎖）
【定休日】毎月1日休み、5月・8月は無休 【料金】大人500円、小学生250円

道民の森月形地区学習キャンプ場

森林・川辺

どうみんのもり　つきがたちくがくしゅうきゃんぷじょう

現地	月形町 892-1
電話	0133-22-3911（道民の森管理事務所）
	現地管理棟 ☎ 0126-53-2355
予約	受付／利用日の3カ月前から道民の森管理事務所で電話受付
	（9時30分〜16時30分、2月〜4月は平日のみ）
	（公式HPからのネット予約可能）
	キャンセル料／前日の16時30分以降はキャンセル料あり

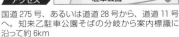

アクセス

国道275号、あるいは道道28号から、道道11号へ。知来乙駐車公園そばの分岐から案内標識に沿って約6km

陶芸や木工体験といった学習もできるキャンプ場

国道275号、空知管内月形町方面からのアクセスが分かりやすい。山あいの森の中に開かれたキャンプ場だ。テントサイトは駐車場から少し距離があるが、リヤカーが用意されているので荷物運びに利用できる。場内は小川が流れていて水遊びもできる。サイトは芝生地。バンガローサイトはさらにその奥に作られている。受付後、車で少々走った先にある。場内の陶芸館と木工芸館では、体験学習ができる。それぞれ指導員さんがいて、丁寧にレクチャーしてくれる。ぜひ作品をつくってみよう。

フリーサイトのように見えるが、実はテント床になっていて7m×7mの広さがある

DATA

開設期間	5月1日〜10月31日（融雪状況により変更あり）
利用時間	IN／14時〜、OUT／翌12時30分まで
ゲート	なし
管理人	9時30分〜16時30分駐在（宿泊者がいる場合24時間駐在）
利用料金	●1泊1床(1張)2,500円　●シャワー室20分間300円
レンタル用品	テント1張(5〜6人用)2,000円、ランタン、BBQコンロ、「初めてのキャンプセット」、テント、シュラフほか（バンガロー利用者への電気ストーブ貸出可）
案内所	陶芸館、受付、自販機（ジュース類）、水洗トイレ、シャワー室
ペット	キャンプ場はペット同伴可能、詳しくは電話で確認を
キャンピングカー	駐車場での車中泊は不可

食材調達

●月形町の特産品が地元の商店で買える。「Aコープ月形」では「北の女王」や「月栗」といったメロンやトマトを。「肉のさかい」では味付けのラム肉を。「松田とうふ店」は月形といえば「樺戸とうふ」と言われる名品。それぞれ仕入れて味わおう

リヤカー群と一輪車が使える

トイレ棟とその奥に炊事場

道南
道北
オホーツク
道東

開設期間	1月 2月 3月 4月 5月 6月 7月 8月 9月 10月 11月 12月
	5月1日～10月31日

禁止事項
カラオケ・手持ち以外の花火・発電機

フリーサイト　オートサイト　コテージ　車椅子対応　温泉　車
水洗

ペット　ゴミ　たき火　Wi-Fi　ランドリー
生ゴミのみ

memo
■フィールド遊び
水遊び、昆虫採集、陶芸体験、木工体験

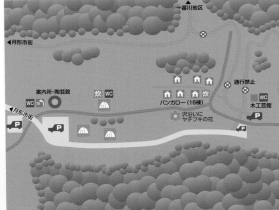

DATA

タイプ・宿泊料金	●バンガロー(10人用)6棟 (4人用)10棟　1泊1棟　10人用11,000円、4人用6,000円
利用時間	IN／14時～、OUT／翌12時30分まで

備品・設備など

シャワーは陶芸館に、トイレは共同施設利用	室内での火気使用禁止
畳敷き2段ベッドあり、寝袋などは各自用意	電気ストーブの貸出あり
戸外にテーブルベンチ、炊事場に炉、タープのスペースあり	バンガローエリアはペット不可

テントサイトとは離れた場所にあるバンガローサイト。木工芸館が入口に

バンガローの内部、2段ベッドがある

ログの2段ベッド

外にはイスとテーブルがあって便利

周辺スポット

木工芸館は、中学生までは無料、一般は400円で利用ができる（材料費は実費）。インストラクターが指導してくれるので、各種木工体験ができる。機材もいろいろあるので楽しく工作をしよう

受付の案内所にある陶芸館ではベテラン指導員が丁寧に教えてくれる。粘土1kg600円から体験が可能

道道28号を経由すれば、ダム湖の「当別ふくろう湖」が見られる

マオイオートランド
まおいおーとらんど

田園・丘陵

現地	長沼町東7線北4番地
電話	0123-88-0700（現地センターハウス）
予約	受付／4月上旬から電話(8時30分〜17時) または FAX(0123-88-0057)で受付 キャンセル料／予約日の前日20%、当日80%徴収

アクセス
長沼市街から道道1008号に。案内板に沿って進むと2kmほどで左手にサイト

コンパクトな場内は快適仕様で温泉も近い

空知管内長沼町の市街地からは車で5分ほど。コンパクトな場内は全サイトが区画分けされているので予約が必要。フリーテントサイト、スタンダードカーサイト、キャンピングカーサイトの3種類が選べる。場内は木立に囲まれているので、落ち着く。ほどよく木々があり、起伏があるため心地いい雰囲気になっている。炊事場ではお湯が使え、トイレは温水洗浄便座と快適だ。温泉にはぶらぶらと歩いて行ける。長沼はジンギスカンが有名である。ぜひ味わっていきたい。

場内はアスファルト敷きの道路が通る。道の外側と内側にサイトがある

DATA

開設期間	4月下旬〜10月下旬
利用時間	IN／13時〜18時、OUT／翌11時まで 日帰り利用　9〜16時
ゲート	23時〜翌7時　閉門
管理人	24時間常駐
利用料金	入場料　大人1,040円、小学生520円 ●フリーテントサイト／19区画　1泊1張520円 ●スタンダードカーサイト／27区画(電源付)　1泊2,090円　●キャンピングカーサイト／6区画(電源、給排水栓付)　1泊3,140円
レンタル用品	カセットコンロ、七輪、自転車、延長コード、テニスラケット
管理棟	受付、自販機(ビールあり)、トイレ、洗面所、シャワー、洗濯機、売店コーナー(キャンプ用品、日用雑貨、カップ麺、菓子類、氷など)
キャンピングカー	12mまで可

食材調達

● 長沼市街には、「Aコープ」や「ラッキー長沼店」があるほか、セブンイレブンまではキャンプ場から約2km
● コミュニティ公園内にBBQ用の精肉やジンギスカン、アウトドアグッズのショップがあり

センターハウスにはロビーがある

炊事棟は2カ所ある

開設期間	1月	2月	3月	4月	5月	6月	7月	8月	9月	10月	11月	12月

4月下旬〜10月下旬

⊗ 禁止事項　直火・花火（場外に指定場所）・カラオケ・発電機使用

フリーサイト　オートサイト　コテージ　車椅子対応／水洗　温泉

ペット／一部可　ゴミ　たき火　WiFi　ランドリー

---

memo

■フィールド遊び

水遊び、昆虫採集

（マップ内ラベル）
道道3号
畑
ながぬま温泉
ウォーターパーク
パークゴルフ
コテージ5棟
カヌーができる
ゴルフ場受付
センターハウス
外灯にクワガタが集まるほか、ゲンジャンヤマなどのトンボ類も多い
水遊びの池
炊
サイトにセキレイが遊びに来る。遠くでカッコウやウグイスの声も
炊
◀長沼市街

⌂ DATA 🎏🎏🎏

タイプ・宿泊料金	●コテージ（4人用）5棟　1泊1棟10,400円、別に入場料として、大人1,040円、小学生520円（シャワー使用料含む）
利用時間	IN／13時〜18時、OUT／翌11時まで

備品・設備など

バスなし、管理棟にシャワー（無料）	流しと換気扇、カセットコンロ、ポット、ゴミ箱
敷布団、毛布、枕	ストーブ、照明、冷蔵庫、テレビ（洗濯機は管理棟）
なし、コテージ前にテーブルベンチ／コンロのレンタルあり	利用サイト限定、室内同伴は不可

コテージにはイステーブルセットが用意されていて使える

一階の室内、窓のかたちがユニーク

二階のロフト部分

レンタル自転車で遊ぼう

📍 周辺スポット

場内から道路を渡った先にはパークゴルフ場やテニスコートなどの施設がある。SLの展示もあるのでじっくりと見学してみよう

ハイジ牧場　キャンプ場から車で5分ほど。ウシやヒツジ、ヤギなどが飼育されている観光牧場。動物とふれあえるほか、羊毛クラフト体験や生バターづくり体験などができる

♨ 温泉情報

キャンプ場から歩いて3分ほど。源泉掛け流しの町営温泉。露天風呂やサウナがある。300人収容できる無料休憩室やレストランも併設。別棟では、長沼町内の3種類の味の異なるジンギスカンを食べ比べできる

ながぬま温泉　☎ 0123-88-2408

【営業時間】9時〜22時営業（最終受付21時30分）
【定休日】無休　【料金】大人700円（町民は650円）、小学生300円

道央

道南

道北

オホーツク

道東

公園 しんとつかわキャンプフィールド

しんとつかわきゃんぷふぃーるど

現地	新十津川町字総進 191-4　ふるさと公園
電話	0125-76-2991（現地管理事務所）
予約	受付／利用日の 6 カ月前より 公式 HP の予約サイトにて キャンセル料／事前に連絡ない場合はかかる

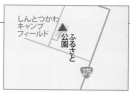

▶ アクセス ◀

国道 275 号を新十津川町へ。市街地に入る 3km ほど南の沿道に「ふるさと公園」の入り口案内板あり。そこを左折して 3km ほど

道央 / 道南 / 道北 / オホーツク / 道東

名称が変わり、オートサイトが誕生した

空知管内新十津川町の「ふるさと公園」の一角に整備されたキャンプ場。2022 年に場内がリニューアルされ、11 区画のオートサイトが利用できる。新しい部分はアスファルト敷きのピカピカオートサイトになっている。もちろん電源も使用可能。トイレもリニューアルされ、温水洗浄便座もあって快適だ。従来からのバンガローは変わらず利用ができる。場内の一角には展望台があって「当せん地展望台」と名付けられている。なぜ、当せん地なのか。その理由は現地に行って探ってほしい。

バンガロー部分はこれまでと同じだ

改修されたトイレ

清潔な炊事場

「グリーンパーク しんとつかわ」はキャンプ場から徒歩で利用ができる温泉。源泉掛け流しで、温度の異なる 3 つの湯船や、ジャグジー、サウナがある

	1月	2月	3月	4月	5月	6月	7月	8月	9月	10月	11月	12月
開設期間					4月28日〜10月31日							

水洗

禁止事項	花火（手持ちのみ可）・発電機・カラオケ・ペット

memo
■ フィールド遊び
遊具、水遊び、昆虫採集、スポーツ各種

⌂ DATA

開設期間	4月 28 日〜10月 31 日
利用時間	IN／13〜16 時、OUT／翌 10 時まで
ゲート	なし
管理人	9 時〜17 時駐在
利用料金	●オートサイト／11 区画　1 区画 3,000 円　●バンガロー／4 人用 5 棟　1 棟 4,000 円、6 人用 5 棟　1 棟 6,000 円　※通常期の平日は各半額
レンタル用品	なし
センターハウス（文化伝習館）	受付、自販機、館内に伝統工芸品や古美術品の展示ギャラリー、陶芸工房、染色工房、織物工房など（入館料大人 200 円、中学生以下 100 円）
キャンピングカー	6〜7m まで可

滝川キャンプサイト

森林・川辺

たきかわきゃんぷさいと

現地	滝川市西滝川 76 番地 1
電話	0125-26-2000
予約	公式 HP から

アクセス
滝川駅から 4.7km で現地

総合キャンプ施設に進化する

敷地内に温泉施設があり、コテージ・グランピング・キャンプとさまざまなスタイルで過ごせる。加えてバリアフリー設計のコテージが 3 棟ある。気がつけば、さまざまな用途で利用できるオールマイティな総合アウトドア施設になってきている。どのサイトも清潔で管理が行き届いている。同キャンプ場から歩いて 7 分ほどにある「滝川市 B ＆ G 海洋センター」では、カヌーやヨット、ローボートなどアクティビティが体験できる。

トイレが近い C-1 サイト

MURA エリアではグループキャンプを楽しむ人で賑わう

受付向かって左手側に並ぶコテージエリア

キャンプ場内にある炊事場はどこも清潔

開設期間	1月 2月 3月 4月 5月 6月 7月 8月 9月 10月 11月 12月
	4月～10月

フリーサイト　オートサイト　コテージ　車椅子対応　温泉

ペット　ゴミ　たき火　Wi-Fi　ランドリー

たき火台必須

⊗ 禁止事項　直火、打ち上げ花火（アスファルト通路において手持ち花火のみ 21 時まで）、ドローン、キックボード、スピーカー、充電式以外の発電機

memo
■ フィールド遊び
星空・昆虫採集
■ 温泉
隣に天然温泉ふれ愛の里あり

DATA

開設期間	4月～10月
利用時間	IN／12 時～18 時（利用エリアによって異なる）、OUT／～10 時、日帰り 12 時～18 時
ゲート	なし
管理人	8 時～22 時
利用料金	●フリーサイト区画エリア 2,100 円～3,600 円（デイキャンプは 1,500 円～2,600 円）、カーサイト 2,500 円～5,000 円（デイキャンプは 1,900 円～3,800 円）、グランピング（4 人用 4 棟、2 人用 2 棟）30,500 円～35,500 円、コテージ（5 棟）5 名まで 30,000 円（6 名以降 1 名につき 5,000 円加算、1 棟 10 名まで）
レンタル用品	テーブル、チェア、BBQ コンロ、ハンモック、ランタンなど
管理棟	なし（温泉フロントにて受付）
キャンピングカー	可

81

公園

皆楽公園キャンプ場

かいらくこうえん　きゃんぷじょう

現地	月形町北農場
電話	0126-53-2577（現地管理棟）
予約	受付／バンガローのみ可、公式HPより キャンセル料／バンガローはキャンセル料あり、3日前から、当日は全額を徴収 オフ期間／月形町振興公社 ☎ 0126-37-2110

アクセス
国道275号で月形町市街地へ。国道沿いに案内板あり

眺めがいい部分に加えて、新しいサイトも拡張した

従来から利用できる湖を見下ろすサイトのほかに、月形温泉のすぐ横の平らな芝生地にもテントが張れるように拡張されている。眺望は得られないものの、「水辺の家」内にあるトイレなどが近いためか、利用者は思いのほか多い。しかし、一番人気は受付棟に近いエリア。次いで、沼の反対側にあたる部分も、車を横付けできて快適なサイト設営ができる。水辺の家1階には野菜類の直売コーナーが充実していて月形産のものが手に入る。ぜひ、食材は現地で調達してキャンプで味わおう。

受付の対岸エリアサイト。こちら側の方が落ち着いたキャンプができる

DATA

開設期間	4月下旬〜10月31日
利用時間	IN／8時〜18時（9時以降の受付を希望、18時以降の新規設営は不可）、OUT／翌12時まで
ゲート	なし（公園の中に車を入れた場合、夜21時以降は車の出入り禁止）
管理人	9時〜17時駐在
利用料金	● テント1張1泊1,000円　● 利用料小学生以上1人200円（ゴミは分別の上、受け入れ）
レンタル用品	自転車（30分毎300円）、貸しボート（30分　手こぎ300円、足こぎ500円）
管理棟	受付
キャンピングカー	可、トレーラーは要相談

※「月形温泉ゆりかご」は改修工事で休館中。2024年秋ごろの再開予定

食材調達

- 国道275号沿いにコンビニや「ホーマックニコット」、月形市街の役場前に「Aコープ」などがある
- 「肉のさかい」のジンギスカンや「やきとりボーイ」のジャンボ焼鳥は名物だ

「水辺の家」が入口近くにある

新しく開放された部分

開設期間	1月 2月 3月 4月 5月 6月 7月 8月 9月 10月 11月 12月
	4月下旬～10月31日

 禁止事項　直火・打ち上げ花火・発電機

 フリーサイト
 オートサイト
 コテージ
 車椅子対応／水洗
温泉

ペット
ゴミ
たき火
Wi-Fi
ランドリー

memo
■ フィールド遊び
　釣り、昆虫採集、貯水池、パークゴルフ　など

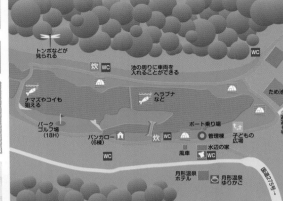

やや奥に広場を囲むように建つバンガロー。テーブルセットが使える

DATA

タイプ・宿泊料金	● ハウス型バンガロー(4～5人用)6棟　1泊1棟　5,000円　● キャンプ場利用料　小学生以上1人200円
利用時間	IN／13時～17時、OUT／翌10時まで

※バンガローの予約はネット予約のみ

備品・設備など	
トイレは共同施設	なし
寝袋を持参	照明
共同施設を利用	室内同伴は不可

青いカーペットが敷かれた清潔な室内

メロンのかたちをしたユニークなトイレ

炭火焼ができる焼肉コーナー

周辺スポット

管理が行き届いたパークゴルフ場が隣接している。自転車のレンタルがあるので、公園内を1周してみよう。貸しボートもあったり、いろいろ遊べる

「月形樺戸博物館」が月形町の街中にある。ここにかつてあった旧樺戸集治監本庁舎の歴史や、知られざる囚人たちの生活、月形の歴史などを学ぶことができる

水辺の家では月形産の農産物が販売されている

83

鶴沼公園キャンプ場

つるぬまこうえん　きゃんぷじょう

公園

現地　浦臼町字キナウスナイ 188 番地

電話　0125-67-3109

予約　受付／WEB にて可　利用日の 2 カ月前より現地管理棟にて電話受付
　　　（9 時〜17 時）
　　　キャンセル料／キャンセル料はかからないが、当日 16 時までに入場し
　　　なければキャンセル扱いに
　　　オフ期間／役場商工観光係　☎ 0125-68-2114

アクセス
国道 275 号を浦臼市街より北（新十津川方向）へ約
3km、沿道に「鶴沼公園」の案内板があり、そこを
右折するとすぐ管理棟

温泉と道の駅が隣接し、ボート遊びもできる

スワンボートに乗って石狩川の三日月湖である鶴沼を水上から眺められる。サイトの横には「ちびっこ広場」があり、遊具も点在。「うらうす温泉」にも徒歩で行けて、国道を渡れば道の駅の関連施設でお買い物や飲食が楽しめる。こんな恵まれた環境でキャンプが楽しめるため、週末はリピーターでいっぱいになる。サイトは芝で完全フラット。水辺近くと駐車場近くから埋まっていく。オートサイトとバンガローもあって、多くのキャンパーが集まる。2024 年シーズンからフリーサイトは予約不要に。

フリーサイト用の駐車場近くにテントを張ればオート感覚だ

DATA

開設期間	4 月下旬〜10 月中旬
利用時間	IN／11 時〜16 時、OUT／翌 10 時まで
ゲート	なし
管理人	9 時〜17 時
利用料金	●フリーテントサイト／80 張 1 泊 1 張 600 円（5m を越えるタイプは 1,200 円）　●オートサイト（電源付き）／14 区画　1 泊 1 区画 3,000 円　●オートサイト（電源なし）／10 区画　1 泊 1 区画 2,000 円
レンタル用品	バーベキュー台（要予約）、テニス用具
管理棟	受付、休憩室、トイレ、シャワー、更衣室
キャンピングカー	事前に要確認

食材調達

● 道の駅つるぬまには「浦臼ヘルシー食品物産館」があり、地元のとうふなどの食品が販売されている

かっこいい外観の管理棟

オートサイトは電源のありなしが選べる

	1月	2月	3月	4月	5月	6月	7月	8月	9月	10月	11月	12月
開設期間				4月下旬〜10月中旬								

禁止事項 打上げ花火・カラオケ・釣り

 フリーサイト
 オートサイト
 コテージ
 車椅子対応 水洗
 温泉

 ベッド
ゴミ
たき火 シート必須
WiFi
ランドリー

memo
■ フィールド遊び
　ボート、テニス、昆虫採集

DATA

タイプ・宿泊料金	●バンガロー（6〜8人用）1棟　●バンガロー（5〜6人用）2棟　●バンガロー（4〜5人用、トイレ、流し台、2段ベッド付き）3棟　全棟すべて同一料金　1泊1棟 4,500円
利用時間	IN／13時〜16時、OUT／翌10時まで

備品・設備など

トイレ、洗面流し台 一部にあり	一部に流し台あり		
2段ベッド、一部ロフト付き	照明、電源／洗濯機はサニタリーハウスに		
なし、タープスペースあり／バーベキュー台レンタルあり	NG		

バンガローは人数によって全部で6棟ある。料金は同じだ

中にはミニキッチンと2段ベッドがある

オート側の炊事場

洗濯機や乾燥機があるサニタリーハウス

周辺スポット

足でこいで前に進むスワンボートや電動型のスワンボートもある。場内にはテニスコートもあり、利用ができる

近くには浦臼神社があり、春は青いエゾエンゴサクとピンクのカタクリの群生地として有名。森のアイドルエゾリスも顔を出し、カメラマンの注目を集めるスポットだ

温泉情報

キャンプサイトから歩いて行ける天然温泉。内風呂からは鶴沼が一望できて気持ちがいい。ジャグジーやサウナも。レストランもある

うらうす温泉 ☎ 0125-68-2727
【営業時間】10時〜21時営業
【定休日】無休（臨時休業の場合有）　【料金】大人450円、小学生230円

85

エルム高原オートキャンプ場

森林・川辺

えるむこうげん　おーときゃんぷじょう

現地　赤平市幌岡町 392-1

電話　0125-34-2164（現地管理センター）

予約　受付／4 月 15 日から現地管理センターで電話受付（9 時〜18 時）、公式
HP からも予約可能
キャンセル料／キャンセル料はかからないが、事前に必ず連絡を

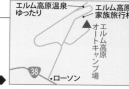

アクセス

国道 38 号で赤平市に入り、「徳川城」を目印に走ると、沿道に大きな案内板。そこから山手に折れ現地まで約 2km

高原の高台を利用した眺めの良い総合サイト

国道 38 号にある大きな看板を目印に坂道を上る。道の先には「エルム高原家族旅行村」もあるが、途中、右折して到着するのが、こちらのオートサイト。二つのサイト同士は歩いて行き来できるが、入り口はまったく違うのでご注意を。とんがり帽子のような塔が印象的な管理棟を中心に、斜面下側に段々畑状にオートサイトがある。その反対側にケビンサイトがあり、さらに高台部分がフリーサイトになっている。キャンプ場は高低差がある斜面をうまく利用しているので、どこからでも眺めがいい。谷をいちど下って上がった先に温泉がある。

段々畑の斜面を利用したオートサイト。設備やタイプで料金が異なる

DATA

開設期間	5 月上旬〜10 月中旬
利用時間	IN／13 時〜18 時、OUT／翌 8 時〜11 時
管理人	8 時〜20 時駐在
利用料金	入場料　大人 1,040 円、小学生 520 円 ●キャラバンサイト／4 区画（電源、炊事台、炉、テーブル）1 泊 1 区画 6,280 円　●オートサイト A／7 区画、B／6 区画、C／22 区画（設備タイプで異なる）1 泊 1 区画 A5,230 円、B4,190 円、C3,140 円　●テントサイト／14 張　1 泊 1 張 2,090 円
レンタル用品	テント、寝袋、テーブル、チェア、たき火台
管理棟	受付、自販機（酒類なし）、トイレ、シャワー・ランドリー室、電話、売店（炭、まき、たきつけ、網など）　売店、シャワー・ランドリー室は 20 時まで
キャンピングカー	5m まで可

食材調達

●国道からの入り口近くに情報発信基地「AKABIRA ベース」があり、赤平の産品が購入できる。赤平名物「がんがん鍋セット」があったり、赤平ホットレッグがテイクアウトできる。野菜も販売

フリーサイトも区分けがされる

トイレ棟

開設期間	1月	2月	3月	4月	5月	6月	7月	8月	9月	10月	11月	12月

5月上旬～10月中旬

禁止事項 打上げ花火・カラオケ・発電機

フリーサイト｜オートサイト｜コテージ｜車椅子対応 水洗｜温泉

ベッド｜ゴミ｜たき火｜Wi-Fi｜ランドリー

memo
■ フィールド遊び
　散策、水遊び、遊具、昆虫採集

オートサイトC
WC　▶ダウン
ケビンサイト（8棟）
炊
P

家族旅行村
エルム高原温泉〈ゆったり〉
連絡路
トリム広場
調整池
幌倉川
▲ダウン
センターハウス
WC
オートサイトA

炊
WC
オートサイトB

オートサイトC
ウドやグラメキ
キャラバンサイト

赤平市街

DATA

タイプ・宿泊料金	●ケビン（6人用、高床式）4棟　1泊1棟8,380円　●ケビン（6人用、2階建てタイプ）4棟　1泊1棟8,380円　別に●入場料　大人1,040円、小学生520円
利用時間	IN／13～18時、OUT／翌8～11時

備品・設備など

トイレは共同施設利用、シャワーはセンターハウス	流し、換気扇、クッキングヒーター		
フローリング、2段ベッド／マットレス	照明、電源（20A）、暖房		
レンガ炉とテーブル付き、タープスペースあり	NG		

ケビンは全部で8棟ある。床下にイステーブルがある高床式と二階建ての2種

二階建てタイプのキッチン

畳が敷かれる2段ベッド

スクリーンも設営可能

周辺スポット

赤平市炭鉱遺産ガイダンス施設
赤平の炭鉱遺産を紹介する施設。実際に炭鉱で働いていた方を中心としたガイドの解説を聞きながら、旧住友赤平炭鉱立坑櫓などの建屋内部を見学できる

日本一のズリ山階段
1972年（昭和47年）に閉山した炭鉱のズリ山（廃石を積み上げてできた山）には777段の階段があり、上った先からは赤平市内が一望できる。植生の変化も見どころだ

温泉情報

幌倉川対岸の尾根にある温泉。歩いて5分ほど。石造りの露天風呂からはエルム高原を一望できる。お肌がスベスベの美肌の湯

エルム高原温泉ゆったり　☎ 0125-34-2155
【営業時間】10時～22時営業（最終受付21時30分）
【定休日】無休　【料金】大人500円、小学生300円、幼児無料

エルム高原家族旅行村

森林・川辺

えるむこうげんかぞくりょこうむら

現地	赤平市幌岡町 375-1
電話	0125-32-6160（直通）
予約	予約不要

▶ アクセス

道央自動車道滝川 IC から国道 38 号で約 11km

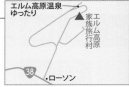

通年利用のフリーサイト、温泉施設が近くて便利

「エルム高原」と名の付くキャンプ場は二つ。こちらのサイトは国道 38 号から温泉施設「エルム高原温泉ゆったり」の方へ直進した先にある。温泉施設の直下に展開されるサイトになっており、場内はいくつかのエリアに分かれていて、好みの場所を探す楽しみもある。基本はフリーサイトなのだが、駐車場近くに設営すればオート感覚で使える部分もある。人気は斜面のへりの部分だろうか。視界が大きく開ける場所にテントが多く立っている。温泉施設の奥にはコテージもあり、キャンプサイトと合わせて通年で利用できる。

斜面を切り開きフラットにしたサイト

昆虫の標本などもある管理棟

冬キャンプも楽しい

日帰り温泉エルム高原温泉「ゆったり」は露天風呂やサウナを備えた温泉施設。レストランも併設される。10 時〜22 時（最終入館 21 時 30 分）。大人 500 円、小学生 300 円、幼児無料

	1月	2月	3月	4月	5月	6月	7月	8月	9月	10月	11月	12月
開設期間							通 年					

フリーサイト　オートサイト　コテージ　車椅子対応 WC 水洗　温泉

⊗ 禁止事項　カラオケ・手持ち以外の花火・発電機・ペット

memo
■ フィールド遊び
小川で水遊び、昆虫採集、遊具

⌂ DATA

開設期間	通年
利用時間	IN／11 時〜（エルム高原温泉ゆったりにて受付）、OUT／翌 11 時まで
ゲート	なし
管理人	8 時 30 分〜17 時駐在
利用料金	キャンプ利用 1 人 1 泊（小学生以上）520 円、幼児無料、バーベキューハウス 1 時間 1 コーナー 520 円
レンタル用品	キャンプ用品セット 6,000 円（4 人利用分）
管理棟	受付、トイレ
キャンピングカー	可

ベルパークちっぷべつキャンプ場

べるぱーく　ちっぷべつきゃんぷじょう

現地	秩父別町 1264
電話	0164-33-2555（ファミリースポーツセンター）
予約	予約システムによる完全予約制

アクセス
秩父別町の市街地、中心部。秩父別 IC からは約 2km

大型遊具と室内遊び場、川も流れる遊びのパラダイス

子どもと一緒のファミリーキャンパーにお薦めのキャンプ場。利用料金が良心的で、なによりすごい遊具がここにはあるのだ。日本一の規模を誇るという「キュービックコネクション」はジャングルジムやハンモックなど20種類ほどのアスレチック要素を備えた大型コンビネーション遊具。体育館のような建物は、大型ネット遊具があって悪天候時には大変ありがたい施設だ。キャンプ場内には浅い用水路のような川が流れて水遊びができる。隣には温泉施設もある。たき火は遮熱板を使えば可能だ。

芝生の張られた公園型の気持ちがいいサイト

場内の中央にある炊事場

新しくなったトイレ

「キッズスクエアちっくる」は、天候に左右されることなく子どもたちが安全に遊べるワクワク空間。広々空間に大型遊具ネットをはじめウォールクライミングなどがある。この施設がなんと無料で使える

	1月	2月	3月	4月	5月	6月	7月	8月	9月	10月	11月	12月
開設期間					4月下旬〜9月30日							

水洗

memo
■フィールド遊び
小川での水遊び、昆虫採集、屋外大型遊具、室内遊技場

禁止事項　花火・ペットの持ち込み・発電機

DATA

開設期間	4月下旬〜9月30日
利用時間	IN／13時〜、OUT／11時まで
ゲート	なし
管理人	13時〜17時駐在
利用料金	宿泊用テント1張り500円、タープ1張り500円
レンタル用品	なし
管理棟	受付

近くの「ローズガーデンちっぷべつ」にも足を運びたい

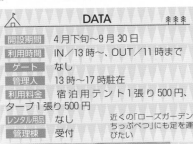

まあぶオートキャンプ場

田園・丘陵

まあぶ　おーときゃんぷじょう

現地	深川市音江町音江 459-1
電話	0164-26-3000（現地センターハウス）
予約	上記電話にて通年受付（9時半〜17時） 受付／現地センターハウスで、コテージは利用希望日の1年前、 キャンプ場は2月1日から受付 キャンセル料／キャンセル料は利用日の1週間前から30%、 当日は80%

▶アクセス
国道12号、あるいは道央自動車道深川ICから約800m

深川ICからのアクセスも良好な高原の雰囲気

場所は道央自動車道の深川IC近く。小高い場所にあって深川市内を遠くに見下ろす。シラカバを中心とした木立がさわやかなオートキャンプ場。どこか高原にいるような雰囲気になっている。緩やかな斜面を利用して整備された場内は、コテージエリアを挟んで、上側と下側に大きく分かれる。センターハウスには売店をはじめ、シャワーやランドリーなどの設備が充実している。場内は全サイトWi-Fiが通じる。近年から冬も利用できるようになり、上級者キャンパーらが利用している。

オートサイトは広さも充分。段々畑状につくられている

DATA

開設期間	通年（12月から一部サイト営業、コテージは通年）
利用時間	IN／13時〜18時　OUT／翌8時〜11時
ゲート	24時間通行可（繁忙期）
管理人	24時間常駐（管理センターは21時閉館）
利用料金	●入場料　中学生以上1,000円（65歳以上半額）、小学生500円　●フリーテントサイト／16張 1泊1張600円　●カーサイトA／15区画　電源、テーブル、水道5,500円　●カーサイトB／39区画 電源 1泊1区画4,400円　●キャンピングカーサイト／2区画　電源 1泊1区画6,600円　●ログハウス／2棟 1棟1泊5,000円 4.5畳、電源、駐車場付 ※各料金は平日料金あり
レンタル用品	テント、ランタン、寝袋、自転車（有料）など
管理棟	受付、自販機、トイレ、シャワー・ランドリー室、売店（酒類、虫除け、炭、たき付け、歯ブラシ、電池、雑貨）　キャンピングカー 12mまで可

食材調達

● 道の駅「ライスランドふかがわ」まで、車で4分ほど。農産物直売所があり
● バーベキューセットプラン（2,000円〜2,500円）が、受付で頼める。肉と海鮮の4コースから選べる

フリーサイトの近くに駐車場

冬キャンプのひとコマ

開設期間	1月 2月 3月 4月 5月 6月 7月 8月 9月 10月 11月 12月
	通年

⊗ 禁止事項　打上げ花火・カラオケ・発電機

フリーサイト　オートサイト　コテージ　車椅子対応（水洗）　温泉

ペット（一部可）　ゴミ　たき火　Wi-Fi　ランドリー

memo
■ フィールド遊び
遊具、自転車、ピザ焼き、昆虫採集

DATA

タイプ・宿泊料金	●コテージ(8人用・車イス対応)1棟　●コテージ(11人用)3棟　29,700円　●コテージ(5人用)2棟　1泊1棟　22,400円平日料金及び冬期間料金設定あり
利用時間	IN／15時〜18時、OUT／翌8時〜11時

備品・設備など

バス、トイレ、シャワー		クッキングヒーター、炊飯器、レンジ、ポット、食器、調理器具	
畳とフローリング／布団など一式		照明、テレビ、冷蔵庫、冷暖房	
簡易テラス付き、タープスペースあり		カーサイトに専用区画あり	

コテージの周囲には背の高い木々があり、冬季も利用ができる

二階建てタイプの外観

ダイニングキッチンは対面式

有料、事前予約で使えるバーベキューハウス

📍 周辺スポット

管理棟にはレンタルの自転車もあるので借りてみよう。「深川サイクリングマップ」があるので市内を自転車で散策が楽しめる

ピザなどが焼ける固定式の石窯がある。予約制で1回3時間2,500円。パリッと焼けたピザを味わおう。場所は管理棟の近くだ

♨ 温泉情報

「アグリ工房まあぶ」は農産物の直売コーナーやレストラン、温泉などを備えた施設。キャンプ場から散策路で600mほど。露天風呂などが気持ちいい

アグリ工房まあぶ 深川イルムの湯　☎ 0164-26-3333

【営業時間】10時〜22時営業
【定休日】無休　【料金】大人500円、小学生300円

道央
道南
道北
オホーツク
道東

アグリ工房まあぶコテージ

田園・丘陵

あぐりこうぼうまあぶ　こてーじ

現地	深川市音江町音江 600 番地
電話	0164-26-3333（深川市都市農村交流センター）
予約	随時電話で、10時〜22時

アクセス
深川IC から、まあぶオートキャンプ場をこえて約1km

深川市にある「まあぶオートキャンプ場」の少し坂の上にある施設。温泉施設もあるアグリ工房まあぶ本館横にコテージがある。5棟ある平屋建ての室内は78平方メートルと広々。調理用具もそろい、キッチンや屋外でバーベキューなども楽しめる。通年営業。

開設期間	1月 2月 3月 4月 5月 6月 7月 8月 9月 10月 11月 12月
	通　年

対面式のキッチン&ダイニング

memo
■ フィールド遊び
加工体験

DATA

タイプ・宿泊料金	● コテージ5棟　8人まで1棟 16,500円（9人〜10人利用時は1人 2,100円追加）
利用時間	IN／15時〜、OUT／翌11時まで

備品・設備など

シャワー、トイレ、洗面台	流し台、ガスレンジ、オーブンレンジ、炊飯器、食器、調理器具
カーペット床／寝具一式	照明、電源、冷凍冷蔵庫、テレビ、冷暖房
な　し、BBQ・タープスペースあり	NG

⊗ 禁止事項　特になし

まあぶ公園フリーテントサイト

公園

まあぶこうえんふりーてんとさいと

現地	深川市音江町音江 600 番地
電話	0164-26-3333（アグリ工房まあぶ）
予約	当年の2月1日から、電話のみ

アクセス
深川IC から、まあぶオートキャンプ場をこえて約1km

2022年7月に新設されたサイト。「アグリ工房まあぶ」の横にあたる公園部分がフリーサイトになっている。サイトからは深川市街地がよく見える。利用者には同施設にある天然温泉「深川イルムの湯」の温泉入浴券が1回分付いている。受付は、まあぶのフロントだ。

開設期間	1月 2月 3月 4月 5月 6月 7月 8月 9月 10月 11月 12月
	4月末〜10月下旬

車椅子対応のトイレ

memo
■ フィールド遊び
夜景鑑賞

DATA

開設期間	4月末〜10月下旬
利用時間	IN／13時〜　OUT／翌11時まで
ゲート	なし
管理人	24時間駐在
利用料金	● 入場料　中学生以上 500円、小学生 300円、未就学児は無料　● サイト料　1泊 500円
管理棟	なし（まあぶフロント）
キャンピングカー	入場料で可

92

⊗ 禁止事項　発電機、カラオケ、花火は手持ちのみ、ペット NG、ゴミは持ち帰り

妹背牛温泉ペペルコテージ

田園・丘陵

もせうしおんせんぺぺる　こてーじ

現地	妹背牛町字妹背牛 5208 番地 1
電話	0164-32-4141
予約	随時電話、10 時〜22 時受付 キャンセル料／7 日前から前日までは 30%、当日は全額徴収

アクセス

妹背牛市街、JA もせうし前の交差点にある案内板に従い北竜町方向に400m ほど進むと、体育館や役場と並ぶペペル正面に出る

2024 年 4 月 27 日に温泉がリニューアルオープン。サウナ室や露天が充実する。コテージ 2 棟は従来どおり利用ができる。

スロープがある入り口。中はリビングのほか 2 部屋がある

memo
■ フィールド遊び
公園、昆虫採集

⊗ 禁止事項　室内での焼肉

	1月 2月 3月 4月 5月 6月 7月 8月 9月 10月 11月 12月
開設期間	通年

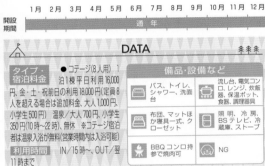

DATA

タイプ・宿泊料金	● コテージ(8 人用) 1 泊 1 棟 平日利用 16,000 円、金・土・祝前日の利用 18,000 円(定員 8 人を超える場合は追加料金、大人 1,000 円、小学生 500 円) 温泉／大人 700 円、小学生 350 円(10 時〜22 時)、無休 ※コテージ宿泊者は温泉入浴が無料(営業時間内は入浴可能)
利用時間	IN／15 時〜、OUT／翌 11 時まで

備品・設備など

🛁	バス、トイレ、シャワー、洗面台	🍳	流し台、電気コンロ、レンジ、炊飯器、保温ポット、食器、調理器具
🛏	布団、マットほか寝具一式、クローゼット	📺	照明、冷房、BS テレビ、冷蔵庫、ストーブ
🍖	BBQ コンロ持参で焼肉可	🚭	NG

北海道子どもの国　キャンプ場

森林・川辺

ほっかいどうこどものくにきゃんぷじょう

現地	砂川市北光 401 番地
電話	0125-53-3319
予約	電話予約

アクセス

道央自動車道から砂川 SA スマート IC を出て、国道 12 号線から子どもの国標識「北口」を右折し直進

「北海道子どもの国」内にはあるものの、そことは少々離れている。入り口も「北口」からのみで、南口からは行けないのでご注意を。場内は区画サイトになっている。団体（5 区画以上）の予約は 1 年前からの受付 OK。

日帰り BBQ を楽しむファミリーキャンパー

memo
■ フィールド遊び
散策・星空・昆虫採集・遊具・水遊び

⊗ 禁止事項　直火

	1月 2月 3月 4月 5月 6月 7月 8月 9月 10月 11月 12月
開設期間	6月22日〜9月8日

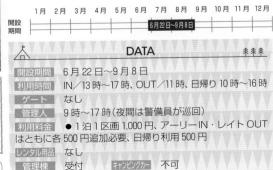

DATA

開設期間	6 月 22 日〜9 月 8 日
利用時間	IN／13 時〜17 時、OUT／11 時、日帰り 10 時〜16 時
ゲート	なし
管理人	9 時〜17 時(夜間は警備員が巡回)
利用料金	● 1 泊 1 区画 1,000 円、アーリー IN・レイト OUT はともに各 500 円追加必要、日帰り利用 500 円
レンタル用品	なし
管理棟	受付	キャンピングカー	不可

道央

道南

道北

オホーツク

道東

93

滝里湖オートキャンプ場

たきさとこ　おーときゃんぷじょう

湖畔

現地｜芦別市滝里町 288 番地

電話｜0124-27-3939（滝里ダム防災施設）

予約｜受付／3月から電話受付（9 時〜17 時）※予約は翌々月分まで
キャンセル料／キャンセル料はかからないが、必ず早めの連絡を

道央
道南
道北
オホーツク
道東

アクセス

国道 38 号を、芦別市街から富良野方向に 15km ほど。案内板があり、国道左からアンダーパスを抜けてダム防災施設（管理棟）の前にある

山あいのダム湖を眺めながら開放感いっぱい

芦別市と富良野市のほぼ中間地点にあるダム湖「滝里湖」のほとりに整備されたキャンプ場。場内・管理棟へは国道 38 号の下をぐるりとくぐって到着する。びっくりするくらい立派な建物、ダム防災施設の館内入ってすぐに受付がある。場内はキャンピングカーサイトと、炊事場・電源付きもあるスタンダードカーサイトがある。フリーサイトは 2 輪車専用しかない。少し離れた場所にコテージエリアがあり、平屋のコテージ 6 棟が立っている。湖ではマリンジェットの愛好家も集っている。

アスファルトの道路が通り、背の低い木が多い。開放的な雰囲気

▲ DATA ≋≋≋

開設期間	4 月下旬〜10 月中旬
利用時間	IN／13 時〜19 時、OUT／翌 8 時〜11 時
ゲート	21 時〜8 時は原則として閉門
管理人	24 時間常駐（売店は 19 時まで）
利用料金	●キャンピングカーサイト A／5 区画（電源、炊事台、排水栓）1 泊 8,290 円 ●スタンダードカーサイト B／19 区画（電源、炊事台）1 泊 7,570 円 C／16 区画（電源のみ）1 泊 6,140 円 ●フリーテントサイト（2 輪車専用）／10 区画　1 泊 850 円　※いずれのサイトも閑散期料金あり
レンタル用品	コテージ用布団（定員オーバーの場合）、焼肉コンロ、扇風機、電子レンジ
管理棟（ダム防災施設）	受付、自販機、トイレ、シャワー、ランドリー室、展望台、売店（炭、たき付け、氷、菓子類など）
キャンピングカー	8m まで可

食材調達

●芦別の郷土料理「ガタタン」は塩味ベースのスープに豚肉やイカ、野菜などの具を入れ、とろみをつけたもの。かつて炭鉱で働く人たちの手ばやい栄養食だった。市内各店で味わえる

サイトの背後にある施設には展望台も

二輪車専用サイトもあり

開設期間	1月	2月	3月	4月	5月	6月	7月	8月	9月	10月	11月	12月
				4月下旬～10月中旬								

禁止事項 直火・カラオケ・発電機・指定場所以外での花火・建物内やコテージのペット同伴

フリーサイト　オートサイト　コテージ　車椅子対応　WC　水洗

ペット　ゴミ　たき火　Wi-Fi　ランドリー

---

memo

■フィールド遊び

釣り、マリンジェット、水遊び、カヌー

DATA

タイプ・宿泊料金	●コテージ(6人用)1泊1棟 13,530円、(8人用)1泊1棟 17,930円　平屋・二階ロフト付き・車イス対応の3タイプあり
利用時間	IN／14時～19時、OUT／翌8時～10時

備品・設備など

洗面台、バス・トイレ(車イス対応タイプ)	流し、換気扇、ガスコンロ、ポット、やかん
セミダブルベッド付き寝具一式	照明、電源、暖房、テレビ、冷凍冷蔵庫
タープスペースあり、炉はブロック使用	コテージサイト利用時はペット同伴禁止

コテージはテントサイトと離れていて、静かな別荘の雰囲気がただよう

バリアフリー対応のコテージ

中はログハウスのようなつくり

キッチンや冷蔵庫があって長期滞在も可

周辺スポット

芦別市街地にある道の駅「スタープラザ芦別」では、地元の野菜や加工品が購入できる。2階のレストランでは、芦別名物のガタタンを使ったラーメンなどがある

大橋さくらんぼ園 60種類以上1,300本のサクランボの木がある観光農園。国内最大級の雨よけドームを完備し、時間制限なし・予約不要、入場料のみでサクランボが食べ放題。7月上旬～8月下旬

温泉情報

キャンプ場から車で25分。北海道初の「おふろcafé」としてリニューアルオープンした温泉。化粧の湯、美肌の湯とも言われ、塩サウナと寝湯、露天風呂には壺風呂などもある

おふろ café 星遊館　　☎ 0124-23-1155

【営業時間】6時～22時(最終入館21時)　【定休日】無休(メンテナンスのための休館あり)　【料金】120分料金とフリータイム料金あり　※未就学児無料

沼田町ほたるの里オートキャンプ場

森林・川辺

ぬまたちょうほたるのさと　おーときゃんぷじょう

現地	沼田町字幌新 612
電話	0164-35-1166（現地管理棟）
予約	受付／4月第2月曜日から電話受付、期間前はほろしん温泉へ（8時半〜17時） キャンセル料／利用日の1週間前50%〜当日100% オフ期間／ほろしん温泉 ☎ 0164-35-1188

アクセス
沼田市街から「ほろしん温泉」に向かう道道 867 号に入り約 12km。要所に案内板がある

夏にはホタルの幻想的な乱舞が見られる

名称にあるとおり、ホタルの舞が見られるキャンプ場。昭和の終わり頃、住民による「ホタル研究会」が中心となってこのあたりを整備して以来、全国的に知られる名所となった。毎年、7月上旬〜8月上旬にホタルが飛び交う。キャンプサイトは大きく2エリアに分かれる。センターハウス付近にはトレーラーハウスやオートサイトがあり、200メートルほど奥には、フリーサイトとペット同伴が可能な区画サイトがある。どちらも管理は同じだ。周囲には、温泉ホテルや化石体験館もある。

プライベートカーサイトはセンターハウス近くと、一段下がった川の近くにある

DATA	
開設期間	6月1日〜9月末
利用時間	IN／14時〜18時、OUT／翌11時まで
ゲート	21時〜翌8時閉鎖
管理人	8時30分〜17時（繁忙期は20時まで）
利用料金	●プライベートカーサイト／25区画（野外卓）1泊 3,000 円　●キャンピングカーサイト／9区画（電源、上下水道、野外卓）1泊 5,000 円　●フリーテントサイト大人 500 円、小学生以下 300 円　※料金は変更になる場合あり
レンタル用品	毛布、パークゴルフ用具
管理棟	受付、自販機、売店（調味料、虫除けなど）
キャンピングカー	専用サイトあり

食材調達

●キャンプ場近くの農家で季節の野菜が直売されているほか、JR 石狩沼田駅近くにはスーパーマーケット「ダ＊マルシェ沼田店」があり、食材がそろう

いこいの森公園のフリーサイト

センターハウス

開設期間	1月 2月 3月 4月 5月 6月 7月 8月 9月 10月 11月 12月
	6月1日～9月末

⊗ 禁止事項 | カラオケ・発電機

フリーサイト　オートサイト　コテージ　車椅子対応（水洗）　温泉

ペット（一部可）　ゴミ　たき火　Wi-Fi　ランドリー

---

memo

■ フィールド遊び

昆虫採集、パークゴルフ

⛺ DATA ☇☇☇

タイプ・宿泊料金	● トレーラーハウス（10人用）3台　1泊1台15,000円　寝具は4人分のみ　オフシーズン（7月、8月以外）の割引料金あり
利用時間	IN／15～18時、OUT／翌10時まで

備品・設備など

🛁 バス、トイレ、シャワー、洗面台	🔥 流し、換気扇、ガスコンロ、オーブン
🛏 じゅうたん／布団4組、毛布レンタルあり	📺 照明、テレビ、冷蔵庫（洗濯機はサニタリーハウスに）
🍖 庭にタープスペースあり	🐾 室内同伴不可、一部のサイトのみOK

マップ内ラベル: ▲沼田市街へ／WC／ほたる園／7月には赤トンボの乱舞が見られる／ほろしん温泉ほたる館／機関車／鑑賞ドーム／ホロピリ湖・小平町へ▶／ほたる学習館／炭鉱資料館／多目的広場／多目的広場ステージ／化石館／ガイドセンター／ほたるの里オートキャンプ場／ファミリーロッジ／コテージ／幌新太刀別川／フリーテントサイト／河川でフキ、ウドなどが採れる／カワセミ、アカゲラ、キビタキなどが見られる／炊／いこいの森公園キャンプサイト／WC／P／P／P／パークゴルフ場／ほたるトンネル

見た目はコテージだが、カナダ製のトレーラーハウスになっている

中は細長くて、意外にも広い

L字型のキッチンにはガスコンロもある

ユニットバスも完備され驚きだ

📍 周辺スポット

サイトの近くでは日本に現存する小型蒸気機関車で最も古い「クラウス15号蒸気機関車」を見ることができる

化石体験館では全長12mのクビナガリュウの大型骨格模型の展示や、沼田町の化石のすべてがわかる大画面映像やミニジオラマなどがある

♨ 温泉情報

宿泊施設もある温泉ホテル。キャンプ場のそばを流れる幌新太刀別川のせせらぎを楽しみながら入浴できる露天風呂もある。サウナもある

ほろしん温泉ほたる館　☎ 0164-35-1188

【営業時間】10時～22時営業
【定休日】無休　【料金】大人500円、小学生250円

しのつ公園キャンプ場

しのつこうえんきゃんぷじょう

湖畔

現地	新篠津村第46線南3番地
電話	0126-58-3508（現地管理棟）
予約	キャンプ場予約サイト「なっぷ」と電話にて（プラス100円）　入場制限あり オフ期間／しんしのつ温泉たっぷの湯 ☎ 0126-58-3166

アクセス
国道275号から道道139号に入り、石狩川沿いに北上、約14km

しのつ湖のほとりにある大人気のキャンプ場

キャンプ場となるしのつ公園には、温浴施設「しんしのつ温泉たっぷの湯」があり、道の駅「しんしのつ」にもなっている。地元の野菜や加工品が販売されている農産物直売所やソフトクリームなどのテイクアウト店もあり、朝からにぎわっている。公園のランドマーク・展望台を中心に、公園全体をキャンプ場として広げ、充実の敷地でキャンパーを受け入れている。それでも、夏の週末を中心にフェス会場かと思うくらいテントが立ち並ぶ。「手ぶらキャンプ」プランや「グランピング」エリアもあって人気だ。

真ん中に水場があって遊ぶことができる

道の駅を兼ねる建物近くの清潔トイレ

しのつ湖ではつりやボート遊びも

たっぷの湯は広々とした大浴場のほか、露天風呂や家族水入らずで過ごせる貸し切り風呂もある。泉質は強塩泉の源泉かけ流し。全国でも有数の温泉成分濃度だ

DATA

開設期間	4月下旬〜11月上旬
利用時間	IN／11時〜、OUT／翌10時まで（平日は9時）
管理人	9時〜16時土日祝のみ、平日受付はたっぷの湯フロント
利用料金	●フリーサイト宿泊　大人1,500円・小学生1,000円・幼児無料　●日帰り　大人800円・小学生500円・幼児無料　●たき火エリア1テント　プラス1,000円　※料金などは変更の予定あり
管理棟	受付、自動販売機、荷物運搬用のリヤカー

開設期間	1月	2月	3月	4月	5月	6月	7月	8月	9月	10月	11月	12月
						4月下旬〜11月上旬						

フリーサイト　オートサイト　コテージ　車椅子対応　温泉
水洗

ペット　（アイコン）　バーベキュー　wifi　ランドリー

禁止事項	直火・花火・カラオケ・発電機使用

memo
■ フィールド遊び
　水遊び、釣り、レンタル自転車、貸しボート

しんしのつ産の新鮮な野菜を味わおう

森林・川辺

古山貯水池自然公園オートキャンプ場
ふるさんちょすいちしぜんこうえんおーときゃんぷじょう

古山貯水池自然公園
オートキャンプ場
道の駅
マオイの丘公園

現地	由仁町古山 430
電話	090-8630-6374（管理人直通）
	0123-83-3979 ゆに建設事業協同組合（住建興業内）
予約	4月10日から受付。完全予約制
	（受付時間9時～12時、14時～17時）

▶ アクセス
由仁市街地からユンニ
の湯方面へ約5km

無料のまき割りができ、2種類のサイトが選べる

馬追丘陵の一角、大型の貯水池の近く
に佇むキャンプ場。管理棟を中央に、森
林の木立が魅力のエリアとカラッと開放的
な芝生のエリアと、全く雰囲気が異なる2
つの場所が選べる。どちらが人気かと聞
けば「それぞれ好みがあり、どちらも人気
です」とのこと。森林エリアには、中央に
フリーサイト。その周りを囲むように車を
横付けできるカーサイトがある。芝生エリ
アはフリーサイトのみ。近くにはドッグラン
が併設されている。管理棟前では、無
料でまき割りができる。ここでは、たき火
を思う存分楽しもう。

芝生で開放感あるフリーサイトB側

管理棟前のまき割りコーナー

お湯が出るありがたい炊事場

サイトから約2kmにあ
る「ユンニの湯」は褐色が
かったコーヒー色のお湯
が特徴の温泉。無味無臭
でお肌がすべすべになる
いい温泉だ

開設期間	1月 2月 3月 4月 5月 6月 7月 8月 9月 10月 11月 12月
	4月中旬～11月中旬（変更の場合あり）

フリーサイト　オートサイト　コテージ　車椅子対応 WC 水洗

ペット　ゴミ　たき火　Wi-Fi　コンセント
一部可

⊗ 禁止事項　カラオケ・発電機・
フリーサイトAのみペット不可

memo
■ フィールド遊び
まき割り、小川遊び、
昆虫採集

DATA

開設期間	4月中旬～11月中旬（変更の場合あり）
利用時間	IN／13時～17時、OUT／翌11時まで
ゲート	なし
管理人	8時30分～17時駐在（予約がない場合は不在あり）
利用料金	●入場料 中学生以上1,300円、小学生700円、未就学児無料 ●フリーサイト テント・タープ各1張700円 ●カーサイト 1,700円（電源・水道なし） ●キャンピングカーサイト 1,700円（電源・水道なし）、日帰り料金あり
レンタル用品	テント、タープ、コンロ
管理棟	受付、リヤカーあり
キャンピングカー	10mまで可

由仁町見立の沢キャンプ場　LAUGH TALE

森林・川辺

ゆにちょうみたてのさわきゃんぷじょうらふてる

現地	由仁町山形 641
電話	080-2890-8391
予約	トンタッタの森のみ、LINE 予約制

アクセス
JR 由仁駅から約 1.5km で現地。

2021 年から少しずつ手作りで整備したキャンプ場。サイトをぐるっと囲む森、小川のせせらぎにいやされる。全サイト車が横付け可能で、女性専用トイレはまるでホテルのように清潔。野菜の直売もある。

森に囲まれていて、大自然を満喫するのに最適

memo
■フィールド遊び
散策・星空・昆虫
採集

開設期間	1月 2月 3月 4月 5月 6月 7月 8月 9月 10月 11月 12月
	未定〜10月31日

DATA

開設期間	未定（インスタグラムで告知）〜10 月 31 日
利用時間	IN／13 時〜、OUT／〜11 時、日帰り／10 時〜17 時
ゲート	なし　管理人　駐在時間不明
利用料金	●フリーサイト／中学生以上 1 人 500 円・小学生以下無料、日帰りも同じ　●トンタッタの森／中学生以上 1 人 1,000 円・小学生以下利用不可、日帰りも同じ
レンタル用品	テント、タープ、大型タープ、テーブル、椅子、クーラーボックス、ブルーシート、防火シート付焚火台など
管理棟	受付、売店　キャンピングカー　可（2 サイト）

禁止事項　直火

ART×OUTDOOR VILLAGE 栗山

公園

あーとばいあうとどあびれっじくりやま

現地	栗山町字継立 189 番 2
電話	080-7537-5728
予約	電話予約

アクセス
道道 3 号を夕張方面へ。継立店の信号を右折で道なりに進む

2023 年 7 月にオープンした。2014 年に廃校した栗山町立継中学校跡地を活用した複合型のアウトドア施設。キャンプサイト・ブックカフェ・ショップ・アートギャラリーを併設している。かつての教室をキャンプサイトに活用し、屋内外を繋げたハイブリットサイトはユニーク。

手前がフリーサイト、奥に見えるのがオートサイト

memo
■フィールド遊び
散策・星空・昆虫
採集

開設期間	1月 2月 3月 4月 5月 6月 7月 8月 9月 10月 11月 12月
	通　年

DATA

開設期間	通年営業
利用時間	IN／11 時（ハイブリットサイトは 14 時）、OUT／10 時
ゲート	なし　管理人　24 時間
利用料金	●施設利用料／中学生以上 1,500 円・小学生 500 円・未就学児無料　●宿泊施設／ハイブリットサイト 12,000〜13,000 円（利用は 2 名から、車 2 台）、プライベートオートサイト 3,000 円（定員なし、車 2 台、車内に入らない車を駐車場に停める場合は 1 台 1,000 円）、フリーサイト無料
レンタル用品	テント、ランタン、チェア、テーブル、クーラーボックス、BBQ コンロなど
管理棟	受付、室内トイレ、ショップ、カフェ、アートギャラリー、シャワー　キャンピングカー　可

禁止事項　直火

南幌三重緑地公園キャンプ場

なんぽろみえりょくちこうえんきゃんぷじょう

公園

現地	南幌町南12線西3番地
電話	011-378-3606（管理棟）
予約	不要

アクセス

南幌市街地から東へ約5km。江別東ICから国道337号で約7km

夕張川沿いの河川敷地で明るく開放的なサイト

「三重湖公園」の隣にあり、少々雰囲気が異なるサイトがこちらのキャンプ場。かつてレストランだった朱色の建物がランドマークであり、管理棟になっている。その周辺にフリーエリアとしてテントサイトが広がる。炊事場と木製遊具がある部分は明るく開放的。大きな駐車場付近の芝生地はセミオート感覚で使えて便利。キャンピングカーの利用も多い。堤防道路に近い場所からは夕張岳などの山々が見渡せる。野球やサッカーのグラウンドもすぐ近くにあり、多彩なキャンパーを受け入れている。

木立もそこそこにあるサイト

炊事場は場内に1カ所

木製の遊具がサイト中央にある

温泉はキャンプ場から約8kmの「なんぽろ温泉ハート＆ハート」へ。10時～21時（受付は20時30分まで）、不動の人気メニュー「キャベツ天丼」はぜひ味わいたい

DATA

開設期間	4月15日から11月15日（積雪による変動あり）
利用時間	フリー
ゲート	なし
管理人	8時30分～17時駐在
利用料金	テント2張まで500円
レンタル用品	なし
管理棟	受付、トイレ
キャンピングカー	駐車場のみ可

	1月	2月	3月	4月	5月	6月	7月	8月	9月	10月	11月	12月
開設期間				4月15日～11月15日								

水洗

memo
■フィールド遊び
　遊具、昆虫採集、サッカー

禁止事項　カラオケ・発電機

三重湖公園キャンプ場

湖畔

みえここうえんきゃんぷじょう

現地	南幌町南13線西3番地
電話	011-378-1270（三重レークハウス）
予約	バンガローのみ要予約（4月1日から受付）

アクセス

南幌市街地から岩見沢方面ヘタ張川手前、約3km

道央／道南／道北／オホーツク／道東

小さな湖に面して遊具も多彩なキャンプ場

南幌町内を流れる夕張川のほとり一帯は「リバーサイド公園」として整備されている。その近く、「三重湖」のほとりにあるキャンプ場。道路に面した三角屋根の建物が受付棟になっている。テントサイトはそこから遊具広場を挟んだ湖側。三重湖を取り囲むようにテントが設営でき、管理棟の反対側にもいい雰囲気の場所がある。バンガローも6棟あってファミリーを中心に利用が多い。湖ではフナ釣りもでき、ちびっこ向けの遊具も多彩。水場では歓声が上がっている。春のスタートが早いこともあり、穴場的なキャンプ場ながら利用者は多い。

中洲のようになっている部分もあり

管理棟「三重レークハウス」の前には直売所もある

夏の間は水施設が大人気

テントサイトの横にはバンガローが6棟立っている。6〜7人用。タープなどを設営できる広さもある。日帰り利用も可能だ。トイレ棟は公園にある一般的なもの。水場は簡素な設備だ

開設期間　1月 2月 3月 4月 5月 6月 7月 8月 9月 10月 11月 12月
4月1日〜10月30日

水洗

memo
■フィールド遊び
釣り、遊具、昆虫採集

DATA

開設期間	4月1日〜10月30日
利用時間	IN／12時〜17時、OUT／翌12時まで
ゲート	なし
管理人	9時〜17時駐在
利用料金	●テント2張まで500円　●バンガロー（6人〜7人用）6棟、1泊1棟2,000円〜3,000円、日帰り1,000円
レンタル用品	なし
管理棟	受付
キャンピングカー	駐車場のみ可

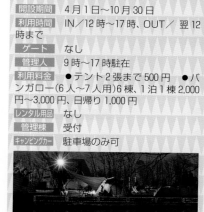

禁止事項　直火（たき火は台や防火シート使用により可）・花火は手持ちのみ可・ペットは条件付きで可・カヌーなどの使用は要相談

102

北村中央公園ふれあい広場キャンプ場

きたむらちゅうおうこうえんふれあいひろばきゃんぷじょう

現地	岩見沢市北村赤川 156 番地 1
電話	0126-55-3670（現地管理棟）
予約	不要

アクセス
岩見沢市街から道道6号を月形町方面へ約10km。北村温泉のすぐ手前を左折

温泉至近、水辺を感じる無料の公園型サイト

岩見沢の中心部から北方面へ車で約12分。「北村温泉」のすぐ裏手にある公園でキャンプができる。サイトからは温泉に歩いて行くことができ、温泉の向かいにはセイコーマートがある。無料サイトということもあり週末は混雑する。公園の中央には木製遊具があり、遊具施設を取り囲むようにテントが並ぶ。駐車場からはやや離れるが、日本庭園のような趣がある水辺にもテントが張れる。こちらはやや静かな雰囲気だ。利用者はファミリーが多いが、ソロキャンパーからシニア夫婦まで客層は幅広い。

サイト中央の遊具を囲むようにテントが並ぶ

木製の遊具もいくつかある

木陰や遊具の近くにテントが集まる

北村温泉ホテルは源泉掛け流しの温泉。日帰り利用OKで、入口近くには無料の足湯もあってうれしい。レストランでは「北村ラーメン」のほか、そばやカレーが味わえる。17時からは居酒屋メニューもある

DATA

開設期間	4月下旬～11月上旬
利用時間	フリー
ゲート	なし
管理人	8時30分～17時駐在
利用料金	無料
レンタル用品	なし
管理棟	受付、トイレ
キャンピングカー	不可

開設期間	1月	2月	3月	4月	5月	6月	7月	8月	9月	10月	11月	12月
					4月下旬～11月上旬							

フリーサイト　オートサイト　コテージ　障碍者対応　温泉
水洗

ペット　ゴミ　たき火　wi-fi　ランドリー

memo
■フィールド遊び
遊具、ボート、昆虫採集

⊗ 禁止事項　カラオケ・発電機

いわみざわ公園キャンプ場

公園
いわみざわこうえん　きゃんぷじょう

現地	岩見沢市志文町いわみざわ公園
電話	0126-25-6111（室内公園「色彩館」）
予約	キャンプ場予約サイト「なっぷ」にて

▶ アクセス ▶
岩見沢市街から北海道グリーンランド方面へ、その遊園地手前

遊園地に近く、アスレチック遊具が人気

キャンプ場の入り口には暗証番号式のゲートがあり、しばらく進んだ先に段々畑状の一般サイトが現れる。のびやかな公園の中の一角にもかかわらず、森の中にいるような雰囲気になっている。オートサイトはさらに進んだ奥側にあり、こちらは開けた明るい雰囲気だ。キャンプサイトに並行するように小川が流れている。一般サイトから公園に出れば遊具が点在し、トリムコース（アスレチック遊具）も充実。ふれあい広場ではウサギやエミューにも会える。そして、キャンプの前後には遊園地「北海道グリーンランド」で決まりだ。

オートサイトには流し台と電源がある

一般サイトの炊事場

公園内を小川が流れる

キャンプ場利用者は隣接する「北海道グリーンランド」の入園料が半額になる。ぜひ行ってみよう。岩見沢には「宝水ワイナリー」やバラ園がある。道内最古の窯元「こぶ志陶苑こぶ志窯」では、陶芸体験ができる

開設期間	1月 2月 3月 4月 5月 6月 7月 8月 9月 10月 11月 12月
	4月下旬〜11月上旬

■ フィールド遊び
遊具、昆虫採集　など

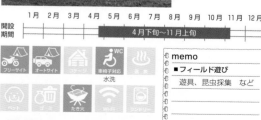

⊗ 禁止事項　カラオケ・打ち上げ花火・発電機

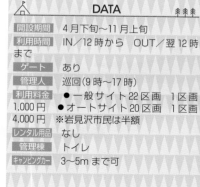

△ DATA

開設期間	4月下旬〜11月上旬
利用時間	IN／12時から　OUT／翌12時まで
ゲート	あり
管理人	巡回（9時〜17時）
利用料金	●一般サイト22区画　1区画 1,000円　●オートサイト20区画　1区画 4,000円　※岩見沢市民は半額
レンタル用品	なし
管理棟	トイレ
キャンピングカー	3〜5mまで可

室蘭キャンプ＆グランピング YUGU（ゆーぐ）

森林・川辺

むろらんきゃんぷ&ぐらんぴんぐゆーぐ

現地	室蘭市香川町 224 番地 7
電話	090-1087-6616（大城戸）

アクセス
室蘭市街地から道道 1081 号、室蘭環
状線経由で約 9 キロ

室蘭キャンプ＆グランピング
YUGU（ゆーぐ）▲

室蘭IC
道央自動車道

2023 年 8 月にオープンした、室蘭岳山麓総合公園（だん
パラ公園）の期間限定のキャンプ場。ASOBUBAmuro-
ran に引き続き、室蘭市が行うトライアル・サウンディン
グ事業としての実施だ。1 年ごとの見直しなので 7 月下旬
に、内容が変更になる場合がある。

開設期間	1月 2月 3月 4月 5月 6月 7月 8月 9月 10月 11月 12月
	春〜7月下旬(一旦)

新設の炊事場はピカピカ

memo
■ フィールド遊び
遊具多数あり、
ペット可

⊗ 禁止事項　直火

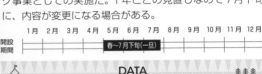

DATA

開設期間	5 月〜7 月下旬(一旦)、火曜定休
利用時間	IN／13 時〜17 時　OUT／翌 11 時まで
ゲート	なし
管理人	24 時間駐在
利用料金	フリーサイト休日 3,500 円、区画サイト 1 区画休日 4,500 円、オートサイト休日 5,500 円、平日料金あり
レンタル用品	あり
管理棟	受付、売店、トイレ
キャンピングカー	可

美々川プライベートキャンプ場

森林・川辺

びびがわぷらいべーときゃんぷじょう

現地	苫小牧市植苗 48-10
電話	0144-58-2757
予約	あり

アクセス
国道 36 号から、バス停「植苗駅通」の
目の前が現地

千歳線
美々川プライベート
キャンプ場 ▲
苫小牧東IC　植苗駅
苫小牧　ウトナイ湖　室蘭本線

ウトナイ湖に続く美々川沿いにあり、口コミで人気が広
がったキャンプ場。基本料金でカヌー、カヤック、SUP
が楽しめ、テントサウナにも入り放題。敷地内のいたると
ころでエゾリスが走り回る。珍しい野鳥観察なども楽しめ
る。

開設期間	1月 2月 3月 4月 5月 6月 7月 8月 9月 10月 11月 12月
	通年

レンタルのカヌーやカヤック
がずらりと並ぶ

memo
■ フィールド遊び
星空・カヤック・カヌー・
SUP・昆虫採集・バード
ウォッチング

⊗ 禁止事項　直火

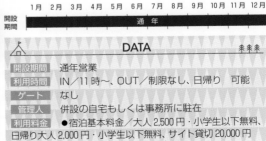

DATA

開設期間	通年営業
利用時間	IN／11 時〜、OUT／制限なし、日帰り　可能
ゲート	なし
管理人	併設の自宅もしくは事務所に駐在
利用料金	●宿泊基本料金／大人 2,500 円・小学生以下無料、日帰り大人 2,000 円・小学生以下無料、サイト貸切 20,000 円
レンタル用品	テントサウナ、グランピングテント一式
管理棟	受付
キャンピングカー	可

オートリゾート苫小牧 アルテン

公園

おーとりぞーと　とまこまいあるてん

現地	苫小牧市樽前 421-4
電話	0144-67-2222（現地センターハウス）
予約	㈱苫小牧オートリゾート（同上）にて通年受付 受付／利用日の 2 カ月前の 1 日から電話とネットで受付 キャンセル料／予約時に確認

アクセス

国道 36 号の錦岡の交差点から山手へ案内板に従って約 3km。道央自動車道苫小牧西 IC からは道道 781 号で右折

通年利用ができる道内を代表するオート施設

日本オートキャンプ協会から 5 つ星という最高評価を受ける施設。通年で営業していることもあり、年間約 5 万人を超える集客を誇る、道内を代表するキャンプ場のひとつである。場内はセンターハウスを中心に「みずなら」「からまつ」「しらかば」と、その名の植生ごとに雰囲気が異なるサイトが展開される。コテージ群は 5 つのバリエーションがあって、人数などによって選ぶことが可能。温泉施設「ゆのみの湯」が隣にあり、歩いて行けるのもうれしい。冬の静けさもまた魅力だ。

オートキャンプサイトは 3 つに分かれ、木立の種類によってやや雰囲気が異なる

DATA

開設期間	通年営業
利用時間	IN／13 時〜17 時、OUT／翌 8 時〜11 時
ゲート	22 時 30 分〜翌朝 8 時は閉門
管理人	24 時間常駐（センターハウス 24 時間開放）
利用料金	●キャンピングカーサイト／53 区画（電源、給排水栓、流し台）1 泊 1 区画 6,600 円ほか（冬期 50% OFF）　●個別オートサイト（電源付 21 区画、電源なし 87 区画）1 泊 1 区画 6,050 円（冬期 50% OFF）／4,400 円（冬期 50% OFF）、5,500 円（冬期閉鎖）　●セミオートサイト／48 区画（電源なし）1 泊 1 区画 3,300 円（冬期閉鎖）（※冬期は 11 月〜3 月）
レンタル用品	テント、寝袋、ランタン、コンロ、毛布、食器・まな板・包丁セット、自転車など
管理棟	自販機、水洗トイレ、シャワー、ランドリー室、売店（ビール、酒、氷、菓子類など）、8 時〜18 時
キャンピングカー	13m まで可

キャンピングカーも利用できるサイト

センターハウスは機能充実

冬キャンプの利用も増えている

開設期間

1月	2月	3月	4月	5月	6月	7月	8月	9月	10月	11月	12月
						通年					

⊗ 禁止事項　直火・打上げ花火・カラオケ・発電機・ドローン・ハンモック

フリーサイト / オートサイト / コテージ / 車椅子対応 水洗 / 温泉

ペット 一部可 / ゴミ / たき火 / Wi-Fi 一部 / ランドリー

memo
■フィールド遊び
水遊び、散策、テニス、バスケット、カヌー、昆虫採集、パークゴルフ

⛺ DATA

タイプ・宿泊料金	●デッキハウス(6人用)2棟　1泊1棟23,000円　冬期30%OFF ●ログハウス(6人用)3棟　1泊1棟24,000円　冬期30%OFF ●キャビン(9人用)10棟 1泊1棟18,000円　冬期30%OFF　他にロフトハウス(3棟)やバンガロー(10棟)もある
利用時間	IN／15時～17時、OUT／翌8時～11時

備品・設備など

洗面台、トイレ／バス、シャワーはログハウス、デッキハウスのみ		電気コンロ、電子レンジ、ポットなど(ログハウス、デッキハウスのみ)	
ベッドと布団(ログハウス、デッキハウスのみ)		冷蔵庫、照明(バンガロー以外)、テレビ、暖房	
テラス、タープのスペースあり		専用サイトあり。放し飼い禁止、室内同伴は要問い合わせ	

コテージやログハウスはセンターハウスに近い一角に立ち並ぶ。建物内は禁煙だ

バリアフリータイプもある

4人用のバンガロータイプ

キャンプサイトと温泉の間にある「あそんで池」

📍 周辺スポット

場内ではカナディアンカヌー、パークゴルフやテニスなどが楽しめる。冬には凍った湖でワカサギ釣りも楽しめる

♨ 温泉情報

キャンプ場ゲート近くにある日帰り温泉。開放感いっぱいの露天風呂のほか、大浴場には寝湯、サウナ、ハーブ湯がある。食事コーナーもあり

ゆのみの湯　☎ 0144-61-4126

【営業時間】10時～22時営業、最終受付21時20分
【定休日】毎月第3水曜定休　【料金】大人600円、小学生300円

ブウベツの森キャンプ場

森林・川辺

ぶうべつのもり　きゃんぷじょう

現地	白老町字石山 110-2
電話	080-4044-3388（11時～16時）
予約	事前予約制、電話か予約サイト 受付は白老町栄町2丁目1-7にある 「ならの木家」

アクセス
白老の市街地から登別
方面へ約5km

少しずつ進化・拡張されている手作りサイト

林業を営むオーナーがコツコツと手を入れて整備した手作りキャンプ場。2022年7月から新エリア「マロンエリア」が奥の方に拡張されて、繁忙期のみ受け入れをしている。場内は8メートル×8メートルほどのオートサイトと、一部ペット可能サイト、2倍の広さがあるビッグオートサイトがある。フリーサイトは大きく3エリア。砂礫の地面は水はけが良さそうだ。場内には無料のまきがあって利用ができる。のこぎりを使って切って使おう。場内奥にある大西林業がつくる「しらおい木炭」はぜひ使ってみたい。

オートサイトは広くて快適

屋根がかかる炊事場

トイレ棟は入り口近くに

キャンプ場へつながる道の途中にある「カウベル（前田畜産）」。ショップでは牛肉・豚肉・ラム肉などの小売販売もしているのでBBQ用に購入していきたい。レストランでは白老牛などを豪快に味わえる

開設期間	1月	2月	3月	4月	5月	6月	7月	8月	9月	10月	11月	12月
						通年						

memo
■フィールド遊び
　昆虫採集

水洗

禁止事項　場内禁煙（分煙）・直火・オーディオ・ドローン

DATA

開設期間	通年
利用時間	IN／13時～16時（日祝は11時～14時）、OUT／翌10時まで
ゲート	なし
管理人	11時～16時（土日祝は14時まで）駐在
利用料金	●入場料、中学生以上660円、小学生330円、未就学児無料、ペット無料　●フリーサイトテント1張1,100円、7人用以上1,650円　●オートサイト1区画2,200円　●BIGオートサイト1区画4,400円
レンタル用品	なし
管理棟	受付はキャンプ場から約3km離れた白老町のスーパーくまがいの向かいにある「ならの木家」で
キャンピングカー	可

白老キャンプフィールド ASOBUBA （アソブバ）

森林・川辺

しらおいきゃんぷふぃーるど　あそぶば

現地	白老町森野 98 番 1
電話	080-1899-5151（電話対応 10 時〜18 時）
予約	予約制、公式 HP から

アクセス
道央道白老 IC から旧大滝村方面へ約 12km

白老キャンプフィールド ASOBUBA / 白老IC・ / ・ウポポイ / 道央自動車道 / 白老駅 / 太平洋

道央 / 道南 / 道北 / オホーツク / 道東

あらゆるキャンパーを許容する森の中の「あそぶば」

道央自動車道の白老 IC から、道道白老大滝線を大滝方面へ車で約 10 分。「森野」という地区にあるキャンプ場。道道から 1 段坂を下った先にウッディなセンターハウスが現れる。駐車場すぐ横には 12 メートル×12 メートルというゆったりサイズのオートサイト。大型の遊具が置かれる広いフリーサイト。一段高い場所には、林間にハンモックサイトや電源付きのオートサイトがある。特筆すべきは場内一番奥、白老川に面した「ワイルドキャンプサイト」。荷物の搬入には難儀するが、上級者向けのまさに野営が楽しめる。

入り口近くのオートサイト（電源あり）

オートサイト

フリーサイト、芝生は張り替え予定

サイト中央、フリーサイトの横には広場があり、木製遊具で思いっきり遊べそうだ。サイトは全体的に明るく陽気な音楽フェス会場の雰囲気

	DATA
開設期間	4月 GW〜11 月末日
利用時間	IN／12 時半〜18 時、OUT／翌 11 時まで
ゲート	なし
管理人	10 時〜18 時駐在（変動あり）
利用料金	●入場料　大人 2,000 円、小学生 1,000 円、幼児無料　●フリーサイト無料　●オートサイト 2,000 円〜
レンタル用品	テントなど各種用意あり
管理棟	受付、売店、ゴミは無料だが分別を
キャンピングカー	5m 程度は可

開設期間	1月	2月	3月	4月	5月	6月	7月	8月	9月	10月	11月	12月
					GW〜11月末日							

水洗

memo
■フィールド遊び
昆虫採集、大型遊具

禁止事項　直火（ワイルドサイトは除く）

109

白老ふるさと 2000 年ポロトの森キャンプ場

森林・川辺

しらおいふるさとにせんねん　ぽろとのもりきゃんぷじょう

現地	白老町ポロト自然休養林内
電話	0144-85-2005（現地管理棟）
予約	完全予約制　ビジターセンター（現地管理棟）で対応

受付／ビジターセンター（管理棟）にて随時電話受付（9時〜17時）、
　　　 7〜8月（8時〜20時）
キャンセル料／キャンセル料はかからないが、連絡は早めに

▲白老ふるさと2000年ポロトの森キャンプ場

道央自動車道
白老IC
ポロト湖
ウポポイ
コープさっぽろ
白老駅
36
388
太平洋

アクセス
国道36号を白老町に入り、沿道の標識から市街地に進み、ポロト湖からさらに山道を3kmほど奥地へ。行き止まりに駐車場がある

開設期間が長く、早春から晩秋まで楽しめる

　開設期間が4月初旬から11月の末日までと長く、白老町は比較的降雪も少ないことからロングランでテントが張れるキャンプ場。受付があるビジターセンターの裏手に高床式のバンガローがあり、その奥のいくつかの場所がフリーサイトとして利用ができる。サイトへは荷物の搬出入時には車の乗り入れは可能だが、原則芝生地への乗り入れはできない。場所は、アイヌ文化の拠点、民族共生象徴空間「ウポポイ」の奥。ポロト湖沿いの細い道を進んだ先に到着する。細くてカーブの多い道が続くので、アクセス道路の運転には細心の注意が必要だ。

奥に長いフリーサイトの中間地点から見た風景。一部傾斜がある平坦な場所

DATA

開設期間	4月1日〜11月末
利用時間	バンガロー以外はフリー
ゲート	なし
管理人	4〜11月は9〜17時駐在（7〜8月　8〜20時）
利用料金	●テントサイト／100張　1泊　高校生以上 400円、小中学生 300円
レンタル用品	テント（6人用）2,500円、ランタン800円、イス300円など　手ぶらキャンプセットは8,000円、手ぶらBBQセット5,000円などがある
管理棟（ビジターセンター）	受付、自販機、電話、トイレ、シャワー、売店コーナー（炭、ホワイトガソリン、電池など）／館内に森の自然展示スペース（入館無料）
キャンピングカー	駐車場のみ可

食材調達

- サイトからポロト湖の入口付近まで戻り、線路を渡ってすぐのところに「コープさっぽろ」がある
- 白老町内には、コンビニやスーパーもある

デザインされた東屋コーナー

サイトの奥にあるトイレ棟

開設期間	1月 2月 3月 4月 5月 6月 7月 8月 9月 10月 11月 12月
	4月1日〜11月末

フリーサイト　オートサイト　コテージ　車椅子対応　温泉
水洗

ペット　ゴミ　たき火　Wi-Fi　ランドリー

memo
■ フィールド遊び
散策路、カヌー、自転車、釣り

DATA 🎣🎣🎣

タイプ・宿泊料金	●バンガロー(6人用)5棟　1泊1棟5,000円＋暖房費360円(7月、8月除く)　日帰り利用は1時間200円＋暖房費120円
利用時間	IN／15時〜、OUT／翌10時まで

備品・設備など

🛏 なし、シャワーはビジターセンターに	🍳 なし／炊事禁止
🛏 フローリング床／寝具レンタルなし	💡 照明、電源、暖房／洗濯機なし
🔥 なし、バルコニーにテーブルとイス	🐾 NG

バンガローは傾斜地に5棟建つ。高床式のため見晴らしがいい

内部はシンプル

バルコニーにイスとテーブルがある

バンガローサイト近くのフリーサイト

地図内ラベル:
ミズナラの林 ドングリがいっぱい！
遊歩道
森には、カッコウ、ビンズイ、エゾセンニュウ、トラツグミなどが見られる
クリヤクワの実が採れる
クリの大木がある
クワガタ、ルリボシヤンマ、トノサマバッタなど、昆虫が多い
湧泉湧水地
ファイアーサークル
バンガロー(5棟)
炊
炊
ビジターセンター
◀行き止まり
国道36号へ→(3km)
湧水が源流のキレイな川 ヤマメ・イワナなどが釣れる
ウツナイ川
WC　WC　WC　WC

📍 周辺スポット

ポロト湖ではカヌーのレンタルがあったり、湖を1周できるサイクリングコースもあるので自転車をレンタルして巡ってみよう

「ウポポイ」はアイヌ民族を主題とした日本初の施設。国立アイヌ民族博物館と国立民族共生公園、慰霊施設からなる。見て・触れて・感じることができる施設

♨ 温泉情報

国道36号に面した温泉ホテル。源泉掛け流しで10種類の湯船がある。お湯は肌がつるっとする美肌の湯

虎杖浜温泉ホテルオーシャン　☎ 0144-87-3688

【営業時間】10時〜19時営業
【定休日】年中無休　【料金】大人600円、小学生300円

安平町鹿公園キャンプ場

公園

あびらちょうしかこうえん　きゃんぷじょう

現地	安平町追分白樺2丁目1
電話	0145-25-4488（現地管理棟）
予約	完全予約制（公式HPにて、2カ月先の月末まで受付）　手ぶらキャンプ（利用2日前まで）　バーベキューコーナー（当日受付もあり）

▶**アクセス**◀
安平町の市街地にあるJR追分駅の西側。国道234号沿いの道の駅「D51ステーション」からは約2.3km

エゾシカが飼われている公園の一角に人気サイト

　胆振管内安平町の市街地に隣接する広い公園の一角に整備されたキャンプ場。ここは日本最古の保健保安林でもある。森の濃密な雰囲気が漂う第1キャンプ場と、アスファルトの駐車場からも近い、明るく開けた感じの第2キャンプ場に分かれている。ファミリー層に圧倒的に人気なのは、第2の方だ。がっしりとしたドッグラン、充実のアスレチックもある。公園内には散策路が巡らされているので冒険気分で探検してみよう。「エゾシカの丘」にはシカが飼われている。なお受付は完全予約制になった。

第1キャンプ場のようす

新しい遊具やアスレチックも充実

人気のドッグラン、足洗い場もあり

公園内には「エゾシカの丘」という場所があってシカにふれあえる。温泉は徒歩でも行ける「ぬくもりの湯（ぬくもりセンター）」へ。11時～22時、第2・4火曜定休。大人500円、小学生250円

開設期間	1月 2月 3月 4月 5月 6月 7月 8月 9月 10月 11月 12月
	4月下旬～10月31日

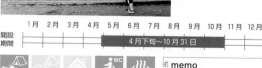
フリーサイト／オートサイト／コテージ／車椅子対応／温泉／水洗

ペット

ゴミ

たき火

ランドリー

memo
■フィールド遊び
遊具、アスレチック
昆虫採集

🏕 DATA

開設期間	4月下旬～10月31日
利用時間	IN／13時～16時、OUT／翌11時まで
ゲート	なし
管理人	9時～16時駐在（時期によって変動あり）
利用料金	●区画サイト　1区画3,000円　●フリーサイト　持込みテント（タープ1張含む）2,000円、ほか手ぶらキャンプセット12,000円
レンタル用品	イス、シュラフ、たき火台ほか各種あり（有料）
管理棟	受付
キャンピングカー	駐車場のみ可（料金必要）
※ゴミ処理は要分別	

⊗**禁止事項** 打ち上げ花火・直火・発電機・ゴミのポイ捨て

ファミリーパーク追分キャンプ場

ふぁみりーぱーくおいわけ　きゃんぷじょう

現地	安平町追分旭648
電話	0145-25-3480（現地管理棟）
予約	4月〜11月は予約制、12月〜3月は予約なし

アクセス
追分市街から道道462号を川端・夕張方面へ、看板から右折し約8km

丘の上サイトもあり、愛犬家にうれしい施設

パークゴルフ場を全面転換した民間のキャンプ場。ここは愛犬家キャンパーにとって、ありがたい貴重な施設。ドッグランの中にテントを入れることができる、柵で囲われたサイトが10数区画ある。柵内ではペットを放し飼いにでき、愛犬ものびのびとキャンプが楽しめるだろう。管理棟があるエリア、少し小高くなった部分を「丘の上サイト」として開放した。パークゴルフ場だった跡が残る一帯は見晴らしがよく、開放的なロケーションだ。夜間はキツネが悪さをするらしいので、食料とゴミの管理は徹底したい。

広々としたドッグランサイト

東屋と奥にドッグランコーナー

シャワールームが4室ある

新設された「丘の上サイト」は管理棟から駐車場部分を左側に回って上った先にある。車道は一方通行。こちら側は高速道路とも離れているので音はほとんど気にならない

開設期間	1月	2月	3月	4月	5月	6月	7月	8月	9月	10月	11月	12月
						通年						

フリーサイト　オートサイト　コテージ　車両乗り入れ　水洗
ペット　ゴミ　たき火　（WiFi）　炊事　ランドリー

memo
■フィールド遊び
　昆虫

⊗ 禁止事項　打ち上げ花火

DATA

開設期間	通年
利用時間	IN／11時から、OUT／翌10時まで
ゲート	なし
管理人	巡回
利用料金	大人300円、小学生150円、ペット200円　●フリーカーサイト1泊1張り1,000円、タープ700円　●キャンピングカー1台1,500円　●ドッグランサイト3,000円　●バンガロー寝具なし1,500円　●キャンピングトレーラー大5,000円、中4,000円
レンタル用品	まきの販売あり
管理棟	受付
キャンピングカー	可

113

公園

安平町ときわキャンプ場

あびらちょうときわきゃんぷじょう

現地	安平町早来北進 98 番地 45
電話	0145-22-2898
予約	公式 HP にて 2 カ月先の月末まで受付

アクセス

国道 234 号、早来地区に「ときわ公園」へ誘導する看板がいくつも立っている。案内看板に沿って進む。JR 早来駅から約 2 キロ

アスレチック遊具とロング滑り台がある遊びの森

隣に野球場があったり、近くには安平町のスポーツセンターがあったりする公園型のキャンプ場。サイト内には 10 種類のアスレチック遊具や全長 70 メートルのロング滑り台もあり、子どもたちの格好の遊び場にもなっている。遊具の近くに設営するには、ちょっと長い道を歩かなければならないが、リヤカーが使えるので楽しくお散歩気分で進もう。野球場に隣接する一段高くなった場所にも区画サイトがあり、こちらは、駐車場近くに車を停めれば、オート感覚で利用ができる。

入り口近くに用意された手ぶらサイト

トイレ棟はきれいだ

リヤカーがたくさん用意される

全長 70 メートルのローラー滑り台などがあり、遊べる森になっている

開設期間	1月	2月	3月	4月	5月	6月	7月	8月	9月	10月	11月	12月
				4月下旬～10月末								

フリーサイト　オートサイト　コテージ　車椅子対応水洗　風呂

ペット　ゴミ　たき火　Wi-Fi　ランドリー

禁止事項
直火・花火は指定場所のみ・打ち上げ花火禁止・ペット・発電機

memo
■ フィールド遊び
昆虫採集、パークゴルフ
■ オートサイトは 2024 年中にプレオープン予定

DATA

開設期間	4月下旬～10月末
利用時間	IN／13時、OUT／翌 11 時まで
ゲート	なし
管理人	9時～16時駐在（時期によって変動あり）
利用料金	●持ち込みテント（タープ1張含む）7人以下　2,000 円　●区画サイト1区画 3,000 円　●手ぶらキャンプ1セット 12,000 円（設営込み）　●バンガロー・ツリーハウス1棟 5,000 円
レンタル用品	イス、シュラフ、マット、ランタンなどあり（有料）
管理棟	受付、レンタル
キャンピングカー	駐車場のみ可（有料）

column

美しい風景を巡る

芝ざくら滝上公園（滝上町）

かみゆうべつチューリップ公園（湧別町）

ファーム富田（中富良野町）

ローズガーデンちっぷべつ（秩父別町）

北竜町ひまわりの里（北竜町）

旭岳の日本一早い紅葉（東川町）

穂別キャンプ場

森林・川辺

ほべつ　きゃんぷじょう

現地	むかわ町穂別稲里553
電話	0145-45-3244（現地管理棟、5月～10月中下旬）
予約	受付／キャンプ場予約サイト「なっぷ」にて受付 キャンセル料／利用日の前日は50%、当日は100%徴収 オフ期間／現地管理棟の電話より転送で対応

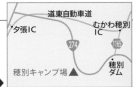

アクセス

道東道の夕張ICで下りると、日高町方向へ約14km。むかわ穂別ICで下りた場合は、国道274号を札幌方向へ約10km

2つの小川で遊べてファミリー層に人気

国道274号沿いにあるファミリー層に大人気のキャンプ場。フリーサイトは3エリアがあり、センターサイト・フォレストサイト・星空サイトが選べる。広さは合計120張り以上。簡易オートサイトは23区画、多彩なバンガローは合計20棟が利用できる。場内には2つの小川が流れ、子どもたちは川遊びに、大人たちはせせらぎをBGMにおだやかな時間を過ごしている。センターハウスは広く、フリーコーナーもあり雨の日にはありがたい。ドッグサイトが開設され、ドッグランも利用できる。

DATA

開設期間	5月1日～10月中下旬
利用時間	IN／13時～、OUT／翌11時まで
ゲート	なし
管理人	9時～17時駐在
利用料金	●フリーサイト　1泊小型テント1張600円、中・大型テント1張1,200円、タープ1張600円　●簡易オートサイト／23区画（電源、共同水道）　1泊1区画2,500円　●ドッグサイト4,500円　●ウッドデッキサイト4,500円　●衛生協力費1人200円
レンタル用品	カセットガスストーブ
管理棟	受付、自販機、トイレ、売店（焼肉、野菜、ビール・酒類、キャンプ用品、日用雑貨、アイスクリーム、スナック菓子、みやげ品）、ミニギャラリー
キャンピングカー	駐車場のみ可（別途料金必要）

オートサイトは木で仕切られていてプライベート感が保たれる

食材調達

●センターハウス内の売店で、季節の野菜が売られている。シイタケやトウモロコシ、山わさびなども購入できる

●穂別市街には、スーパーやコンビニもある。車で15分ほど。道路沿いに直売所もある

サイト中央にある炊事棟

場内を流れるサヌシュペ川

	1月	2月	3月	4月	5月	6月	7月	8月	9月	10月	11月	12月
開設期間					5月1日～10月中下旬							

禁止事項 直火・手持ち以外の花火・カラオケ・発電機

フリーサイト オートサイト コテージ 車椅子対応 温泉
水洗

ペット ゴミ たき火 Wi-Fi ランドリー

---

memo

■ フィールド遊び

遊歩道、川遊び、昆虫採集、ターザンロープ

DATA

タイプ・宿泊料金	●バンガロー（大・10～16人用）3棟　1泊1棟9,000円 ●バンガロー（中・6～10人用）3棟　1泊1棟7,000円 ●バンガロー（小・4～5人用）7棟　1泊1棟5,500円ほか ●バンガロー（ミニ）5棟3,000円 ●ツリーハウス2棟　1泊1棟4,500円
利用時間	IN／13時～、OUT／翌11時まで

備品・設備など

トイレはなし共同施設利用		なし、炊事場利用	
なし		照明	
なし		ドッグサイトあり	

バンガローは16人用のものから3～4人用まで、合計20棟がある

ツリーハウスという名のバンガロー

森の中の雰囲気を楽しめるバンガロー

テーブルセットもあって便利

周辺スポット

穂別の市街地には「むかわ町穂別博物館」があり、この地で化石が産出され、2019年に新属新種の恐竜として命名された「カムイサウルス・ジャポニクス」に関する展示などが充実。大人300円、小中高校生100円

穂別の市街地には「中村記念館」があり、国の有形文化財が見学できる。北海道内陸部における大正期邸宅建築を知るうえで貴重な建築物。穂別町開拓の先駆者、故中村平八氏によって建てられ移設復元をしたもの

温泉情報

キャンプ場から約2km、日高方面に走ったところにある。温泉の噴き出した地層が、恐竜が生きていた「白亜紀」のものだったことから、この名前が付けられたそう

樹海温泉はくあ　☎ 0145-45-2003

【営業時間】11時～20時営業（時期によって変動あり）【定休日】火曜定休、1月～3月は休館 【料金】大人520円、小学生300円、幼児無料

117

沙流川オートキャンプ場

森林・川辺

さるがわ　おーときゃんぷじょう

現地　日高町字富岡 440-2

電話　01457-6-2922（現地管理棟）

予約　受付／オートサイトとバンガローは WEB 予約が必要（利用2カ月前から）。利用2日前〜当日は現地管理棟にて電話受付。フリーサイトは当日受付だが、繁忙期のみ電話予約が必要
オフ期間／町役場日高総合支所地域経済課　☎ 01457-6-2084

アクセス　日高町日高地区市街から、道道847号で日高国際スキー場方向へ約1km

あらゆるキャンパーを受け入れる名キャンプ場

背の高い木々が場内にいい感じの木陰をつくり、オートサイトも自然となじんだ雰囲気だ。ここも名キャンプ場のひとつである。場所は国道274号沿いにある道の駅「樹海ロード日高」からすぐ。管理棟近くにはライダーなどが集まるフリーサイトがあり、バンガロー群がぐるりと場内を囲むように立っている。場内は奥に深く延び、オートサイトAとBに分かれる。フリーサイトに近いCサイトは条件付きながらペットOKになっている。場内にはアスレチックコーナーや、広いドッグランもある。

区画割りをしていない自由度の高いサイト。背の高い木も多く雰囲気は抜群

DATA

開設期間	4月下旬〜10月中旬
利用時間	IN／13時〜18時、OUT／翌11時まで
ゲート	なし
管理人	8時〜18時駐在
利用料金	●入場料　100円　●持ち込みテント／150張　1泊1張1〜3人用400円、4〜9人用700円、10人以上2,500円　●オートサイトA／10区画（110m²）1区画2,500円　●オートサイトB／70区画（100m²）1区画（電源付き20A／21）3,000円、（電源なし）1,900円　●オートサイトC／20区画（80m²）1区画1,300円（条件付きでペット可）
レンタル用品	なし
管理棟	受付、自販機、トイレ
キャンピングカー	平日のみ駐車場も可

食材調達

● 道の駅「樹海ロード日高」が、キャンプ場の近く（約1km）。特産品直売所や酒屋がある。そのそばに、コンビニやAコープもある

● すぐ近くの「ひだか高原荘」で、日高の特産物などが買える

フリーサイトは50張り可能

清潔な炊事棟とトイレ

	1月	2月	3月	4月	5月	6月	7月	8月	9月	10月	11月	12月
開設期間				4月下旬～10月中旬								

⊗ 禁止事項　直火・カラオケ・発電機

フリーサイト

オートサイト

コテージ

車椅子対応水洗

温泉

ペット 一部可

ゴミ 一部可

たき火

WiFi

ランドリー

memo
■ フィールド遊び
　釣り、水遊び、昆虫採集

🏕 DATA ≪≪≪

タイプ・宿泊料金	●バンガロー(5人用、トイレ・流し台付き)2棟　1泊1棟 5,700円　●バンガロー(4人用)11棟 1泊1棟 4,500円(10A 電源のためホットプレートなどは使えない) 別に●入場料　100円
利用時間	IN／13時～18時、OUT／翌11時まで

備品・設備など

🛏	共同トイレ利用、シャワーなし(5～6人用のみトイレ付き)	🍳	共同炊事場利用、流し台(5人用のみ)
🛏	なし	🔌	照明と電源のみ
🔥	コテージ前にテーブルベンチ、炉、タープスペースもたっぷりある	🐾	Cサイトのみ可

広場を囲むようにバンガローが立ち並ぶ

流し付きタイプの内部

はしごで上るロフトがある

アスレチック遊具も充実

📍 周辺スポット

キャンプ場から車で約10分、坂道を上っていくと、つり堀「乗田養魚場」がある。道具は無料貸し出しで手ぶらでもフィッシングができる。釣った魚は量り売りですべて買取。

国道274号を日勝峠方面へ行くと「北海道アウトドアアドベンチャーズ(HOA)」があり、事前予約で鵡川や沙流川でのラフティングツアーがある。橋から飛び降りるブリッジスウィングもあるので、トライしよう

♨ 温泉情報

徒歩で約5分。日高国際スキー場のロッジを兼ねる宿泊温泉施設。キャンプ場から道路を渡って向かい側にある。浴槽は広くてゆったりできる

ひだか高原荘　☎ 01457-6-2258
【営業時間】10時～20時営業(最終受付19時30分)、月曜は14時から
【定休日】無休【料金】大人500円、中学生300円、小学生200円

森林・川辺

判官館森林公園キャンプ場

はんがんだて　しんりんこうえんきゃんぷじょう

現地	新冠町高江
電話	0146-47-2193（現地管理棟）
予約	受付／バンガローのみ4月2日から。オープン前は役場企画課、開設期間は現地管理棟へ キャンセル料／キャンセル料はかからないが、必ず事前に連絡を オフ期間／新冠町役場企画課まちづくりグループ商工労働観光係　☎ 0146-47-2498

アクセス
国道235号、新冠市街地より約3km 日高町寄りの沿道に大きな案内板。そこの坂道を上がって行く

広葉樹林が生い茂る場内、丸太で囲われた砂地のサイト

日高管内新冠町の市街地から少し離れて、国道235号にある看板から少し上った先にある。管理棟で受付した後は、これまた急坂を上ったところにサイトがある。小高い森の中にあるキャンプ場には、昔ながらの砂地のサイトが20カ所、森の斜面の中に用意されている。サイトの区画は丸太で囲われているので、大型テントの場合にはひと工夫が必要になるかもしれない。一方、バンガローは2つのエリアに分かれて立っている。野外ステージに面した方は見晴らしがいい。周辺には判官岬までの遊歩道もある。

サイトは丸太で四角に囲ったテント床。ミズナラなどの広葉樹林が枝を広げる

DATA

開設期間	4月中旬〜10月末
利用時間	IN／12時〜17時、OUT／翌10時まで
ゲート	なし
管理人	9時〜17時
利用料金	●フリーサイト（テント床は20区画）持ち込みテント 1泊1張600円　タープなど 1泊1張600円
レンタル用品	5人用テント(1,000円)、貸布団
管理棟	受付、自販機（酒類なし）、電話、休憩室
キャンピングカー	空いている場合はバーベキューハウス横の駐車場で可

食材調達
● 新冠市街に行けば、コンビニがあるほか、「菊地精肉店」でバーベキュー用の生ラムなどが購入できる
● 道の駅「サラブレッドロード新冠」に行けば、特産品などが買えるほか、人気のラーメンも食べられる

サイト中央にある炊事棟　　　　大型のバーベキューハウス

開設期間	1月 2月 3月 4月 5月 6月 7月 8月 9月 10月 11月 12月
	4月中旬～10月末

⊗ 禁止事項　打上げ花火・ペット・カラオケ・発電機・直火は禁止

フリーサイト　オートサイト　コテージ　車椅子対応　温泉
水洗

ベッド　ゴミ　たき火　Wi-Fi　ランドリー

memo
■ フィールド遊び
　遊歩道、釣り（禁漁期間、漁種あり）、昆虫採集、遊具

DATA

タイプ・宿泊料金	●バンガロー（4人用）9棟 1泊1棟5,600円
利用時間	IN／12時～、OUT／翌10時まで（受付は17時まで）

備品・設備など

なし、トイレは共同トイレ使用		流し台、コンセント（電熱器使用可）	
2段ベッド／寝具は持参（レンタル有）		照明、電源	
炉と野外卓、タープスペースあり		NG	

バンガローは2カ所にわかれて立っている。いずれも同じタイプの4人用

2段ベッドが2つ入る室内

キッチンコーナーもあってとても便利

バンガローから見た景色

📍 周辺スポット

キャンプ場に隣接する公園、多目的広場には広い芝生の広場と、木製のアスレチック遊具などがある。判官岬への遊歩道も整備されているので森林浴を楽しみながら巡ってみよう

キャンプ場付近はサラブレッドの産地。「サラブレッド銀座駐車公園」では、車を停めて雄大な牧場風景を眺めることができる。また、少し走れば「ホロシリ乗馬クラブ」があり乗馬体験も可能

♨ 温泉情報

キャンプ場から約5km、新冠市街を抜けて小高い丘の上にある。露天風呂からは海に沈む夕日が見られる。和風と洋風の風呂が男女日替わりとなる。家族風呂もある

レ・コードの湯　☎ 0146-47-2100

【営業時間】5時～8時、10時～22時営業
【定休日】無休　【料金】大人500円、小学生300円、幼児無料

三石海浜公園オートキャンプ場

海辺

みついしかいひんこうえん　おーときゃんぷじょう

現地	新ひだか町三石晃舞（けりまい）161 番地 2
電話	0146-34-2333（現地管理棟・道の駅みついし）
	管理者／新ひだか町まちづくり推進課　☎ 0146-49-0294
予約	受付／4 月第 2 水曜日から、現地管理棟で電話受付 （8 時 45 分〜17 時） キャンセル料／キャンセル料はかからないが、必ず事前に連絡を

アクセス
三石市街から浦河方向へ。「道の駅みついし」が管理棟も兼ねており受付場所

日高エリアでは唯一のオートサイトがあるオーシャンビューキャンプ場

日高地方、太平洋に面したキャンプ場の中で、ここはかなり快適度が高い施設であろう。場内はアスファルト敷きの通路に加え、駐車スペースはインターロッキング敷き。テントサイトはふかふかの芝生地になっている。フリーサイトはなく、個別の炊事場が設置されたオートサイトのみとなっている。カラフルなパステルカラーを使ったバンガローが立ち並ぶエリアは、どこか異国に来たかのようである。受付は道の駅「みついし」で。天然温泉「みついし昆布温泉蔵三」にも歩いて行ける。

オートサイトには電源と炊事台がある。木々など日差しをさえぎるものはなく開放的

DATA

開設期間	4 月第 4 土曜日〜9 月 30 日
利用時間	IN／13 時 30 分〜17 時、OUT／ 翌 8 時半〜11 時
ゲート	22 時〜翌 8 時閉門
管理人	24 時間常駐（管理棟 22 時まで）
利用料金	●オートサイト／30 区画（電源、炊事台） 1 泊 1 区画 6,280 円（連泊、複数施設宿泊時は要問い合わせ）
レンタル用品	ファンヒーター
センターハウス	受付、自販機、トイレ
特産品販売センター	海産物、炭、たき付け、カセットコンロ、電池、調味料、菓子類など
キャンピングカー	駐車帯が 6m と 10m のサイトあり

※ペットはオートサイトのみで可で予約時に申出のこと

食材調達

- 肉が買える自販機が登場。温泉施設の横には野菜の直売所もあり
- 三石といえばコンブだ。コンブの風味を感じる焼酎が「三石こんぶ焼酎」。十勝産の小豆を練り上げた「元祖三石羊羹」も特産品。味わってみて
- 車で 12 分ほど行けば三石市街に。魚介類や干物の店などがある

パステルカラーの炊事台

共同の炊事棟とトイレ

開設期間	1月 2月 3月 4月 5月 6月 7月 8月 9月 10月 11月 12月
	4月第4土曜日〜9月30日

⊗ 禁止事項　直火・打上げ花火・カラオケ・発電機

フリーサイト

オートサイト

コテージ

車椅子対応
水洗

温泉

ペット
オートサイト
のみ可

ゴミ

たき火

Wi-Fi
センターハウス
のみ

ランドリー

memo

■ フィールド遊び
　遊歩道、磯遊び

DATA

タイプ・宿泊料金	●バンガロー(4人用)12棟、(8人用)4棟　1泊1棟　4人用13,340円(車イス対応タイプあり)、8人用20,710円
利用時間	IN／13時30分〜17時、OUT／翌8時半〜11時

備品・設備など

トイレ		流し台、ガスコンロ、換気扇	
カーペット床		照明、電源、冷蔵庫(ファンヒーターのレンタルあり)	
なし、タープスペースあり		NG	

バンガローは全部で16棟。全棟にトイレが付いている

室内はカーペット敷き

ミニキッチンに冷蔵庫も完備

遊泳はできないが波打ち際で遊べる

📍 周辺スポット

三石の特産品が販売される「特産品販売センター」が道の駅に並んでいる。ここで海産物などをおみやげに購入していきたい

バンガローサイトの全景。残念ながら、前浜では海水浴はできないが、岩場を模した親水ゾーンがあり磯遊びは可能だ

♨ 温泉情報

キャンプ場から徒歩で行くことができる温泉。船の形をした露天風呂や内風呂からも太平洋を眺めることができる

みついし昆布温泉　蔵三　☎ 0146-34-2300

【営業時間】10時〜22時営業(21時30分最終受付)
【定休日】無休　【料金】大人550円、小学生160円、乳幼児無料

123

公園

グランピングガーデン日高鹿の郷

ぐらんぴんぐがーでんひだかしかのさと

現地 新ひだか町東静内 270 番 11

電話 0146-44-2886（平日 9 時〜17 時）

予約 公式 HP から予約
キャンセル料／7 日前〜4 日前は宿泊料金の 30%〜当日は宿泊料金の 100%

アクセス
国道 235 号を日高方面へ。道道 637 号に左折し、約 650m 進むと左側に現地

廃校を活用した、エアコン完備のグランピング施設

大きな窓があるドーム型テントを使用したグランピング施設。夕食は地元みついし牛などのお肉の盛り合わせや新鮮野菜など、朝食は自分好みに作るホットサンドセットのお食事付きプランが人気。全室 AC 電源付き・エアコンも完備されているので猛暑時期でも快適だ。有料でサウナや五右衛門風呂の利用も可能。夜にはライトアップされ、幻想的で美しいサイトに。各テントサイトでたき火が楽しめる。いつもとは少し違ったアウトドアライフを楽しみたい。

まるでホテルのような豪華なテント内

星空の美しさに感動すること間違いなし

五右衛門風呂は手前がお湯、奥が水風呂と分かれている

思う存分サウナでととのいを

DATA

開設期間	4 月〜11 月末
利用時間	IN／14 時〜18 時、OUT／10 時
ゲート	なし
管理人	常駐
利用料金	素泊まりプラン【食事なし】大人 1 名 9,000 円〜、BBQ プランは大人 1 名 15,000 円〜
レンタル用品	BBQ コンロ、チェア、テーブル、ハンモック、ランタン、たき火台など
管理棟	受付、室内トイレ、売店、卓球室、音楽室
キャンピングカー	不可

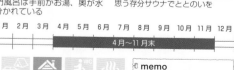

	1月	2月	3月	4月	5月	6月	7月	8月	9月	10月	11月	12月
開設期間				4月〜11月末								

コテージ　水洗　たき火台必須

memo

■ フィールド遊び
散策・星空・昆虫採集

■ 温泉 なし
シャワー・サウナ・五右衛門風呂あり

禁止事項 直火

緑のふるさと 温泉の森キャンプ場

みどりのふるさとおんせんのもりきゃんぷじょう

森林・川辺

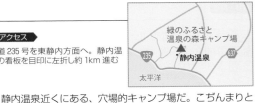

緑のふるさと
温泉の森キャンプ場
▲
静内温泉
235 637
太平洋

現地	新ひだか町静内浦和
電話	0146-44-2111（静内温泉）
予約	静内温泉で予約受付

アクセス

国道 235 号を東静内方面へ。静内温泉の看板を目印に左折し約 1km 進む

静内温泉近くにある、穴場的キャンプ場だ。こぢんまりとしており、ゆったり静かにキャンプを楽しみたい人が集まる。場内に小川が流れており、子どもが遊ぶのにもちょうどいい大きさ。

| 開設期間 | 1月 2月 3月 4月 5月 6月 7月 8月 9月 10月 11月 12月 |
| | 4月27日〜10月31日 |

毎年必ず訪れるというライダーキャンパー

DATA 🚩🚩🚩

開設期間	4月27日〜10月31日
利用時間	IN／13時、OUT／10時、日帰り／10時から15時
ゲート	なし
管理人	静内温泉に駐在（休館日は9時〜17時現地駐在）
利用料金	●ケビン1棟／15時〜翌9時まで3,250円、10時〜15時まで810円、テントサイト／テント1張1日につき620円、ペット同伴サイト／テント1張1日につき620円
レンタル用品	テントなど
管理棟	受付
キャンピングカー	駐車場のみ可

⊗ 禁止事項　直火、花火、発電機、カラオケ

浦河町自然体験実習館　柏陽館

うらかわちょうしぜんたいけんじっしゅうかん　はくようかん

公園

柏浦
陽河
館町
自
234 然
体
験
348 実
元浦川 習
235 館
太平洋

現地	浦河町字野深352
電話	0146-27-4544
予約	なし

アクセス

国道235号の荻伏市街で左折し、野深方面へ進む

廃校を利用した研修施設。館内には最大53名が宿泊可能な研修室と、20名宿泊可能な和室を完備。施設横にはフリーサイトと多目的グランド、バーベキュー施設がある。悪天候時には、テント泊から宿泊への切り替えも可（空きがあれば）。

| 開設期間 | 1月 2月 3月 4月 5月 6月 7月 8月 9月 10月 11月 12月 |
| | 4月下旬〜10月末 |

きれいに清掃され気持ちよく利用できる

memo
■フィールド遊び
　散策・星空・
　昆虫採集

DATA 🚩🚩🚩

開設期間	4月下旬〜10月末
利用時間	IN／12時〜、OUT／11時
ゲート	なし
管理人	12時〜22時
利用料金	●テント1張1,000円
レンタル用品	なし
管理棟	受付、室内トイレ、お風呂、サロン、体育館
キャンピングカー	不可

⊗ 禁止事項　直火、発電機

memo
■フィールド遊び
　星空・昆虫採集・
　水遊び

道央
道南
道北
オホーツク
道東

125

森林・川辺

百人浜オートキャンプ場

ひゃくにんはま　おーときゃんぷじょう

現地	えりも町字庶野 102-5
電話	01466-4-2168（現地管理棟）
予約	受付／3月1日から受付。オープン前は役場産業振興課、開設期間は現地管理棟へ キャンセル料／キャンセル料はかからないが、必ず事前に連絡を オフ期間／役場産業振興課　☎ 01466-2-4626

アクセス
襟裳岬から道道 34 号を広尾に向かう途中の案内板から山手に約 500m

太平洋の波の音が響く、旅情あふれるカシワの森

ゼニガタアザラシの日本最大の生息地である襟裳岬から車で約10分。強い風が吹くことでも知られるこの地区に、カシワの森に囲まれたしっとりと雰囲気のよいキャンプ場がある。遠くから太平洋の波の音が聞こえる場内は、ライダーの利用も多く、旅情にあふれている。用意されたサイトは、電源付きのオートサイト、森の中に溶け込むように立つバンガロー10棟、そして管理棟近くにフリーサイトがある。名称はオートキャンプ場となっているが、雰囲気は野営場に近いものがある。

駐車場近くから見たオートサイト。自然になじんだ雰囲気。電源と炉がある

DATA

開設期間	4月20日〜10月20日
利用時間	IN／13時〜19時、OUT／翌7時〜10時
ゲート	19時〜翌7時閉門
管理人	9時〜19時駐在（夏休み期間のみ 24 時間駐在）
利用料金	●フリーサイト／100 張　1泊1人　大人 310 円、小学生 200 円　●オートサイト／19 区画（電源、野外炉）　1泊1区画 3,190 円
レンタル用品	寝袋、マット、電気ストーブ、コンロ、ランタン、テント
管理棟	受付、自販機、トイレ、シャワー（200 円）、ランドリー室、売店コーナー（炭、たき付け、洗剤など）
キャンピングカー	7m まで可、駐車場も可

トイレ棟は 1 カ所、管理棟内にもあり

炊事場は 2 カ所ある

食材調達

● サイトから車で 15 分ほどに本町商店街があり、コープなどで魚介類や肉類、野菜などを販売している
● えりも町内の「いさみ寿し」はミシュラン掲載店。何を食べてもリーズナブルな価格も魅力

開設期間	1月 2月 3月 4月 5月 6月 7月 8月 9月 10月 11月 12月
	4月20日～10月20日

⊗ 禁止事項　カラオケ・花火・発電機・直火・たき火・ペット

 フリーサイト
 オートサイト
 コテージ
 車椅子対応 水洗
 WC
 温泉
 ベッド
ゴミ
たき火
WiFi
ランドリー

memo
■ フィールド遊び
遊歩道、海釣り、昆虫採集

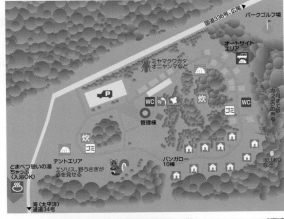

⛺ DATA

タイプ・宿泊料金	●バンガロー(4人用)10棟 1泊1棟5,330円(日帰り利用2,660円)
利用時間	IN／13〜19時、OUT／翌7時〜10時

備品・設備など

なし、シャワーは管理棟にあり	なし、炊事場利用
2段ベッド／マット、寝袋のレンタルあり	照明、電源(電気ストーブのレンタルあり)
専用炉、イス・テーブル、タープスペースあり	NG

4人用のバンガロー10棟はすべて同じづくり。木々の中に佇む

室内には作り付けの2段ベッドがある

テラスにはイステーブルも

管理棟には簡易ベンチの貸し出し

📍 周辺スポット

遊歩道を歩いて国道を渡ると展望台が見えてくる。階段を上がると360度の眺望が見渡せる。「えりも砂漠」と呼ばれた時代から緑化事業で森へと成長した様子が見てとれる

襟裳岬は風速10m以上の風が吹く日が、年間260日以上もある国内屈指の強風地帯。この風体験とアザラシウォッチングをぜひ楽しんでみてほしい

♨ 入浴情報

キャンプ場から150mほどにある入浴施設。2021年4月にリニューアルオープンした。人工エラジウム温泉がある。キッズスペースも新設されている。タオルや石けんはないので持参しよう

とまべつ憩いの湯ちゃっぷ　☎ 01466-4-2177

【営業時間】11時〜19時（7月〜9月は20時まで）営業、最終受付は30分前まで
【定休日】月曜休み 【料金】大人400円、小中学生200円、幼児無料

アポイ山麓ファミリーパークキャンプ場

森林・川辺

あぽいさんろく　ふぁみりーぱーくきゃんぷじょう

現地	様似町字平宇
電話	0146-36-3601（アポイ岳ジオパークビジターセンター）
予約	受付／バンガローのみ、アポイ岳ジオパーク　ビジターセンターで受付（開設期間） キャンセル料／キャンセル料はかからないが、早めの連絡をオフ期間／役場商工観光課 ☎ 0146-36-2119

▶ アクセス ▶

国道336号を様似市街から襟裳岬方向へ約5km、大きな案内板があり、そこを山側に入って1kmほどで現地

ファミリーに大人気、アスレチック遊具も充実

　高山植物や花の山として人気が高いアポイ岳の登り口にある。その名が示すとおり、登山客のみならず、ファミリーにも人気の公園的なキャンプ場である。国道336号から入って手前側に駐車場があるが、受付・管理棟は一番奥のビジターセンターになっている。テントサイトはフリーサイトのみ。数力所に分かれて、芝生とやや砂地を選ぶことができる。人気はやはりポンサヌシベツ川沿いの芝生エリア。川のせせらぎを聞きながら快適な野営ができる。シンプルなバンガローが7棟あり、アスレチック遊具も充実。

駐車場からバンガローサイト方向を見る

室内は照明のみのシンプルさ

BBQコーナーがある

「アポイ岳ジオパークビジターセンター」でたっぷり学んでからアポイ岳登山へと出発しよう。山頂までは3時間程度。また、天然温泉ではないが、「ホテルアポイ山荘」では入浴もできる

開設期間	1月 2月 3月 4月 5月 6月 7月 8月 9月 10月 11月 12月
	4月中旬～10月下旬

memo
■フィールド遊び
登山、遊具、川遊び、
パークゴルフ

禁止事項　打上げ花火・カラオケ・発電機・動植物の採取・岩石の持出し

DATA

開設期間	4月中旬～10月下旬
利用時間	IN／13時～、OUT／翌10時まで
ゲート	なし
管理人	9時～17時（アポイ岳ジオパークビジターセンター）
利用料金	●サイト使用料　大人600円、小中学生400円　●スクリーン・タープ1張300円　●バンガロー（4～5人用）7棟　1泊1棟2,000円（ペット同伴NG、マナー厳守）（料金はアポイ岳ジオパークビジターセンター、または集金に来る管理人に支払う）
レンタル用品	なし
アポイ岳ジオパークビジターセンター	受付、自動販売機
キャンピングカー	駐車場のみ可

フリーサイト　オートサイト　コテージ　車椅子対応（水洗）　温泉
ペット（大型犬はNG）　ゴミ　たき火　便利　ランドリー

森林・川辺

ニセウ・エコランド
にせう・えこらんど

現地	平取町岩知志 67-6
電話	01457-3-3188（現地管理棟）
予約	受付／4月15日から現地にて電話受付 （9時～17時）、火曜定休（繁忙期を除く） キャンセル料／キャンセル料はかからないが、早めの連絡を

アクセス

平取市街から日高町方向へ国道237号を進み、「振内」の信号標識からさらに3km。幌去橋を渡ってすぐ左折

小規模ながらホタルが飛び交うオートサイト

「仁世宇」と書いてニセウと読む。アイヌ語でどんぐりの意味で、この地でどんぐりがたくさん採れたことに由来する。このニセウ川のほとりに整備されたキャンプ場。国道から細い道を進み、パークゴルフ場を過ぎた先に現れる。場内は比較的コンパクトで電源なしのオートサイトと、自転車とバイクのみが利用できるフリーサイト、バンガローが4棟建つ。ここはホタルの保護活動が行われていることもあり、7月下旬から8月上旬には照明が落とされ、幻想的なホタルの舞が見られることもある。

オートサイトといってもナチュラルに自然に溶け込む雰囲気

バンガローは4棟、場内の奥に建っている

パークゴルフの受付も兼ねる管理棟があり、シャワー室が併設されている。温泉ならば「びらとり温泉ゆから」が快適だ

開設期間	1月	2月	3月	4月	5月	6月	7月	8月	9月	10月	11月	12月
					4月下旬～10月下旬							

memo
- フィールド遊び

遊歩道、フィッシング、川遊び、パークゴルフ

禁止事項　ペット・直火・花火・カラオケ・発電機・ゴミの投げ捨て

DATA

開設期間	4月下旬～10月下旬　毎週火曜日（繁忙期を除く）は休園
利用時間	IN／13時～17時、OUT／翌11時まで
ゲート	なし　管理人　9時～17時駐在
利用料金	●フリーサイト　500円～1,000円（自転車・バイクのみ）●キャンプサイト（オートサイト）／37区画（電源なし）1泊1区画 2,000円～2,500円　●バンガロー（4棟）1泊 3,000円～3,500円
レンタル用品	パークゴルフ用具
管理棟	受付、自販機（酒類なし）、トイレ、シャワー（5分100円）
キャンピングカー	可

食材調達

●振内市街にある「Aコープふれあい店」やセイコーマートで食料品の調達ができる。車で7分ほど

129

二風谷ファミリーランドオートキャンプ場

公園

にぶたにふぁみりーらんど　おーときゃんぷじょう

現地　平取町二風谷 94-8

電話　01457-2-3807
4月下旬より上記電話で対応（月曜定休）

予約　受付／3月1日より上記電話で、9時〜17時まで
（3・4月は平日のみ受付）
キャンセル料／キャンセル料はかからないが、必ず早めの連絡を

アクセス

国道237号を日高町方向に向かうと、平取市街より7kmほど先に案内板あり。そこを右折して高台に上る

異なる雰囲気が楽しめる多彩なサイトが魅力

入り口にある温泉施設のほか、野球場、テニスコート、パークゴルフ場などがある総合レジャー施設の一角を担う総合キャンプ場。受付の近くには適度に木々が残る平坦なオートサイトが、その一段高いところにフリーサイトがある。横には斜面を段々畑状に整備したオートサイトが整備されている。一番奥まった場所にはバンガローサイトがある。それぞれのサイトは高さが異なり、立体感あるキャンプ場になっている。場内には池があり水遊びができるほか、温泉近くにはアスレチック遊具も充実している。

電源付きのサイトと電源なしのサイトがある。ところどころ木々が残され快適

DATA

開設期間	4月末〜10月中旬
利用時間	IN／13時〜17時、OUT／翌11時まで

※就寝時間 22時

ゲート	チェーンのみ（出入り可）
管理人	8時30分〜17時（繁忙期8時30分〜22時）
利用料金	●フリーサイト／14張　持ち込みテント1張500円〜　●オートサイト／72区画　1泊1区画電源なし2,000円〜、電源付3,000円〜　●キャンピングカーサイト／3区画　1泊1区画4,000円〜
レンタル用品	テニスラケット、ボール、パークゴルフ用具
管理棟	受付、自販機、売店コーナー（貸出コンロ、たきつけ、網、氷など）
キャンピングカー	駐車帯が5mと20mのサイトあり

食材調達

● 施設内にある「びらとり温泉」に、特産の「びらとり和牛」の直売コーナーがあるほか、レトルトパックの「びらとり和牛のカレー」も販売している
● 車で10分ほど走れば平取市街。「Aコープ」がある

フリーサイト近くのトイレ棟

三角屋根の炊事棟

	1月	2月	3月	4月	5月	6月	7月	8月	9月	10月	11月	12月
開設期間					4月末〜10月中旬							

⊗ 禁止事項　直火・花火・ペット・カラオケ・発電機

 フリーサイト
 オートサイト
 コテージ
 車椅子対応 水洗
  温泉
 ペット
 ゴミ 燃えるゴミのみ
 たき火
WI-FI
ランドリー

memo

■ フィールド遊び
散策路、パークゴルフ、テニス、昆虫採集

DATA

タイプ・宿泊料金	●バンガロー(10人用)3棟　電源付1泊1棟6,000円〜　●バンガロー(5人用)6棟　電源付1泊1棟3,000円
利用時間	IN／13時〜17時、OUT／翌11時まで

備品・設備など

なし、トイレは共同トイレ使用		なし、炊事棟利用(コンロのレンタルあり)	
フローリング床／寝具は持参		照明、電源、外灯	
なし、タープスペースあり		NG	

車で一番奥まで進んだ先にあるバンガローは2タイプ6棟

室内の設備は照明と電源のみ、外灯はあり

5人用のバンガローは小ぶり

入り口にある管理棟(右)とトイレ棟

📍 周辺スポット

「二風谷コタン」は沙流川流域に息づくアイヌ文化の継承地。数も種類も国内最大級を誇るアイヌ民具が展示される「二風谷アイヌ文化博物館」や「沙流川歴史館」など見所満載。チセと呼ばれる家の中では工芸の実演も

平取町アイヌ工芸伝承館「ウレシパ」は、アイヌ工芸のこころを感じ、育て合い、未来につなぐ施設。各種製作体験ができ、アイヌ文様入りペンダント組立体験は人気のメニュー

♨ 温泉情報

二風谷ファミリーランド内にある温泉。掘削された源泉は良質な泉質で、大浴場・露天風呂・貸切家族風呂に供給される。道内では数少ない高濃度炭酸泉の浴槽もあり

びらとり温泉　ゆから　☎ 01457-2-3280

【営業時間】10時〜21時（最終受付20時30分）営業
【定休日】無休　【料金】大人500円、小学生140円、幼児無料

パラライフ北海道キャンプフィールド
（田園・丘陵）
ぱららいふほっかいどうきゃんぷふぃーるど

開設期間	5月上旬～10月下旬
利用時間	IN/12時～17時、OUT/翌8時～10時まで
管理人	不定休・基本は無人チェックイン（料金は後ほどサイトで徴収）

現地	赤井川村日ノ出58-1
電話	090-9740-1124（現地管理棟）
予約	完全予約制　公式HPから

利用料金　● 利用料　中学生以上1,500円（1人の利用は3,000円）、小学生800円、未就学児300円　※1日1組限定のプライベートキャンプ場。定員20人、テントは何張でもOK

半月湖野営場
（森林・川辺）
はんげつこやえいじょう

開設期間	6月上旬～10月上旬
利用時間	フリー
管理人	不在

現地	倶知安町字高嶺
電話	0136-23-3388（倶知安町役場観光商工課）
予約	不可

利用料金　無料

倶知安町旭ヶ丘公園キャンプ場
（公園）
くっちゃんちょうあさひがおかこうえんきゃんぷじょう

開設期間	5月下旬～10月下旬
利用時間	フリー
管理人	不在

現地	倶知安町字旭
電話	0136-56-8011（倶知安町役場建設課公園施設係）
予約	不可

利用料金　無料

冒険家族
（森林・川辺）
ぼうけんかぞく

開設期間	通年（冬期かまくらキャンプ利用可）
利用時間	IIN/14時～、OUT/翌11時
管理人	24時間常駐

現地	倶知安町比羅夫145-2
電話	0136-22-3759
予約	完全予約制（随時受付）

利用料金　● 入場料　大人1,100円（4歳～12歳550円）　● テントサイト利用料2,200円～3,300円、テントサイト2,200円、カーサイト3,300円

MEMUの森キャンプ場
（森林・川辺）
めむのもりきゃんぷじょう　（旧 羊蹄ぼうけんの森キャンプ場）

開設期間	5月～11月上旬
利用時間	IN/14時～、OUT/翌11時
管理人	24時間常駐

現地	倶知安町高砂314-2
電話	0136-22-3759
予約	完全予約制（随時受付）

利用料金　● 入場料　大人1,100円（4歳～12歳550円）
● テント　サイト利用料2,200円～3,300円、テントサイト2,200円

ニセコ野営場
（森林・川辺）
にせこやえいじょう

開設期間	6月上旬～10月下旬
利用時間	フリー
管理人	10時～17時駐在

現地	ニセコ町ニセコ510-1
電話	0136-44-2121（ニセコ町役場商工観光課）
予約	不可

利用料金　● 清掃協力金　大人500円、小人200円
※日帰りは1人200円

ノチウアウトドア PARK

森林・川辺

のちうあうとどあぱーく

開設期間	4月〜12月、冬季も検討中
利用時間	IN／13時〜17時、OUT／翌11時
管理人	駐在

現地	仁木町大江3丁目254
電話	090-6213-0484
予約	予約可（一部サイトや施設）

利用料金 1人3,000円
〈手ぶらキャンプ〉スタンダード10,000円（2名〜）、プレミアム18,000円（2名〜）

盃野営場

森林・川辺

さかずきやえいじょう

開設期間	6月〜10月末
利用時間	フリー
管理人	巡回

現地	泊村大字興志内村字茂岩
電話	0135-75-2101（泊村役場）
予約	不要

利用料金 無料

湯の元温泉野営場

森林・川辺

ゆのもとおんせんやえいじょう

開設期間	通年
利用時間	IN／12時、OUT／翌12時
管理人	駐在（5時〜21時）

現地	三笠市桂沢94
電話	0126-76-8518
予約	予約可

利用料金 テント1張2人まで1,500円（タープも1張扱い）

オロフレキャンプ場

森林・川辺

おろふれきゃんぷじょう

開設期間	4月27日〜10月31日
利用時間	IN／13時〜15時、OUT／翌11時
管理人	駐在

現地	壮瞥町字弁景204番地5
電話	0142-65-2323
予約	予約不可

利用料金 1張1,000円＋入場料（大人1人1,000円、小学生1人500円、小学生未満無料）

ファミリーランドみかさ遊園

公園

ふぁみりーらんどみかさゆうえん

開設期間	4月末〜10月下旬
利用時間	フリー
管理人	9時〜17時（事務所に駐在）

現地	三笠市西桂沢57番地
電話	01267-6-8000（現地管理棟） オフ期間／三笠市商工観光係　01267-2-3997
予約	不可

利用料金 無料（変更の可能性あり）

雨竜沼湿原ゲートパークキャンプ場

森林・川辺

うりゅうぬましつげんげーとぱーくきゃんぷじょう

開設期間	6月中旬〜10月中旬（要確認）
利用時間	IN／9時〜16時30分、OUT／翌16時30分まで
管理人	9時30分〜16時30分駐在

現地	雨竜町338-2
電話	0125-77-2248 （雨竜町役場産業建設課商工観光担当）
予約	不可

利用料金 ●持ち込みテント　原則無料　※任意で環境美化整備協力
金・18歳以上1人500円徴収　●南暑寒荘　無料（利用不可の場合もあり）

道央

道南

道北

オホーツク

道東

吉野公園キャンプ場
（公園）よしのこうえんきゃんぷじょう

現地	新十津川町吉野1番地39
電話	0125-73-2632（吉野地区活性化センター） 0125-76-2134（新十津川町役場商工観光グループ）
予約	不可

利用料金 ●テント 1張500円 ●キャンピングカー 1台500円

開設期間	4月下旬～10月下旬
利用時間	IN/13時～17時、OUT/翌10時まで
管理人	午後～夜駐在

かもい岳ビレッヂ
（田園・丘陵）かもいだけびれっぢ

現地	歌志内市神威94-5
電話	0125-42-5733（かもい岳ビレッジ開発）
予約	可能、随時受付

利用料金 ● 12組限定予約制、入場料 1人500円 ●オープンサイト(1区画)2,000円 ●カーサイト(電源付き)3,000円 ●新・来500円 〈バンガロー利用料金〉 6人用23,000円 ● 8人用28,000円 ● 12人用33,000円※暖房料別途(11月～3月)、3棟すべてサウナ付きコテージ

開設期間	5月中旬～10月末(コテージは通年)
利用時間	IN/15時～17時30分、OUT/翌11時まで
管理人	9時～17時駐在(不在時も電話連絡可)

アルトリ岬キャンプ場
（海辺）あるとりみさききゃんぷじょう

現地	伊達市南有珠町107番地
電話	0142-82-3209（伊達市商工観光課）
予約	不可

利用料金 無料

開設期間	4月下旬～10月末
利用時間	フリー
管理人	不在

国立日高青少年自然の家からまつキャンプ場
（森林・川辺）こくりつひだかせいしょうねんしぜんのいえからまつきゃんぷじょう

現地	日高町富岡
電話	01457-6-2311（国立日高青少年自然の家）
予約	完全予約制、利用希望日の1カ月前までに要予約

利用料金 有料、料金体系が複雑なため、詳細は要問い合わせ

開設期間	5月の土・日・祝日、6月1日～9月30日
利用時間	IN/9時～16時、OUT/9時～12時
管理人	8時30分～17時駐在 ※利用者がいる日のみ駐在

親子岩ふれ愛ビーチキャンプ場
（海辺）おやこいわふれあいびーちきゃんぷじょう

現地	様似町西町
電話	0146-36-5555（現地管理棟） オフ期間／様似町役場 0146-36-2119
予約	不可

利用料金 ●利用料 大人600円、小学生以下400円(テント1張分含む) ●追加テント、タープ、スクリーン 各1張300円

開設期間	7月上旬～9月上旬
利用時間	フリー
管理人	9時～16時駐在

様似ダムキャンプ場
（公園）さまにだむきゃんぷじょう

現地	様似町新富
電話	0146-36-2119（様似町役場）
予約	不可

利用料金 無料
※ 2023年10月に発生した大雨災害により、立ち入り禁止になっている。復旧の時期については様似町のHPを参照。

開設期間	通年
利用時間	フリー
管理人	不在

厚真町大沼野営場
あつまちょうおおぬまやえいじょう

現地	厚真町字鯉沼
電話	070-1477-7561 （ダイナックス）
予約	未定

利用料金 未定

開設期間	未定
利用時間	2024年秋の全面リニューアルに向け準備中
管理人	未定

---

column

キャンプ＆アウトドアのWEBサイト 「あさってキャンプ」集計の 「北海道の人気キャンプ場ランキング」

https://www.hokkaido-np.co.jp/outdoor/

北海道新聞社デジタル推進室が運営する道内キャンプのWEBサイト『ASATTE CAMP』（あさってキャンプ編集部☎011・210・6141）は、道内各地のキャンプに関するニュースや話題を集め、2022年春の公開以来安定的にアクセス数を増やしている。その中に、キャンパー約2,700人からのアンケート結果を紹介した「北海道の人気キャンプ場ランキング！」という記事がアップされている。1位〜5位を紹介したい。

北海道の人気キャンプ場ランキング！
ASATTE CAMP編集部調査

1位	オートリゾート 苫小牧アルテン（苫小牧市）	179票
2位	美笛キャンプ場（千歳市）	75票
3位	オートリゾート滝野（札幌市）	68票
4位	丸瀬布いこいの森 オートキャンプ場（遠軽町）	67票
5位	マオイオートランド（長沼町）	63票

アンケート結果によると、1位は「オートリゾート苫小牧アルテン」で、2位以下にダブルスコアの差をつけている。通年で利用ができ、温泉もあり、コテージ環境も充実し、ペット可なのが評価されている。

全体の傾向として、車を横付けできるいわゆるオートサイトがあり、設備充実のキャンプ場が好まれているように思う。道央圏で占めるなか、オホーツク管内の遠軽町の「丸瀬布いこいの森オートキャンプ場」が健闘している。子どもを中心とした遊びのメニューの充実がその理由のようだ。

キャンプを楽しむスタイルとして、お気に入りのキャンプ場に何度も通う定宿のような利用もいいし、あちこち巡りながら新しい施設を旅するのも楽しい。

ランキングの6位以下は、『あさってキャンプ』の記事を参照していただくとして、「エリア別のランキング」や「ロケーション別のランキング」も掲載されている。ぜひチェックして、あなたのお気に入りの施設を発見してほしい。

東大沼キャンプ場（七飯町）

道 南

渡島・檜山管内の
キャンプ場を
紹介しています

白石公園はこだてオートキャンプ場

しろいしこうえんはこだておーときゃんぷじょう

公園

現地	函館市白石町208
電話	0120-54-6145（予約専用） 公式HPから 問い合わせ／☎0138-58-4880
予約	受付／利用日2カ月前の1日から現地管理棟で電話受付 （9〜17時、繁忙期は〜19時）、インターネット予約も可 キャンセル料／キャンセル料あり、利用日前日50%、当日100%徴収

アクセス
国道278号を函館市街から約17kmまで来ると案内板あり。そこを山側に折れ、約1kmでセンターハウス

函館市の郊外に位置する快適な総合サイト

函館市の郊外、広々とした白石公園内にあるキャンプ場。道内のキャンプ場では比較的珍しい樹木・道南スギに囲まれている。受付は隣接するパークゴルフ場と兼用。ゲートをくぐって中央にキャンピングカーサイト。左手にはフリーサイト。右手には4人用と6人用のキャビン（コテージ）が立っている。このキャビン、人気が高く予約ですぐに埋まるそうだ。場内はアスファルトの道が通り、芝生もきれいで快適。適度な木立もあって木陰がうれしい。春秋の平日は閑散期割引もあるので利用したい。

オートサイトは電源ありとなしの2種類があり、いずれも1区画100m²と広い

DATA

開設期間	4月下旬〜10月31日
利用時間	IN／13時〜17時（夏期〜20時）、OUT／翌11時まで
ゲート	22時〜翌7時閉門
管理人	24時間常駐（センターは8時〜22時開放）
利用料金	●フリーテントサイト／50張 1泊2,500円、日帰り1,000円 ●ライダー・自転車用サイト 1泊1台500円 ●スタンダードカーサイト／40区画（電源なし／電源付き）1泊4,000〜5,000円、日帰り1,500〜2,000円 ●キャンピングカーサイト／10区画（電源・流し台）1泊6,000円、日帰り2,500円
レンタル用品	寝袋、タープ、テーブルセット、ランタン、コンロ、テントセット、IH炊飯ジャーなど
管理棟	受付、自販機、多目的ホール、トイレ、売店（酒類、氷、冷凍肉、アイスクリーム、調味料、炭、たき付け、キャンプ用品など）
キャンピングカー	4.6mと12mまでのサイトあり

食材調達

● 新鮮な魚介類を使った海鮮丼はJR函館駅近くにある函館朝市で。塩ラーメンや「ラッキーピエロ」のチャイニーズチキンバーガーもぜひ味わいたい

管理棟はパークゴルフの受付も兼ねる　清潔な個別水道がつくオートサイト

1月 2月 3月 4月 5月 6月 7月 8月 9月 10月 11月 12月
開設期間 　　　　4月下旬～10月31日

禁止事項　カラオケ・手持ち以外の花火・発電機

| フリーサイト | オートサイト | コテージ | 車椅子対応 水洗 | 温泉 |
| ペット 一部可 | ゴミ | たき火 | Wi-Fi | ランドリー |

memo
■ フィールド遊び
　遊具、花火（手持ちのみ）、昆虫採集、パークゴルフ

DATA

タイプ・宿泊料金　●キャビン（4人用／6人用）10棟　1泊1棟4人用10,000円、6人用（浴室付）14,000円、6人用（浴室なし）12,000円　閑散期割引あり／GW、7・8月と祝祭日の前日を除く月～金曜と日曜は、2,000～4,000円割引

利用時間　IN／13～17時（繁忙期～20時）、OUT／翌11時まで

備品・設備など

バス（2棟）、トイレ、洗面台／シャワーはサニタリー棟に	流し台、電磁調理器、鍋、ポットなど／炊飯器レンタルあり
マットレス／寝袋レンタルあり	照明、電源、冷蔵庫、テレビ、暖房／洗濯機はサニタリー棟に
バーベキューコンロレンタルあり	キャンピングカーサイト、キャビン2棟がペット同伴可

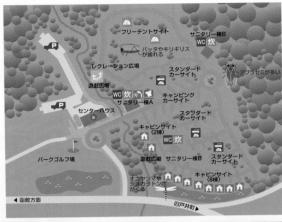

人気のキャビンは貸別荘感覚で泊まることができる。浴室付きタイプも

室内は2部屋に分かれて使える

小型ながら必要な設備が揃うキッチン

2段ベッドが置かれる寝室部分

周辺スポット

函館山の夜景　ミシュラン・グリーンガイド・ジャポンに3つ星として掲載された国内を代表する夜景。夏の最盛期は混雑必至だが、早めに上ってブルーアワーの移ろいをじっくり楽しみたい

五稜郭　土方歳三が戦った箱館戦争の舞台としても有名。幕末の役所を復元した箱館奉行所や、星形の城郭を見下ろせる五稜郭タワーなど見どころたくさん

温泉情報

キャンプ場から10kmほどで「湯の川温泉街」があり、日帰り入浴ができる。さらに9kmほど、函館山のふもとには「谷地頭温泉」があって人気だ

谷地頭温泉　 ☎ 0138-22-8371
【営業時間】6時～22時（受付は21時まで）
【定休日】第2火曜　【料金】大人460円　7歳～12歳140円

道央

道南

道北

オホーツク

道東

139

函館市戸井ウォーターパーク オートキャンプ場

森林・川辺

はこだてしというぉーたーぱーく　おーときゃんぷじょう

道央
道南
道北
オホーツク
道東

現 地　函館市原木町 281

電 話　0138-82-2000（現地管理棟）
http://www.toi-wp.com/（予約受付）
管理者／函館市住宅都市施設公社　☎ 0138-30-3126

予 約　受付／受付開始は利用日の 90 日前から現地管理棟にて。
HP からの予約可
キャンセル料／利用日前日から（団体は 7 日前から）発生、当日 100%徴収

函館市戸井ウォーターパーク
オートキャンプ場
ふれあい湯遊館
原木川
原木町
278
函館駅
津軽海峡

アクセス
国道 278 号を函館市街から恵山方面に向かい、戸井
トンネルを過ぎて入口案内板がある。そこを左折

道南スギが囲うサイトとホテルのようなコテージ

旧戸井町の中心市街地から山の方へ入って、温泉施設の奥に整備されたキャンプ場。場内一番奥になる区画分けされたフリーサイトは道南スギの林の中に作られている。道内では珍しい樹木のためか、他のキャンプ場とはちょっと違った雰囲気を感じられる。その手前は芝生の快適オートサイトになっている。センターハウスから近い場所に円形のコテージがあり、ホテルのような感覚で泊まることができる施設もある。ライダー専用の場所もあって、さまざまなキャンパーを受け入れる。

オートサイトの駐車スペースはコンクリート製。芝生の面とフラット設計

DATA

開設期間	4 月下旬〜10 月末日（最終日は日帰りのみ）
利用時間	IN／14 時〜、OUT／翌 10 時まで
ゲート	なし
管理人	20 時まで常駐、それ以降は警備員がいる
利用料金	●フリーテントサイト／20 区画　1 泊 1 区画 2,625 円、日帰り 1,050 円（1 区画 6 人以上の利用は追加料金）●オートサイト／21 区画（電源付）　1 泊 1 区画 5,250 円、日帰り 2,100 円（1 区画 6 人以上の利用は追加料金）　GW、7〜8 月を除く平日（日〜木）は宿泊料金 50% off
レンタル用品	寝袋、調理用具など無料（ただし、数に限りあり）テント、タープ、ランタンなどは有料
センターハウス	受付、売店、トイレ、コインランドリー
キャンピングカー	5m くらいまでは可（事前に要連絡）

道南スギの中にあるフリーサイト

フリーサイトも車は近くに置ける

サイトの横を流れる原木川には魚道が作られ秋、サケのそ上が見られる

開設期間	1月	2月	3月	4月	5月	6月	7月	8月	9月	10月	11月	12月
				4月下旬～10月末日								

⊗ 禁止事項　カラオケ・手持ち以外の花火・発電機・直火・河川は禁漁

 フリーサイト オートサイト コテージ 車椅子対応水洗 温泉

 ペット 一部可　ゴミ　たき火　Wi-Fi　ランドリー

※たき火はたき火台を使い、芝生の上ではブロックなどで保護をしてから

```
memo
■フィールド遊び
　昆虫採集、バードウォッチング
```

サークルコテージ / ライダー専用サイト / センターハウス / オートサイト / フリーテントサイト / 原木川 / 戸井温泉保養センター（ふれあい湯遊館）/ 国道276号 / カワセミなどの姿が見られる / サケ9/下～10月にはそ上が見られる

DATA

タイプ・宿泊料金	● サークルコテージ（洋室・和室）1棟7室（2人用／3室、3人用／2室、5人用／2室）1泊大人4,620円、小学生3,360円　GW、7～8月を除く平日（日～木）は50% OFF
利用時間	IN／14時～、OUT／翌10時まで

備品・設備など

トイレ、洗面台／お風呂は温泉へ、共同のシャワー有り	流し台、換気扇、電気コンロ、ポット
畳、またはベッド／寝具一式	照明、電源、暖房、テレビ、冷蔵庫、ドライヤー
なし	コテージは不可

洋室や和室がある円形のコテージ

5人用メゾネットタイプの一階のリビング

建物の外側もBBQスペースとして使える

売店などもあるセンターハウス

周辺スポット

キャンプ場から函館市中心部方面に向かうと、「北海道と本州の最短の地」の看板があり、その距離17.5キロだ

恵山　標高618mの恵山は今も噴気をあげる活火山。標高300mの火口原駐車場までは車でも行ける。山頂までは登り約1時間、壮大なパノラマ景観が広がる。ぜひ登ってみよう。5月から6月はつつじの名所としても知られる

温泉情報

キャンプ場の隣に市営の日帰り温泉保養施設がある。低温・高温風呂とサウナ。泉質は「美肌の湯」、売店もあり

ふれあい湯遊館　☎ 0138-82-2001

【営業時間】10時～21時営業（最終受付20時）
【定休日】月曜休　【料金】大人360円、小学生150円、幼児80円

恵山海浜公園

えさんかいひんこうえん

海辺

現地	函館市日ノ浜町 31-2
電話	0138-85-4010
	（道の駅なとわ・えさん）
予約	不要（受付はキャンプ場横にある道の駅で）

アクセス

函館中心部から国道 278 号を東へ約 40km

サイトの目の前は津軽海峡。ザザーッ、ザザーッと波の音が繰り返される。樹木は 1 本もなく、開放感いっぱいである。サイトの隣には道の駅があり、国道を挟んでコンビニがある。炊事場は 1 カ所。シンプルながら、居心地はいい。

開設期間 1月 2月 3月 4月 5月 6月 7月 8月 9月 10月 11月 12月
5月1日〜9月30日

DATA

開設期間	5月1日〜9月30日
利用時間	フリー、受付時間は9時〜17時45分
ゲート	なし　　管理人　巡回
利用料金	● 2 人以下用　テント 1 張り（1 泊）　300 円 ● 3 人以上用　テント 1 張り（1 泊）　500 円
レンタル用品	なし
管理棟	道の駅内にトイレ（24 時間可能）、シャワー室（9時〜17時。月曜定休、休日の場合は翌日は使用不可）

標高 618 m の恵山が見える。ここから麓まで車で 20 分ほど

■ memo
■ フィールド遊び
海岸散策

禁止事項　遊泳禁止・花火・ペット

遊食広場ニヤマオートキャンプ場

ゆうしょくひろばにやまおーときゃんぷじょう

田園・丘陵

現地	七飯町仁山 629
電話	0138-64-8855（現地管理棟）
予約	可

アクセス

国道 5 号の峠下より道道 96 号へ。一本目の信号に看板があり、右折。JR の踏切手前

「ニヤマ高原スキー場」や「ニヤマ温泉あじさいの湯」の麓、函館本線にかかる踏切手前にできたキャンプ場。元はゴルフの打ちっ放し練習場だった。場内は一風変わったテント床のフリーサイトとオートサイトの 2 種類がある。

開設期間 1月 2月 3月 4月 5月 6月 7月 8月 9月 10月 11月 12月
4月下旬〜10月下旬

DATA

開設期間	4月下旬〜10月下旬
利用時間	IN／13 時〜OUT／翌 12 時まで
ゲート	なし　　管理人　8 時半〜17 時駐在
利用料金	フリーサイト 1 区画 2,000 円、カーサイト 1 張 3,000 円
レンタル用品	テント
管理棟	トイレ、炊事場、書籍
キャンピングカー	可

受付となる管理棟

■ memo
■ フィールド遊び
昆虫採集、夜景

禁止事項　カラオケ、発電機

道央　道南　道北　オホーツク　道東

東大沼キャンプ場

ひがしおおぬまきゃんぷじょう

湖畔

現地	七飯町字東大沼
電話	0138-47-9439 （北海道渡島総合振興局環境生活課）
予約	不要

アクセス
JR函館本線大沼公園駅から道道338号を東へ約6km

道南エリアを代表する無料の名キャンプ場

渡島管内七飯町の大沼を中心とする大沼国定公園は、古くは1915年（大正4年）に「日本新三景」にも選ばれた道内有数の景勝地として知られる。この美しい観光地にあるのが、沼の東側にあるキャンプ場である。駐車場からすぐの場所は木もれ日あふれる林間サイト。その奥は明るい湖畔サイトになっている。目の前が湖ということで、キャンプ地からカヌーなどで漕ぎ出す人も多い。利用者層はファミリーやソロなど幅広い。トイレ、炊事場も清潔に維持されている。これで、無料。お互いルールとマナーを守って大切にしていきたい。

明るく開放的な湖畔部分

清潔な炊事場は2カ所ある

トイレも2カ所ある

大沼公園ではレンタサイクルで湖畔約14キロを1周できる。周辺にはセグウェイのガイドツアーや、カヌーツアーや乗馬ツアーなどアクティビティもたくさんあるので参加してみよう

開設期間	1月 2月 3月 4月 5月 6月 7月 8月 9月 10月 11月 12月 　　　　　　　4月下旬～11月上旬

フリーサイト / オートサイト / コテージ / 車椅子対応 水洗 WC

ペット リードは必須 / 温泉 / たき火 / Wi-Fi / ランドリー

⊗ 禁止事項　直火・車両乗入れ・路上駐車・カラオケ・花火・発電機

memo
■フィールド遊び
カヌー、レンタル自転車　など

DATA

開設期間	4月下旬～11月上旬
利用時間	フリー
ゲート	なし
管理人	不在
利用料金	無料（予定）
レンタル用品	なし
管理棟	なし
キャンピングカー	駐車場で可

サイトから見た夕景のひとコマ

143

YUKARA AUTO CAMP ／ RV パークおおぬま

ゆーからおーときゃんぷ／あーるぶいぱーくおおぬま

現地	七飯町大沼町 206-1
電話	080-6975-6416、0138-67-2311
予約	電話（9 時～17 時）、キャンプ場予約サイト「なっぷ」から

▷ アクセス ▷
JR 大沼公園駅より約 100m 進んだ右手に管理棟。

大沼公園駅前で駒ヶ岳を眺めながら、キャンプができる

雄大な駒ヶ岳を眺めながらのキャンプが楽しめ、通年で営業する。RV パークでの車中泊も可能。各種クレジットカード、電子マネーに対応している。敷地内には 28℃の飲用できる冷泉水が利用し放題。ふかふかの芝生が広い敷地内に敷き詰められており、快適に過ごすことができる。管理が行き届いたトイレや炊事場は、とても清潔。真冬でもお湯の利用ができるのもうれしい。オープンは 2022 年。大沼公園の駅前風景が大きく変わった。

温泉水かけ流しの炊事場は年中使える

木の温かみが感じられる管理棟

身体障害者用のバリアフリートイレを完備

清潔感があるとてもきれいなトイレ

開設期間	1月	2月	3月	4月	5月	6月	7月	8月	9月	10月	11月	12月
						通 年						

フリーサイト　オートサイト　コテージ　車椅子対応　売店

ペット　ゴミ　たき火（たき火台必須）　Wi-Fi（一部）　ランドリー

禁止事項　直火、カラオケ、発電機

memo
■フィールド遊び
星空・カヌーボート
（大沼国定公園）

■温泉 なし
シャワーあり 500 円

♨ DATA

開設期間	通年営業
利用時間	IN／13 時～17 時、OUT／11 時、日帰り 8 時～17 時
ゲート	なし
管理人	8 時～17 時
利用料金	● RV サイト 4,000 円、車中泊サイト 2,000 円／区画、オートサイト 2,000 円／人、オートサイト（電源付き）4,500 円／区画　※オートサイト料金は施設利用料とゴミ処理費用を含む
レンタル用品	テント、マット、寝袋、チェア、毛布など
管理棟	受付、売店
キャンピングカー	可

144

キャンパーが立ち寄りたい「道の駅」

「石狩あいろーど厚田」(石狩市)

日本海のオーシャンビューが魅力。
地元野菜やグルメも充実

「なないろ・ななえ」(七飯町)

町の特産のリンゴや
道南のグルメが味わえる

「もち米の里☆なよろ」(名寄市)

「もち米」にこだわった道の駅で、
「ソフト大福バイキング」コーナーが人気

「サロマ湖」(佐呂間町)

名物の「ホタテの浜焼き」はぜひ味わっていこう。
店内はサロマ愛がつまっている

「厚岸グルメパーク」(厚岸町)

名前にあるとおり、食が充実の道の駅。
カキを中心に道東のグルメが味わえる

「ピア21しほろ」(士幌町)

士幌を愛する地元熱が伝わってくる。
カフェやレストランもある充実の道の駅

北斗市きじひき高原キャンプ場

ほくとし　きじひきこうげんきゃんぷじょう

田園・丘陵

道央

道南

道北

オホーツク

道東

現地　北斗市村山 174

電話　0138-77-8381（現地管理棟）

予約　受付／4月1日より。（GW 中のバンガロー受付は 3 月上旬から抽選で）
　　　キャンセル料／キャンセル料はかからないが、事前に必ず連絡を
　　　オフ期間／北斗市役所都市住宅課　☎ 0138-73-3111

アクセス

国道 227 号を函館から厚沢部方向へ 2km ほどで案内板あり、そこを右折。山側に 5km ほど登る

函館の裏夜景を楽しむ、高原サイト

　標高 425 メートルあたりに整備された場内からは、大野平野越しに函館山が望め、いわゆる函館の「裏夜景」と呼ばれる景色が堪能できる。設営場所によっては、鋭角な山頂が印象的な道南の名峰・駒ケ岳と大沼・小沼の景色も堪能できる。管理棟近くの一部はオートサイト。一段高い部分にフリーサイトがある。高低差がある場内だがテント場はフラットになっていて、木々も少ないことから風対策はしっかりしておきたい。赤い屋根が目立つバンガロー12 棟は見晴らしのいい場所に立っている。

晴れた日には遠くは函館山や、大沼や駒ケ岳までも見渡せる

DATA

開設期間	4月中旬〜10月末（気候によって変動あり）
利用時間	IN／13 時〜21 時、OUT／6 時 30 分〜11 時
ゲート	21 時〜翌 6 時 30 分まで閉鎖
管理人	24 時間常駐
利用料金	●持ち込みテント　1泊料金　6 人以下 1 張 320 円　7 人以上　1 張 530 円
レンタル用品	なし
管理棟	受付、自販機（酒類なし）、電話、シャワー室（5 分 100 円）
キャンピングカー	駐車場にて可

食材調達

●北斗市の特産品なら新幹線の発着駅・JR 新函館北斗駅へ。観光交流センターにはアンテナショップのほか、フードエリアがあって地元のものも味わえる。なかでも「BENTO CAFÉ 41° GARDEN」のカフェ弁はおかずが選べてカラフルで女性に人気だ

芝生のサイトには車の乗り入れも可能

炊事棟は 2 カ所にある

キャンプ場入り口にある管理棟

開設期間	1月 2月 3月 4月 5月 6月 7月 8月 9月 10月 11月 12月
	4月中旬〜10月末

禁止事項 ⊗ カラオケ・発電機

フリーサイト／オートサイト／コテージ／車椅子対応／温泉／ペット／／たき火／Wi-Fi 一部／ランドリー

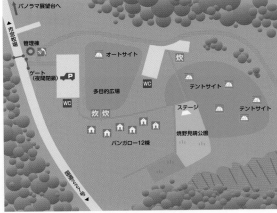

パノラマ展望台へ → 市営牧場　管理棟　ゲート（夜間閉鎖）　P　多目的広場　WC　WC　炊　炊　バンガロー12棟　オートサイト　炊　WC　テントサイト　ステージ　テントサイト　焼野見晴公園　国道227号

memo
■ フィールド遊び
　昆虫採集、眺望、夜景

DATA

タイプ・宿泊料金	● バンガロー（7人用）12棟 1泊1棟 2,130円（要予約）
利用時間	IN／13時〜、OUT／翌11時まで

備品・設備など

なし、シャワーは管理棟に	なし、レンタルもなし
フローリング／レンタル品なし	照明のみ
U字管の炉、テーブルベンチ／タープスペースあり	他人の迷惑にならないように、室内同伴不可

見晴らしのいい場所に赤い屋根が印象的な多角形のバンガローがある

バンガローから遠くに函館山が見える

木のぬくもりがあるシンプルな室内

小屋の中に炊事場がある

周辺スポット

キャンプ場から上った先にあるパノラマ展望台。標高560mにある。条件が良ければ青森県の下北半島や羊蹄山、室蘭方面まで見える

トラピスト修道院

日本で最初につくられたトラピスト修道院。院外にある資料展示室と、徒歩で30分ほどのところにある「ルルドの洞窟」は見学自由。お土産にバターやクッキーをぜひ

温泉情報

キャンプ場から約10km、北斗市内を流れる大野川沿いにある温泉。露天風呂のほか、泡風呂やサウナもある

北斗市健康センターせせらぎ温泉　☎ 0138-77-7070
【営業時間】9時〜22時営業　【定休日】月曜休（祝日の場合は営業）
【料金】大人 400円、中高生 350円、小学生 140円、幼児 70円

湯の沢水辺公園

森林・川辺

ゆのさわみずべこうえん

▲湯の沢水辺公園
茂辺地川 函館江差自動車道
29
北海道新幹線 函館湾
北斗茂辺地IC 228

現地	北斗市茂辺地市ノ渡 462-1
電話	0138-73-3111（北斗市役所）
予約	不要、団体のみ事前連絡

アクセス

国道228号から函館・江差自動車道の北斗茂辺地 IC 方向、道道29号を厚沢部方面へ

シンプルな無料のオートサイト。北斗の市街地から15キロほど山あいに進んだ先にある。場内は平坦な芝生地。オートサイト35区画と、その周囲に自由に設営できる場所が広がる。管理人は不在、マナーよく利用しよう。

好みの場所にテントを張って、適度な距離感で過ごせる

memo
■ **フィールド遊び**
釣り、昆虫採集
など

禁止事項 カラオケ・発電機

開設期間
```
 1月 2月 3月 4月 5月 6月 7月 8月 9月 10月 11月 12月
                4月中旬～10月末
```

DATA

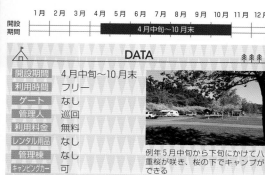

開設期間	4月中旬～10月末
利用時間	フリー
ゲート	なし
管理人	巡回
利用料金	無料
レンタル用品	なし
管理棟	なし
キャンピングカー	可

例年5月中旬から下旬にかけてハ重桜が咲き、桜の下でキャンプができる

グリーンピア大沼

公園

ぐりーんぴあおおぬま

グリーンピア大沼 ▲
大沼公園IC 大沼公園駅
道央自動車道 5 大沼
小沼 338

現地	森町赤井川 229
電話	01374-5-2277
予約	公式 HP から

アクセス

大沼公園 IC 出口を右折、2km 進むと現地

グリーンピア大沼の敷地内。ホテル泊とは異なる、ケビンやカナディアンハウスがある。テントサイトは駒ヶ岳が望めるホテル前の芝生エリアと、ホテル奥にある森の中に。キャンプ利用者は大浴場利用が無料だ。

よく手入れがされている芝生地、平坦な第3キャンプ場

memo
■ **フィールド遊び**
散策・星空・昆虫
採集・各種アクティ
ビティ

禁止事項 直火

開設期間
```
 1月 2月 3月 4月 5月 6月 7月 8月 9月 10月 11月 12月
              4月下旬～11月下旬
```

DATA

開設期間	4月下旬～11月下旬
利用時間	IN／13～18時、OUT／～11時、ケビン他IN／～10時まで
ゲート	なし　管理人　24時間常駐（ホテルフロント）
利用料金	●自動車、キャンピングカー1台4,000円～。バイク、自転車1台2,500円～　●第3キャンプ場はテント1張3,000円～　●ケビン1棟10,000円～　●カナディアンハウス1棟20,000円～
レンタル用品	BBQ コンロ、ハンモック、テーブル、チェアなど
管理棟	ホテルロビーで受付、売店、大浴場　キャンピングカー　可

長万部公園キャンプ場

公園

おしゃまんべこうえん　きゃんぷじょう

現地	長万部町富野 243-21
電話	01377-2-5854（現地管理棟）
予約	受付／バンガローのみ、4月1日から役場建設課　建築公園係にて電話受付

キャンセル料／キャンセル料はかからないが、連絡は早めに

オフ期間／役場建設課　建築公園係　☎ 01377-2-2456

アクセス

国道5号を長万部市街へ。道道1141号を山側に入り、線路を越えて東京理科大学を過ぎ2kmほど

長万部IC
長万部キャンプ公園
道央自動車道
長万部駅
5
141

公園内の小川沿いが一番人気ののどかなサイト

ソメイヨシノなど約700本のサクラが楽しめる長万部公園。駐車場も広く、ライダーやドライブの休憩に立ち寄る人も多い。場内はいたって普通の伸びやかな公園なのだが、広々とした芝生の部分より、入り口から見て左手に流れるフラノベツ川沿いの狭い一帯がダントツ人気のエリアになっている。せせらぎの音がいい感じに響き、車をすぐ横に駐車ができるところがいいのだろう。公園内にはニシキゴイが泳ぐ日本庭園風の池があり、テニスコートがある。ところどころに遊具も置かれる。

赤い三角屋根が印象的な炊事場

受付のある管理棟

バンガローにもイス・テーブルが設置される。二階は吹き抜け構造

JR函館本線長万部駅の裏手には7軒が立ち並ぶ渋い「長万部温泉街」がある。なかでも露天風呂があるのは丸金旅館。源泉掛け流し、檜風呂もある

丸金旅館
☎ 01377-2-2617 【営業時間】7時〜21時【定休日】無休【料金】大人500円、小学生300円

	1月	2月	3月	4月	5月	6月	7月	8月	9月	10月	11月	12月
開設期間					4月下旬〜10月31日							

memo
■ フィールド遊び
　遊具、水遊び、テニス

禁止事項　花火・発電機・直火・ドローン

DATA

開設期間	4月下旬〜10月31日
利用時間	IN／8時30分〜17時、OUT／翌11時まで
ゲート	なし
管理人	8時30分〜17時駐在（季節により変動あり）
利用料金	● 持ち込みテント　1泊大人600円、小中学生300円、幼児無料　日帰り利用無料、テニスコート、子ども遊具無料
レンタル用品	なし
管理棟	受付、自販機、休憩室
キャンピングカー	一部可

食材調達

● 長万部市街に、コンビニやスーパー「ラルズマート」があるほか、「サンミート木村」（キャンプ場から5kmほど）ではギョウジャニンニク入りの味付きラム、カレー味のホルモンなどが購入できる

道央
道南
道北
オホーツク
道東

149

熊石青少年旅行村

森林・川辺

くまいし　せいしょうねんりょこうむら

ひらたない荘
熊石
青少年旅行村
229
277
平田内川
日本海

現地	八雲町熊石平町 145
電話	01398-2-3716（現地管理棟）
予約	受付／持ち込みテント以外は要予約「なっぷ」か電話にて。期間中は現地、オフ期間は熊石総合支所産業課商工観光労働係へ　キャンセル料／キャンセル料はかからないが、事前に必ず連絡を　オフ期間／熊石総合支所産業課商工観光労働係　☎ 01398-2-3111

アクセス

国道 229 号を八雲町熊石へ。熊石市街より乙部寄りの沿道に大きな案内板があり、そこを山側に 1km ほど上る

バリエーション豊かなバンガローが選べる

渡島管内八雲町は市町村合併により太平洋と日本海の二つの海を持つ町となった。国内では唯一の町だそう。その日本海側、熊石の市街地からほど近い場所。ゆるやかな坂を上る途中にある。管理棟からやや下がった中央部分と左手にフリーサイトがある。右手の方にはさまざまなタイプの宿泊施設が点在する。設備が整うケビン。簡素なバンガロー。きのこの形や三角錐のツリーハウス。見ているだけでもおもしろい。サイトの一角にはまき割り体験コーナーもあり、斧は無料で借りられる。

適度に木々が残されたフリーサイトにはベンチなどが置かれる

DATA

開設期間	4 月下旬～9 月 30 日
利用時間	IN／14 時～16 時、OUT／翌 10 時まで
ゲート	なし
管理人	8 時～17 時
利用料金	入村料　高校生以上 450 円、小中学生 220 円　●持ち込みテント　1 泊につき　3 人用以内　1 張 670 円　4 人用以上　1 張 900 円
レンタル用品	毛布 390 円
管理棟	受付、自販機、炭、まき
キャンピングカー	駐車場のみ可

キャンプ場から 4km ほどのところに無料の露天風呂「熊の湯」がある。岩をくりぬいただけのワイルドな湯つぼ。きれいな脱衣所もあり

食材調達

●熊石のまちなかにある「寿し処かきた」はミシュラン本にも載る人気の店。握りはもちろん、「三色丼」もおすすめ

まきを割って焚き火などに使えるコーナー

炊事棟には炉が併設される

| 1月 | 2月 | 3月 | 4月 | 5月 | 6月 | 7月 | 8月 | 9月 | 10月 | 11月 | 12月 |

| 開設期間 | 4月下旬～9月30日 |

⊗ 禁止事項　直火・カラオケ・花火（要相談）・発電機・ペットは苦情が出た場合は車両へ移動をお願いする場合あり。建物内ではゲージに入れる

フリーサイト	オートサイト	コテージ	車椅子対応 水洗	温泉
ペット 条件付で可	ゴミ	たき火	Wi-Fi 管理棟周辺のみ	ランドリー

memo
■ フィールド遊び
　水遊び、遊具、バッテリーカー、昆虫採集

DATA

タイプ・宿泊料金	●ケビン（5人用）5棟　10,470円　●バンガロー（4人用）5棟　5,230円　そのほか、●きのこログ（5人用）4棟　5,230円、●ツリーハウス（5人用）10棟　5,230円　●入村料として、高校生以上450円、小中学生220円
利用時間	IN／14時～16時、OUT／翌10時まで

備品・設備など

ケビンのみ トイレ、洗面台／風呂は温泉利用		ケビンのみ 流し台、ガスコンロ、ケトル、食器、ポット	
ケビンのみ 畳敷き／マット、布団など寝具一式		ケビンのみ 照明、電源、冷蔵庫、他は照明のみ	
なし、バーベキューハウスあり		条件付きで可、マナー厳守	

ずらりと並ぶきのこログ。はしごを登って入り口を押し開けて入る

きのこログの内部は思いのほか広い

足元にはテーブルとイスがセットされる

一軒家タイプのケビン室内には備品がそろう

📍 周辺スポット

「子供の国」にあるロングローラー滑り台。「ちゃぷちゃぷ公園」にはつり橋や遊具がある。バッテリーカーコーナーもある

道路を挟んで反対側には「八雲町熊石歴史記念館」があり、古くから漁業で栄え北前船でもたらされた歴史や文化を展示・紹介している

♨ 温泉情報

キャンプ場の奥に、温泉ホテル「八雲遊楽亭熊石ひらたない荘」がある。日帰り入浴ができ、露天風呂やジャグシー、サウナなどが楽しめる。

ひらたない温泉あわびの湯　☎ 01398-2-4126
【営業時間】11時～21時営業（最終入館20時30分）
【定休日】無休　【料金】大人500円、小学生220円、幼児無料

道央

道南

道北

オホーツク

道東

オートリゾート八雲

公園

おーとりぞーと　やくも

現地 八雲町浜松 368-1

電話 0120-415-992（フリーダイヤル）

予約 受付／上記電話、公式 HP から受付
キャンセル料／あり。変更の場合は早めに連絡のこと

アクセス
国道 5 号を八雲市街から森方向に 3km ほど進むと
沿道にパノラマパークの案内板があり、そこから山
手（右折）へ

噴火湾をパノラマ展望し、遊びのメニューも豊富

「すてきな風景と出会う体験と交流の丘」がテーマの「噴火湾パノラマパーク」は、噴火湾（内浦湾）を一望するなだらかな丘陵につくられた。62.7ヘクタールという広大な公園の一角にキャンプ場がある。センターハウスを中心に、オートキャンプができるカーサイトが A から D まで 4 つのエリアに分かれる。それぞれに雰囲気が異なる。フリーサイトは少し離れて明るい芝生の広場。駐車場が近くにある。貸別荘タイプのロッジは快適。「星の広場」と名付けられた円弧状の炊事棟はスタイリッシュな設備になっている。

パノラマビューの A サイトからは噴火湾が見える。絶景を楽しもう

DATA

開設期間 4 月初旬〜11 月下旬

利用時間 IN／13 時〜18 時、OUT／翌 11 時まで

管理人 24 時間常駐

利用料金 ●入場料／小学生 550 円、中学生以上 1,100 円（土祝前日）

	平日	夏期	土祝前日
カーサイト A.B.D	3,080 円	4,290 円	3,740 円
カーサイト C	2,090 円	3,190 円	2,750 円
フリーテントサイト	550 円	1,650 円	1,100 円
フリーテントサイト日帰り	330 円	—	550 円

（夏期は 7 月 19 日〜8 月 25 日）

レンタル用品 テント、寝袋、毛布、マット、ランタン、BBQ コンロ＋鉄板セット、2 バーナーコンロ、調理用クッキングセット、ダッチオーブン、自転車

管理棟 受付、売店、自販機、コインランドリー、コインシャワー、水洗トイレ

諸施設 星の広場、五右衛門風呂、ツリーハウス、とんぼの池、展望デッキ、ウッドデッキ、レンガ窯

キャンピングカー 9m くらいまで可

食材調達

●八雲町情報交流物産館「丘の駅」には、地元・八雲の特産品はもちろん、道南一円のグルメが集まっている

フリーサイトもオート感覚で使える

トイレ、炊事棟が一体となったデザイン

開設期間	1月	2月	3月	4月	5月	6月	7月	8月	9月	10月	11月	12月
				4月初旬～11月下旬								

禁止事項　カラオケ・打ち上げ花火・発電機

フリーサイト	オートサイト	コテージ	車椅子対応	水洗	

ペット 一部可　ゴミ　たき火　Wi-Fi 一部　ランドリー

memo
■フィールド遊び
散策、水遊び、各種広場　昆虫採集

DATA

タイプ・宿泊料金	●ロッジ（定員5人）が12棟 1泊1棟平日10,560円、土祝前日12,650円、夏季（7/19～8/25）13,750円　●別に・入場料小学生550円、中学生以上1,100円（土祝前日）
利用時間	IN／15時～18時、OUT／翌11時まで

備品・設備など

水洗トイレ、バス・洗面台	流し、換気扇、ガスコンロ、炊飯器
フローリング／マットレス、寝袋	照明、電源、テレビ、冷蔵庫、ストーブ。洗濯機はセンターハウスに
コンロ、タープスペースあり	室内は禁止／Bサイト（7区画）のみOK

2戸連結するかたちで立つロッジは貸別荘のような趣

対面キッチンとダイニングの室内

二階は寝室として、一部は吹き抜け

デッキスペースでスクリーンタープも張れる

周辺スポット

雨天時などにはとてもうれしい屋内の遊び場、パノラマ館。レストランもあるのでパノラマ景観を見ながら食事も楽しめる

八雲町は「木彫り熊」発祥の地。北海道土産の定番とも言われたあのクマのルーツを探りに「木彫り熊資料館」（入館無料）を訪ねてみよう。意外な事実にびっくりする

温泉情報

国道5号沿いにある宿泊施設。日帰り入浴もでき、露天風呂や大浴場、サウナがある。ブラックシリカの岩盤浴もあり

八雲遊楽亭　☎0137-63-4126
【営業時間】12時～21時営業（最終受付は20時30分）
【定休日】無休　【料金】大人550円、小学生250円、3歳～6歳100円

153

鶉ダムオートキャンプ場ハチャムの森

森林・川辺

うずらだむおーときゃんぷじょう　はちゃむのもり

現地　厚沢部町字木間内 60-1

電話　0139-65-6886（現地センターハウス）

予約　受付／4月1日から現地センターハウスで電話受付
（4月中 9〜17時、5月以降 9時〜20時）
キャンセル料／キャンセル料はかからないが、事前に必ず連絡を
オフ期間／役場政策推進課 ☎ 0139-64-3312

函館市 →

鶉ダム　鶉川
鶉ダムオートキャンプ場
ハチャムの森
227
← 厚沢部市街

アクセス
厚沢部市街から国道227号を函館方面へ約
17km。稲倉石トンネル手前に案内板あり

山あいのダム園地に整備された総合サイト

函館・大沼公園と江差をつなぐ国道227号のほぼ中間地点。かつて旧幕府軍と新政府軍の戦闘の舞台となった鶉ダム湖周辺の園地を利用した総合キャンプ場。多機能で雰囲気のいいセンターハウスが受付。場内に入ってすぐコテージ棟、その横にキャンピングカーサイトがあり、場内中央がスタンダードカーサイトになっている。フリーテントサイトは一番奥側にある。アスファルト敷きの駐車場がサイトのすぐ横にあるので、場所によっては便利なオート感覚で利用できる場所もある。開設期間が9月下旬までなので、ご注意を。

タイルブロックが敷かれたオートサイトは背の低い木々があって快適

DATA

開設期間	4月下旬〜9月下旬、詳細は HP で要確認
利用時間	IN／13時〜、OUT／翌10時まで
ゲート	22時〜翌7時閉鎖
管理人	8時30分〜20時（センター 9時〜20時）
利用料金	●フリーテントサイト／20区画　1泊1張 1,350円から　●スタンダードカーサイト／30区画（電源付き16／電源なし14）1泊1区画 3,000円から　●キャンピングカーサイト／2区画（電源付き）1泊1区画 4,350円から
レンタル用品	テント、寝袋、マット、ランタン、ガスコンロ、炊事用具セットなど
管理棟	受付、電話、休憩室、トイレ、コインシャワー（1回200円）、ランドリー、売店（炭、たき付け、電池、虫除けスプレー、キャンプ用ガスなど）
キャンピングカー	専用サイトは20mまで可、カーサイトは7mまで可

食材調達

● コンビニが車で10分ほどにあり、厚沢部市街には「A コープ」がある

● 国道沿いに農家の直売所があり、新鮮な野菜がいろいろ買える

テーブルがセットされ、広さも充分

フリーサイトもオート感覚で使える

154

道央

道南

道北

オホーツク

道東

開設
期間

| 1月 | 2月 | 3月 | 4月 | 5月 | 6月 | 7月 | 8月 | 9月 | 10月 | 11月 | 12月 |

4月下旬〜9月下旬

⊗ 禁止
事項　カラオケ・花火・発電機

フリーサイト

オートサイト

コテージ

車椅子対応

水洗

ペット　ゴミ　地炉　Wi-Fi　ランドリー

memo
■ フィールド遊び
　水遊び、釣り、昆虫採集

（マップ）
ヤマメが釣れる　鶉川　鶉ダム▶
水遊びができる
コテージ（5棟）
スタンダードカーサイト
森にはシジュウカラ、コゲラ、フクロウ、などが姿を見せる
ミニ五稜郭
センターハウス
炊
WC
ゲート
国道227号　厚沢部市街
キャンピングカーサイト
スタンダードカーサイト
WC　炊
フリーテントサイト
WC　炊
夜間にクワガタが灯火に集まるほか、アゲハやオニヤンマ、モリリスなども捕れる

DATA
タイプ・宿泊料金	●コテージA（4人用）4棟　1泊1棟 8,000円から　●コテージB（16人用）1棟　1泊 13,500円から
利用時間	IN／13時〜、OUT／翌10時まで

備品・設備など

	トイレ、シャワー（Bのみ）／Aはセンターハウスで		流し台、電磁調理器（Aのみ）
	畳、または2段ベッド／寝具一式		照明、電源、暖房、テレビ（BS）、冷蔵庫
	なし、タープスペースあり、BBQコンロのレンタルあり		NG

設備も充実したコテージは白樺に囲まれセンターハウスの近くに

一階にはテレビがありキッチンも

二階は吹き抜けがあり畳が敷かれる

スロープになったバリアフリータイプ

📍 周辺スポット

センターハウスの裏手には「ミニ五稜郭」があり、水遊びができる。

鶉ダム北側の国道そばには石碑が立っていて、幕末に松前藩と旧幕府軍が戦争を行った古戦場だったことを伝えている

♨ 温泉情報

キャンプ場から江差方面へ約7km、本格的な中華料理が人気の温泉。浴室には総ヒバ造りのサウナやジャグジーを完備。レストランは要予約

うずら温泉　☎ 0139-65-6366

【営業時間】11時〜21時営業（最終受付20時30分）【定休日】月曜休（祝日の場合は翌日）【料金】大人400円、小学生200円

155

厚沢部レクの森キャンプ場
あっさぶれくのもり　きゃんぷじょう

現地	厚沢部町緑町 18 番地
電話	0139-67-2463（森林展示館）
予約	問い合せ／役場政策推進課 ☎ 0139-64-3312 受付／バンガローのみ、4月1日から役場政策推進課にて電話受付（9時〜17時） キャンセル料／キャンセル料はかからないが、事前に必ず連絡を

アクセス
国道 227 号沿いの道の駅「あっさぶ」の隣り。新函館北斗駅から約 43km。江差から約 13km

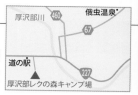

南北の植生が交差する貴重な森の入り口

檜山管内厚沢部町の市街地のすぐ近くにある「レクの森」は正式名称「土橋自然観察教育林」と言い、貴重な森である。この森は、自生北限となるヒノキアスナロ（ヒバ）や、自生南限となるトドマツといった、いわば南北の植生が交差する場所で、約 560 種もの植物が生育する。ここの入り口部分に相当する場所にフリーサイトとバンガローがある。受付を兼ねる「森林展示館」には昆虫標本があり、ヒノキのいい香りがただよう。国道から少し入っただけなのに、静かで落ち着く。

平坦なフリーサイト。山に囲まれ、落ち着いた雰囲気の中キャンプができる

トイレは駐車場近くに1カ所

無料だが予約が必要なバーベキューハウス

キャンプ場から厚沢部の中心部を通って約 3km。露天風呂やジャグジー、家族風呂や岩盤浴も楽しめる温泉

俄虫温泉旅館
☎ 0139-67-2211 【営業時間】11 時〜21 時（土・日・祝は 10 時から）【定休日】無休 【料金】大人 400 円、小学生 200 円、幼児 100 円

開設期間	1月	2月	3月	4月	5月	6月	7月	8月	9月	10月	11月	12月
				4月下旬〜9月下旬								

フリーサイト　オートサイト　コテージ　水洗　（アイコン）　水洗　ペット　（アイコン）　たき火　Wi-Fi　ランドリー

禁止事項	カラオケ・花火・発電機

memo
■ フィールド遊び
散策路、昆虫採集

DATA

開設期間	4月下旬〜9月下旬、詳細は HP で要確認
利用時間	バンガロー以外はフリー
ゲート	なし
管理人	8 時 30 分から 17 時駐在
利用料金	●持ち込みテント　無料　●バーベキューハウス　無料（利用時は要予約）
レンタル用品	なし
管理棟（森林展示館）	受付、電話、休憩・展示コーナー（売店なし、必要品各自用意）
キャンピングカー	駐車場のみ可

食材調達

● 厚沢部町はジャガイモのメークインの発祥の地。1925 年（大正 14 年）以来、改良を重ねてきた地元の名産品。コロッケが道の駅で味わえる
● 厚沢部町のサツマイモ「黄金千貫」やメークインなどを原料にした焼酎「喜多里」も味わってみたい

道央　道南　道北　オホーツク　道東

ピリカキャンプ場

ぴりかきゃんぷじょう

森林・川辺

現地	今金町字美利河 205-1
電話	0137-83-7111 （クアプラザピリカ）
予約	随時受付

アクセス

今金町の市街地から長万部方面へ約20km。道央自動車道・国縫ICから約13km

キャンプサイトは快適な芝生地だ

memo
- ■フィールド遊び
  - 昆虫採集

住所は檜山管内今金町だが、渡島管内長万部町の国縫地区からの方が近い。温泉ホテル「クアプラザピリカ」が運営・管理するサイト。よく手入れされた芝生地に炊事場とトイレが各1カ所。近くにRVパークも設置されている。

開設期間　1月 2月 3月 4月 5月 6月 7月 8月 9月 10月 11月 12月　4月下旬～10月末

DATA

開設期間	4月下旬～10月末
利用時間	IN／14時～、OUT／翌10時まで
ゲート	なし
管理人	7時～22時駐在
利用料金	●フリーキャンプ大人1,500円、小学生700円、幼児300円　●ロッジプラン22,000円（平日20,000円）
レンタル用品	あり　管理棟　クアプラザピリカ
キャンピングカー	RVパークあり

⊗ 禁止事項　直火・発電機・カラオケ・花火は21時まで

かもめ島キャンプ場

かもめじまきゃんぷじょう

海辺

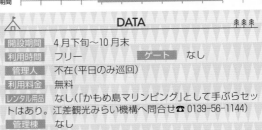

現地	江差町鴎島
電話	現地なし 0139-52-6715（江差町役場）
予約	不可

アクセス

江差町中心部から江差港マリーナ方面へ約1キロ

さえぎるものは何もない極上のサイト

memo
- ■フィールド遊び
  - 絶景鑑賞、星空観察、磯遊び

江差のシンボル。周囲約2.6キロ、海抜およそ30メートルの小さな島は今は防波堤で本土とつながっている。200段ほどの長い階段があるが、その先には大海原が広がり波の音に心洗われる野営地が待っている。荷物を最小限で臨もう。

開設期間　1月 2月 3月 4月 5月 6月 7月 8月 9月 10月 11月 12月　4月下旬～10月末

DATA

開設期間	4月下旬～10月末
利用時間	フリー　ゲート　なし
管理人	不在（平日のみ巡回）
利用料金	無料
レンタル用品	なし（「かもめ島マリンピング」として手ぶらセットはあり。江差観光みらい機構へ問合せ ☎ 0139-56-1144）
管理棟	なし
キャンピングカー	不可

⊗ 禁止事項　直火・花火・水場でコンロなどを洗うこと・指定植物の採取

せたな青少年旅行村

せたな　せいしょうねんりょこうむら

海辺

現地	せたな町瀬棚区西大里 11 番地
電話	0137-87-3819（現地管理棟）
予約	受付／4 月 10 日より受付開始。宿泊の 3 カ月前から現地管理棟にて、電話受付（9 時～17 時） キャンセル料／キャンセル料はかからないが、事前に必ず連絡を オフ期間／せたな町役場まちづくり推進課 ☎ 0137-84-5111

アクセス

国道 229 号をせたな町へ。瀬棚区中心街交差点から道道 447 号に入り、案内板を左折し立象山の坂道を上る。市街より約 2km

市街地を眼下に、眺めがいいキャンプ場

「またせたな！」のキャッチコピーなどユニークな観光振興の取り組みで知られる檜山管内のせたな町。せたなの市街地から約 2 キロ、ぐんぐんと坂を上った先に青少年旅行村と名のつくキャンプ場が現れる。この地は、巨象が立っているかのような姿から、その名がついた立象山。標高 95.4 メートルの高台には展望台が立っていて、せたなの市街地を眼下に遠くは奥尻島も見える。夕方、この日本海に沈む夕日は絶景である。テントサイトは階段状になっていて一番奥にケビンが並ぶ。場内から階段を使って降りれば、海水浴場に到着する。

サイトから海側の景色は直接見られないが、狩場山など山側の眺望はすばらしい

DATA

開設期間	5 月 1 日～10 月 31 日
利用時間	IN／13 時～17 時、OUT／翌 10 時まで
ゲート	なし
管理人	9 時～17 時
利用料金	● 入村料　大人 420 円、中学生以下 210 円　●持ち込みテント　1 泊 1 張 840 円
レンタル用品	アミ、コンロなど
管理棟	受付、休憩室、トイレ、シャワー（1 回 210 円）、ランドリー、販売コーナー（炭、たき付け）
キャンピングカー	駐車場のみ可

食材調達

● キャンプ場から北へ約 7km ほどのところに漁師の直売店・浜の母さん食事処「ヤマヨ斉藤漁業」がある。前浜で獲れた新鮮な魚介類の販売や海鮮丼などが味わえる

斜面に高さの異なる平坦なサイト　　荷物の搬入は横の道路からできる

	1月	2月	3月	4月	5月	6月	7月	8月	9月	10月	11月	12月
開設期間					5月1日〜10月31日							

禁止事項 ⊗ カラオケ・発電機

 フリーサイト
 オートサイト
 コテージ
 車椅子対応 水洗
 WC
 温泉

 ペット
 ゴミ
 たき火
 Wi-Fi
 ランドリー

memo
■ フィールド遊び
海水浴、海釣り、昆虫採集

DATA

タイプ・宿泊料金	● ケビン（4人用）4棟、（6人用）2棟　1泊1棟 4人用 7,340円、6人用 10,470円　● バンガロー（2〜3人用）3棟　1泊1棟 2,090円　別に入村料 大人 420円、中学生以下 210円
利用時間	IN／13時〜、OUT／翌10時まで

備品・設備など

🛏 トイレ、洗面台／シャワーは管理棟に	🍳 流し台、ガスコンロ
🛏 なし	💡 照明、電源、冷蔵庫、テレビ、暖房／洗濯機は管理棟に
🔥 ブロック、テーブルベンチ、タープスペースあり	🐾 放し飼い禁止、糞と毛の始末をキチンと

三本杉海水浴場

遠浅で穏やかな海岸 カヌー、SUP、ローボートができる（要予約）

三本杉岩

B&G 海洋センター

テントサイト
↗発電所
クワガタ、トンボ、カラスアゲハが見られる
フキ、タケノコが採れる
テントサイト
瀬棚市街へ▶
炊
WC P 炊
WC P
管理棟
テントサイト
バンガロー（3棟）
カケス、シジュウカラ、カモメが見られる

遊歩道
北檜山方面↓
展望台
ケビン（6棟）
あじさい広場
7月〜8月にかけて1万株の色鮮やかなあじさいが見られる

見晴らしのいい高台にケビンが6棟あり、受付棟近くにバンガローがある

設備が揃うケビン室内

キッチンには冷蔵庫もある

フリーサイトに並ぶバンガロー

📍 周辺スポット

せたな名物三本杉岩。環境省から何度も最高ランクの「AA」の評価をもらうきれいな海。ちなみにここでもキャンプができる。トイレやシャワーも整備されている

太田神社

「日本一危険な参道がある神社」としてテレビなどで話題の神社。登山装備で登り1時間半、下り1時間。崖の途中のほら穴に小さな社殿がある。登りきったあかつきには、奥尻島までも見える

♨ 温泉情報

旧国鉄の瀬棚駅跡地にある町営温泉。壁にはせたな町の名所三本杉岩の風景画が描かれている。内湯やバイブラ湯、サウナや水風呂がある。湯上がりには肌がつるつるに

せたな町公営温泉浴場やすらぎ館　☎ 0137-87-3841
【営業時間】10時〜21時営業　【定休日】第1・3月曜休
【料金】大人 450円、小学生 150円、乳幼児 80円

ペコレラ学舎
公園
ぺこれらがくしゃ

開設期間	通年
利用時間	IN／13時～17時、OUT／翌11時
管理人	駐在（9時～17時）

現地	八雲町上八雲296-1
電話	090-1230-2808
予約	予約制 キャンプ場予約サイト「なっぷ」もしくは電話・メールにて予約

利用料金	テント1張1泊1,500円＋入場料中学生以上1,000円、小学生500円、未就学児無料

知内スターヒルズキャンピングヤード
森林・川辺
しりうちすたーひるずきゃんぴんぐやーど

開設期間	4月下旬～9月末
利用時間	IN/16時まで、OUT/翌12時まで
管理人	不在

現地	知内町元町
電話	090-8903-2047（NKクラブ） 01392-5-5031（NKクラブ夜間）
予約	可能。NKクラブにて随時受付（現地に管理人不在のため、利用の際は必ず事前に連絡を）

利用料金	●持ち込みテント 1張500円 〈バンガロー利用料金〉●バンガロー（4人用×5棟） 1棟3,680円 ●バンガロー（6人用×4棟） 1棟4,200円

知内町農村公園
田園・丘陵
しりうちちょうのうそんこうえん

開設期間	4月下旬～10月下旬
利用時間	フリー
管理人	不在

現地	知内町湯の里
電話	01392-5-6161（知内町役場農業水産振興課）
予約	不可

利用料金	無料

夷王山キャンプ場
田園・丘陵
いおうざんきゃんぷじょう

開設期間	4月下旬～10月31日
利用時間	フリー
管理人	不在

現地	上ノ国町勝山
電話	0139-55-2311（上ノ国町役場）
予約	不可

利用料金	無料

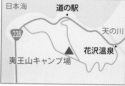

北追岬公園キャンプ場
海辺
きたおいみさきこうえんきゃんぷじょう

開設期間	4月下旬～10月下旬
利用時間	フリー
管理人	不在

現地	奥尻町湯浜
電話	01397-2-3406（奥尻町役場商工観光係）
予約	不可

利用料金	無料

賽の河原公園キャンプ場
海辺
さいのかわらこうえんきゃんぷじょう

開設期間	4月下旬～10月下旬
利用時間	フリー
管理人	不在

現地	奥尻町稲穂
電話	01397-2-3406（奥尻町役場商工観光係）
予約	不可

利用料金	無料

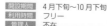

東風泊海岸海水浴適地
やませどまりかいがんかいすいよくてきち

現地	奥尻町球浦
電話	01397-2-3406
	（奥尻町役場商工観光係）
予約	不可

開設期間 4月下旬～10月下旬
利用時間 フリー
管理人 不在

利用料金 無料

うにまるキャンプ場 ～NONA BASE～
うにまるきゃんぷじょう　のなべーす

現地	奥尻町赤石
電話	01397-2-3406
	（奥尻町役場商工観光係）
予約	不可

開設期間 4月下旬～10月下旬
利用時間 フリー
管理人 不在

利用料金 無料

真駒内ダム公園
まこまないだむこうえん

現地	せたな町北檜山区松岡
電話	0137-84-5111
	（せたな町役場まちづくり推進課）
予約	不可

開設期間 4月26日～10月31日
利用時間 IN／13時～、OUT／10時
管理人 巡回（朝・夕）

利用料金 ●入場料 高校生以上210円、小中学生110円 ●テント
サイト 1張520円 ●カーサイト 1区画1,040円

きじひき高原展望台からの眺望

望洋台キャンプ場（小平町）

公園 とうまスポーツランドキャンプ場

とうますぽーつらんど　きゃんぷじょう

現地	当麻町市街6区
電話	0166-84-3163（現地管理棟）
予約	受付／4月中旬から現地管理棟（9時～17時）またはWEBにて キャンセル料／キャンセル料あり、詳細はWEBサイトにて オフ期間／役場まちづくり推進課　☎ 0166-84-2111

アクセス

道の駅「とうま」から当麻駅方向へ進み、線路を越えてすぐの分岐を左折。道道140号を愛別方向に2kmほどで現地

有料のアスレチック施設は本格的なコース

周囲には野球場や総合グラウンド、テニスコートなどが集まるスポーツを楽しむエリア。フリーサイトは当麻山の斜面にあたるため、全体的にやや傾斜がある。コテージとログハウスは受付後、車でぐるっと回り込んだ先に到着する。ここの特徴はなんと言ってもフィールドアスレチックである。有料の施設はバラエティに富んだ30種類のポイントが設置された本格派。ぜひチャレンジしてみよう。サイトの隣にある昆虫館も必見の施設だ。温泉は道路を挟んですぐ近くにある。

サイトがやや傾斜していることを逆手にとって、ハンモックをレンタルできる

DATA

開設期間	4月下旬～10月下旬
利用時間	テントサイトは翌11時まで
ゲート	GW・夏休み期間は24時間常駐
管理人	上記以外の期間は9時～21時駐在
利用料金	●持ち込みテント　1泊1張800円 ●タープ　1泊1張500円　●タープ一体型テント1泊1張1,200円　●バーベキューハウス　1団体1時間600円　●オートサイト　1区画のみあり、15,000円（電源付）
レンタル用品	毛布、マット（各300円）、ハンモック日帰り利用1,500円、宿泊利用2,500円
管理棟	受付、自販機、トイレ、休憩室（施設内にランドリー）
キャンピングカー	駐車場及びオートサイトのみ可

食材調達

●道の駅「とうま」（約5km）には売店や野菜直売所、食事ができる店もある。夏は、特産物の「でんすけすいか」が人気
●食材を揃えるのなら、当麻市街（約2km）まで。スーパーやコンビニがある

サイトの中央にある炊事棟

トイレは2カ所

1月 2月 3月 4月 5月 6月 7月 8月 9月 10月 11月 12月

開設期間　　　4月下旬～10月下旬

禁止事項　花火・カラオケ・発電機・植物採取

フリーサイト　オートサイト　コテージ　車椅子対応　温泉
1区画のみ　　　　　　　水洗

ペット　ゴミ　たき火　Wi-Fi　ランドリー
　　　　シート必須

---

memo
■ フィールド遊び
アスレチック、遊歩道、昆虫採集

グリーンヒル運動場　国道39号線へ　花菖蒲園（6月中旬から7月上旬）
霧深い、キビタキ、アカハラ、フクロウなどが見られる
テニスコート　P　当麻世界の昆虫館パピヨンシャトー　展望台
総合グラウンド　炉　ログハウス（4棟）　遊歩道
バーベキューハウス　WC　炊　WC
センターハウス　コテージ（5棟）　ウォーキングコース　クワガタ、ルリボシカミキリ、トノサマバッタなど、昆虫が多い
野球場　P　フィールドアスレチック（30ポイント）
フィールドボール場　ヘルシーシャトー　くるみの庭　クラブハウス　植物の採取は禁じられているので注意！
◀当麻市街へ　　当麻ダムへ▶

DATA
タイプ・宿泊料金　●コテージ（7人用）5棟　1泊1棟 13,000円　●ログハウス（4人用）4棟（設備は照明のみ）　1泊1棟 3,600円

利用時間　IN／15時～、OUT／翌11時まで

備品・設備など

シャワー、トイレ、洗面台	流し台、換気扇、ガスコンロ	
マット、布団など寝具一式	照明、電源、冷蔵庫、暖房	
バーベキューハウス利用、タープスペースあり	NG	

7人用のコテージは森の中にある。ログハウスは少し離れた場所に

洋室のコテージ内部。和室タイプもあり

サンデッキスペースは広さも充分

ログハウスは照明だけの設備

周辺スポット

フィールドアスレチックは高校生以上600円、小・中学生400円。ターザンロープあり、池を渡る丸太のつり橋もある。スリルとドキドキいっぱいの施設

昆虫館「パピヨンシャトー」には日本や世界各地に生息するチョウの標本コレクションが展示される。外国産のカブトムシが飼育されるなど童心に帰って楽しめる。高校生以上600円、小・中学生400円、幼児無料

入浴情報

キャンプ場から道路を渡った先にある。大浴場とサウナ、打たせ湯などがある。浴槽内に長万部二股ラジウム温泉鉱石（石灰華原石）を敷き詰め、さらに特殊タンク内にも原石を入れてお湯を強制循環させていて、湯冷めしにくいやわらかなお湯だ

ヘルシーシャトー　☎ 0166-58-8112

【営業時間】10時～22時営業（最終受付21時）
【料金】町外大人700円、小学生400円、幼児無料

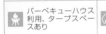

道央　道南　道北　オホーツク　道東

165

層雲峡オートキャンプ場

森林・川辺

そううんきょう　おーときゃんぷじょう

現地	上川町清川
電話	**01658-5-3368**（現地管理棟） 管理者／役場産業経済課商工観光グループ　☎ 01658-2-4058 オフ期間／☎ 01658-2-1811（層雲峡観光協会）
予約	受付／バンガロー・オートサイトは随時現地管理棟にて電話受付 キャンセル料／前日まで30%、当日70%

▶ アクセス ◀

旭川から層雲峡温泉に向かう国道39号沿いにあり、上川市街を過ぎて10kmほど行くと右手に案内板

石狩川
看板・
39
層雲峡オートキャンプ場 ▲
層雲峡温泉↓

場内のリニューアルが完成、コテージが快適

　層雲峡温泉街や黒岳ロープウェイの近くにある総合キャンプ場。数年かけて実施してきた場内のリニューアルがほぼ終わり、久しぶりに訪問した人はその変貌ぶりに驚くだろう。従来のコテージに加えて、2段ベッドがある「週末移住コテージ」が15棟、シルバー色の円形型の通年コテージ10棟が利用できる。樹木がいい感じの木陰をつくるフリーサイト、テニスコート横のオートサイトは変わらない。トイレと一体型の炊事棟は設備も充実の快適仕様。屋根がかかったテラス席も併設している。

オートサイトは変わらず

円柱型の新コテージがズラリ

新設の週末移住コテージ

層雲峡温泉街にある黒岳ロープウェイとその上のリフトを乗り継いで黒岳（標高1,984m）の7合目まで行ける。夏はシマリスなどの自然観察ができ、頂上へ登れば夏でも雪が残る大雪山連峰の大パノラマが楽しめる

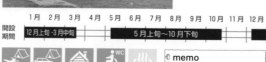

開設期間	1月 2月 3月 4月 5月 6月 7月 8月 9月 10月 11月 12月
	12月上旬-3月中旬　　5月上旬～10月下旬

フリーサイト　オートサイト　コテージ　車椅子対応　温泉
WC 水洗

ペット　ゴミ　たき火　wifi　ランドリー

禁止事項　ペット・21時以降の花火・カラオケ・発電機

memo
■フィールド遊び
遊歩道、水遊び池、昆虫採集

DATA

開設期間	5月上旬～10月下旬、12月上旬～3月中旬、通年コテージあり
定休日	夏季はなし、冬季は金曜日を除く平日
利用時間	IN／13時～21時、OUT／翌10時まで
ゲート	21時～翌6時閉門
管理人	24時間常駐
利用料金	●持ち込みテント／70張　1泊1張500円　●オートサイト／12区画　1泊1台1,500円（日帰りのみの場合は大人350円）
レンタル用品	毛布
管理棟	受付、売店（ジュース、洗剤、ホワイトガソリン、木炭、蚊取り線香、殺虫スプレーなど）
キャンピングカー	専用サイトあり

上川ファミリーオートキャンプ村／Village Kamikawa

田園・丘陵

かみかわ　ふぁみりー　おーときゃんぷむら／びれっじかみかわ

GS
石狩川 39 273
上川層雲峡IC
上川ファミリー
オートキャンプ村
／Village Kamikawa
旭川紋別自動車道

現地	上川町旭町 52-1
電話	01658-2-1414（現地管理棟）
予約	受付／4月中旬から本部受付で、オープン後は現地管理棟で キャンセル料／予約時に確認

アクセス

旭川方面からは、国道39号を層雲峡方向に進み国道273号との分岐手前の交差点、ガソリンスタンドの角を右折

4〜5人用のバンガロー（中）が場内奥に並ぶ

memo
■フィールド遊び
小川遊び、釣り、昆虫採集

⊗ 禁止事項 直火・打上げ花火（手持ちは可）

旭川紋別自動車道の上川層雲峡ICを降りてすぐの場所にあり、国道39号に面している。民間の施設で、経営が変わった。場内奥にあるオートサイトは芝生地に車を自由に入れられる。バンガローは大中小と3種類。

	1月	2月	3月	4月	5月	6月	7月	8月	9月	10月	11月	12月
開設期間						5月1日〜10月下旬						

DATA

〈キャンプデータ〉

開設期間	5月1日〜10月下旬
利用時間	IN／13時〜17時、OUT／翌10時まで
ゲート	なし
管理人	9時〜17時常駐
利用料金	入場料 大人500円、小学生以下250円、オートキャンプ1泊1台1,500円、キャンピングカー1泊1台2,500円〜3,000円、バイク

1台1,000円、自転車1台1,000円

レンタル用品	BBQ台、寝袋ほか
管理棟	受付
キャンピングカー	駐車場は可

〈バンガローデータ〉

| タイプ・宿泊料金 | ●バンガロー4,000円〜6,000円 |
| ●入場料 大人500円、小学生以下250円 ※バンガロー内もペット同伴可（1匹につき入場料250円） |

森のなかヨックル

田園・丘陵

もりのなか　よっくる

名寄市 ●北星信用金庫 239
スポーツセンター
森のなかヨックル ▲ 354

現地	下川町南町 411-2
電話	01655-4-3101（平日10時〜17時30分）
予約	公式HPで予約可能

アクセス

国道239号・下川町の市街地から、役場前を過ぎてスポーツセンター向かい。約1km

室内は快適そのもの、ほぼすべてが揃っている

memo
■フィールド遊び
釣り、登山、森林体験

⊗ 禁止事項 ペット

上川管内下川町の市街地に近い場所にある施設。貸別荘のように使える全11棟が立つ。長期宿泊者向けの料金体系もあり、このコテージを拠点に道北の観光や地域の人との交流をする利用者も多い。町がつくった地域間交流施設を地元のNPO法人が運営・管理をする。

	1月	2月	3月	4月	5月	6月	7月	8月	9月	10月	11月	12月
開設期間							通年					

DATA

開設期間	通年
利用時間	IN／15時〜18時、OUT／翌10時まで
ゲート	なし　管理人　チェックイン時間帯駐在
利用料金	●コテージB棟（定員7人）5泊まで1泊7,500円から ※人数、日程により料金変動制、詳細はHPで確認
レンタル用品	バスタオル、電化製品、リサイクル自転車、など
管理棟	受付

鷹栖町パレットヒルズ

たかすちょうぱれっとひるず

田園・丘陵

現地	鷹栖町 17-8
電話	080-5580-0297
	【期間外】鷹栖町産業振興課 0166-74-3582
予約	不要

アクセス

鷹栖市街から道道 99 号を北西方面へ、約 5 キロ

鷹栖の田園風景と大雪山のパノラマ風景が魅力

標高 299.5 メートルのシーキウシュナイ山の南側一帯に整備された大規模公園。上川管内鷹栖町の田園風景を眼下に、大雪山から十勝岳連峰の山々をパノラマのように眺めることができる。パークゴルフ場とキャンプ場がメインの施設として整備されている。キャンプサイトはゆるやかな斜面のいくつもの場所にテントが張れる。人気は管理棟前の広場で、近くに池と小川が流れる場所。展望台近くの手づくりガーデン一帯は開放感あふれる場所になっている。管理棟では遊び道具のレンタル品も充実している。

「多目的ゾーン」のサイトの様子

管理棟の前には噴水の水場がある

パークゴルフ場と共同利用のトイレ

場内にはスケートボードの練習台「ミニランプ」が設置されている。町内の地域おこし協力隊員が 4 カ月ほどかけて手作りした施設。スケートボードやヘルメットは無料で借りられる

開設期間	1月	2月	3月	4月	5月	6月	7月	8月	9月	10月	11月	12月
				4月上旬～11月上旬、12月中旬～3月上旬(予定)								

フリーサイト

車椅子対応
水洗

WC

ペット
リード必須

ゴミ

たき火
管理棟周辺のみ

Wi-Fi

ランドリー

禁止事項 直火・発電機・車のアイドリング

memo
■ **フィールド遊び**
昆虫採集、水遊び、サッカー、スケートボード、パークゴルフ

DATA

開設期間	4月上旬～11月上旬、12月中旬～3月上旬(予定)
利用時間	IN／10時～17時、OUT／翌11時まで(冬期は時間変更あり)
ゲート	なし
管理人	金土日祝、祝前日は 10時～17時駐在、月～木はパークゴルフ場に駐在
利用料金	大人1人1泊500円、小中学生300円、未就学児無料
レンタル用品	テント、薪、七輪など多数あり
管理棟	受付、休憩室、各種レンタル品貸し出し
キャンピングカー	駐車場のみ可

きのこの里あいべつオートキャンプ場

きのこのさと　あいべつ　おーときゃんぷじょう

現地	愛別町愛山 131
電話	01658-7-2800（現地管理棟） 080-5831-9039（平日のみ 9 時〜17 時）
予約	4 月 1 日からキャンプ場予約サイト「なっぷ」にて 期間外は上記携帯電話で受付

アクセス
愛別 IC から国道 39 号
で約 10km

石狩川沿いの田園地帯に快適オートサイト

周囲には石狩川が悠々と流れ、のどかな水田風景が広がる。サイトは、管理棟近くのエリアがキャンピングカーサイトとオートサイトになっている。そこから一段低くなった部分はフリーサイトだ。木陰があって癒される。大きな変更点は、遊水路でのニジマス釣りができなくなったこと。フィッシングが楽しみだっただけに残念である。

オートサイトは公園感覚、きれいに管理されている

フリーサイトにある水場

いい雰囲気の遊水池がすぐ横に

管理棟には地元愛別の特産品も販売されている。きのこを使った加工品をぜひ味わってみよう。近くには「きのこの里パークゴルフ場」があり、全45 ホールでのプレーができる。「カートランドARK」は本格的なレーシングカートコース

DATA

開設期間	5 月上旬〜10 月下旬
利用時間	IN／13 時〜19 時、OUT／翌 11 時まで
ゲート	なし
管理人	24 時間駐在
利用料金	●キャンピングカーサイト／6 区画 5,000 円　●スタンダードカーサイト／27 区画 4,000 円　●フリーテントサイト／1 泊 1 張につき 1,000 円〜2,500 円
レンタル用品	テント、シュラフ
管理棟	受付、シャワー、コインランドリー
キャンピングカー	10m まで可、駐車場も可

開設 期間	1月	2月	3月	4月	5月	6月	7月	8月	9月	10月	11月	12月
					5月上旬〜10月下旬							

フリーサイト　オートサイト　コテージ　車椅子対応
水洗　WC　温泉

ペット　ゴミ　たき火　wi-fi　ランドリー

memo
■フィールド遊び
昆虫採集

⊗ 禁止事項　打ち上げ花火（手持ちは OK）・カラオケ・発電機

国設白金野営場

森林・川辺

こくせつしろがね　やえいじょう

現地　美瑛町字白金

電話　0166-94-3209（現地管理棟）

予約　受付／ケビンのみ4月1日から電話受付（オープン前は役場商工観光交流課、オープン後は現地管理棟へ）
キャンセル料／キャンセル料はかからないが、早めに連絡を
オフ期間／役場商工観光交流課　☎ 0166-92-4321

アクセス

美瑛市街地から道道966号を白金温泉方面へ約20km。途中、青い池を過ぎて白金温泉を通り越したあたり

温泉地の近くに野趣あふれる静かな野営場

大きな温泉ホテルが立ち並ぶ白金温泉街を抜けた先にひっそりと現れる野営場。温泉街とは一転、静かな森の中に趣あるケビンが15棟ある。場内は針葉樹林に囲まれ、野鳥が飛び交う。予約が不要なフリーサイトのみだが、荷物の搬出入時のみ車の乗り入れが可能だ。場内をぐるっと1周できる細い道があるので、お気に入りの場所を確保しよう。十勝岳や美瑛富士といった山々にも近いことから、登山客の利用も多い。

ところどころにいい感じの日陰があって快適

DATA

開設期間	5月下旬〜10月上旬
利用時間	IN／13時〜、OUT／翌10時まで アーリーチェックインは9時から（別途1人300円）
ゲート	なし
管理人	24時間駐在
利用料金	●宿泊　大人400円、小中学生200円 ●日帰り料金あり
レンタル用品	なし
管理棟	受付、リヤカーあり
キャンピングカー	駐車場のみ可

駐車場近くは開放的な広場

炊事場は簡素なタイプ

キャンプ場から美瑛の市街の途中にある道の駅びえい「白金ビルケ」では、地元素材を使ったハンバーガーが人気のほか、青い池関連のグッズが各種販売されている。キャンピングカーサイトあり

開設期間	1月 2月 3月 4月 5月 6月 7月 8月 9月 10月 11月 12月
	5月下旬〜10月上旬

⊗ 禁止事項　カラオケ・発電機・直火

 フリーサイト オートサイト コテージ 障碍者対応 温泉

水洗

 ペット ゴミ たき火 Wi-Fi ランドリー

memo
■ フィールド遊び
　野鳥観察、昆虫採取、トレッキング

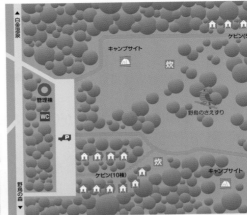

DATA

タイプ・宿泊料金	●ケビン(4人用)15棟 1泊 1棟3,600円 宿泊大人1泊400円、小学生以下200円(日帰り料金あり)
利用時間	IN／13時〜、OUT／翌10時まで

備品・設備など

🛁	風呂なし、トイレは共同施設利用	🍳	なし
🛏	畳ベッド	🧊	なし
🔥	なし(タープスペースはあり)	⚽	NG

大きな三角屋根のケビン。1階と2階合わせて4人用

ケビンの内部

水洗トイレが2カ所あり、内1カ所は洋式

ケビン近くの炊事場

📍 周辺スポット

美瑛を代表する絶景「青い池」。水面が青く見える不思議な池は世界的に有名な名所だ。「ビエイブルー」を堪能しよう

♨ 温泉情報

白金温泉街には数軒のホテルがあり日帰り入浴ができる。1950年に、当時の美瑛町長だった鴻上覚一氏が数々の苦難の末に掘削に成功。「この湯は地底から湧いたプラチナ(白金)ともいうべき尊いもの」と語ったことから白金温泉と名付けられた

ホテルパークヒルズ　☎ 0166-94-3041
【営業時間】11時〜21時　【定休日】なし
【料金】大人1,200円、子ども800円、幼児400円、3歳未満無料

道央
道南
道北
オホーツク
道東

マップ内ラベル:
白金温泉 / キャンプサイト / 炊 / 炊 / ケビン(5棟) / 管理棟 / WC / 野鳥のさえずり / P / 炊 / 野鳥の森 / ケビン(10棟) / キャンプサイト / WC

日の出公園オートキャンプ場

ひのでこうえん　おーときゃんぷじょう

道央
道南
道北
オホーツク
道東

現地　上富良野町東 2 線北 27 号

電話　0167-39-4200（現地管理棟）
上記電話で通年対応

予約　受付／利用日の 2 カ月前から電話受付（8 時 30 分～17 時）
キャンセル料／キャンセル料はかからないが、早めの連絡を

アクセス
上富良野市街から十勝岳温泉に向かう道道 291 号へ。日の出公園への入り口を過ぎてオートキャンプ場の入り口の案内板あり

富良野や美瑛、十勝岳へのアクセスがいい滞在拠点

上川管内上富良野町は観光地として有名な富良野と美瑛の中間地点にあたり、十勝岳方面への入り口のまちでもある。ここを滞在拠点として、あちこち巡るキャンパーやライダーも多いと聞く。キャンプサイトは標高 250 メートルほどの小山の斜面を利用したフリーサイトと、平坦な芝生のオートサイトに分かれている。コテージは別荘タイプの 5 棟に加え、ボックス型のバンガローも新しく快適。車中泊者にはゲート内に泊まれる専用スペースもある。手ぶらプランもあり、多彩なキャンパーを受け入れている。

オートキャンプ側のサイトは平坦で広々。写真は電源・個別炊事場つきのサイト

DATA

開設期間　4 月 25 日～10 月 25 日

利用時間　IN／14 時～18 時（フリーサイトは 8 時 30 分・車中泊サイトは 10 時～）、OUT／翌 10 時まで

ゲート　カードにより通行可（ただしフリーサイトにはフリーで入れる）

管理人　24 時間常駐（6/1～9/30）、その他の期間は 8 時～20 時

利用料金　●入場料　中学生以上 1,000 円　●キャンピングカーサイト／5 区画（電源、下水道）1 泊 1 区画 5,000 円　●個別カーサイト／20 区画（電源、流し台）1 泊 1 区画 4,000 円　●フリーサイト／80 張　1 泊 800 円（入場料のみ）　●バンガロー／5 棟　1 泊 5,000 円

レンタル用品　BBQ コンロ、網、テント、タープなど

管理棟　自販機、電話、トイレ、ロビー、シャワー・ランドリー室、売店（ビール、調味料、虫除け、洗剤、炭、薪、たき付け、電池、軽食品類など）

キャンピングカー　駐車帯が 8～10m と 22m のサイトあり

食材調達

● 上富良野といえば「豚サガリ」が有名。町内の精肉店で購入できる

● 多田農園の「多田ワイナリー」があり、ワインショップでワインやシードルが買える

落ち着く、車中泊用の専用駐車場

充実のセンターハウス

開設期間	1月	2月	3月	4月	5月	6月	7月	8月	9月	10月	11月	12月

4月25日〜10月25日

⊗ 禁止事項　直火・ペット・打上げ花火・カラオケ・発電機

フリーサイト　オートサイト　コテージ　車イス対応　温泉　水洗
ペット　ゴミ　たき火　Wi-Fi　ランドリー

memo
■ フィールド遊び
　遊歩道、水遊び、昆虫採集、ラベンダー

 DATA

タイプ・宿泊料金	●コテージ(6人用)5棟　うち1棟は車イス対応タイプ　1泊1棟 15,000円　別に　●入場料　中学生以上1,000円　センターハウスにはシャワー室(1回200円)やランドリー室、休憩室もあり便利に使える
利用時間	IN／14時〜18時、OUT／翌10時まで

備品・設備など

洗面台、シャワー、トイレ(車イス対応タイプのみバス付き)	電磁コンロ、電子レンジ、鍋、食器など
板張り／マット、布団など	照明、電源、冷蔵庫、テレビ、暖房、冷房専用エアコン
バルコニーにテーブルとイス、場内にBBQハウス2棟	NG

コテージは一軒家タイプ。清掃も行き届いて清潔で快適な別荘のよう

ダイニング・リビング

キッチンには電磁コンロがある

テーブルとイスがあるバンガロー

⊚ 周辺スポット

フリーサイトの方から上った先にはすばらしい眺望の展望台がある。ここからは十勝岳連邦がパノラマのように見える絶景に出会える。展望台トイレにはぜひ寄ってみて

山頂からキャンプ場の反対側は、夏、一面のラベンダー畑。7月上旬から下旬にかけて丘一面がむらさき色に染まる。「愛の鐘」をならして幸せになろう

♨ 温泉情報

キャンプ場から歩いても行ける、徒歩約10分の温泉。31℃のぬるい源泉風呂は最初冷たい感じもするが、ゆっくり入ればやがてぽかぽかと。浴場は毎日男女が入れ替わる

フロンティアフラヌイ温泉　☎ 0167-45-9779

【営業時間】7時〜22時(入館は21時30分まで)営業
【定休日】無休　【料金】大人700円、3歳〜12歳350円

白銀荘前キャンプ場

はくぎんそうまえきゃんぷじょう

森林・川辺

現地	上富良野町吹上温泉
電話	0167-45-4126（白銀荘）
予約	不可

▶ **アクセス**
上富良野市街から道道291号〜966号を経由して約19キロ

標高が高い場所に避暑目的の利用者が集まる

標高は1,000メートルを超えている。そのため、気温が平地よりも低いことから、避暑目的の旅行者・車中泊組が集まっている。最盛期には人気の温泉施設「白銀荘」の駐車場にも、道外ナンバーのキャンピングカーなどであふれかえる。テントサイトは温泉施設の前庭のような部分。平らな芝生地にテントが張れる。付近一帯は国立公園内のため、炭火を含めてたき火や花火はできない。十勝岳への登山者も野営している。さわやかな風を感じて静かな夜を過ごしたい。

トイレ棟がサイトと駐車場の間にある

炊事場などは車中泊の人も500円で利用が可能

露天風呂が充実の吹上温泉保養センター白銀荘

無料でワイルドな露天風呂「吹上露天の湯」までは数分ほど。女性陣はちょっと入りにくいかもしれないが、ぜひ湯浴みを楽しんでみてほしい

DATA

開設期間	4月末ごろ〜10月中ごろ
利用時間	IN／10時、OUT／翌10時まで
ゲート	なし
管理人	温泉フロントに駐在
利用料金	1泊1張500円（変更の場合あり）
レンタル用品	なし
管理棟	なし（受付は白銀荘フロントで）
キャンピングカー	駐車場のみ可

	1月	2月	3月	4月	5月	6月	7月	8月	9月	10月	11月	12月
開設期間					4月末ごろ〜10月中ごろ							

バイク禁止　水洗　温泉

ペット可能エリアあり

⊗ 禁止事項　炭火・たき火・花火

memo
■フィールド遊び
登山、星空、温泉入浴

ここから約5キロの望岳台へも行ってみよう

かなやま湖ログホテルラーチ コテージ

かなやまころぐほてるらーち　こてーじ

(森林・川辺)

現地	南富良野町東鹿越
電話	0167-52-3100
予約	公式HPから可能

アクセス

富良野市街から国道237号で約36km。南富良野の道の駅からは約10km

かなやま湖を見下ろす高台に位置する、閑静なたたずまいのホテル客室としてのコテージ。カラマツ（ラーチ）林に囲まれた9棟が利用できる。

memo
■フィールド遊び
　周囲の散策

広いリビングは吹き抜け、ダイニングはカウンター

 禁止事項　指定場所以外での花火・たき火は全面禁止

開設期間　1月〜12月　通年

DATA

開設期間	通年	利用時間	IN／15時〜、OUT／翌10時まで
ゲート	なし	管理人	不在（ホテルフロント対応）
利用料金	●スタンダード（最大5人）1泊1棟 27,500円（冬季）〜58,300円（夏季）　●ワイド（最大9人）1泊1棟 44,000円（冬季）〜91,300円（夏季）　ペットは5棟限定で宿泊可能、1ペット2,200円
レンタル用品	BBQ用具1セット5,500円
管理棟	なし

利尻町森林公園

りしりちょうしんりんこうえん

(公園)

開設期間	5月1日〜10月31日
利用時間	IN／14時〜18時、OUT／翌10時（バンガローは9時）まで
管理人	不在

現地	利尻町沓形富野7-1
電話	0163-84-2345（利尻町役場建設課） 0163-84-3551（現地管理棟）
予約	不可。バンガローのみ管理棟にて4月1日から受付

利用料金　●持ち込みテント 1張500円※日帰りは無料　〈バンガロー利用料金〉●バンガロー（4人用×8棟）1棟3,000円

沓形岬公園キャンプ場

くつがたみさきこうえんきゃんぷじょう

(海辺)

開設期間	5月1日〜10月31日
利用時間	フリー
管理人	不在（1日1回巡回）

現地	利尻町沓形字富士見町沓形岬
電話	0163-84-2345（利尻町役場産業課）
予約	不可

利用料金　●持ち込みテント 1張500円

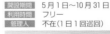

ウソタンナイ砂金採掘公園

うそたんないさきんさいくつこうえん

(森林・川辺)

開設期間	6月上旬〜9月下旬
利用時間	9〜17時の間フリー
管理人	9時〜17時駐在

現地	浜頓別町宇曽丹
電話	01634-5-6313（ゴールドハウス） 01634-2-2346（浜頓別町産業振興課商工観光係）
予約	不可

利用料金　●持ち込みテント 大人400円、小人200円、幼児無料

かなやま湖畔キャンプ場

湖畔

かなやまこはん　きゃんぷじょう

現地	南富良野町字東鹿越
電話	0167-52-3132（管理棟）
予約	なし、バンガローのみ4月10日から（株）モンベル公式HPにて可能

アクセス
富良野市街から国道237号で約36km。南富良野の道の駅からは約10km

湖を眺められる広くて自由なフリーサイト

かなやま湖は空知川をせきとめたダム湖なのだが、周辺の原生林によるためか天然の湖のような趣である。かなやま湖に向かってゆるやかに傾斜する芝生のサイトは青い湖を視界に入れる。その対岸に標高1062メートルの社満射岳をピークとした山々が見せる緑のコントラストが目にまばゆい。場内は広々としたフリーサイトのみ。駐車場は800台程度の駐車が可能。好きな場所まではリヤカーが使える。ゴミステーションが管理棟近くにあり、5種類の分別で置いていける。ありがたい。

カヌーが似合う湖畔部分

管理棟からはリヤカーで荷物を搬入

炊事棟と奥にトイレ棟

バンガローの近くには専用駐車場がある。リヤカーを使って坂道を下ろう。6人用が1列に7棟立っている。1棟につき1台のみ車を横付けできる（駐車スペース有5棟、なし2棟）

開設期間	1月 2月 3月 4月 5月 6月 7月 8月 9月 10月 11月 12月
	4月末〜10月上旬

 フリーサイト　 オートサイト　 コテージ　 車椅子対応　 温泉
水洗

 ペット　ゴミ　たき火　Wi-Fi 管理棟周辺のみ

⊗ 禁止事項　カラオケ・花火・発電機・湖上での遊泳・直火・ドローン・テントサウナ

memo
■フィールド遊び
釣り、カヌー、昆虫採集

DATA

開設期間	4月末〜10月上旬
利用時間	IN／8時30分〜18時、OUT／翌11時まで
バンガロー	IN／13時〜18時、OUT／翌10時まで
ゲート	なし
管理人	8時30分〜18時駐在
利用料金	●中学生以上1泊1,000円、小学生1人1泊500円、幼児無料、日帰り料金あり　●バンガロー1棟3,600円（別途キャンプサイト使用料金が必要）
レンタル用品	テント、タープ、たき火台など
管理棟	受付

かなやま湖オートキャンプ場

かなやまこ　おーときゃんぷじょう

現地	南富良野町字東鹿越
電話	0167-52-2002（管理棟）
予約	4月10日から（株）モンベル公式HPにて可能

アクセス

富良野市街から国道237号で約36km。南ふらのの道の駅からは約10km

広いドッグランもある快適オートサイト

　かなやま湖の周辺には2つのキャンプ場があって、こちらは道道465号から山側に上った先にある。設備充実の管理棟が見え、さらに高い場所にサイトが作られている。キャンプサイトは電源付きのスタンダードサイト63区画と、個別の流し台が付くキャンピングカーサイト8区画。フリーサイトはなく、完全なオートキャンプ場になっている。場内は大きく2つのエリアに分かれている。林間の雰囲気漂う場所からは湖の眺望もいい。管理棟近くには広いドッグランもあって愛犬家にはうれしい。

1区画72m²のスタンダードサイト

ランドリーもシャワーも売店も充実

東屋風の炊事場は3カ所

サイトから車利用が便利だが、「かなやま湖保養センター」の大浴場がおすすめ。

DATA

開設期間	4月末〜10月上旬
利用時間	IN／13時〜17時、OUT／翌11時まで
ゲート	なし
管理人	8時〜21時駐在
利用料金	●入場料　大人1,200円、小学生600円（連泊の場合は初日のみ）●キャンピングカーサイト1サイト1回6,200円　●スタンダードサイト1サイト1回4,700円、日帰り料金あり
レンタル用品	テント、タープ、たき火台など
管理棟	受付、トイレ、ランドリー、シャワー、売店
キャンピングカー	駐車帯が10mと15mのサイトあり

	1月	2月	3月	4月	5月	6月	7月	8月	9月	10月	11月	12月
開設期間					4月末〜10月上旬							

水洗

センターハウス周辺のみ

memo
■フィールド遊び
昆虫採集、カヌー、水遊び

⊗ 禁止事項　直火・カラオケ・発電機

森林・川辺

道央
道南
道北
オホーツク
道東

177

星に手のとどく丘キャンプ場

田園・丘陵

ほしにてのとどくおか　きゃんぷじょう

現地　中富良野町中富良野ベベルイ

電話　080-3234-9169（丘の管理人・前川）

予約　公式HPにて予約
　　　受付／電話（9時〜17時）とインターネットで随時受付
　　　キャンセル料／サイトの当日キャンセルは100%、バンガローは7日
　　　前より全額を徴収

アクセス
中富良野市街、本町南2の信号（セイコーマート
横）から道道705号に入り、15kmほど

見たことがない星空のために、まずは予約を

　今、道内でトップクラスの人気を誇るキャンプ場。平日も含めて予約が取りにくいキャンプ場の最上位にランクインする。その実力は行けばわかる。一夜を過ごせば納得だ。富良野岳連峰の中腹、標高約430メートルに位置し、富良野盆地を望むロケーション。場内には車を乗り入れでき、草木がゆるやかにセパレートし、ファミリーもライダーも仲良く共存する。場内は灯りを少なくしている。見たこともない星空に出会えることを願う。新月の日が狙い目だそう。

一見、区分けされていないような自然の草地サイトは合計24サイト

DATA

開設期間	4月27日〜10月13日
利用時間	IN／13時〜17時、OUT／翌11時まで
ゲート	なし
管理人	シーズン中24時間常駐
利用料金	●入場料　大人1,000円、小学生以下500円、犬200円　●ライダーサイト　無料　●オートサイト／25区画　1区画1,000円（たき火可）　●キャンピングカーサイト／4区画　1区画1,500円
レンタル用品	テント、テーブルセット、布団など
管理棟（ジンギスカンの店）	受付、売店（炭、コンロ、懐中電灯など）
キャンピングカー	駐車場で利用料を払って可

食材調達

●食料品の買い出しは、中富良野や上富良野のスーパーなどに。車で15分ほど

●管理棟を兼ねたレストラン「富良野ジンギスカン ひつじの丘」のサフォークは絶品だ。レストランは昼の営業だが、16時30分までにチェックインしたキャンパーのみ17時スタートでこのジンギスカンを味わえる

全サイトに直火ができる炉がある

炊事場は屋内型だ

道央　道南　道北　オホーツク　道東

開設期間	1月 2月 3月 4月 5月 6月 7月 8月 9月 10月 11月 12月
	4月27日～10月13日

⊗ 禁止事項　音の出る花火・音楽・カラオケ・発電機

フリーサイト　オートサイト　コテージ　車椅子対応　温泉
　　　　　　　　　　　　　　　　水洗

ペット　ゴミ　たき火　Wi-Fi　ランドリー

---

memo
■ フィールド遊び
　小動物ふれあい、昆虫採集、釣り

⌂ **DATA** 🏕🏕🏕

タイプ・宿泊料金	●バンガロー(4人用、ベッド付き)2棟　1泊1棟8,000円(テラス付き)、7,000円　●バンガロー(4人用)5棟　1泊1棟6,000円、5,500円(ロフトタイプ)　ほかに、2人用3棟(ミニデッキ付)5,000円もある　別に●入場料大人1,000円、小学生以下500円
利用時間	IN／13時～17時、OUT／翌10時まで

備品・設備など

🛏 トイレは共同施設2棟	🔥 各自持参
🛏 ベッド(布団付き)	💡 照明、電源(15A)、FFストーブ
🔥 建物横にスペース、木枝の販売500円～。場内にジンギスカンの店あり	🐕 外に繋げば持ち込み可

バンガローはサイトの上の方に7棟建っている。そのうち2棟はロフト付き

ベッドに寝具、ファンヒーターがある

サイトには朝、ヒツジがやってくる

場内にはヤギやウサギなどの小動物もいる

📍 周辺スポット

キャンプ場内にはヒツジがいるほか、ウサギが50匹ほど飼育されている。ウサギ小屋に入ってふれあうことができる。車で5分ほどの渓流ではニジマスやヤマメが釣れるし、夏はクワガタが採れる

キャンプ場から約12km。同じ町内にある「ファーム富田」は、春から秋にかけてさまざまな花が咲き、夏にはラベンダーが咲く人気スポット。ラベンダーグッズやソフトクリームもおすすめだ

♨ 温泉情報

上富良野町内にある温泉。源泉そのままの低温風呂と加温した高温の浴槽がある。サウナや夏季限定のサイロの湯があって楽しい

フロンティアフラヌイ温泉　☎ 0167-45-9779

【営業時間】7時～22時(入館は21時30分まで)営業
【定休日】年中無休　【料金】大人700円、小学生350円

ひがしかぐら森林公園キャンプ場／オートキャンプ場フローレ

ひがしかぐら　しんりんこうえんきゃんぷじょう／おーときゃんぷじょう　ふろーれ

ひがしかぐら森林公園キャンプ場/
オートキャンプ場フローレ

現地	東神楽町 25 号
電話	0166-83-3727
予約	受付／4 月 22 日から電話受付（8 時 30 分～17 時） 公式 HP では 4 月 3 日から キャンセル料／当日のキャンセル料は徴収（キャビン・バンガロー・ オートサイト） オフ期間／スリードームパークゴルフ場　☎ 0166-83-7789

アクセス
東神楽市街から忠別川沿いに東へ約 8km で現地

ワクワク遊びメニューも充実の森林公園

ワクワク感がいっぱいなキャンプサイト。「せせらぎ広場」では安心して水遊びができるうえ、大きな遊水池ではスワンボートやサイクルモノレールを楽しむことができる。キャンプ地は樹木が残され、適度な高低差があることから、いろいろと好みの場所を探そう。フリーサイトが好きならば管理棟の近くがいい。オートサイトが好みならば少し奥の「フローレ」が選べる。人気の温泉施設もほとんど場内といった立地だ。バンガローが更新されている。屋内型の炊事棟も新設されている。

オートサイト「フローレ」はプライベート感が保たれる

DATA

開設期間	4 月下旬～10 月中旬（基本平日休業・土日祝のみ営業、夏休み期間は毎日営業）
利用時間	IN／13 時～17 時（キャビン、バンガロー、オートサイト）、8 時半～17 時（フリーサイト、ペットフリーサイト）、OUT／翌 8 時 30 分～10 時
ゲート	17 時閉門、オートキャンプ場はカードにより通行可
管理人	営業時間内は駐在（繁忙期は 24 時間）
利用料金	●キャンプ場使用料（フリーサイトのみ）1 人 1 泊小学生以上 400 円　●テント張料 1 泊 1 張600 円、タープ 1 泊 1 張 600 円　●キャンピングカーサイト／5 区画（電源・上下水道）1 泊 1 区画6,000 円（日帰り利用半額）　●スタンダードカーサイト（電源のみ／25 区画、電源・上下水道付き／20 区画）1 泊 1 区画 3,500～4,500 円（日帰り利用半額）
レンタル用品	マット、寝袋、ガスコンロ、飯ごうなど
管理棟	受付、トイレ、シャワー・ランドリー室、売店（ビール、調味料、虫除け、たき付け、電池、カップ麺など）
キャンピングカー	駐車帯が 7m と 12m のサイトあり

食材調達

●東神楽市街（約 7km）に「ホクレンショップ東神楽店」があり、食材が豊富

新設の室内型炊事場兼トイレ

売店が充実の管理棟ブルーメン

	1月	2月	3月	4月	5月	6月	7月	8月	9月	10月	11月	12月
開設期間					4月下旬～10月中旬							

⊗ 禁止事項　打上げ花火・カラオケ・発電機

 フリーサイト
 オートサイト
 コテージ
車椅子対応 水洗
温泉

ペット 一部可
ゴミ
たき火
Wi-Fi
ランドリー

---

memo
■ フィールド遊び
　遊具、水遊び、ボート、ゴーカート

 DATA

タイプ 宿泊料金	●キャビン（6人用）3棟　1泊1棟 6,500円　●バンガロー（4人用）5棟　1泊1棟 4,500円ほか　●ミニキャビン（4人用）3棟　1泊1棟 6,000円
利用時間	IN／13時～、OUT／翌10時まで

備品・設備など

シャワー、トイレは共同施設利用		建物内での火気厳禁、炊事場利用	
板張り、寝袋・マットのレンタルあり		照明、電源（キャビン、4人用バンガローのみ）	
前庭にタープスペース		ペット専用サイトのみ	

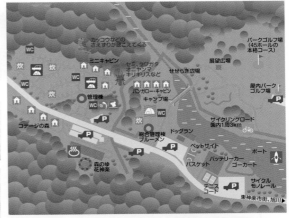

6人用のキャビンは森の中にありいい雰囲気

4人用バンガロー

4.5畳のロフトがあるタイプも

4人用の常設テント（1泊8,000円）

⦿ **周辺スポット**

公園内には本格的なゴーカートコースがある。1人乗り1台300円、2人乗りは500円（身長制限があり140cm以上）

♨ **温泉情報**

オートキャンプ場の向かいにある宿泊温泉施設。晴れた日には大雪山連峰を一望できる露天風呂が爽快だ。大きな休憩室があったり食事もできたりゆったりとくつろぐことができる

森のゆ 花神楽　☎ 0166-83-3800

【営業時間】10時～21時営業　【定休日】無休
【料金】大人800円、小学生350円、幼児無料

道央
道南
道北
オホーツク
道東

（地図内の表記）
カッコウなどのさえずりが聞こえてくる
セミ、タゲタガ、オニヤンマ、キリギリスなど
ミニキャビン
WC　炊
WC　炊
WC　炊
管理棟
バンガロー・キャンプ
キャンプ場
展望広場
せせらぎ広場
パークゴルフ場（45ホールの本格コース）
屋内パークゴルフ場
サイクリングロード 園内1周3km
コテージの森
総合管理棟 ブルーメン
ドッグラン
ペットサイト
森のゆ 花神楽
バスケット
テニスコート
バッテリーカー ゴーカート
ボート
サイクルモノレール
東神楽市街、旭川

江丹別若者の郷

田園・丘陵

えたんべつ　わかもののさと

現地	旭川市江丹別町清水
電話	0166-73-2409（江丹別若者センター）
予約	ロッジ予約 受付／ロッジのみ、若者センターで利用日の3カ月前から 　　　電話受付（9〜17時） キャンセル料／キャンセル料はかからないが、早めの連絡を

アクセス

国道12号・旭川市春光台から幌加内方面に向かう道道72号へ。道なりに20kmほど走ると江丹別市街、その手前（看板あり）を左折して約1.5km

雄大な牧場風景が楽しめる静かな穴場的サイト

旭川市郊外の江丹別地区。この地区の丘陵地にあるキャンプ場。フリーサイトは高台の平坦な芝生地と木もれ日あふれる林間サイトと、2つの異なる場所を選ぶことができる。ロッジは5人用が3棟、12人用が1棟、斜面の中腹に立っている。このロッジからは雄大な景色が堪能でき、遠くに市営牧場の牛が放牧される牧歌的な景観が広がる。近くの「若者センター」ではそば打ち体験ができ、「地場産品試作センター」ではソーセージ作りが体験できる。

南向きの斜面に建つロッジは、全棟にバス・トイレ付きの設備は充実

キッチンや暖房もあり

赤い三角屋根の炊事棟

「そばの里江丹別」は江丹別の市街地にあり、道道72号沿いに立地。地元・江丹別産のひきたて・打ちたてのそばが味わえる。各種そばは、温かいものと冷たいものが選べる。夏季は11時〜17時、冬季は16時まで。木曜定休

	1月	2月	3月	4月	5月	6月	7月	8月	9月	10月	11月	12月
開設期間					キャンプサイト　5月1日〜10月31日							
				ロッジ　4月1日〜11月30日								

memo
■フィールド遊び
散策、テニス、昆虫採集、そば打ち

DATA

〈キャンプデータ〉

開設期間	5月1日〜10月31日（ロッジは4月1日〜11月30日）
利用時間	ロッジ以外はフリー
ゲート	なし
管理人	8時45分〜17時15分駐在（ロッジ宿泊者がいる場合は24時間）
利用料金	キャンプサイト／100張 持ち込みテント　無料　区画サイト　なし
管理棟（グリーンセンター）	受付　キャンピングカー　駐車場のみ可

〈ロッジデータ〉

タイプ・宿泊料金	●ロッジ（5人用）3棟　（12人用）1棟　1泊1棟5人用 4,130円（延長料1時間 220円）　12人用 6,440円（延長料1時間 350円）（寝具代 1,200円）
利用時間	IN／16時〜、OUT／翌10時まで

禁止事項　たき火・花火

182

道央　道南　道北　オホーツク　道東

カムイの杜公園キャンプ場

公園

かむいのもりこうえん　きゃんぷじょう

現地 旭川市神居町富沢 125
電話 0166-63-4045
　　（管理事務所・森のふしぎ館）
予約 不要

アクセス
旭川中心部から道道 937
号などで約 5km

道央 / 道南 / 道北 / オホーツク / 道東

子どもたちに人気の公園キャンプ場

旭川の中心部から車で約20分。のどかな環境で子どもたちがのびのびと遊ぶことができる広大な公園がある。園内には多目的広場やわんぱく広場、屋内運動場「わくわくエッグ」などがある。ちびっこたちは一日中遊べる。公園の一角にキャンプサイトが用意されている。テントを張れるエリアは多目的芝生広場の奥側。看板が立っている範囲内で利用できる。一帯はフリーサイトになっていて、管理棟横にあるリヤカーで荷物を運ぶ。受付となる「森のふしぎ館」には昆虫の標本があったり、水辺の生き物が飼われていたりと、こちらも楽しい場所。

大きな炊事場が1カ所、トイレ棟の近くに建っている

バリアフリーのトイレ棟

フクロウをモチーフにしたアスレチック遊具

「わくわくエッグ（屋内遊戯広場）」は雨の日にとてもありがたい施設。こちらも無料で、冬も遊べる。小さな子どもから、大人も一緒に遊べる遊具がたくさん。クライミングができるウォールクライムなど1日いても飽きないだろう

	1月	2月	3月	4月	5月	6月	7月	8月	9月	10月	11月	12月
開設期間					5月1日～10月31日							

フリーサイト　車両乗入禁止　オートサイト　コテージ　車椅子対応　WC 水洗　温泉

ペット　リードをつけマナー厳守で可　ゴミ　有料で回収（分別の必要）　Wi-Fi

禁止事項 カラオケ・手持ち以外の花火・発電機・たき火・直火

memo
■フィールド遊び
遊具、水遊び、室内遊び

DATA

開設期間	5月1日～10月31日
利用時間	IN／11時～、OUT／翌11時まで
ゲート	あり（夏季は24時間開放）
管理人	9時～17時駐在（7月～8月は19時まで）
利用料金	●入場料（宿泊）　大人300円、高校生200円、中学生以下無料　●サイト使用料　テント、タープ各1張500円、日帰り料金あり
レンタル用品	なし
管理棟	森のふしぎ館（受付）
キャンピングカー	車中泊不可

湖畔

旭川市 21 世紀の森（ファミリーゾーン）

あさひかわし21 せいきのもり　ふぁみりーぞーん

現地　旭川市東旭川町瑞穂 937 番地

電話　0166-76-2454（現地管理棟）
　　　問い合わせ／旭川市 21 世紀の森　ログハウス　☎ 0166-76-2108

予約　受付／前年の 12 月 1 日から現地管理棟にてバンガローのみ電話受付
　　　（9 時〜17 時、オフ期間転送電話）
　　　キャンセル料／キャンセル料はかからないが、早めの連絡を

アクセス
旭川市街から旭山公園方面へ向かい道道 295 号
（瑞穂旭川停車場線）へ。約 29km

広大なエリアに愛犬もうれしい多彩なサイト

ペーパンダム湖を中心に、周囲約 14 キロと広大な面積を有する施設。大雪山の懐に抱かれた森の中には、「ファミリーゾーン」を中心にオートキャンプ＆ペット同伴サイトがある。ほかにタルハウスという名称の樽で宿泊できる「研修ゾーン」などから構成される。ファミリーゾーンには、フリーサイトのほか、バンガローやワンワンハウスといったペットに優しい施設もある。キャンピングカー向けの「ほっとステーション」という車中泊コーナーもあって全体的にユニークな施設になっている。

車の横にテントも設営できる上にペット同伴サイトまである場内

DATA

開設期間	5 月 1 日〜11 月 30 日
利用時間	IN／10 時〜、OUT／翌 10 時まで
ゲート	22 時に施錠
管理人	9 時〜17 時駐在（バンガロー宿泊者がいる場合は 24 時間）
利用料金	●テントサイト／20 張　1 泊大人 300 円、バーベキューハウス無料、パークゴルフ 1 日 300 円 ●キャンピングカーほっとステーション（電源は 1 時間 100 円）
レンタル用品	なし
管理棟	受付、自販機、電話、売店コーナー（たき付け、炭、網）、集合ホール、そばにバーベキューハウスもある
キャンピングカー	専用のほっとステーションがあり

食材調達

● 温泉「21 世紀の森の湯」の横や、パークゴルフ場横でも地元野菜を直売（不定期）している

● 旭川市内ではそばや懐石が味わえる「おかだ紅雪庭」がある。店舗は国の登録有形文化財でもある旧岡田邸を利用している

BBQ ハウスが 2 棟並ぶ

湖側はキャンピングカーゾーン

	1月	2月	3月	4月	5月	6月	7月	8月	9月	10月	11月	12月
開設期間					5月1日〜11月30日							

⊗ 禁止事項　花火・カラオケ・発電機・たき火

 フリーサイト
 オートサイト
 コテージ
 車椅子対応 水洗
 温泉
 ペット
 ゴミ
 たき火
 Wi-Fi
 ランドリー

memo

■ フィールド遊び

散策、水遊び、パークゴルフ、昆虫採集、釣り

 DATA

タイプ・宿泊料金	●バンガロー（6人用）8棟　1泊1棟4,720円（時間延長　1時間310円）　その他、ペットと泊まれるワンワンハウス（2〜3人用）1泊1棟4,720円もある
利用時間	IN／16時〜、OUT／翌10時まで

備品・設備など

トイレ（風呂は温泉で）		流し台、電気コンロ、やかん、食器	
板床。ロフトに寝台／寝袋持参（貸し布団あり）		照明、電源、冷蔵庫、ストーブ（レンタル可）	
バーベキューハウス利用、タープスペースあり		場内での放し飼い禁止、室内持ち込み禁止（別にワンワンハウスあり）	

管理棟から坂道を上っていくとバンガローがある。価格の割に設備充実

トイレ、キッチン、冷蔵庫にロフトあり

ワンちゃんと泊まれるワンワンハウス

車で数分離れた場所にはタルハウス

⊙ 周辺スポット

「ふれあい広場」のオートサイト。ここはペットにやさしく、ペット同伴の専用サイト（12区画）とフリーサイトがある

車で約25分、人気の「旭川市旭山動物園」にはぜひ寄ろう。全国区の人気を誇る道内を代表する動物園。あざらし館やぺんぎん館、ほっきょくぐま館は必見の施設だ

♨ 温泉情報

なんと100円で入ることができる温泉。キャンプ場から500メートルほどにある。湯量が安定しないということでの料金だ。ただし、環境配慮のため、石けんやシャンプーは使用できない

21世紀の森の湯　☎ 0166-76-2333

【営業時間】13時〜20時開場　【料金】中学生以上100円
【定休日】なし　【開設期間】5月1日〜11月30日

春光台公園グリーンスポーツ施設

しゅんこうだいこうえんぐりーんすぽーつしせつ

公園

現地	旭川市字近文 6 線 3 号
電話	0166-52-0694（現地管理棟）
予約	なし

アクセス
道央道の旭川鷹栖 IC から約 3km

旭川の住宅街に隣接し、ポッカリと閑静な公園内にキャンプサイトが整備される。受付はパークゴルフ場の受付へ。リヤカーを使って 300 メートルほど進んだ先に平坦な芝生のサイトがある。トイレ・炊事場ともに快適だ。フィールドアスレチックもある。

	1月	2月	3月	4月	5月	6月	7月	8月	9月	10月	11月	12月
開設期間					5月1日～10月31日							

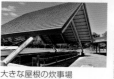

大きな屋根の炊事場

memo
■ フィールド遊び
　昆虫採集

DATA

開設期間	5月1日～10月31日
利用時間	IN／11 時～17 時　OUT／翌 11 時まで
ゲート	なし
管理人	9 時～17 時駐在（期間によって異なる）
利用料金	●使用料　高校生以上大人 300 円、高校生 200 円 ●サイト使用料　テント・タープ 1 張 500 円、ゴミ袋 50 円
レンタル用品	なし
管理棟	受付
キャンピングカー	NG

禁止事項 たき火・直火・打ち上げ花火

旭川モンゴル村キャンプ場

森林・川辺

あさひかわもんごるむらきゃんぷじょう

現地	旭川市東旭川町桜岡 35-3
電話	0166-37-1113（旭川発信ランド桜岡）
予約	可能、随時受付（10 時～17 時）

開設期間	4月下旬～10月末
利用時間	IN／11 時～17 時、OUT／翌 10 時まで
管理人	11 時～17 時駐在

利用料金 ●キャンプ体験　芝生エリア 2,500 円、林間エリア 2,000 円
〈バンガロー利用料金〉●ゲル（3 名まで）　1 棟 6,000 円

神楽岡公園少年キャンプ村

公園

かぐらおかこうえんしょうねんきゃんぷむら

現地	旭川市神楽岡公園内
電話	0166-52-1934（（公財）旭川市公園緑地協会） 0166-65-5553（神楽岡公園緑のセンター）
予約	不可

開設期間	7月1日～8月31日
利用時間	フリー
管理人	巡回

利用料金 無料

西神楽公園キャンプ場

公園

にしかぐらこうえんきゃんぷじょう

現地	旭川市西神楽南 1 条 1 丁目
電話	0166-52-1934（（公財）旭川市公園緑地協会） 0166-75-3669（西神楽公園パークセンター）
予約	不可

開設期間	7月1日～8月31日
利用時間	フリー
管理人	不定期巡回

利用料金 無料

旭岳青少年野営場

あさひだけ　せいしょうねんやえいじょう

森林・川辺

現地	東川町旭岳温泉
電話	0166-97-2544（現地管理棟）
予約	なし（不可）

アクセス

東川市街より道道1116号〜1160号を旭岳方面へ約31km

道央
道南
道北
オホーツク
道東

針葉樹林が美しい山岳の雰囲気漂う野営地

北海道で一番高い旭岳は標高2,291メートル。この山へ通じるロープウェイの山麓駅近くにある野営場。ここもすでに標高1,100メートル地点。山岳の雰囲気が漂っている。車でアクセスできるキャンプ場としては、道内で最も標高が高い。夏でも空気が軽くて涼しい。針葉樹林がキリリとした雰囲気を生み出す場内は、草木でセパレートされた大小6ブロックからなる。名称は野営場だが、清潔な炊事場と水洗トイレを完備、徒歩圏内にある温泉ホテルも利用できる。

隣のテントとは距離もたっぷりあるサイト

しっかりとした屋根の炊事場

トイレ棟は場内に1カ所

旭岳登山の前には、ぜひビジターセンターに寄っておこう

道道1160号から見える道内最高峰の旭岳、標高2,291メートル

DATA

開設期間	6月10日〜9月30日（固定）
利用時間	フリー
ゲート	なし
管理人	24時間常駐（受付は8時〜18時）
利用料金	大人500円、中学生以下200円、日帰り100円
レンタル用品	なし
管理棟	受付
キャンピングカー	駐車場のみ可

メモ：旭岳ロープウェイにはぜひ乗ってみよう。旭岳の五合目にあたる標高1,600mまでを約10分で結ぶ。

	1月	2月	3月	4月	5月	6月	7月	8月	9月	10月	11月	12月
開設期間						6月10日〜9月30日						

フリーサイト　車両乗入れ不可
水洗
温泉
広場のみ　トイレ棟のみ

memo

■フィールド遊び

登山、トレッキング、昆虫採集、星空

禁止事項	カラオケ・花火

公園 キトウシの森 （旧キトウシ森林公園家族旅行村）

きとうしのもり

現地 東川町西5号北44番地

電話 0166-82-2632（現地管理センター）

予約 受付／ケビンは予約必要、現地管理センターにて電話やFAX
（0166-82-2228）で随時受け付けている
キャンセル料／利用日の1週間前より半額料金を徴収
オフ期間／㈱東川振興公社（同上）にて、通年受付

アクセス

東川市街の交差点（道の駅手前）を左折。4kmほど
進みつきあたりを左へ。大きなゲートがある

人気のケビンが新設され、温浴施設もリニューアル

上川管内東川町の北側、標高457
メートルのキトウシ山一帯に広がる
自然公園内にあるキャンプ場。区画
割りされたカーサイト、フリーサイ
トとして利用できる芝生広場に林間
エリアがあり、その上側にケビンと
呼ばれる貸別荘タイプのコテージが
森に点在する。さらにその上には温
浴施設「きとろん」がオープンし
エリア全体の魅力を高めている。公園
内にはジャブジャブ池や人気のゴー
カートコースもある。森林浴が楽し
いハイキングコースも充実している。

芝生サイトは日当たりのいい平坦なエリア。好みによっては林間サ
イトも選べる

DATA

開設期間	4月下旬～10月末（ケビンは通年）
利用時間	IN／13時～18時、OUT／翌7時～11時 日帰り利用は、11時～16時
ゲート	22時～6時閉門
管理人	24時間常駐
利用料金	●フリーサイト／小学生以上、1泊1人 300円（日帰り利用は200円）
レンタル用品	テント・タープ（1張1,100円）、寝袋、イス、マット、テーブル、ベッド（要予約）
管理棟（物産センター）	受付、トイレ、売店（酒類、調味料、虫除け、炭、BBQアミなど）
キャンピングカー	中型車まで可

食材調達

●道の駅ひがしかわ「道草館」が東川市街
（約5km）にある。地元の野菜などが手
に入る

受付がある物産センター

夏は子どもたちの天国、ジャブジャブ池

開設期間	1月 2月 3月 4月 5月 6月 7月 8月 9月 10月 11月 12月
	キャンプサイト 4月下旬〜10月末
	ケビン 通年

⊗ 禁止事項　たき火・直火・音の出る花火・ペット・発電機・打ち上げ花火

フリーサイト　オートサイト　コテージ　車椅子対応　温泉
水洗
ベッド　ゴミ　たき火　Wi-Fi　ランドリー

memo
■フィールド遊び
水遊び、遊歩道、パークゴルフ、スキー（12月〜3月）

新設されたケビン。スキー場の斜面中腹に建つ

DATA

タイプ・宿泊料金	●ケビンB（8人用）2棟 1泊1棟 23,100円 ●ケビンC（8人用、2階建てサウナ付き）1棟 1泊1棟 23,700円ほか ●ケビンA（8人用）11棟 1泊1棟 19,800円 ●ケビンD（6人用）4棟 1泊1棟 38,500円
利用時間	IN／15時〜、OUT／翌10時まで

備品・設備など

バス、トイレ、洗面台、タオル、C棟はサウナも	炊飯器、ポット、調理器具、食器、電子レンジ、洗剤
A棟 布団 BCD棟 ベッドと布団、一式完備	照明、暖房、テレビ、冷蔵庫、ドライヤー、洗濯機
バーベキューテーブル付き、タープスペースあり	NG

室内はリフォームされきれいで快適

A棟の洗面コーナー

管理棟内に入るカフェ店

♨ **入浴情報**

2023年8月にオープンした施設。1階にはショップとレストラン、2階は浴場とサウナ室、露天風呂などがある。お湯は人工のトロン温泉。3階は展望台になっている。

きとろん　☎ 0166-82-7010
【営業時間】10時〜22時（最終受付20時30分）【定休日】水
【料金】高校生以上1,000円、小中学生500円、幼児無料

サンピラーパーク森の休暇村オートキャンプ場

さんぴらーぱーくもりのきゅうかむら　おーときゃんぷじょう

公園

現地　名寄市字日進（道立サンピラーパーク内）

電話　01654-3-9555（森の休暇村センターハウス）
指定管理者／岩守産業株式会社

予約　受付／随時、上記電話にて受付（8時〜17時）
キャンセル料／キャンセル料あり、申し込み時に確認を

アクセス
名寄市街から道道939号を看板に沿って進む。約5km

国内最大級の天文台がすぐ近くにあるサイト

　名寄市内から車で10分ほど。小高い丘陵地には大きな公園が2つある。北側には市営の「なよろ健康の森」。南側には道立の「サンピラーパーク」があり、オートキャンプ場とコテージは、こちらの施設の中にある。大きな遊具が置かれる「サンピラー交流館」という大きな建物を横目に、坂を上った先にセンターハウスが見えてくる。木々に囲まれたオートサイトがあり、その反対側にはスタイリッシュなコテージ5棟が立つ。すぐそばには国内最大級の天体望遠鏡を備えた、なよろ市天文台「きたすばる」が建つ。

駐車スペースには枕木を敷いて自然な風合いを残すオートサイト

DATA

開設期間	4月29日〜10月31日（コテージは通年）
利用時間	IN／13時〜、OUT／翌10時まで
管理人	8時〜20時駐在
利用料金	●オートキャンプサイト／20区画　1泊1区画3,300円　●デイキャンプ（10時〜15時）1張1,650円　●1泊＋デイキャンプも可能　●ゴミはすべて持ち帰ること（有料で処理）
レンタル用品	センターハウス利用者に会議用テーブル、音響設備、寝具など用意
管理棟（センターハウス）	受付、トイレ、洗濯・乾燥機、シャワールーム、自販機、会議室
キャンピングカー	6mまで可

食材調達

●名寄のソウルフードといえば「煮込みジンギスカン」。煮込むことで野菜の甘みが汁に溶け込む。もともとは家庭料理だったが、市内の飲食店で提供される。道の駅で購入できる

炊事場と一体のトイレ　　　　会議室もあるセンターハウス

道央　道南　道北　オホーツク　道東

開設期間	1月	2月	3月	4月	5月	6月	7月	8月	9月	10月	11月	12月

キャンプサイト　4月29日〜10月31日
コテージ　通年

⊗ 禁止事項　たき火・ペットの入室・花火・カラオケ・発電機

フリーサイト　オートサイト　コテージ　車椅子対応（水洗）　温泉

ペット　ゴミ　たき火　Wi-Fi　ランドリー

memo

■ フィールド遊び

散策路、水遊び、自転車、昆虫採集

 DATA

タイプ・宿泊料金	●コテージ（6人用）5棟（うち1棟はバリアフリー仕様）　1泊1棟 13,200円　●センターハウス2階の宿泊室　1泊20人まで宿泊可 22,000円　※エアコン、Wi-Fiあり
利用時間	IN／15時〜19時、OUT／翌8時〜10時

備品・設備など

トイレ、バス（シャンプーなし）、洗面所	流し台、電磁コンロ、炊飯器、オーブン、鍋、食器など
掛・敷布団、マット、2段ベッド	照明、電源、冷蔵庫、暖房／洗濯機はセンターハウスに
バーベキュー炉、ベンチ	センターハウス・コテージの入室不可。キャンプサイトへの入場は可

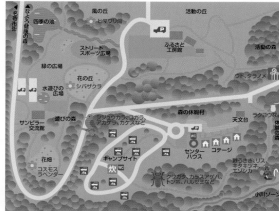
設備が充実、貸別荘タイプのコテージ。1棟はバリアフリータイプだ

リビングの風景

ダイニングのイスは丸太

二階の寝室には2段ベッド

📍 **周辺スポット**

きたすばる
晴天時は、国内最大級「1.6m反射望遠鏡」で観望できる。併設のプラネタリウムでは、星と音楽のコラボレーションを楽しめる。観望会なども月ごとに開催されている

公園入り口にある「サンピラー交流館」には遊べる施設が充実。屋外ではフワフワドームのほか、屋内に大型遊具が置かれる。おもいっきり遊べる

♨ **温泉情報**

キャンプ場から約6km、ピヤシリスキー場に隣接した温泉施設。大浴場には気泡風呂やサウナがある。レストランや休憩室もある

なよろ温泉サンピラー　☎ 01654-2-2131
【営業時間】10時〜22時営業（最終受付21時）
【料金】大人 500円、子ども 250円、幼児無料

191

湖畔

ふうれん望湖台自然公園キャンプ場

ふうれんぼうこだいしぜんこうえん　きゃんぷじょう

現地	名寄市風連町池の上 165
電話	01655-3-2755（現地管理棟） 管理者／名寄市役所産業振興課　☎ 01654-3-2111
予約	受付／キャンプ場予約サイト「なっぷ」にて、随時電話受付 キャンセル料／キャンセル料はないが、早めの連絡を。キャンセル待ちの受付もある

アクセス

国道 40 号から、道道 758 号に入り約 7km

memo
- ■フィールド遊び
  - 散策、昆虫採集

大きなテント＆タープにはちょっと狭いかなというサイト

禁止事項　打上げ花火・発電機・直火

夏季のみ水を貯めるダム湖「忠烈布貯水池（ちゅうれっぷ）」を見下ろす。近年の大型化サイトにあってやや狭い感のあるオートサイトと、その奥に 100 張りは可能な林間のフリーサイトが利用できる。

	1月	2月	3月	4月	5月	6月	7月	8月	9月	10月	11月	12月
開設 期間					4月下旬〜10月下旬							

DATA

〈キャンプデータ〉

開設期間	4 月下旬〜10 月下旬（気候により変更の可能性あり）
利用時間	IN ／ 11 時〜17 時、OUT ／翌 10 時まで
ゲート	なし
管理人	8 時〜17 時駐在
利用料金	●フリーサイト／約 100 張　テント 1 張 550 円 ● 個別カーサイト／20 区画（20A 電源）1 泊 1 区画 2,200 円

レンタル用品	なし
管理棟	受付

〈コテージデータ〉

タイプ・宿泊料金	●コテージ（二階建て 8 人用）1 棟 1 泊 1 棟 14,300 円
利用時間	IN ／ 15 時〜17 時、OUT ／翌 10 時まで
キャンピングカー	乗り入れ可
ペット	OK、コテージ内は不可

湖畔

南丘森林公園キャンプ場

みなみがおかしんりんこうえんきゃんぷじょう

現地	和寒町字南丘
電話	0165-32-4151（現地管理棟） 0165-32-2423（和寒町役場）
予約	なし

アクセス

和寒 IC より道道 99 号をタカス峠方面へ約 7.3km

memo
- ■フィールド遊び
  - 散策・星空・昆虫採集・カヌー・釣り

比較的空きのあるオートサイト

白樺の木々が美しく、シーズンになると幻想的で美しい南丘貯水池のあるキャンプ場。オートサイトとフリーサイトがあり、フリーサイトでも車を横付けできる部分もある。貯水池は秋以降は水位が下がる。

	1月	2月	3月	4月	5月	6月	7月	8月	9月	10月	11月	12月
開設 期間					5月上旬〜9月末							

DATA

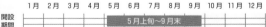

開設期間	5 月上旬〜9 月末
利用時間	フリー（17 時以降からのキャンプ場利用は翌朝申請）
ゲート	なし
管理人	8 時〜17 時
利用料金	オートサイト　2,000 円 ●フリーサイト　1,000 円
レンタル用品	なし
管理棟	受付、室内トイレ
キャンピングカー	可

禁止事項　直火、花火、遊泳、発電機（22 時以降）

けんぶち絵本の里家族旅行村

湖畔

けんぶちえほんのさと　かぞくりょこうむら

現地	剣淵町東町 5173
電話	0165-34-3535（現地管理棟 7月上旬〜8月31日）
	0165-34-3100（剣淵温泉レークサイド桜岡）
予約	カーサイト、団体のフリーのみ

アクセス
国道 40 号沿いの道の駅「絵本の里けんぶち」から道道 205 号で約 5km

桜岡湖を一望する段々畑状のキャンプ場

　一番上にあるサイト、カーサイトFからは特に眺めがいい。ダム湖である桜岡湖の眺めが爽快である。斜面を利用して作られたカーサイトは、AからFまで6タイプ。設備の有無や大きさによって細かく料金が設定されている。フリーサイトは管理棟近くにこちらもAからDまで4つのエリアに分かれるものの、料金は一律同じになっている。周囲は桜岡公園として整備され、散策路などもある。湖ではカヌーや釣りもできる。近くにはアルパカがいる牧場もある。立ち寄っていこう。

段々畑状のサイトの一部。テントは平らな部分に張れる

管理棟横にある炊事棟

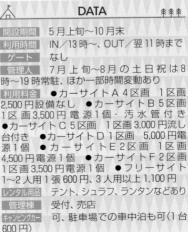
オートサイトの専用流し台

「剣淵温泉レークサイド桜岡」では温泉入浴ができ、西大浴場と東大浴場がある。日帰り入浴料は大人 600 円、小人 300 円、10 時〜21 時（最終受付 20 時）

開設期間	1月	2月	3月	4月	5月	6月	7月	8月	9月	10月	11月	12月
					5月上旬〜10月末							

フィールド遊び
釣り、カヌー、昆虫採集

禁止事項　カラオケ・打上げ花火・発電機

DATA

開設期間	5月上旬〜10月末
利用時間	IN／13 時〜、OUT／翌 11 時まで
ゲート	なし
管理人	7月上旬〜8月の土日祝は8時〜19時常駐、ほか一部時間変動あり
利用料金	●カーサイトA 4区画 1区画 2,500円 設備なし ●カーサイトB 5区画 1区画 3,500円 電源1個・汚水管付き ●カーサイトC 5区画 1区画 3,000円 流し台付き ●カーサイトD 1区画 5,000円 電源1個 ●カーサイトE 2区画 1区画 4,500円 電源1個 ●カーサイトF 2区画 1区画 3,500円 電源1個 ●フリーサイト 1〜2人用 1張 600円、3人用以上 1,100円
レンタル用品	テント、シュラフ、ランタンなどあり
管理棟	受付、売店
キャンピングカー	可、駐車場での車中泊も可（1台 600円）

朱鞠内湖畔キャンプ場

しゅまりないこはん　きゃんぷじょう

湖畔

道央

道南

道北

オホーツク

道東

現地	幌加内町朱鞠内湖畔
電話	0165-38-2101（現地管理棟）
予約	受付／ログキャビンのみ要予約。現地管理棟で電話受付（9時～17時） キャンセル料／3日前から徴収

アクセス

国道275号を走り幌加内町朱鞠内から朱鞠内湖畔
に向かう道道528号へ

北欧の風景を彷彿させる神秘的な森と湖

　まるで北欧にいるかのような森と湖。朱鞠内湖は人造湖でありながら長い年月が経過していることもあり、針葉樹林が周囲を覆う神秘的な雰囲気を醸し出している。この湖に面して3つのサイトが利用できる。第1サイトは明るく開けたエリア。第2と第3は車の乗り入れができる林間サイトになっている。気に入った場所を選ぶには、少々経験と慣れが必要かもしれない。車の停める位置と設営スペースとを見極めて、静謐な空気に満ちあふれた極上の野営を楽しみたい。少し離れた場所に、通年で利用できるログキャビンがある。

第2サイトはところどころにフラットな適地があり、好みで場所を選ぶことができる

DATA

開設期間	5月上旬～10月下旬（ログキャビンは通年、年末年始は休み）
利用時間	キャンプサイトはフリー
ゲート	あり（第2、第3サイトは17時まで）
管理人	8時～17時駐在
利用料金	●敷地管理料　1人1泊大人1,000円、小人500円（日帰りも同料金）
レンタル用品	ランタン
管理棟	管理棟（受付）、サニタリー棟（コインランドリー、コインシャワー100円）、炊事場、自動販売機、トイレ、遊覧船・貸しボート乗り場など
キャンピングカー	可

第1サイトは開放的

フラットで明るいサイトも

食材調達

●近くに「レークハウスしゅまりない」のレストラン（土日祝のみ営業、11時～15時、不定休）があり、そばやカレーなどが食べられる

	1月	2月	3月	4月	5月	6月	7月	8月	9月	10月	11月	12月

開設期間
キャンプサイト 5月上旬～10月下旬
ログキャビン 通年

⊗ 禁止事項 | 直火・打上げ花火・ペットの入室・発電機

 フリーサイト
 オートサイト
 コテージ
 車椅子対応
 水洗
 WC

 ペット
ゴミ
たき火
Wi-Fi
ランドリー

memo
■ フィールド遊び
散策、カヌー、釣り（遊漁料あり）、昆虫採集

ログキャビンは管理棟からもテントサイトからも離れた場所に3棟が建つ

🏕 DATA ⚓⚓⚓

タイプ・宿泊料金	●ログキャビン(6人用)3棟 1泊1棟 8,500円～9,500円 (寝具レンタルあり)
利用時間	IN／15時～17時、OUT／翌8時～10時

備品・設備など

🛏	トイレ	🍳	流し台、IHコンロ、鍋など
🛏	マット(寝具のレンタルあり)、フローリング床	🧊	照明、冷蔵庫、電気ストーブ
🔥	なし	🔥	キャビンの入室不可、キャンプサイトへの同伴は可

室内はL字型で、上部にロフトがある

キッチンに冷蔵庫がある

湖畔から見える朱鞠内湖の景色

📍 周辺スポット

政和アートFes
2007年に閉校となった旧政和小学校を会場に、7月下旬から8月下旬までロングラン開催のアートイベント

湖畔には「朱鞠内観光汽船」があり、湖を35分かけてゆっくりと周遊。美しい朱鞠内湖を湖上から見ることができる。大人1,000円、小学生500円。貸しボートもあり30分600円

♨ 温泉情報

キャンプ場から車で30分ほど行くと国道275号沿いにある温泉。道の駅「森と湖の里ほろかない」のメイン施設。レストランではこだわりの幌加内そばが味わえる

せいわ温泉ルオント ☎ 0165-37-2070

【営業時間】10時～21時（最終受付は20時30分）
【定休日】水曜日 【料金】大人500円、小学生250円、幼児無料

道央

道南

道北

オホーツク

道東

195

中川町オートキャンプ場ナポートパーク

森林・川辺

なかがわちょう　おーときゃんぷじょう　なぽーとぱーく

現地	中川町中川
電話	01656-7-2680（現地管理棟）
	問い合わせ／中川町役場産業振興課　☎ 01656-7-2816
予約	受付／4月1日から現地管理棟で受付
	キャンセル料／キャンセル料はかからないが、早めの連絡を

アクセス

国道40号を音威子府から幌延方面へ進み、道の駅「なかがわ」を過ぎてすぐの交差点を右折、橋を渡って右折

温泉隣接のコンパクトなオートサイト

天塩川のほど近く、温泉施設に隣接したキャンプ場。全体的にコンパクトながら総合サイトになっている。テントサイトは区画分けされたオートサイトがメインで、キャンピングカーサイトが3つある。フリーサイトはあるものの、自転車とバイク利用者のみとなっている。バンガロー的なキャビンは3棟ある。もともとオートサイトだったスペースに置かれているため、テントが建物に置き換わった感じで利用ができる。場内から天塩川に接続するカヌーポートがあって、道北の大河に漕ぎ出せる。

スタンダードタイプはスペースゆったり

DATA

開設期間	6月1日～10月31日
利用時間	IN／13時～18時、OUT／翌8時～11時
ゲート	なし
管理人	8時～18時駐在
利用料金	●スタンダードカーサイト／19区画（電源30A付）1泊1区画2,000円　●キャンピングカーサイト／3区画（電源60A、給排水付）1泊1区画3,000円　●フリーサイト（自転車、バイク利用者のみ）1泊1,000円　※各サイトの駐車台数は1台。サイトの場所により大型車の利用ができない所もあるため、予約時に確認を
レンタル用品	テント、タープ、シュラフ、テーブル、イス、自転車、釣竿、長靴など
管理棟	受付、トイレ、シャワー室、ランドリー／バーベキューハウス（2時間1,000円）
キャンピングカー	駐車帯が7mと20mのサイトあり

食材調達

●中川町の市街地まで車で5分ほど。JR天塩中川駅前に「Qマート」がある。「セイコーマート」も市街地にある

●国道40号に面した道の駅では中川のおみやげが購入できるほか、季節によっては野菜類が並ぶ

場内に1カ所の炊事棟

売店コーナーもあるセンターハウス

道央　道南　道北　オホーツク　道東

開設期間	1月 2月 3月 4月 5月 6月 7月 8月 9月 10月 11月 12月
	6月1日～10月31日

⊗ 禁止事項　直火・カラオケ・発電機

 フリーサイト
 オートサイト
 コテージ
 車椅子対応水洗WC
 温泉

 ペット　ゴミ　たき火
 Wi-Fi
ランドリー

memo
■ フィールド遊び
　散策、釣り、自転車、カヌー

 DATA

タイプ・宿泊料金	●キャビン（4人用）3棟　1泊1棟 4,000円
利用時間	IN／13時～18時、OUT／翌8時～11時

備品・設備など

	センターハウスにシャワー		炊事棟
	カーペット敷き		照明のみ
	タープスペースあり		室内以外はOK マナーを守って

キャビンは三角屋根の小屋風のものが3棟建っている。照明と電源があり

内部はカーペット敷き

場内のバーベキューハウス

多目的広場はのびのびと使える

📍 周辺スポット

中川町は「化石のまち」として知られ、エコミュージアムセンター「エコールなかがわ」という施設がある。クビナガリュウの復元骨格や大小のアンモナイトの化石が展示されている

音威子府方面にはエコミュージアムおさしまセンター「BIK-KY アトリエ3モア」という施設がある。ここは彫刻家・砂澤ビッキの作品200点以上が展示されている。高校生以上 300円

♨ 温泉情報

キャンプ場隣接の温泉施設。レストランや売店、無料の休憩所などがある。レストランでは中川産発芽そばシリーズが味わえる

ポンピラアクアリズイング ☎ 01656-7-2400

【営業時間】11時～21時（最終受付20時）
【定休日】無休　【料金】大人400円、子ども200円

森林公園びふかアイランド

しんりんこうえん　びふかあいらんど

現地　美深町紋穂内

電話　01656-2-3688（現地管理棟）

予約　受付／コテージは利用日の3カ月前から、びふか温泉（下記電話）で
オートサイトは現地管理棟で随時受付
キャンセル料／オートサイトのみキャンセル料あり（料率は段階的なの
で詳しくは電話で）キャンセル待ちは受付ていない
オフ期間／びふか温泉　☎ 01656-2-2900

アクセス

美深市街から約8km 稚内方向の国道40号沿いに
ある道の駅「びふか」裏の道に入り、少し進むと左
手に「びふか温泉」、その向かい側

長期滞在のシニアキャンパーの人気拠点

今も昔もここのキャンプ場には長期滞在者が多く、シニアキャンパーが落ち着いて利用できる。温泉施設が目の前にあって、橋を渡れば道の駅があるから、利便性にも優れている。場内にはほどよい感じに樹木が残り木陰をつくる。アスファルトの通路が敷かれ、車は芝生地に乗り入れ自由なフリーサイトになっている。各々が適度な間隔を保ち、それぞれ自由な時間を過ごしている。奥側にあるオートサイトはファミリー層の利用が多いようだ。

管理棟近のフリーサイト。オートサイトは奥の方へ

DATA

開設期間	5月中旬～10月下旬（コテージは通年）
利用時間	フリーサイト　IN／8時30分～17時、OUT／翌15時まで　オートサイト　IN／13時～17時、OUT／翌12時まで
ゲート	なし
管理人	8時30分～17時（夏休み8時～20時）
利用料金	●フリーサイト／200張　大人700円、4歳～小学生350円　●オートサイト／15区画（電源、上水道付き）1泊1区画3,500円
レンタル用品	毛布、マット、テント、パークゴルフ用具、ターフボードなど
管理棟	受付（木炭、網、虫除けなど販売）、自販機、電話、ランドリー（24時間利用可）
キャンピングカー	10mまで可

食材調達

● 道の駅「びふか」がサイトのすぐ近く。売店には季節の野菜や加工食品などもある。地元特産のジャガイモを使った「くりじゃがコロッケ」が人気。レストランもある

思い思いのスタイルで長期滞在

フリーサイトの炊事棟は2棟ある

	1月	2月	3月	4月	5月	6月	7月	8月	9月	10月	11月	12月
開設期間					キャンプサイト 5月中旬～10月下旬							
					コテージ 通年							

⊗ 禁止事項　直火・打上げ花火・発電機

 フリーサイト オートサイト コテージ 車椅子対応 水洗 温泉

 ペット ゴミ たき火 Wi-Fi ランドリー

memo
■ フィールド遊び
カヌー、ボート、釣り、パークゴルフ、昆虫採集

DATA

タイプ・宿泊料金	●コテージ(6人用)4棟　本格的なログハウス　1泊1棟20,900円～23,000円(時期によって変わる)
利用時間	IN／15時～21時、OUT／翌10時まで

備品・設備など

バス、トイレ、シャワー、洗面台	電気コンロ、炊飯器、電子レンジ、鍋、フライパン、食器など
ベッド・畳／布団など寝具一式	照明、電源、テレビ、冷蔵庫、電話(洗濯機は管理棟に)
庭にタープスペースあり、近くにバーベキューハウス	室内同伴禁止、放し飼い不可

カナディアンログハウスのコテージが4棟ある。設備も充実、貸別荘タイプ

一階の部屋の様子

キッチン周りも充実だ

二階にはベッドルーム

📍 周辺スポット

サイト内には「チョウザメ館」があり無料で観覧することができる。昭和初期まで近くを流れる天塩川にはチョウザメが遡上していた歴史があるほどだ

キャンプ場の近くを流れる天塩川は本流の長さ256km、北海道第2位の長さの川。天塩川の河口から158kmの区間は川を横切る障害物がないため、カヌーイストのあこがれの川でもある。カヌーのツーリング大会が開催されるほか、半日の体験ツアーもある

♨ 温泉情報

キャンプ場から歩いて行ける温泉施設。大浴場のほか、サウナや休憩室、売店やレストランがある。レストランではキャビアが付いたチョウザメ料理を食べよう

びふか温泉　☎ 01656-2-2900
【営業時間】11時～21時営業　【定休日】月曜、祝日の時は翌日
【料金】大人450円、4歳～小学生220円、幼児無料

地図

▲音威子府
道の駅びふか
釣り場
フナ、コイ南魚が釣れる
多目的広場
三日月湖
びふか温泉
国道40号
パークゴルフ場(白樺コース)
WC
アオサギ、カモ類、シギ類が見られる
ふるさと館
P
桜づつみタワー
P
噴水
管理棟
炊
炊
テニスコート
タープゲレンデ
パークゴルフ場(桜コース)
園内でアカゲラなどの姿も見られる
コテージ(4棟)
ゴミ
WC
チョウザメ館
バーベキューハウス
WC
炊
ボート・カヌー乗り場
カヌー教室もやっている
▼名寄
オートキャンプ場(区画)

道央
道南
道北
オホーツク
道東

199

焚き火キャンプ場　士別ペコラ
たきびきゃんぷじょう　しべつぺこら

現地	士別市東4条21丁目473-103 ペコラキッチン内
電話	080-5152-3619
予約	予約制、キャンプ場予約サイト「なっぷ」にて

アクセス
道央自動車道士別剣淵ICから国道40号を北へ、1本東側の通りを看板に沿って進む、約3km

羊を見ながら牧歌的なロケーションのサイト

なだらかな丘にサフォーク種の羊が放牧されている。まるで海外のような風景を見ながらのキャンプが楽しめる。「かわにしの丘 しずお農場」が運営するレストランの隣接地。丘の上の平坦な場所に整備されたオートサイトとフリーサイトがあり、森の中につくられた雰囲気が異なるプライベートサイトがある。このプライベートサイトは秀逸だ。直火の炉があり、他人の視線を感じることなく野営が楽しめる。予約が必要だが、サフォークのラムセットなどキャンプ飯のデリバリーも実施している。場内のカフェではクラフトビールも販売されている。

「丘の上エリア」の全景

羊がすぐ近くで見られることも

カフェでは生ビールが販売される

受付棟＆売店の「ペコラキッチン」では士別産サフォークラムのランチセットもある。「サフォークのせハンバーグ」などのメニューもあり、絶対チェックだ

開設期間	1月	2月	3月	4月	5月	6月	7月	8月	9月	10月	11月	12月

4月末～11月末、12月中旬～3月末

memo
■フィールド遊び
昆虫採集、星空

DATA

開設期間	4月末～11月末、12月中旬～3月末（冬期は金土日営業）
利用時間	IN／14時～17時、OUT／翌11時まで
ゲート	なし
管理人	8時～18時駐在
利用料金	●利用料大人800円、小学生400円、乳幼児無料 ●フリーサイト1区画1泊1,500円 ●オートサイト1区画1泊3,500円 ●プライベートサイト1区画1泊5,000円 ●キャンピングカーサイト1区画1泊5,000円 ●他サイトあり
レンタル用品	テント＆タープ、イスなど多数あり
管理棟	レストラン、売店
キャンピングカー	可、トレーラーの場合のみ事前連絡を

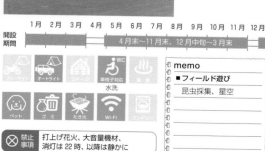

禁止事項 打上げ花火、大音量機材、消灯は22時、以降は静かに

岩尾内湖白樺キャンプ場

いわおないこ　しらかばきゃんぷじょう

現地	士別市朝日町岩尾内
電話	0165-28-2880（現地管理棟）
	0165-28-2121（期間外は士別市朝日支所）
予約	バンガローのみ

アクセス
士別市街から道道 61 号で約 30km。愛別方面からは約 25km

シラカバ林の中、オート感覚で利用できるサイト

岩尾内湖は道北の長流・天塩川をせき止めたダム湖。この湖に岬のようにせり出した部分にキャンプ場がある。広い駐車場に立派なセンターハウスが建っていて受付・管理棟になっている。その先は名前にもあるようにシラカバが清々しい林間地が広がる。場内へは車の乗り入れが自由で、オートキャンプ状態で利用が可能。管理棟近くにバンガローが 3 棟立っている。湖では、釣り・カヌー・プレジャーボートなどを楽しむことができる。士別市街や愛別市街まで、ともに 30 キロ以上離れているので忘れ物には要注意だ。2024 年シーズンから有料になった。

シンプルなバンガロー外観

内部は板張り、電気なし

サイト横にある広場

管理棟には水洗トイレとランドリーコーナーがある。温浴施設としては、キャンプ場から約 15km の朝日市街地に士別市朝日地域交流施設「和が舎」がある。大人 490 円、小学生 240 円、幼児無料

開設期間	1月 2月 3月 4月 5月 6月 7月 8月 9月 10月 11月 12月
	4月27日〜10月15日

DATA

開設期間	4 月 27 日〜10 月 15 日
利用時間	フリー
ゲート	なし
管理人	9 時〜16 時駐在（7 月・8 月は 17 時まで）
利用料金	1 泊 1 人 500 円、バンガロー（5 人用）1 棟 3,000 円
レンタル用品	なし
管理棟	受付、トイレ、ランドリー、コインシャワー、自販機
キャンピングカー	可

フリーサイト

オートキャンプ

コテージ

車椅子対応
水洗
WC

温泉

ペット

ゴミ

たき火

Wi-Fi

ランドリー
管理棟
バンガロー不可

⊗ 禁止事項　直火・騒音

memo
■フィールド遊び
　釣り、カヌー、バードウォッチング

つくも水郷公園キャンプ場

つくもすいごうこうえんきゃんぷじょう

公園

現地	士別市東7条北9丁目
電話	080-8625-0963（つくも水郷公園管理棟）
	0165-26-7796（期間外：士別市役所）
予約	不可

アクセス
士別市中心部から士別翔雲高校方面へ約4キロ。天塩川沿い

地元の人たちが口をそろえて「人に教えたくない」という、人気の無料キャンプ場。公園内にはすべり台、ブランコ、ターザンロープ、水遊び場、複合遊具など数々のアスレチックあり。近くにはゴーカートやボートなど（有料）子どもが楽しめるアイテムがたくさんある。

開設期間	1月	2月	3月	4月	5月	6月	7月	8月	9月	10月	11月	12月
					4月下旬～10月末							

無料キャンプ場でここまで管理されている綺麗な芝生地はうれしい

memo
■フィールド遊び
散策・星空・昆虫
採集・キッズバイク

DATA

開設期間	4月下旬～10月末
利用時間	フリー
ゲート	なし
管理人	9時～16時
利用料金	無料
レンタル用品	なし
管理棟	あり
キャンピングカー	可

⊗ 禁止事項　直火

グリーンパークぴっぷ

ぐりーんぱーくぴっぷ

公園

現地	比布町北7線16号
電話	0166-85-2383
予約	電話予約

アクセス
比布北インターから約2km。看板を目印に進むこと約3分で現地。

入浴施設の「遊湯ぴっぷ」が併設され日帰り入浴可（キャンプ利用者割引有り）。場内にはパークゴルフ場や多目的広場、遊具など設備が充実。平らな芝のフリーサイトとオートサイトの2種類。

開設期間	1月	2月	3月	4月	5月	6月	7月	8月	9月	10月	11月	12月
				4月～11月								

綺麗に区画分けされたカーサイト

memo
■フィールド遊び
散策・星空・昆虫採集・
テニス・バスケット
ボール・遊具

DATA

開設期間	4月～11月	
利用時間	IN／14時、OUT／11時、日帰り／8時から17時	
ゲート	なし	管理人　8時～17時
利用料金	●カーサイト(1区画)／宿泊 1,500 円・日帰り 1,000 円 ●フリーサイト(1張)／宿泊 500 円・日帰り 300 円	
レンタル用品	遊具(サッカーボール、テニスボール／ラケット、運動靴、バスケットボール)	
管理棟	受付	キャンピングカー　事前連絡必要

⊗ 禁止事項　直火、打ち上げ花火(手持ち花火は指定の場所で可)、発電機

幌延町ふるさとの森森林公園キャンプ場

ほろのべちょうふるさとのもりしんりんこうえんきゃんぷじょう

現地	幌延町字幌延 102-1
電話	01632-5-1116 （幌延町役場産業建設課）
予約	バンガローのみ平日の 8 時半〜17 時 15 分

アクセス
幌延町役場から幌延中学校方面へ約 800 メートル

市街地に隣接するコンパクトな無料サイト

宗谷管内幌延町の市街地の一角にある。すぐ近くに民家もあって安心感のあるキャンプサイト。場内はほとんど公園のような感覚だ。人感センサー付きのトイレ、東屋と炊事場に加えて、バンガロー 3 棟が立っている。サイト内はアスファルトの道が敷かれ、平坦な芝生地になっている。通路には自転車・バイク置き場が用意されている。料金無料でこのように整備された公園型サイトが利用できるとは、うれしい。キャンプ場の裏の坂を上れば展望台が設置されており、幌延のまちを一望できる。

6 人用のバンガロー 3 棟が並ぶ

公園中央に東屋がある

人感センサー付きのトイレ

公園の案内板。温泉はないが、歩いて約 10 分の場所に、町営施設の「幌延町老人福祉センター」で入浴ができる。浴場にはサウナもあり

開設期間	1月 2月 3月 4月 5月 6月 7月 8月 9月 10月 11月 12月
	5月1日〜10月31日

水洗

テントサイトではリード着用が条件、バンガロー内は不可

⊗ 禁止事項	カラオケ・発電機・バンガロー内の炭火・及びペット入室

memo
■フィールド遊び
　遊具

ピンネシリオートキャンプ場

森林・川辺

びんねしり　おーときゃんぷじょう

現地	中頓別町字敏音知
電話	01634-7-8510（道の駅・現地管理棟）
予約	受付／コテージ、カーサイトのみ利用日の半年前より、道の駅「ピンネシリ」で電話受付、公式HPでの受付も可能 キャンセル料／予約時に確認 道の駅「ピンネシリ」で通年対応（年末年始を除く）

▶ **アクセス**

国道275号で中頓別へ。市街地より音威子府方向に約15km。道の駅「ピンネシリ」が管理棟

道の駅に隣接、かつて鉄道駅があった場所を利用

かつてこの地には鉄道が走っていた。その名を天北線といい、音威子府から分岐し浜頓別を通って稚内へとつなぐ路線であった。天北線敏音知駅があった跡地を利用している。受付は道の駅「ピンネシリ」だ。広い場内を1周できる砂利道があり、電源と個別水道が使えるカーサイトと、共同炊事場を使う一般カーサイト、フリーサイトがある。コテージは少し離れた場所に別荘タイプがあるほか、ボックス型のものがあり、こちらは通年で利用可能になっている。

一般カーサイトは車を横付けできるサイトながら、水場は共同の施設を使うタイプ

DATA

開設期間	5月〜10月ごろ（コテージとキャンピングボックスは通年）
利用時間	IN／13時〜17時、OUT／翌11時まで
ゲート	なし
管理人	24時間対応
利用料金	●入場料　大人300円、小学生100円　●フリーサイト／24張　持ち込みテント1張350円（車使用者以外は入場料のみ）　●一般カーサイト／10区画（共同炊事場、炉）1泊1区画2,000円　●カーサイト／3区画（電源、水道付）1泊1区画2,500円
レンタル用品	寝袋、テント、焼肉コンロ
管理棟	受付、休憩、自販機、洗濯機、売店（おみやげ品）
キャンピングカー	8mまで可

食材調達

●中頓別市街（キャンプ場から約15km）に、スーパーやコンビニがあり食料品を調達できる

個別水道付きのカーサイトもある

サイト中央にあるトイレ棟

開設期間	1月	2月	3月	4月	5月	6月	7月	8月	9月	10月	11月	12月
キャンプサイト 5月～10月ごろ												
コテージ 通年												

禁止事項 打上げ花火・カラオケ・発電機・直火

 フリーサイト
 オートサイト
 コテージ
 車椅子対応
水洗
 温泉
 ペット 一部可
 ゴミ
 たき火
Wi-Fi
ランドリー

memo
■フィールド遊び

登山、昆虫採集

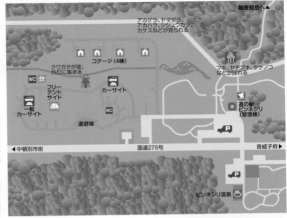
アカゲラ、ヤマゲラ、アカハラ、シジュウカラ、カケスなどが見られる
コテージ（4棟）
クワガタが夜、外灯に集まる
WC 炊
フリーテント
カーサイト
一般カーサイト
避難場
WC
フキ、ヤチブキ、タケノコなどが採れる
道の駅ピンネシリ（管理棟）
敏音知岳へ→
←中頓別市街 国道275号 音威子府▶
ピンネシリ温泉

DATA

タイプ・宿泊料金	●コテージ（4人用）2棟、（6人用）2棟　1泊1棟4用 16,000円、6人用 24,000円（定員を超えた場合、1人3,000円増）、冬期は暖房料1,500円追加　●キャンピングボックス（4人用）2棟 16,000円
利用時間	IN／15時～17時、OUT／翌10時まで

備品・設備など

バス、トイレ、シャワー、洗面台	電気コンロ、レンジ、炊飯器、食器、調理器具など
ベッド、寝具一式	照明、電源、テレビ、冷蔵庫、洗濯機、暖房、乾燥機
裏庭に野外炉、テーブルベンチ、タープスペースあり	1棟のみ条件付で可

コテージは4人用と6人用がそれぞれ2棟ずつある。テラスには屋外炉がありテーブルもある

コテージにはダイニングコーナーやソファもある

たたみ部屋もあって快適なコテージ

キャンピングボックスも通年利用できる

周辺スポット

そうや自然学校
サイトのすぐ近くに拠点があり、四季を通じて各種アクティビティを提供している。夏は砂金堀りツアー、中頓別鍾乳洞トレッキングなどがある

道の駅のすぐ裏にはピンネシリ岳の登山道入口がある。標高は703m、山頂までは往復で4時間ほど。頂上からはオホーツク海と日本海の2つの海が見渡せる

温泉情報

管理棟がある道の駅から道路をはさんで反対側には「ピンネシリ温泉」があり、日帰り入浴可能。大浴場にサウナが利用できる。宿泊は素泊まりのみ

ピンネシリ温泉ホテル望岳荘 ☎01634-7-8111
【営業時間】10時30分～21時（最終入場20時半）
【定休日】第2・4月曜休み　【料金】大人400円、小学生170円

クッチャロ湖畔キャンプ場 はまとんべつ温泉コテージ

くっちゃろこはんきゃんぷじょう　はまとんべつおんせんこてーじ

クッチャロ湖
はまとんべつ温泉
ウイング
道の駅
クッチャロ湖畔
キャンプ場
はまとんべつ温泉コテージ

現地	浜頓別町クッチャロ湖畔 40 番地
電話	01634-2-4005（キャンプ場管理棟） 01634-2-4141（はまとんべつ温泉コテージ）
予約	受付／コテージのみ予約可、利用日の 6 カ月前より ☎ 01634-2-4141 （はまとんべつ温泉）で受付。 公式 HP からの予約可能 キャンセル料／予約時に確認

アクセス
浜頓別市街に入って国道 275 号との合流地点を右折。クッチャロ湖畔方面に約 1.5km で現地

夕日の名所に多彩なキャンパーが集う自由なサイト

場内入り口近くの駐車場には、本州ナンバーのキャンピングカーや車中泊組が集う。平坦な芝生地には、ファミリーやソログルキャンパー（グループで出掛け、寝床だけ別にする）らの姿。そして奥の方に進めば、ソロキャンパーたちが、それぞれの野営を楽しんでいる。夕刻、太陽が湖越しに沈むころ、空があかね色に染まっていくのを皆が静かに見守っている。目の前のクッチャロ湖は周囲約 27 キロの海跡湖。国内最北のラムサール条約指定地である。水鳥たちの貴重な中継地で、人々の羽も休めていきたい。

駐車場やトイレがある入口近くが人気。奥の方は静かだ

DATA

開設期間	4 月下旬〜10 月下旬
利用時間	IN／9 時〜、OUT／フリー
ゲート	なし
管理人	9 時〜17 時駐在
利用料金	●持ち込みテント　大人 400 円、小学生 200 円、（車中泊も同料金）
レンタル用品	毛布（350 円）、鉄板、網
管理棟	受付、売店（特産品、菓子類、アイスクリーム、酒類、炭、土産物など）
キャンピングカー	駐車場のみ可

食材調達

●車で 5 分ほどで浜頓別市街。「A コープ」や「スーパーなかむら」、「セイコーマート」などがある
●管理棟は売店を兼ねており、地元特産品や菓子類、ビール、土産物なども販売している

こんなロケーションで湖を眺められる

道の駅にあるようなトイレ

開設期間	1月	2月	3月	4月	5月	6月	7月	8月	9月	10月	11月	12月
キャンプサイト				4月下旬～10月下旬								
コテージ				通年								

⊗ 禁止事項　打上げ花火・発電機

フリーサイト

オートサイト

コテージ

車椅子対応
水洗

温泉

ペット
一部可
ゴミ
たき火
Wi-Fi
ランドリー

---

memo
■ フィールド遊び
散策、ボート、サイクリング、昆虫採集

DATA

タイプ・宿泊料金　●コテージ(8人用)1棟、(4人用)3棟　1泊1棟8人用30,800円～39,600円、4人用20,900円～25,300円、ほかに●入湯税1人150円、定員以上の場合1人増2,200円(浜頓別町民には割引あり)

利用時間　IN／15時～、OUT／翌10時まで

備品・設備など

🚽	トイレ、シャワー、バス	🍳	IHクッキングヒーター、炊飯器、電子レンジ、ポット、調理器具、食器など
🛏	ベッド、布団、枕	💡	照明、テレビ、冷蔵庫、洗濯機、空気清浄機
🍖	裏庭にバーベキュースペースあり	🐾	同伴可能な専用棟あり

[地図内ラベル] 水鳥観察館　文芸の森散策路　ボート乗り場　クッチャロ湖　管理棟(売店)　WC　炊　約5000羽の白鳥が飛来する　コテージ4棟　はまとんべつ温泉ウイング(宿泊)　WC　炊　外灯にクワガタが集まる　パークゴルフ場　炊　至浜頓別市街

大きな三角屋根のコテージ外観

清潔な居間、和室がつながる

二階にはベッドルームになっている

温泉入浴ができるお風呂

📍 周辺スポット

水鳥観察館では鳥たちのはく製が展示されているほか、野外カメラや望遠鏡を利用して野鳥観察ができる。館内の写真パネルでは湖の四季が紹介されている

道の駅「北オホーツクはまとんべつ」は2019年5月にオープンした。国道275号沿い浜頓別の中心部にあり、ラウンジや大型ネット遊具があるあそびの広場などがある。館内では焼きたてのパン店が人気

♨ 温泉情報

クッチャロ湖を見下ろす高い部分にあり、浴場から夕日を眺められる。泉質はツルツルする美人の湯。レストランも充実。

はまとんべつ温泉　ウイング　☎01634-2-4141

【営業時間】11時～21時 (最終受付20時30分)　【定休日】無休　【料金】大人600円、小学生250円 (14時までは大人450円、小学生180円で利用できる)

北海道立宗谷ふれあい公園オートキャンプ場

ほっかいどうりつそうやふれあいこうえん　おーときゃんぷじょう

公園

現地	稚内市声問5丁目40-1
電話	0162-27-2177（ビジターセンター）
予約	受付／WEB予約可　利用月の3カ月前の1日から、ビジターセンターにて電話受付 キャンセル料／キャンセル料はかからないが、早めの連絡を オフ期間／道立宗谷ふれあい公園管理事務所（ビジターセンター）で通年対応

▶**アクセス**
国道238号を稚内市声問に入り、声問岬近くの交差点から約800m

国内最北を目指すライダーなど旅行者の滞在拠点

稚内市街地から東に約10キロ。宗谷岬までは約24キロの地点に整備された大きな道立公園。67ヘクタールという広大な敷地の中には、オートキャンプ場、パークゴルフ場、多目的広場があり、何かと便利なビジターセンターが立っている。キャンプサイトは樹木があまりない平坦な芝生地。サイト内の道路はUターンが不要なクルドサック式になっている。一角にはモダンな貸別荘のようなロッジが立っている。場内には大小さまざまなキャンピングカーが滞在する。道外ナンバーのライダーの利用も多い。

広々としたプライベートサイト。道路はゆるやかにカーブをさせた造りに

DATA

開設期間	4月27日〜9月30日
利用時間	IN／13時〜19時、OUT／翌6時〜11時
ゲート	22時〜翌6時閉門
管理人	24時間常駐（22時〜8時は警備員）
利用料金	●入場料　中学生以上500円、小学生300円　●フリーテントサイト／24区画　車500円〜、バイク、自転車、徒歩者はサイト使用料無料（入場料1人500円のみ）　●プライベートサイト（電源、水道）／24区画　800円〜、一部ペット可　●キャンピングカーサイト（電源、水道）／4区画　1,500円〜、ペット可　※時期によって料金が異なる。詳細は問い合わせを
レンタル用品	パークゴルフ用具、寝袋、テント、コンロ、テーブル、チェアなど（キャンプ用品は要予約）
ビジターセンター	屋内遊戯場、受付、自販機、BBQコーナー
キャンパーズハウス	シャワー、ランドリーなど
キャンピングカー	駐車帯が11mと55m以上のサイトあり

食材調達

●稚内方向に車で20分、稚内副港市場では地元の鮮度抜群の海の幸や野菜、お惣菜が買える

●セイコーマートは、稚内方向に車で5分

ビジターセンターは雨天時は快適

立派な屋内BBQ施設もある

開設期間	4月27日〜9月30日

禁止事項 ⊗ 直火・打上げ花火・カラオケ・発電機・植物採取

 フリーサイト
 オートサイト
 コテージ
 車椅子対応 水洗
 温泉

ペット 一部可　ゴミ　たき火 耐火シート必須　Wi-Fi　ランドリー

大沼

トビ、カッコウ、オオジュリン、アカゲラ、ハクセキレイなどが見られる

展望台 風の劇場
谷間の冒険広場
スキー場
サービスステーション
ビジターセンター 受付
交流広場
屋外ステージ
修景池
ロッジ（11棟）
プライベートサイト（24サイト）
キャンパーズハウス
多目的広場
炊
炊
パークゴルフ場
キャンピングカーサイト（4サイト）

入口
▼国道238号へ

---

memo

■ フィールド遊び
散策、パークゴルフ、昆虫採集

DATA

タイプ・宿泊料金	●ロッジ 11棟 1泊1棟 ●8人用 10,000円〜 ●6人用（車イス対応タイプ1棟有）9,000円〜 別に●入場料 中学生以上 500円〜、小学生 300円〜 ※時期によって料金が異なる。詳細は問い合わせを ※調理器具、タオルは有料レンタル
利用時間	IN／15時〜19時、OUT／翌6時〜11時

備品・設備など

	バス、トイレ、洗面台		電気コンロ、レンジ、炊飯器、ポットなど
	カーペット、フローリング／布団、毛布など		照明、電源、冷蔵庫、テレビ、暖房、扇風機、ドライヤー
	バーベキューコーナー利用、バーベキューコンロ（有料）		一部可（ロッジ2棟のみ）

モダンな貸別荘タイプのロッジは人数に応じて3タイプある

室内はスキップフロアでユニークなつくり

洗面所はリビングの下にある

ロフト空間が寝室スペースだ

📍 周辺スポット

公園の丘の上には展望室があり、宗谷湾や大沼・稚内空港が一望できる。付近には「風の劇場・モニュメント」があり、円の中心で声を出すと360度から反響しておもしろい

宗谷岬 日本最北の岬。ここを目指して全国各地から旅行者がやってくる。わずか43km彼方にサハリンを望む。岬には数々のモニュメントがある。近くには宗谷丘陵が広がり、近年「白い道」が人気

♨ 温泉情報

「稚内副港市場」にリニューアルオープンした天然温泉。高温風呂・中温風呂・露天風呂・ジェットバス・サウナ・水風呂を完備。

ヤムワッカナイ温泉港のゆ ☎ 0162-73-1126

【営業時間】10時〜22時（最終入館21時30分）【定休日】無休【料金】高校生以上 680円、小・中学生 300円、未就学児 100円

公園

稚内森林公園キャンプ場

わっかないしんりんこうえん　きゃんぷじょう

現地	稚内市ヤムワッカナイ
電話	0162-23-6476（稚内市役所）
予約	なし

▷アクセス◁

稚内市街地から道道254号を稚内公園方向へ約3km

稚内公園入口
宗谷湾
稚内公園
稚内駅
稚内森林公園キャンプ場

稚内港を眺められる無料の人気スポット

　稚内の市街地にも近く、観光スポットである稚内公園から少し進んだ先にある。ここは無料のキャンプ場で、ライダーの利用やキャンピングカーなど車中泊者も多く見られる。60台ほどの駐車場はだんだんと夜のとばりがおりるにつれて車の数が増えてくる。テントサイトはその駐車場から階段で少し上がった先。やや傾斜がある芝生地だ。トイレ棟近くにはライダーたちの小型テントが並んでいる。設備は最小限ながら、稚内市街や稚内港を眺められるいい場所である。

テントサイトから見た駐車場の風景

トイレ棟に近い部分

炊事場は場内2カ所

稚内公園は晴れた日にはサハリン島を見ることができる絶景スポット。シンボル・氷雪の門や開基百年記念塔、北方記念館などがあるので、ぜひ見学してみよう

⛺ DATA

開設期間	5月1日～10月31日
利用時間	フリー
ゲート	なし
管理人	不在
利用料金	無料
レンタル用品	なし
管理棟	なし
キャンピングカー	駐車場のみ可

	1月	2月	3月	4月	5月	6月	7月	8月	9月	10月	11月	12月
開設期間					5月1日～10月31日							

フリーサイト　オートサイト　コテージ　車いすOK　温泉　水洗　ペット　ゴミ　たき火　Wi-Fi　洗濯機

memo
■フィールド遊び
眺望、夜景

ここから宗谷岬までは34キロほど

⊗ 禁止事項　カラオケ・直火

さるふつ公園キャンプ場

さるふつこうえん　きゃんぷじょう

公園

現地	猿払村浜鬼志別 214-7
電話	01635-2-2311（現地管理棟・道の駅）
予約	バンガローのみ 4月1日から現地管理棟で受付

アクセス
国道238号沿いの道の駅「さるふつ公園」の横。宗谷岬からは約31km

木々が1本もなくスカッと爽快感があるサイト

宗谷管内猿払村は国内最北の村。オホーツク海に面し、ホタテの産地として知られる。市街地から少々離れた国道沿い、道の駅に隣接する芝生地がキャンプサイトだ。場内は中央にあるホタテ貝のかたちをモチーフにした炊事場とトイレ、バンガローがあるのみ。木々が1本もなく、どこまでもスカッとしており、隣の猿払村営牧場と一体になったような爽快感がある。ここもある意味、北海道らしいキャンプサイトなのかもしれない。ただし、風が強い時は少々難儀するかもしれない。

場内の一番奥側にバンガローがある

内部にはキッチン、トイレあり

場内真ん中にある炊事場とトイレ

公園内には「さるふつまるごと館」があり、水槽の中の活ホタテを自分でさばいて焼き台コーナーでその場で味わうこともできる。特産品である「さるっぷりん」も味わいたい（活ホタテは期間限定）

	1月	2月	3月	4月	5月	6月	7月	8月	9月	10月	11月	12月
開設期間					5月1日～9月末（バンガローは10月末）							

フリーサイト　オートサイト　コテージ　車中泊

駐車場の決まりごとあり　　　　　　水洗

たき火

禁止事項　芝生への車両乗り入れ・ペット同伴・直火

memo
■フィールド遊び
パークゴルフ

DATA

開設期間	5月1日～9月末（バンガローは10月末）　※7月の中旬と8月の下旬に数日間の臨時休業日あり
利用時間	IN／13時～、OUT／キャンプは翌11時まで、バンガローは翌10時まで
ゲート	なし
管理人	9時～17時30分常駐（道の駅事務所）
利用料金	大人400円、小学生200円 ●バンガロー4人用1棟5,000円
レンタル用品	なし
管理棟	受付、トイレ
キャンピングカー	駐車場のみ可

礼文島緑ヶ丘公園キャンプ場

森林・川辺

れぶんとう　みどりがおかこうえんきゃんぷじょう

現地	礼文町香深村香深井
電話	0163-85-7131（現地管理棟）
予約	不要

▷ **アクセス** ▷
フェリーターミナルがある香深から北へ約6km

日本海
40
▲ 礼文島緑ヶ丘公園キャンプ場
香深港フェリーターミナル

木立に囲まれ、落ち着く場所にテントが張れる

礼文島の玄関口、フェリーターミナルがある香深市街地からやや離れた場所にある。緑ヶ丘公園内に整備されたキャンプ場。野球場の向かいに管理棟があり、キャンプ地はその奥になる。ここは「礼文林道トレッキングコース」の発着点でもある。こぢんまりとした落ち着く場内にはウッドデッキが敷設されており、その上に小型テントならば張ることが可能だ。なお、近くには商店などはないため、香深のお店で準備したい。礼文島にはコンビニは1軒のみで、セイコーマートがあるのみ。

ウッドデッキにはテーブルセットがある

管理棟にはランドリーあり

場内中央にトイレ棟

礼文島は「花の浮島」とも呼ばれ、夏のシーズンには低地にも高山植物が咲き誇り、多くのトレッカーが歩いている。コースも多彩に整備されているので、じっくりと楽しみたい

	1月	2月	3月	4月	5月	6月	7月	8月	9月	10月	11月	12月
開設期間					5月1日～10月31日							

フリーサイト　オートサイト　ケビン　身障者対応　温泉
水洗
ペット　ゴミ　炊事場　Wi-Fi　ランドリー

⊗ **禁止事項** 花火・ペット

memo
■フィールド遊び
　散策、星空観察

DATA

開設期間	5月1日～10月31日
利用時間	IN／9時～17時、OUT／翌10時まで
ゲート	なし
管理人	9時～17時駐在
利用料金	大人620円、子ども310円
レンタル用品	なし
管理棟	受付、コインランドリー
キャンピングカー	駐車場のみ可

久種湖畔キャンプ場

湖畔

くしゅこはんきゃんぷじょう

現地	礼文町船泊村大備
電話	0163-87-3110（現地管理棟）
予約	期間外は礼文町役場 ☎ 0163-86-1001

アクセス
フェリーターミナルがある香深から北へ約20km

礼文島で唯一の湖に面した、快適総合サイト

実は国内最北のキャンプ場である。稚内より少しだけ緯度が高い。礼文島唯一の湖、久種湖に面して快適な総合キャンプ場が整備されている。快適なキャンプ地であるものの、サイトのすぐ近くには住宅や商店などがあるためか「最北の島に来た〜」という旅情はあまり感じられない。きれいな芝生地に、電源付きのオートサイト・フリーサイト・コテージとバンガローが利用できる。ここを滞在拠点に、島北部の北海道とは思えない景勝地を巡って、礼文島の魅力を堪能したい。

サイトは平坦な芝生地。よく手入れがされている

設備が整ったコテージは3棟

バンガローは6棟あり

オートサイトは16区画、電源付き。駐車スペースはアスファルト敷きで縁石もなくフラット仕様。利尻・礼文の島の中では最大規模で唯一のオートサイトがあるキャンプ場だ。周辺には散策路もあり

開設期間

	1月	2月	3月	4月	5月	6月	7月	8月	9月	10月	11月	12月
開設期間					5月1日〜9月30日							

   身体障害者 温泉
フリーサイト　オートサイト　コテージ
　　　　　　　　　　　　　　　　水洗

 ゴミ 炊事場 Wi-Fi ランドリー
ペット　　　　　　　コテージのみ

⊗ 禁止事項　たき火・花火・カラオケ・ペット・発電機

memo
■フィールド遊び
散策、バードウォッチング、持ち込みカヌー

DATA

開設期間	5月1日〜9月30日
利用時間	IN／14時〜19時、OUT／翌10時まで
ゲート	21時〜翌7時閉鎖
管理人	7時〜21時駐在
利用料金	●入場料　大人620円、子ども310円　●オートサイト1区画2,000円　●コテージ（5人用3棟）1棟15,000円　●バンガロー（4人用6棟）1棟2,000円
レンタル用品	コンロなど
管理棟	受付、ランドリー、シャワー
キャンピングカー	6.5mまで可

利尻島ファミリーキャンプ場「ゆ〜に」

森林・川辺

りしりとう　ふぁみりーきゃんぷじょう　ゆ〜に

道央

道南

道北

オホーツク

道東

現地	利尻富士町鴛泊字栄町
電話	0163-82-2166（現地管理棟）
予約	期間外は利尻富士町役場 ☎ 0163-82-1114

アクセス
鴛泊のフェリーターミナルから約1.7km

島の滞在拠点として便利、温泉至近のサイト

利尻島へのメインアクセス港・鴛泊のフェリーターミナルに一番近いキャンプ場。住宅などが立ち並ぶ市街地から、利尻山の登山口方面へ緩やかな坂を上っていく。冬はスキー場となるその下側部分がキャンプサイトだ。テントサイトは段々畑状になっている。フリーサイトの上側からは海が見える。コテージとバンガローは森の中にたたずんでいる。キャンプ場の向かいには、「利尻富士温泉・温泉プール湯泳館」があって歩いても行ける。島の滞在拠点としてはうれしい立地だ。

コテージとバンガローが合計10棟ある

トイレ棟は快適、清潔だ

炊事場は場内1カ所

キャンプ場を出て道路をわたってすぐに「利尻富士温泉保養施設」がある。地元の人もよく利用しており、広い露天風呂からは利尻山が見える。休憩コーナーも快適。隣接する施設には温水プールもあり

開設期間
1月	2月	3月	4月	5月	6月	7月	8月	9月	10月	11月	12月

5月1日〜10月31日

フリーサイト　オートサイト　コテージ　車椅子対応　温泉
水洗

ペット　ゴミ　たき火　Wi-Fi　ランドリー

memo
■ フィールド遊び
散策

⊗ 禁止事項　カラオケ・花火・発電機

DATA

開設期間	5月1日〜10月31日
利用時間	IN／14時〜19時、OUT／翌10時まで
ゲート	なし
管理人	7時〜19時駐在
利用料金	●入場料　大人510円、小学生以下310円　●テントサイト1日または1泊入場料込みで大人520円、小学生以下310円　●バンガロー　4人用4棟　1棟5,230円、6人用2棟　1棟7,330円　●コテージ　5人用4棟　1棟16,760円
レンタル用品	テント、タープ、BBQコンロ、ランタン、シュラフなどあり
管理棟	受付
キャンピングカー	駐車場内のみ可

利尻北麓野営場

りしりほくろくやえいじょう

森林・川辺

現地	利尻富士町鴛泊国有林
電話	0163-82-2394（現地管理棟）
予約	期間外は利尻富士町役場 ☎ 0163-82-1114

アクセス
鴛泊のフェリーターミナルから約4km

最北の百名山の登山口、濃厚な森の雰囲気

「ファミリーキャンプ場ゆ～に」からさらに坂道を上って利尻山の登山口にあたる場所に整備されたキャンプ場。こちらは一転、風格のある野営場の趣である。背の高い針葉樹林があたりを囲う。島にはヒグマが生息していないので安心して過ごすことができる。最北の百名山に挑む本格装備の登山者や道外ナンバーのツーリングライダーの利用が目立つ。とは言っても野趣一辺倒ではなく、場内にはアスファルトが敷かれた通路があり、バンガローも立つ総合野営場だ。立派な管理棟の中には清潔なトイレもある。

段々畑状になっている部分もある

しっかりとした炊事場は1カ所。炊事場は甘露泉水から水をひいている

バンガロー5棟が立つ

日本百選の水「甘露泉水」までは560m。利尻山山頂（標高1,721m）までは、きちんとした装備で登り6時間、下り4時間の道のりだ。なお、ここは国立公園内のため、直火・たき火・花火は厳禁だ

開設期間	1月 2月 3月 4月 5月 6月 7月 8月 9月 10月 11月 12月
	5月15日～10月15日

memo
■フィールド遊び
散策、バードウォッチング

⊗ 禁止事項 カラオケ・直火・たき火・花火

DATA

開設期間	5月15日～10月15日
利用時間	IN／17時（フェリー最終便の場合は要連絡）まで、OUT／翌10時まで
ゲート	なし
管理人	9時～17時駐在
利用料金	●テントサイト　大人520円、中学生310円、小学生以下無料　●バンガロー4人用5棟　1棟5,230円　●オートサイト（3台）1台2,610円
レンタル用品	なし
管理棟	受付、トイレ、シャワー、コインロッカー
キャンピングカー	5mまで可、駐車場内も可

兜沼公園キャンプ場・オートキャンプ場

かぶとぬまこうえんきゃんぷじょう・おーときゃんぷじょう

湖畔

現地	豊富町字兜沼
電話	0162-84-2600（現地管理棟）
予約	受付／フリーサイトを除き、4月1日から電話受付、公式HPでの予約も可能 キャンセル料／キャンセル料はかからないが、早めの連絡を オフ期間／役場商工観光課 ☎ 0162-73-1711

▶**アクセス**

豊富町市街から国道40号で「兜沼公園」の案内板を経て約17km。稚内市街からは国道40号、もしくは道道106号でともに約26km

雰囲気抜群の森のサイトと開放的なオートサイト

宗谷管内豊富町の市街地から北へ車で約20分。サロベツ原野にある兜沼は、そのかたちが兜に似ていることから名付けられた。兜沼の近くに、変わらぬ森の雰囲気を残すフリーテントサイトと、少し離れた場所に若い樹木が育つオートサイトがある。受付があるインフォメーションセンターがある一帯がフリーサイト。ふかふかの草地はペグの刺さりもいい。場内1周できる通路沿いにコテージがある。サイトから直接、兜沼の湖面は見えないが、場内を散策しながらその風景を楽しもう。

オートサイトは自然を活かしたつくりでナチュラルな雰囲気でキャンプができる

⛺ DATA

開設期間	5月1日〜9月30日
利用時間	IN／13時〜20時、OUT／翌10時まで
ゲート	20時〜翌6時閉門
管理人	9時〜17時常駐
利用料金	兜沼公園キャンプ場 ●持ち込みテント1泊1張830円（2人用）、1,040円（3人用以上） ●ライダーサイト 1泊1張 520円 オートキャンプ場 ●フリーサイト 1泊1張1,040円 ●一般カーサイト 1泊1区画（電源付）2,090円、（電源なし）1,570円 ●キャンピングカーサイト 1泊1区画（電源・水道付）2,610円
レンタル用品	毛布、寝袋、鉄板、アミ、テント
管理棟	受付、自販機、電話／公園内に売店「沼の森」
キャンピングカー	5〜6mまで可

食材調達

● JR豊富駅に隣接する町観光情報センターでは、豊富町の特産品である、川島旅館の「湯あがり温泉プリン」や工房レティエの「ジェラート」をはじめ、エゾシカ肉ジンギスカンやソーセージが販売される

個別の水場

オートサイトの全景

	1月	2月	3月	4月	5月	6月	7月	8月	9月	10月	11月	12月
開設期間					5月1日～9月30日							

禁止事項　⊗　直火・たき火・カラオケ・発電機

フリーサイト

オートサイト

コテージ

各種不可
水洗

温泉

ペット
一部可
ゴミ
たき火
Wi-Fi
管理棟のみ
ランドリー

memo
■ フィールド遊び
サイクリング、バードウォッチング、昆虫採集

DATA

タイプ・宿泊料金　●オートキャンプ場コテージ（5人用）3棟　1泊1棟12,570円、●やすらぎの家（10人用）2棟、（4人用）5棟　1泊1棟10人用5,230円、4人用3,140円、ほかに●バンガロー（3人用）5棟　1泊1棟1,570円、フリーテントサイトにあるシャワー棟（30分200円）

利用時間　IN／13時～20時、OUT／翌10時まで

備品・設備など

バス、トイレ、シャワー、洗面台	電気コンロ、調理器具、炊飯器、レンジ、食器など
2段ベッド／布団など寝具一式	照明、電源、テレビ、冷蔵庫、暖房（洗濯機はセンターハウスに）
なし	室内同伴禁止、一部ペット可のサイトあり。糞の始末はきちんと、放し飼い不可

[地図]
兜沼
コヨシキリのさえずりが聞こえる
ベニマシコ、アカハラ、コルリなど野鳥が多い
バンガロー（5棟）
コテージ（3棟）
湖畔は沼地なので危険
フリーテントサイト（2棟）
やすらぎの家
トンボ類が多く集まる
シマリスが遊びにくるよ
多目的ハウス
売店・食堂
WC　炊
受付
センターハウス
やすらぎの家（5棟）
炊
WC
フリーテントサイト
WC
夜霧室
行き止まり
国道40号
P

オートキャンプ場側にあるコテージ、貸別荘タイプ

オート側にある設備がそろったタイプの室内

寝室は2段ベッドが2台置かれる

フリー側にあるバンガローは数タイプあり

🔘 周辺スポット

受付があるインフォメーションセンターには各種レンタル品があるほか、売店や軽食コーナーがあり、ジンギスカン定食や豚ジンギスカンも食べられる。

兜沼にはハクチョウやカルガモなど、さまざまな野鳥が飛来し、水鳥たちのオアシスになっている。双眼鏡片手に観察したい

🔘 温泉情報

キャンプ場から約25km、国内最北の温泉郷がある。ここのお湯は世界的にも珍しい油分を含んだ泉質が特徴で、湯治客やアトピーに悩む人によく知られた温泉

豊富温泉ふれあいセンター　☎ 0162-82-1777
【営業時間】10時～20時　【定休日】毎週火曜日と隔週の木曜休み
【料金】大人510円、小学生250円、65歳以上300円

鏡沼海浜公園キャンプ場

海辺

かがみぬまかいひんこうえん　きゃんぷじょう

現地	天塩町字更岸 7476 番地先

電話 01632-2-1830（現地管理棟）
オフ期間／役場 ☎ 01632-2-1729

予約 受付／バンガロー、オートサイトのみ電話受付。
4月中は上記役場へ、5月からは現地管理棟へ
キャンセル料／キャンセル料はかからないが、早めの連絡を

アクセス
国道 232 号沿いにある道の駅「てしお」そばの交差点を海側に入る。二つ目の信号を左折、T字路を右へ

天然温泉が隣に立地し、シーズン券で長期滞在

留萌管内天塩町の郊外、鏡沼海浜公園にあるキャンプサイト。この沼を挟んで日本海側にフリーサイトとバンガローがあり、その反対側の高台にオートサイトとログハウスのバンガローがある。地面は草地に砂がまじり、海がすぐ近くにあることを感じさせる。ライダーの利用も多い。ここはキャンプ場の「シーズン券」なるものがあり、長期滞在の拠点にするキャンパーも多いそうだ。てしお温泉「夕映」もすぐ隣にある。晴れた日の夕景は映えるにちがいないだろう。

DATA

開設期間	5月1日〜10月下旬
利用時間	IN／13 時〜、OUT／翌 10 時まで
ゲート	なし
管理人	8 時〜21 時駐在
利用料金	●フリーサイト／50 張　持ち込みテント 1 張 1 泊 500 円　車 1 台 1 泊 500 円　●オートサイト／8 区画（野外炉、電源）1 泊 1 区画 3,000 円　シーズン券 3,000 円
レンタル用品	寝袋、マット、ランタン、簡易ベッド、テントなど、手ぶらキャンプセット
管理棟	受付、電話、自販機、乾燥機（有料）、バーベキューハウス
キャンピングカー	20m まで可

オートサイトは少々高い場所にあってフラット

オートサイトにある炊事棟

オートサイトの対岸にあたるフリーサイト

食材調達

●天塩のシジミは江戸・明治時代のころから「蝦夷の三絶」と呼ばれ珍重されてきた。大きさも全国有数で北海道が誇る三大絶品のひとつ。ぜひ、味わおう

開設期間	1月 2月 3月 4月 5月 6月 7月 8月 9月 10月 11月 12月
	5月1日～10月下旬

禁止事項 キャンプファイヤー・花火・カラオケ・発電機

 フリーサイト オートサイト コテージ 車椅子対応水洗   温泉

ペット　ゴミ　たき火 強風時注意　Wi-Fi 管理棟周辺のみ　ランドリー

memo
■ フィールド遊び
散策路、海釣り、昆虫採集、公園内遊具

DATA

タイプ・宿泊料金	●オートサイト・バンガロー（6人用）5棟　1泊1棟3,800円　●バンガロー（4人用）8棟　1泊1棟3,300円　ほかに、ライダーハウス1泊200円（女性用あり）
利用時間	IN／13時～21時、OUT／翌10時まで

備品・設備など

なし、共同施設利用		なし、炊事場利用	
なし、寝袋やマットのレンタルあり		照明、電源のみ	
バーベキュー炉あり。タープスペースあり		室内同伴不可。マナー厳守で	

オートサイト側にあるバンガローは全部で5棟立っている

中はシンプルそのもの

サイロ型のバンガロー

ロッジ型のバンガロー

 周辺スポット

天塩川河川公園　北海道第2の長流、天塩川河口河川敷に設置された公園。夕暮れ時には利尻富士をバックに夕日が沈み、壮大なパノラマを望むことができる

天塩川歴史資料館　「赤レンガ」として親しまれた旧役場庁舎を利用した資料館。「新天地天塩」に夢を求め天塩川とともに歩んだ地域の歴史や、文化、教育資料など2,000点を超える貴重な資料を展示する

温泉情報

二階の露天風呂からは日本海を望むことができる。内風呂にサウナもある。レストランではシジミがたくさん入った塩ベースの「シジミラーメン」は人気のメニュー

てしお温泉「夕映」　☎ 01632-2-3111
【営業時間】11時～22時（休日は10時から、最終入館21時）
【定休日】なし　【料金】大人600円、小学生以下無料

初山別村みさき台公園キャンプ場

海辺

しょさんべつむらみさきだいこうえん　きゃんぷじょう

現地	初山別村字豊岬
電話	0164-67-2211（役場経済課） 管理者／初山別村役場経済課　上記電話
予約	受付／バンガローは、利用日の6カ月前からしょさんべつ 温泉ホテル岬の湯フロント（☎ 0164-67-2031）

アクセス

国道232号で初山別市街に入り、さらに4kmほど天塩方向へ

こころ震わす風景に出会える、絶景サイト

道北のオロロンライン沿いには日本海が望める絶景キャンプ場がいくつもある。灯台がある岬の公園内にあるここのキャンプ場はその中でもトップクラスに位置付けられるほど、見事な眺望が広がる。キャンプサイトからは弧を描いてはるか北へとつづく地形と、青い海が織りなす爽快な風景にこころが震えるほどだ。天気が良ければ、海の中に三角錐が浮かぶように見える利尻島は本物だ。温泉ホテルも隣接する。道の駅もある。こんなすばらしいサイトが無料である。旅人を引きつけてやまない。

岬の突端、フリーサイト。こんなロケーションでテントやタープが設営できる幸せ

バンガローは高台に5棟建っていて、車を横に停めて使える

中はピカピカ、窓から海が見える

天文台の向かいには、直売所・レストラン「北極星」があり、地元の産品が販売されるほか、ソフトクリームや、そばなどの軽食などが味わえる

キャンプ場の下、海の中に鳥居がある金比羅神社

DATA

開設期間	4月下旬～10月下旬
利用時間	キャンプはフリー、バンガローはIN／16時～21時、OUT／翌10時まで
ゲート	なし
管理人	しょさんべつ温泉ホテルフロント
利用料金	●キャンプはフリーサイト無料、バンガロー（4～5人用）9棟、1棟1泊5,200円～
レンタル用品	なし
管理棟	なし
キャンピングカー	駐車場のみ可

開設 期間	1月	2月	3月	4月	5月	6月	7月	8月	9月	10月	11月	12月
				4月下旬～10月下旬								

 フリーサイト　 オートサイト　 コテージ　 車椅子対応WC 水洗　 温泉

 ペット　コンロ　たき火　Wi-Fi　ランドリー

memo

■フィールド遊び

天文台、海水浴、海釣り、昆虫採集

食材調達

●初山別の特産品に「ふぐ」がある。近海に真ふぐの産卵場があり定置網で獲れる。このふぐを使った「ふぐ照り焼き丼」や「ふぐだしラーメン」が人気。その他、ハスカップ製品や初山別あいすもぜひ味わいたい

禁止事項　打上げ花火・発電機

初山別村みさき台公園オートキャンプ場

しょさんべつむらみさきだいこうえんおーときゃんぷじょう

海辺

現地	初山別村字豊岬
電話	0164-67-2077（センターハウス）
予約	可能、開設期間はセンターハウスへ。6月と9月の平日は岬センターにて（☎0164-67-2031）

アクセス
国道232号で初山別市街に入り、さらに4kmほど天塩方向へ

ファミリー層に人気の快適オートサイト

みさき台公園には2つのキャンプ場があり、こちらはファミリー層の利用が多い印象だ。フラットな芝生のサイトにアスファルト敷きの通路があり、電源や個別炊事台が使える。荷物が多いキャンパーや、大型のテント＆タープの場合は、断然こちらのサイトの方が使い勝手がいい。広い公園内には、水辺の広場やゴーカートコース、パークゴルフ場もある。夏の1カ月間は通路を通って豊岬海水浴場へも行ける。シーズンを通じてあまり混雑することのない、穴場のスポットだ。

路面とサイトに段差がなく使いやすい

フリーサイト側の炊事場

カーサイトに設置される炊事台

しょさんべつ温泉ホテル「岬の湯」は公園内にあり、フリーサイトからは歩いて行ける。露天風呂がありもちろん眺望は抜群にいい。レストランでは前浜で揚がったフグやタコ、ヒラメなどが味わえる

DATA

開設期間	6月下旬〜9月中旬(7月8月は毎日、6月9月は土日祝のみ)
利用時間	IN／13時〜17時、OUT／翌12時まで
ゲート	なし
利用料金	●フリーサイト1張500円 ●スタンダードカーサイト10区画1区画3,000円 ●スタンダードカーサイト（電源付）20区画1区画3,500円 ●キャンピングカーサイト3区画1区画3,500円
レンタル用品	キャンプセット有料
管理棟	受付、休憩コーナー、トイレ、Wi-fiあり
キャンピングカー	8mと15mのサイトあり

開設期間	1月 2月 3月 4月 5月 6月 7月 8月 9月 10月 11月 12月
	6月下旬〜9月中旬

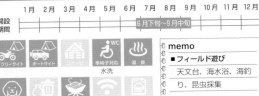

memo
■フィールド遊び
天文台、海水浴、海釣り、昆虫採集

禁止事項　打上げ花火・発電機

道央

道南

道北

オホーツク

道東

221

焼尻島白浜野営場

やぎしりとう　しらはま　やえいじょう

| 海 辺 |

現地	羽幌町大字焼尻字白浜
電話	0164-68-7007（羽幌町役場）
予約	不要

▷ アクセス ◁
焼尻島フェリーターミナルから道道255号を南西方面へ約2km

日本海　フェリーターミナル・
焼尻島
白浜野営場

島を感じる旅情あふれる極上の野営場

焼尻島は天売島より北海道本土に近い島。周囲は約12キロ、住民160人ほどが暮らしている。わりあい平坦な地形の島で、島唯一のキャンプ場は南側の海岸近くにあり、潮騒を聞きながら目の前が「海」という絶景の中、一夜を過ごせる。サイトのすぐ横には「焼尻めん羊牧場」があり、サフォーク（羊）がのびのびと放牧され牧歌的な島風景が広がる。テントサイトはいくつかの場所に小分けされている。炊事棟は屋内型になっていて荒天時などはありがたい空間。ここでは島の時間をとくと堪能したい。

ここが海岸に一番近い部分、すぐ下は岩砂浜

屋内にある炊事場、トイレもきれいで快適

すぐ横にいる海を眺める羊たち、日本とは思えない風景

焼尻島も絶景の宝庫。写真は島最西端の「鷹の巣園地」と呼ばれる岬部分。さえぎるものは何もなく、圧倒的な開放感の下、約3.5キロ離れた天売島が見えるのだ

	1月	2月	3月	4月	5月	6月	7月	8月	9月	10月	11月	12月
開設期間					5月上旬～9月下旬							

フリーサイト　水洗
たき火　Wi-Fi　コインランドリー

▪ memo

▪ フィールド遊び
水遊び、オンコの荘トレッキング、サイクリング、ゆったりした時間

🏕 DATA　≫≫≫

開設期間	5月上旬～9月下旬
利用時間	フリー
ゲート	なし
管理人	不在
利用料金	無料
レンタル用品	なし
管理棟	なし
キャンピングカー	駐車場内可

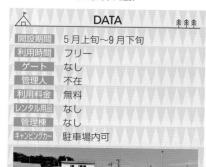

とままえ夕陽ヶ丘オートキャンプ場

とままえゆうひがおか　おーときゃんぷじょう

海辺

現地	苫前町栄浜 67-1
電話	0164-64-2339（センターハウス）
予約	4月1日から受付 （オープン前は役場 ☎ 0164-64-2212 へ）

アクセス

苫前の市街地から国道232号を北へ約1km

日本海を目の前に、開放感いっぱいのオートサイト

道の駅にもなっている温泉宿泊施設「とままえ温泉ふわっと」の隣りに位置するキャンプ場。キャンプサイトは日本海を目の前に、樹木が1本もないスカッと開放感いっぱいの芝生地。アスファルトの通路が場内を1周する。オートサイトAは流し台と電源が使え、直火ができる炉が用意されている。Bサイトは区画分けされたオートサイトになっている。車利用者のフリーサイトはないのでご注意を。温泉にはふらっと歩いて行ける。

Bサイトは道の駅と温泉に近い

立派な管理棟にはシャワーとランドリー

ウォシュレットがあるトイレ棟

Aサイトに設置される直火用の炉。道内のキャンプ場で直火ができる施設は数少ないので、たき火好きのキャンパーにはうれしい設備。ただし強風の時は不可になる。管理人さんの指示に従おう

開設期間	1月	2月	3月	4月	5月	6月	7月	8月	9月	10月	11月	12月
					4月27日～9月30日							

memo
■フィールド遊び
眺望、海水浴

フリーサイト　オートサイト　コテージ　車椅子対応　温泉
水洗

ペット　ゴミ　たき火　Wi-Fi　ランドリー
Aサイトのみ

⊗ 禁止事項　カラオケ・打上げ花火・発電機・ペット・たき火

DATA

開設期間	4月27日～9月30日
利用時間	IN／12時～17時、OUT／翌11時まで
ゲート	なし
管理人	9時～17時駐在
利用料金	●オートサイトA 1区画4,250円（水道・電源付き）●オートサイトB 1区画2,050円 ●フリーサイト1人500円（バイク、自転車、徒歩客のみ）
レンタル用品	なし
管理棟	受付、シャワー、ランドリー、トイレ
キャンピングカー	駐車帯が4mと8mのサイトあり（オートサイトAのみ）

望洋台キャンプ場

ぼうようだい　きゃんぷじょう

海辺

現地	小平町字花岡
電話	0164-59-1950（現地管理棟）
予約	受付／持ち込みテント以外は、5月1日より電話受付。 オープン前は、役場経済課商工水産係へ キャンセル料／キャンセル料はかからないが、早めの連絡を オフ期間／役場経済課商工水産係　☎ 0164-56-2111

アクセス

国道232号で小平町に向かい、市街地を過ぎて少し北上すると小平トンネルに。その手前から海側に曲がる

見渡す限りの青い空と青い海を望むサイト

　風のない晴れた日はもうスゴいとしか言いようのないほど、澄み切った青い空と海が見える。高台に位置することから、見渡す限り、日本海のパノラマロケーションを堪能できるキャンプ場である。留萌管内小平町の市街地を越えて北へ進み、ぐんぐん急坂を上った先にある。管理棟から海側に進むと、その眺めにドキドキするほどの眺望が広がる。運転には注意しよう。眺めのいいオートサイトと、その一段下にフリーサイトがある。いくつかのタイプにわかれたバンガローも立っている。開設期間が短いのでご注意を。

オートサイトの海側。すぐ先は崖でここから先にさえぎるものは何もない

DATA

開設期間	7月13日～8月18日
利用時間	IN／13時～20時、OUT／翌10時まで
ゲート	21時～翌8時半閉門
管理人	24時間（17時以降は夜警員）
利用料金	●入場料　1泊2日高校生以上400円、中学生以下300円　●フリーサイト／200張　1泊1人用1張450円、1泊2日以上1張1,500円　●オートキャンプサイト／34区画（うち電源付き16区画）　1泊1区画／電源付き3,500円、電源なし3,000円
レンタル用品	毛布、食器セット、炊事用鉄板
管理棟	受付、自販機、洗濯機、炭の販売／隣にシャワー棟
キャンピングカー	8mまで可、駐車場も可

食材調達

●国道232号沿いにある蕎麦「からくれ」は小平産の玄蕎麦をつかい、鴨汁そばやおろしそばが人気

管理棟近くの炊事場とフリーサイト

オートサイトのようすとその先のバンガロー

開設期間	1月	2月	3月	4月	5月	6月	7月	8月	9月	10月	11月	12月

7月13日～8月18日

⊗ 禁止事項　打上げ花火

 フリーサイト
 オートサイト
 コテージ
車椅子対応 水洗
 温泉

ベッド　ゴミ　たき火　Wi-Fi　ランドリー

memo
■ フィールド遊び
海水浴、釣り、昆虫採集、近くで陶芸体験

⛺ DATA

タイプ・宿泊料金　●オートバンガロー（4～5人用）14棟　1泊1棟5,000円（11棟）、流し台付き5,500円（3棟）　●バンガロー（6～7人用）10棟（車進入不可）1泊1棟2,500円

利用時間　IN／13時～20時、OUT／翌10時まで

備品・設備など

🚻 トイレ、シャワーは共同施設利用	🍳 4棟のみ流し台付き、室内での炊事禁止
🛏 2段ベッド、マット付き。毛布のレンタルあり	🔌 照明、電源のみ（洗濯機は管理棟に）
🔥 前庭にタープスペース（鉄板レンタルあり）	🐕 NG

バンガローは3エリアに建っている。写真はオートバンガロー

バンガロー内は2段ベッドがある

ミニキッチンも完備されている

6～7人用のバンガロー10棟

📍 周辺スポット

キャンプ場から北へ約14km、道の駅「おびら鰊番屋」がある。小平の特産品が買えるほか、ニシンの親子丼などが味わえる。隣には「旧花田家番屋」があり、道内最大規模の鰊番屋の中を見学できる

キャンプ場から南に、留萌市との境界近くには臼谷漁港があり、漁師の直売店が立ち並ぶ通りがある。新鮮なホタテやタコが格安な値段で並んでいる。国道から海側へ1本入った通り。絶対立ち寄りたい

♨ 入浴情報

キャンプ場から坂を下りてすぐにある温泉宿泊施設。人工の「光明石温泉」を楽しめるほか、サウナはジャグジーがある。お湯は、お肌がツルツルになる「活性の湯」

ゆったりかん
☎ 0164-56-9111

【営業時間】10時～21時営業　【定休日】毎月第3火曜日休み
【料金】大人500円、4歳以上小学生以下300円

道央
道南
道北
オホーツク
道東

増毛リバーサイドパークオートキャンプ場

ましけりばーさいどぱーく　おーときゃんぷじょう

現地	増毛町別苅 459 番地外
電話	0164-53-1385 （現地センターハウス）
予約	受付／4月中旬から現地センターハウスで電話受付（10 時〜17 時） キャンセル料／キャンセル料はかからないが、早めの連絡を オフ期間／役場商工観光課　☎ 0164-53-3332

アクセス

国道 231 号で増毛町に入り、オーベルジュましけから山手に 800m ほど進む

サケがそ上する暑寒別川沿いに2種類のサイト

道内でも指折りの古い歴史を持つ留萌管内増毛町は、「旧商家丸一本間家」など歴史的な建物も多い。この市街地から少し南側へ。サケがそ上する暑寒別川に沿って整備されたキャンプ場。サイトは大きく2つのエリアに分かれている。管理棟近くにはこの川のせせらぎが心地いいノーマルカーサイトが。テニスコートや広場を挟んだ先には、電源付きのスタンダートカーサイトとログハウス風のコテージが立っている。フリーサイトはない。管理棟にはレストランがあり、焼肉をはじめ麺類などのメニューもある。テラス席にはBBQ台が設置されている。

奥にあるスタンダードカーサイトは快適なオートサイト。広すぎず快適に過ごせる

DATA

開設期間	4月下旬〜10月中旬
利用時間	IN／13 時〜17 時、OUT／翌 11 時まで
管理人	10 時〜17 時駐在（レストランは、17 時閉店）
利用料金	●ノーマルカーサイト／27 区画　1泊1区画 2,000 円　●スタンダードカーサイト／32 区画（電源）1泊1区画 4,000 円　●キャンピングカーサイト／4 区画（電源、上下水道、TV 端子、BBQ テーブル）1泊1区画 6,000 円
レンタル用品	テニス用具、パークゴルフ用具
管理棟	受付、自販機、トイレ、ロビー、レストラン（ラーメン、定食、焼肉など）
キャンピングカー	駐車帯が 6m と 14m のサイトあり

食材調達

鉄道は通らなくなったが、旧増毛駅には入ることができ、見学もできる。中には「孝子屋ぐるめ食品」があり、地元の海産物などが味わえる

ノーマルカーサイトの様子

サニタリーハウスは室内型

開設期間	1月 2月 3月 4月 5月 6月 7月 8月 9月 10月 11月 12月
	4月下旬～10月中旬

⊗ 禁止事項　打上げ花火・ペット同伴・カラオケ・発電機

 フリーサイト
 オートサイト
 コテージ
 車椅子対応水洗
 WC
 温泉
 ペット
 ゴミ
 たき火
 Wi-Fi
 ランドリー

memo
■ フィールド遊び
散策、昆虫採集、パークゴルフ、各種スポーツ

⛺ DATA

タイプ・宿泊料金	●コテージ（5人用）3棟　1泊 1棟 12,000円
利用時間	IN／13時～17時、OUT／翌10時まで

備品・設備など	
🛏 バス、トイレ、シャワー、洗面台	🍳 流し、換気扇、電気コンロ
🛏 フローリング／寝具なし	📺 照明、テレビ、冷蔵庫（洗濯機はサニタリーハウスに）
🪑 テラスにテーブルベンチ付き	🚫 NG

コテージが奥のサイトにある。設備は充実だが、調理用具と寝具類はない

テレビや冷蔵庫がある室内

広い二階部分

管理棟のレストランはメニュー充実

📍 周辺スポット

旧増毛駅前には明治・大正・昭和初期の建物が今も残る。観光案内所になる旧多田商店。石造りがみごとな旧商家丸一本間家など、タイムスリップしたような郷愁が残る

国稀酒造
創業は1882年（明治15年）。北海道を代表する日本酒の蔵。奥には試飲コーナーがあり、売店があるので買っていこう

🛁 入浴情報

国道231号沿いにあり、キャンプ場入り口近くにある。人工のトロン泉で大浴場とサウナがある。レストランは増毛出身の三國清三シェフが監修する

オーベルジュましけ　☎ 0164-53-2222
【営業時間】11時～22時営業（最終入館）
【定休日】無休　【料金】大人 600円、小学生 350円

道央
道南
道北
オホーツク
道東

227

黄金岬キャンプ場

海辺

おうごんみさき　きゃんぷじょう

現地	留萌市大町2丁目
電話	0164-43-6817 （NPO法人留萌観光協会）
予約	なし

アクセス

留萌市街から国道231号〜道道22号と約3km

日中は観光名所でざわざわ。日の入り時はどこからともなく人が集まりうっとりタイム。その後は一転、波の音だけが響く、静かでさいはて感あふれる場所となる。そんな場所に10張り程度のスペースがあり、ライダーやキャンピングカーが並ぶ。

開設期間	1月 2月 3月 4月 5月 6月 7月 8月 9月 10月 11月 12月
	4月下旬〜10月上旬

DATA

開設期間	4月下旬〜10月上旬		
利用時間	フリー		
ゲート	なし	管理人	不在
利用料金	無料	レンタル用品	なし
管理棟	なし	キャンピングカー	5mくらいまでは可

メモ：寿司ならば地元の人気店「丸喜」へ。ラーメンなら「駅前海栄」。ソウルフードと言えば旧留萌駅前にある食堂「大判焼」の豚ちゃん焼だ。

車を目の前に置けるので、ある意味快適オートサイト

memo
- フィールド遊び
  磯遊び、サンセットショー

⊗ 禁止事項　カラオケ・遊泳・直火

公園

三笠山自然公園キャンプ場

みかさやましぜんこうえんきゃんぷじょう

現地	和寒町三笠
電話	0165-32-2042 （道北環境整備協同組合） 0165-32-2138 （現地管理棟）
予約	不可、団体・バンガローのみ協同組合にて5月中旬から受付

開設期間	5月上旬〜10月中旬
利用時間	バンガローのみ IN/13時〜17時、OUT/翌10時まで
管理人	9時〜16時30分駐在

利用料金　無料　〈バンガロー利用料金〉●バンガロー（2〜3人用×1棟）1棟1,200円 ●バンガロー（4〜5人用×2棟）1棟2,000円 ●バンガロー（8人用×1棟）1棟3,000円

森林・川沼

天塩川リバーサイドキャンプ場

てしおがわりばーさいどきゃんぷじょう

現地	音威子府村咲来919
電話	01656-5-3313 （音威子府村産業振興室）
予約	不可（ログハウスは予約制、2月から天塩川温泉で受付開始、以降は利用日の3か月前から受付）

開設期間	5月上旬〜10月下旬
利用時間	フリー（ログハウスは IN/15時〜、OUT/翌10時まで）
管理人	不在

利用料金　無料　〈バンガロー利用料金〉●ログハウス（8人用×1棟）1棟26,500円

公園

なよろ健康の森　トムテ文化の森キャンプ場

なよろけんこうのもり　とむてぶんかのもりきゃんぷじょう

現地	名寄市日進
電話	01654-3-7400 （現地管理棟（森の学び舎）） オフ期間／名寄振興公社 01654-2-2131
予約	可能。現地管理棟（森の学び舎）にて随時受付

開設期間	5月1日〜10月31日（月曜休、祝日の場合は翌日休）
利用時間	IN/9時〜16時30分、OUT/翌15時まで
管理人	8時〜17時駐在

利用料金　無料

228

はまなす交流広場キャンプ場

公園

はまなすこうりゅうひろばきゃんぷじょう

開設期間	6月1日〜10月31日
利用時間	フリー
管理人	不在

現地	枝幸町岡島
電話	0163-62-4242 （枝幸町役場観光課）
予約	不可

利用料金 無料

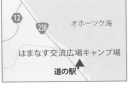
12　238　オホーツク海
はまなす交流広場キャンプ場 ▲
道の駅

うたのぼり健康回復村ふれあいの森キャンプ場

森林・川辺

うたのぼりけんこうかいふくむら　ふれあいのもりきゃんぷじょう

開設期間	6月1日〜8月31日
利用時間	フリー
管理人	不在

現地	枝幸町歌登辺毛内
電話	0163-68-2111 （歌登支所）
予約	なし

利用料金 無料

275　12　238
120　うたのぼりグリーンパークホテル
うたのぼり健康回復村ふれあいの森キャンプ場

ウスタイベ千畳岩キャンプ場

海辺

うすたいべせんじょういわきゃんぷじょう

開設期間	6月1日〜8月31日
利用時間	フリー
管理人	不在

現地	枝幸町岬町
電話	0163-62-4242 （枝幸町役場観光課）
予約	不可

利用料金 無料

238　ウスタイベ千畳岩キャンプ場 ▲
オホーツク海
枝幸市街 ↓

遠別川河川公園

公園

えんべつがわかせんこうえん

開設期間	4月下旬〜降雪時まで
利用時間	フリー
管理人	不在

現地	遠別町富士見
電話	01632-7-2146 （遠別町役場経済課商工観光係）
予約	不可

利用料金 ●持ち込みテント　1張500円

232　遠別川河川公園 ▲
日本海　遠別川
道の駅　富士見ヶ丘公園

増毛町暑寒沢野営場

森林・川辺

ましけちょうしょかんざわやえいじょう

開設期間	6月下旬〜10月初旬
利用時間	フリー
管理人	不在

現地	増毛町暑寒沢 830番地
電話	0164-53-3332 （増毛町役場商工観光課）
予約	不可

利用料金 無料

日本海　231　リバーサイドパーク
546　・暑寒別岳スキー場
暑寒別川　増毛町暑寒沢野営場 ▲

雄冬野営場

海辺

おふゆやえいじょう

開設期間	7月上旬〜8月下旬
利用時間	フリー
管理人	不在

現地	増毛町雄冬
電話	0164-53-3332 （増毛町役場商工観光課）
予約	不可

利用料金 無料

日本海　231
雄冬野営場 ▲　・雄冬岬展望台
・白銀の滝

ほろかない湖公園キャンプ場
ほろかないここうえんきゃんぷじょう

開設期間	5月上旬〜10月下旬
利用時間	フリー、受付時間は8時〜17時まで（17時以降は翌朝受付）
管理人	8時〜17時駐在（火・金曜は13時〜17時）

現地	幌加内町雨煙内
電話	0165-35-2380（幌加内町観光協会）
予約	不可。BBQハウスは要予約

利用料金 ●持ち込みテント（車中泊も含む）1張200円 ※日帰りは無料 ●BBQハウス1棟500円 ※価格変更の場合あり

千代田の丘キャンプ場
ちよだのおかきゃんぷじょう

開設期間	4月下旬〜10月上旬
利用時間	IN/14時〜、OUT/翌10時まで
管理人	11時〜20時駐在（レストラン）

現地	美瑛町字水沢春日台第一
電話	0166-92-1718（ファームレストラン千代田）
予約	予約制。ファームレストラン千代田にて随時受付

利用料金 ●カーサイト 1泊1台1,500円

山部自然公園太陽の里キャンプ場
やまべしぜんこうえんたいようのさときゃんぷじょう

開設期間	5月1日〜10月31日
利用時間	フリー
管理人	隣接施設「ふれあいの家」に管理人駐在

現地	富良野市山部西19線
電話	0167-42-3445（ふれあいの家）
予約	不可。貸用具のみ「ふれあいの家」にて利用の前日までに要予約

利用料金 無料

アサヒの丘キャンプ場
あさひのおかきゃんぷじょう

開設期間	通年（施設整備のためクローズ期間あり。冬季は10月〜4月末）
利用時間	IN/13時〜、OUT/翌10時まで（17時以降のチェックインは要事前連絡）
管理人	8時〜19時駐在（時期により変動あり）

現地	東川町東9号北3
電話	080-8297-9393（現地）
予約	予約制。現地管理棟にて随時受付 冬期営業期間（10月〜4月末）は完全予約制

利用料金 ●入場料 大人700円、小人500円、未就学児無料 ※冬季は各300円追加 ●フリーサイト1張1,500円 ●ソロサイト1,000円（車1台） 各1区画あたり車1台・大人4人まで ●カーサイトL 3,000円（車2台・8人まで） ●カーサイトS 2,500円（車1台・4人まで）、追加車両はサイトを追加、または1台2,000円

ムーンライトキャンピングガーデン
むーんらいときゃんぴんぐがーでん

開設期間	4月末〜11月下旬（雪解けから除雪なしで車が入れる降雪期まで）
利用時間	IN/15時〜、OUT/翌12時まで
管理人	必要に応じて駐在

現地	鷹栖町19-16-1
電話	080-7704-5047（管理人 村上）
予約	完全予約制。電話またはショートメッセージで随時受付 メール（moonlightcampinggarden@gmail.com）

利用料金 ●入場料 大人500円、小学生200円 ●テント、ハンモック 各1張1,500円 ※日帰り料金あり ●手ぶらキャンプ 1人6,000円 ※2人より受付 ●貸し切り利用 15,000円〜

宗谷岬周辺がテント村になる夜

テントの中では年越しそばを作ったり、常連さんたちが交流を楽しんだり

2023年の大晦日。宗谷岬には大勢の人が集まっていた。車中泊と見られる車の数はざっと300台。全国各地のナンバープレートをつけたバイクも100台あまり。スパイクタイヤの自転車も20台近くあった。気温はマイナス6.9度。北西の風11.2メートル。風雪が強まるなか、小型テントが密集する一帯には尋常らしからぬ熱気が漂う。新年を本土最北端の地で迎えようと、集まる猛者たちがいたのだ。

私がこの日この場所に大勢の人が集まると知ったのは、NHKのテレビ番組「ドキュメント72時間」だった。いざ現場へ。岬に到着すると、想像をはるかに超える光景が広がっていた。

テント泊による野営・キャンプではあるものの、極寒の冬山登山のような過酷さだ。念のためだが、決して安易な装備では行ってはいけない。この日はあいにくの曇り空でご来光は拝めなかったが、初日の出の瞬間は非日常の高揚感に包まれた。「悪天候で日の出は見られない年が多いんです。だけど、毎年来ちゃうんだよね」とはリピーター氏の声。初めて現地で体験し、その思いが少しわかるような気がした。

全国各地のナンバープレートを付けた
バイクが集結する

宗谷岬の「日本最北端の地の碑」
周辺の様子

日の出岬キャンプ場（雄武町）

オホーツク

オホーツク管内の
キャンプ場を
紹介しています

日の出岬キャンプ場

海辺

ひのでみさき　きゃんぷじょう

オホーツク海
日の出岬キャンプ場
看板
オホーツク温泉
ホテル日の出岬
元沢木川
238

現地　雄武町字沢木168番地

電話　0158-85-2044（現地管理棟）

予約　受付／4月以降可、期間外は役場商工観光係へ
　　　キャンセル料／キャンセル料はかからないが、早めの連絡を
　　　オフ期間／役場商工観光係 ☎ 0158-84-2121

アクセス
雄武町の市街地から国道238号を約10kmほど南へ。案内板があり、岬の突端まで1.5kmほど進む

オホーツク海に面して荘厳なスケール感がある

オホーツク海は、海に面して目立って大きな岬はないものの、ここは数少ない岬状になっている部分。晴れていれば、ブルーの海と青い空が荘厳なほどのスケール感で迫ってくる。開放感というか、どこまでも続く水平線に圧倒される。フリーサイトは駐車場から道路を挟んで一段高くなった芝生のエリア。カラフルな色のバンガローは小高い丘の方に立っている。バンガロー利用者のみ車の乗り入れが可能。ここはその名のとおり朝日の名所。早起きして空があかね色に染まっていくさまを堪能したい。

サイトは海に向かってやや傾斜がある

カラフルなバンガローが全部で10棟

新しいピカピカのトイレ

岬の突端にある展望施設「ラ・ルーナ」は全面ガラス張りの建物。オホーツク海を一望できる

開設期間	1月	2月	3月	4月	5月	6月	7月	8月	9月	10月	11月	12月
						6月1日～9月30日						

DATA

開設期間	6月1日～9月30日
利用時間	IN／13時～17時、OUT／翌10時まで
ゲート	なし
管理人	9～18時駐在
利用料金	車進入不可　●持ち込みテント1泊1張1～4人用400円、5人用以上600円
レンタル用品	なし
管理棟	受付、リヤカー
キャンピングカー	駐車場のみ可（キャンプサイト利用者のみ）

フリーサイト　オートサイト　コテージ　車椅子対応　温泉
水洗　WC

ペット　WiFi　ランドリー

禁止事項　指定場所以外でのたき火・花火全般

memo
■フィールド遊び
磯遊び、昆虫採集

食材調達

● 車で15分ほど行けば雄武市街。道の駅「おうむ」で特産品が買えるほか、雄武名産ほたてかまぼこの「出塚食品本店」や「Aコープ」もある

● 道の駅向かいに、雄武漁業協同組合の直販店「海鮮丸」や、さらに北へ3kmほどで畠森水産の直販店「海宝」があり、新鮮な魚介類が購入できる

道央
道南
道北
オホーツク
道東

道内キャンプ業界 2023 北海道 10 大ニュース

ここ数年、コロナ禍にあってアウトドア活動が注目され、予期せぬキャンプブームが沸き起こった。2023年5月にはコロナが5類に位置付けられ、あらゆる面において日常が戻りつつある。そんな1年、北海道のキャンプ界はどうだったのか。北海道新聞社が運営するWEBメディア「ASATTE CAMP」の門馬羊次編集長と2023年のシーズンを振り返ってみたい。題して「道内キャンプ界の10大ニュース」。

まずは「ヒグマの出没相次ぐ」。連日ニュースになるほどの1年だった。キャンプ場も、目撃情報や痕跡を発見して閉鎖を余儀なくされた施設が多く、江別や岩見沢といった都市近郊でも閉鎖が続いた。

次に「まだまだ続く新キャンプ場オープン」。ブームによって民間の施設がずいぶんと増えた。今年は新たなコンセプトを打ち出し、差異化を図るキャンプ場が目立った。空知管内栗山町では「廃校でアート」を楽しむなど、テーマやターゲットを明確にした施設が増えた。

一方で、キャンプ場の「人手不足が深刻化」している。門馬編集長によると「管理人のなり手がいなくて、春に予定していた開業が3カ月遅れた施設もあった」という。「アルバイトも集まらない」とは、地方を中心によく聞かれる嘆きである。

「進化するドッグサイト」は明るい話題。大きなドッグランの中に車を入れ、テントも張れるといった、これまでなかったタイプのサイトが各地に登場した。「猛暑で標高の高い施設人気」も今年ならでは。本州ナンバーのキャンピングカーをはじめ、標高千メートル近いキャンプ場がにぎわっていた。

次に「アウトドアイベントますます盛況」を挙げたい。キャンプをメインテーマに据えたアウトドアイベントが各地で開催され、定着した感がある。室蘭では1万人を集めたイベントもあった。個別の施設の話題になるが、「美笛キャンプ場（千歳市）が予約制に」も外せない。道内で有数の人気を誇る支笏湖畔の美笛キャンプ場が始めた混雑対策で、賛否両論があった。

春には、神奈川県での倒木事故を受けて、道内の各施設でも緊急点検が実施された。「大沼公園駅前がアウトドア施設に大転換」もインパクトが大きい。大型バスの駐車場がグランピング施設や

「ASATTE CAMP」の門馬羊次編集長（左）と著者

RVパーク（車中泊専用駐車場）に置き換わっていた。時代の変化を感じ、感慨深いものがあった。

最後に、「北海道極上キャンプ」（北海道新聞社、1870円）という本の発売を取り上げておきたい。道内キャンプの魅力に加え、有名キャンパーの設営スタイル、キャンプ用品店の紹介など、これまでになかった本が出版された。

いろいろな変化が見られた道内のキャンプ業界。通年で利用できる施設も増え、楽しみ方も多彩になっている。当欄を通じて、キャンプ文化が広まることを願っている。

道内キャンプ業界 2023 北海道 10 大ニュース

1位	ヒグマの出没相次ぐ
2位	まだまだ続く新キャンプ場オープン
3位	人出不足が深刻化
4位	進化するドッグサイト
5位	猛暑で標高の高い施設人気
6位	アウトドアイベントますます盛況
7位	美笛キャンプ場（千歳市）が予約制に
8位	神奈川県の倒木事故受け道内も緊急点検
9位	大沼公園駅前がアウトドア施設に大転換
10位	「北海道極上キャンプ」（北海道新聞社）が発売

廃校を利用した ART×OUTDOOR VILLAGE 栗山

さるる海水浴場キャンプ場

海辺

さるるかいすいよくじょう　きゃんぷじょう

現地	興部町沙留
電話	0158-82-2345（観光協会・現地電話なし） 管理・予約／（一社）興部町観光協会（電話同上）
予約	受付／コテージのみ、4月1日から観光協会で電話受付 キャンセル料／予約時に確認を

アクセス
興部市街から紋別方向へ約10km。沿道の看板から海側へ折れ沙留岬へ

オホーツク海で短い夏の海水浴ができる場所

オホーツク海に面した数少ない海水浴場であり、その周囲をキャンプ場として利用できる。海水浴ができるのは毎年、7月第3週ごろから8月第3週ごろまでの1カ月間。海辺には小魚やカニがいて、夏休みともなれば、子どもたちの歓声が聞こえる。テントが張れる場所は4カ所ほどに分かれる。いずれもオホーツク海を望める草地のサイトだ。コテージ2棟も高台部分に建っており、室内から海への眺めはいい。受付は海の家になっている。

車の駐車場は砂利敷きだが、テントサイトは草地になっている

コテージの横の第4サイト

立派なコテージ2棟が建つ

開設 期間	1月	2月	3月	4月	5月	6月	7月	8月	9月	10月	11月	12月
							キャンプサイト　7月中旬～8月中旬					
							コテージ　6月1日～9月30日					

フリーサイト　オートサイト　コテージ　炊事棟対応　温泉　売店

水洗

ペット　ゴミ　花火　Wi-Fi　ランドリー

禁止事項　砂浜以外のたき火・ゴミ捨て

DATA

開設期間	7月中旬～8月中旬（コテージは6月1日～9月30日）
利用時間	コテージ以外フリー　ゲート　なし
管理人	海の家に9時～17時（シーズンのみ）駐在
利用料金	●持ち込みテント　無料（温水シャワー300円）
レンタル用品	なし
管理棟 （海の家）	受付、休憩、トイレ、シャワー
キャンピングカー	駐車場のみ可

食材調達

●カニやホタテなどが買える「沙留漁協の直売店」や、ホッケ、ニシン、カニなどが買える「おみやげ屋さん」が車で5分ほどの場所にある

●興部町の特産品は道の駅「おこっぺ」の売店に行こう。ミルク感たっぷりの味とボリュームが好評のソフトクリームをはじめ、牛乳やチーズなどの乳製品やハム、海産加工品など、興部町自慢のお土産品がそろっている

memo
■フィールド遊び
海水浴、海釣り

西興部森林公園キャンプ場

森林・川辺

にしおこっぺ　しんりんこうえんきゃんぷじょう

アクセス

国道239号、西興部村市街の看板から南へ曲がり300mほど直進

現地	西興部村字西興部107番地
電話	0158-85-7125（観光情報発信施設「里住夢」）キャンプ場問い合わせ 0158-87-2000（ホテル森夢）ログハウス問い合わせ 管理者／西興部村役場産業建設課 ☎ 0158-87-2111
予約	予約不可、先着順

　2年間をかけて順次リニューアルされた。新設のBBQハウスが立ちその横のAサイトと従来からあるステージ横のBサイトの2ヶ所が使える。料金は無料から有料に変更になった。ゴミは持ち帰りだが、専用のゴミ袋（1枚100円）で受け入れてくれる。

	1月	2月	3月	4月	5月	6月	7月	8月	9月	10月	11月	12月
開設期間						キャンプサイト　6月1日〜10月中旬						
						ログハウス　通年						

DATA

〈キャンプデータ〉

開設期間	2024年は6月1日〜10月中旬予定
利用時間	受付時間は9時〜16時半
ゲート	なし
管理人	9時〜16時半駐在
利用料金	テント・タープ各1張1泊2日500円

レンタル用品	なし
管理棟	なし、受付は隣の子育て支援センター「里住夢」の自動販売機に設置したカプセル販売機で受付札を購入
キャンピングカー	要相談

memo
■フィールド遊び
散策路、昆虫採集

ログハウス5人用が2棟並んである。受付は「ホテル森夢（リム）」へ

⊗ 禁止事項　たき火・花火

北見市端野町森と木の里キャンプ場

森林・川辺

きたみしたんののちょうもりときのさときゃんぷじょう

開設期間	5月1日〜10月31日
利用時間	IN/14時〜16時、OUT/翌12時まで ※16時以降はチェックイン不可
管理人	8時30分〜17時駐在

現地	北見市端野町忠志318番地8
電話	0157-56-4500（森と木の里管理センター） 0157-56-4004（北見市端野総合支所建設課）
予約	完全予約制。期間内は森と木の里管理センター、受付時間は8時30分〜16時45分
利用料金	●利用料　小学生以上1人1泊330円〈バンガロー利用料金〉●バンガロー（4人ほど×2棟）1棟1泊720円

おんねゆ温泉つつじ公園キャンプ場

公園

おんねゆおんせんつつじこうえんきゃんぷじょう

開設期間	5月1日〜10月31日
利用時間	フリー
管理人	不在

現地	北見市留辺蘂町花丘
電話	0157-42-2464（北見市留辺蘂総合支所）
予約	不可
利用料金	無料

呼人浦キャンプ場

湖畔

よびとうらきゃんぷじょう

開設期間	4月下旬〜10月中旬（詳細は要問い合わせ）
利用時間	フリー
管理人	不在

現地	網走市呼人
電話	0152-44-6111（内線303）（網走市役所観光課）
予約	不可
利用料金	無料（ごみ・消炭はすべて持ち帰り）

公園

紋別ガリヤ地区港湾緑地
もんべつがりやちくこうわんりょくち

現地	紋別市海洋公園 2
電話	080-7233-2149（迎賓館）
予約	なし

アクセス

紋別市街から道道 304
号で約 3.5km

周囲に観光施設が集まる、紋別観光の滞在拠点

2022 年シーズンから利用方法が変更になっている。テント利用者は、まずエンジ色の建物の受付窓口に行き、ごみ処分協力金として 1 泊 1 張につき 500 円を負担するようになっている。場内の平坦な芝生サイトと、広いアスファルト敷きの駐車場は変わらない。駐車場はあくまで公共の施設ということで節度ある利用を心がけたい。ゴミの処理のみをお願いしたい場合はテント利用者と同様 1 回 500 円を払えば OK。分別用のゴミ袋を使って処理できるルールになっている。周囲には紋別の観光施設が集まる。ここを拠点に紋別を堪能したい。

真っ平らな芝生のサイトは広さ 100m×100m。テント約 100 張りは可能だ

トイレ棟と仮設の流し台がある一角

ゲルハウスが登場した

オホーツクホワイトビーチは防波堤に守られた浅瀬のビーチ。小さな子どもでも安心して水遊びができる。遊泳期間は 7 月～8 月

開設期間	1月 2月 3月 4月 5月 6月 7月 8月 9月 10月 11月 12月
	6月～9月

memo
■フィールド遊び
　海水浴、海釣り

DATA

開設期間	6月～9月
利用時間	OUT は 11 時まで
ゲート	なし
管理人	巡回
利用料金	500 円、ゲルハウスの料金は公式 HP を参照
レンタル用品	なし
管理棟	迎賓館（13 時～15 時）、繁忙期は 9 時～17 時
キャンピングカー	駐車以外の利用は原則遠慮のこと

※ゴミ処理の受入時間（受付のゴミ袋のみ受入れ）9 時～9 時 30 分、16 時～16 時 30 分

フリーサイト　オートサイト　コテージ　車椅子対応　温泉
水洗
ペット　ゴミ　たき火　Wi-Fi　ランドリー
ノーリードは禁止。

禁止事項	直火・花火

道央 道南 道北 オホーツク 道東

コムケ国際キャンプ場

森林・川辺

こむけこくさい　きゃんぷじょう

現地	紋別市沼の上コムケ湖畔
電話	0158-28-2146（現地管理棟）
	オフ期間／0158-24-2111（紋別市役所）
予約	なし

アクセス

紋別市街から国道238号を南へ約21km。コムケ湖を過ぎて左折。湧別市街からは約14km

道央

道南

道北

オホーツク

道東

バードウォッチングの名所で、野鳥のさえずりを聞く

コムケ湖はオホーツク海沿いにあり、この地域によく見られる直線的な砂州で海と隔てられた海跡湖。野鳥の飛来地として知られ、バードウォッチングの名所になっている。この湖のすぐ近くに静かで雰囲気のいいキャンプサイトがある。場内は管理棟である「コムケ・レストハウス」を入り口に、森の雰囲気のエリアと広場のように開けた2つの場所が選べる。設備はシンプルそのもの。利用者はファミリーからライダー・ソロと多種多彩。それぞれのテントに思い思いの時間を過ごすキャンパーが集まる。

夕刻の時間はゆったりとした時が流れる

木立があって芝生がきれいで、快適そのもの

屋根がないが、水道が使えるシンプルな炊事場

場内から道路1本超えた場所にコムケ湖を眺められる場所がある。ベンチに座って風を感じてみたい。温泉は上湧別のチューリップの湯が近い。車で約15分

	1月	2月	3月	4月	5月	6月	7月	8月	9月	10月	11月	12月
開設期間					4月下旬〜10月末							

 フリーサイト オートサイト コテージ 車椅子対応 WC 温泉

 ペット　ゴミ　たき火　Wi-Fi　ランドリー
有料ゴミ袋で

memo

■フィールド遊び
バードウォッチング

⊗ 禁止事項　直火

DATA

開設期間	4月下旬〜10月末
利用時間	フリー
ゲート	なし
管理人	駐在、4月・5月・10月は9時〜16時、6月・9月は9時〜17時、7月、8月は8時〜20時
利用料金	高校生以上200円、中学生以下100円
レンタル用品	なし
管理棟	受付、シャワー、コインランドリー
キャンピングカー	駐車場可

五鹿山公園キャンプ場

森林・川辺

ごかざんこうえん　きゃんぷじょう

現地	湧別町北兵村二区
電話	01586-2-3141（現地管理棟）
予約	受付／4月1日から現地管理棟で受付 キャンセル料／キャンセル料はかからないが、早めの連絡を

アクセス
中湧別市街の沿道に「五鹿山公園」の看板。そこからゲレンデを目標に約1.5km

雰囲気が異なる2つのサイトを有する施設

毎年5月上旬から5月下旬くらいまでカラフルなチューリップ200品種70万本が咲き誇る「かみゆうべつチューリップ公園」。この公園から車で約5分。市街地にもやや近い場所にキャンプ場が整備されている。管理棟の下側にはアスファルト敷きの通路があるオートサイトがあり、上側には濃密な森の中で野営をするようなフリーサイトとログキャビン（バンガロー）が点在する。2つのエリアはまったく雰囲気が異なるので、好きな方を選ぼう。定員20人という団体向けの実習ロッジもある。

フリーサイトといってもテント床になっている。搬出入時は車の乗り入れが可

DATA

開設期間	5月1日〜9月30日
利用時間	IN／13時〜17時、OUT／翌10時まで
ゲート	なし
管理人	8時30分〜17時駐在（繁忙期のみ24時間駐在）
利用料金	●フリーサイト／18張　1泊1張 500円 ●オートサイト／17区画（電源付き）　1泊1区画2,000円、日帰り利用1,000円
管理棟	受付、自販機、電話／ほかにシャワー棟（1回100円）、バーベキューハウスなど
キャンピングカー	14mまで可

森の中に立つシャワー室

オートサイトの炊事棟

食材調達

- 「シティマートなかゆうべつ店」が、サイトから2kmほどのところにある。アスパラ（5、6月）、ホタテなどがバーベキューにオススメだ
- 湧別漁業協同組合の直営店「オホーツク湧鮮館」が海沿いにある。オホーツク海やサロマ湖からの海産物が購入できる

道央　道南　道北　オホーツク　道東

開設期間	1月 2月 3月 4月 5月 6月 7月 8月 9月 10月 11月 12月
	5月1日〜9月30日

⊗ 禁止事項　打上げ花火・フリーサイトでのたき火

 フリーサイト
 オートサイト
 コテージ
 車椅子対応
WC 水洗
 温泉

 ペット
 ゴミ
 たき火
 Wi-Fi
ランドリー

memo
■ フィールド遊び
遊歩道、パークゴルフ、昆虫採集

DATA

タイプ・宿泊料金	●ログキャビン（3〜4人用）18棟　1泊1棟3,000円　●「実習ロッジ」（20人用）1棟　1泊1棟15,000円
利用時間	IN／13時〜17時、OUT／翌10時まで

備品・設備など

なし、共同施設利用	なし、室内での炊事禁止
なし、寝具は各自持参	照明、電源
野外炉・テーブルベンチあり、タープスペースあり	場内の放し飼い、室内同伴は不可、糞の始末はきちんと

ログキャビンは3〜4人用がある。野外炉とテーブルベンチがついている

ログキャビンの室内は照明と電源のみ

20人も入れる実習ロッジ外観

まきストーブがある広い実習ロッジ室内

📍 周辺スポット

キャンプ場から2kmほどに道の駅があり、その横に「上湧別百年記念公園中湧別駅記念館」がある。ここには当時のホームや車両がそのまま残され、展示されている。昭和の時代にタイムスリップしたかのようだ

かみゆうべつチューリップ公園
総面積12.5万m²という広大な敷地の中に、ゆれるチューリップの可憐な姿が楽しめる公園。およそ200品種・70万本のチューリップが咲きそろう花の名所

🛁 温泉情報

「道の駅」の日帰り入浴温泉。大きな窓がある浴室は開放感満点で、泉質がよいと評判。男女日替わりで、洋風と和風の浴室が楽しめ、ジャグジーバス、露天風呂、サウナ、福祉風呂がある。食事処「ちゅーりっぷ」と売店が併設されている

かみゆうべつ温泉チューリップの湯 ☎ 01586-4-1126
【営業時間】10時〜22時（受付は1時間前まで）
【定休日】メンテナンス休館あり　【料金】大人650円、小学生300円

三里浜キャンプ場
さんりはまきゃんぷじょう

湖畔

現地	湧別町登栄床
電話	01586-5-3144（現地管理棟） シダックス大新東ヒューマンサービス㈱ オホーツク営業所☎01586-4-3203
予約	受付／オープン中は現地管理棟にて電話受付 キャンセル料／キャンセル料はかからないが、早めの連絡を

アクセス
湧別市街から道道656号へ。龍宮街道と呼ばれる道を海に向かって先端まで進むと、約13kmで現地

ブルーに輝く湖とダイナミックな夕景を見る

　周囲約90キロのサロマ湖は北海道ではいちばん大きな湖で、国内でも3番目の大きさ。オホーツク海とサロマ湖を隔てる砂州地帯の先端部に、夏の1カ月間だけ開設になるキャンプ場がある。通路はアスファルト敷きだが、テントサイトは砂地で、サロマ湖側に向いている。場内は砂地だが、重機を使って整地されている。ここでは、サロマンブルーと呼ばれる鮮やかな青色が映える湖とダイナミックな夕景を堪能したい。

フリーサイトは草が混ざる砂地。オートサイトは駐車スペースがアスファルト

トイレとコインシャワーランドリー棟

炊事施設は2カ所

管理棟近くに4人用のバンガローが10棟、炊事炉を囲むように立っている

開設期間	1月 2月 3月 4月 5月 6月 7月 8月 9月 10月 11月 12月
	7月20日～8月20日

水洗

memo
■フィールド遊び
散策、釣り、水遊び

禁止事項	カラオケ・発電機

DATA

開設期間	7月20日～8月20日
利用時間	IN／13時～18時、OUT／翌10時まで
ゲート	なし
管理人	8時30分～18時（繁忙期のみ24時間駐在）
利用料金	●オートサイト／47区画　1泊1区画 3,000円 ●フリーテントサイト／300張 1泊1張 2,000円
管理棟	受付、自販機、シャワー、ランドリー
キャンピングカー	14mまで可

食材調達
●約14キロ先に「Aコープ湧別店」があり、焼肉用の食材などが購入できる

サロマ湖キムアネップ岬キャンプ場

さろまこ　きむあねっぷみさききゃんぷじょう

湖畔

現地	佐呂間町字幌岩
電話	01587-2-1200（佐呂間町役場）
予約	不要

アクセス
浜佐呂間の市街地から道道858号を進み約6km

道内最大の湖にあって、夕日の絶景スポット

サロマ湖は北海道最大の湖。周囲約90キロ、オホーツク海とは全長20キロの砂嘴で区切られている。この大きな海のような湖の南東側、浜佐呂間地区の近くに岬状の部分があり、その突端部がキャンプ地になっている。アクセス道には民家が数軒建っているものの、岬の部分はなにか荒涼としたさいはて感あふれる場所になっている。設備は炊事場が2カ所、トイレとコインシャワー施設がある。約1キロの遊歩道も整備されている。ここはサロマ湖に沈む夕日のスポットでもある。静かにあかね色に染まっていく空を堪能したい。

駐車場から少し歩いてサイトがある

休憩所にはシャワーの設備がある

シンプルな炊事棟

取材時にちょうど見られたサンセット後のひととき。サロマ湖に沈む夕日ショーは感動的だ。このあと空が蒼くなるブルーアワーを経て、気がつくと満天の星空に。ことばを失うほどの星空がきらめいていた

開設期間	1月 2月 3月 4月 5月 6月 7月 8月 9月 10月 11月 12月
	6月1日〜10月中旬

フリーサイト

車椅子対応
水洗

ペット

memo
■フィールド遊び
昆虫採集、散策、バードウォッチング

禁止事項　湖での遊泳禁止

DATA

開設期間	6月1日〜10月中旬
利用時間	フリー
ゲート	なし
管理人	巡回（7月〜8月のみ）
利用料金	無料
レンタル用品	なし
管理棟	なし、自販機あり
キャンピングカー	駐車場内可

※遊歩道及び炊事場については改修工事のため使用できない期間あり

丸瀬布いこいの森オートキャンプ場

公園

まるせっぷいこいのもり　おーときゃんぷじょう

現地　遠軽町丸瀬布上武利 80 番地

電話　0158-47-2211（丸瀬布総合支所）
　　　土・日・祝日／郷土資料館（現地）☎ 0158-47-2466

予約　受付／フリーサイト含め全て予約制。公式 HP での予約受付
　　　キャンセル料／キャンセル料なし

アクセス

国道 333 号で旧丸瀬布町に入り、沿道に大きな
SL 看板がある「いこいの森」方向へ、9km ほど

SL が走る公園、遊びのメニューも充実

これだけ遊びのメニューが充実しているキャンプ場はほかにないかもしれない。丸瀬布森林公園いこいの森を走る蒸気機関車「雨宮 21 号」は丸瀬布のシンボル的存在。ほかにも、本格的なコースのゴーカートがあるかと思えば、小さな子ども向けのバッテリカーコーナーもある。ローラースケートにふわふわドーム、武利川（むりがわ）では水遊びにも興じられる。周囲には昆虫生態館と郷土資料館、パークゴルフ場まで整備されている。オートサイト 2 カ所にフリーサイト、バンガローも多彩なタイプがある。全サイト、車の乗入れ可能だ。

センターハウスに近い第 1 オートサイト。芝生がきれいだ

DATA

開設期間	4 月 27 日～10 月 20 日
利用時間	IN／13 時～17 時、OUT／翌 11 時まで
ゲート	なし
管理人	8 時～17 時（GW・夏休み 24 時間常駐）
利用料金	●入場料（1 泊）　大人 1,200 円、小中学生 600 円　●フリーサイト／200 張（要予約）　1 泊車両入場料：4t 車以上 1,600 円、普通・軽自動車 1,000 円、その他 400 円（日帰りは半額）　●オートサイト／118 区画（要予約）　1 泊 1 区画電源付き 4,000 円、電源なし 3,500 円（別に入場料が必要）　※上記は繁忙期料金。その他通常期・閑散期料金があり。
レンタル用品	パークゴルフ用具一式、丸型焼肉コンロ、寝袋、電気ストーブ
管理棟	受付、売店（金網、木炭、虫除け、氷、冷凍ジンギスカン、地元特産品、菓子類など）、自販機、ランドリー室、シャワー（10 分 200 円）
キャンピングカー	公式 HP を確認

電源なしの第 2 オートサイトは右奥側

フリーサイトの炊事場

食材調達

● サイトから丸瀬布市街までの約 9km に「セイコーマート」がある。「木暮商店」では、エゾ鹿肉のジンギスカンが手に入る
● 道の駅「まるせっぷ」では、特産品が購入できるほか、木材製品の展示や販売がある

開設期間	1月	2月	3月	4月	5月	6月	7月	8月	9月	10月	11月	12月

4月27日〜10月20日

⊗ 禁止事項　打上げ花火・カラオケ

 フリーサイト
 オートサイト
 コテージ
 車椅子対応 水洗
 温泉

 ペット
ゴ　ミ
たき火
Wi-Fi
ランドリー

memo
■ フィールド遊び
川遊び、釣り、昆虫採集、各種スポーツ

 DATA ☆☆☆

タイプ・宿泊料金　●バンガロー(4〜6人用)27棟　1泊1棟 4,000円〜8,000円　日帰り1棟 1,600円〜3,200円(別に入場料が必要)　※上記は繁忙期料金。その他通常期・閑散期料金があり。

利用時間　IN／13時〜17時、OUT／翌11時まで

備品・設備など

🛁 風呂は温泉、トイレは共同施設利用	🍳 なし
🛏 なし。寝袋のレンタルあり	💡 照明、電源
🔥 炭用コンロレンタル、タープスペースあり	🐕 場内での放し飼い、室内同伴は禁止

高床式でのバンガロー8棟が並ぶ

センターハウス近くに、バンガローが19棟ある

こちらはタイプの異なるバンガロー

売店やシャワーもあるセンターハウス

📍 周辺スポット

北海道遺産でもある森林鉄道蒸気機関車「雨宮21号」は、かつてこの地域で木材の運搬に活躍した蒸気機関車。煙突からはモクモクと煙を上げ、足回りから白い蒸気を出しながら、いこいの森園内2kmの軌道を走る

場内に流れる武利川のせせらぎをBGMに、浅い部分では水遊びもできる。また、場内には3連ふわふわドームもあり、無料で遊ぶことができる

♨ 温泉情報

道路を渡ってサイトの向かいには日帰り温泉がある。露天風呂やサウナ、寝風呂などがある。和風と洋風の湯船が男女日替わりになる。休憩所もある

丸瀬布温泉やまびこ　☎ 0158-47-2233

【営業時間】10時〜21時営業(冬季休業あり)
【定休日】火曜休み(夏休み期間は無休)　【料金】大人600円、小学生400円

白滝高原キャンプ場

森林・川辺

しらたきこうげんきゃんぷじょう

現地	遠軽町白滝天狗平
電話	0158-48-2803（現地管理棟）
予約	受付／公式 HP にて 4 月 1 日から。無料の会員登録が必要 キャンセル料／キャンセル料はかからないが、早めの連絡を オフ期間／遠軽町白滝総合支所 ☎ 0158-48-2211

アクセス

旭川紋別自動車道の奥白滝 IC から約 2km

さわやかな高原サイトで五右衛門風呂を楽しむ

奥白滝 IC を出てぐんぐんと坂を上っていく。ここは標高約 700 メートル地点。空気は若干軽いように感じられる。場内は大きな多目的広場を挟んで 2 つのエリアに分かれる。管理棟より手前側はフリーサイトとなり、木立が多く森の中にいる様相である。バンガローがその森にたたずみ、無料で使える 4 つの五右衛門風呂がある。奥側エリアは一転、ナチュラルな雰囲気のオートサイト。電源のあるなしが選択できる。自由度が高く、明るく開放的な雰囲気だ。こちらの設備は新しい。

オートサイトは設備が新しく、通行部分も駐車も芝生の上。かなり
自由度が高い

DATA

開設期間	6 月 1 日〜9 月 30 日
利用時間	IN／13 時〜17 時 30 分、OUT／翌 10 時まで
管理人	8 時 45 分〜17 時 30 分駐在
利用料金	●入場料　大人 600 円、小学生以下 400 円　●テントサイト／20 張　持ち込みテント無料　●オートサイト　電源付き 3,000 円（6 区画）、電源なし 2,000 円（24 区画）　五右衛門風呂（無料）、シャワー（10 分間 100 円）
レンタル用品	電気ストーブ、テント
管理棟	受付
キャンピングカー	10m

まで可

オートサイトのトイレ

オートサイト中央にある炊事場

管理棟はどっしり貫禄がある建物

道央　道南　道北　オホーツク　道東

開設期間

| 1月 | 2月 | 3月 | 4月 | 5月 | 6月 | 7月 | 8月 | 9月 | 10月 | 11月 | 12月 |

6月1日～9月30日

禁止事項　カラオケ、直火

フリーサイト　オートサイト　コテージ　連絡予約状　温泉

水洗

ペット　ゴミ　たき火　Wi-Fi　ランドリー

memo
■ フィールド遊び
遊歩道、昆虫採集、五右衛門風呂、バードウォッチング

DATA

タイプ・宿泊料金	●バンガロー(4人用)15棟 1泊1棟3,500円
利用時間	IN／13時～17時30分、OUT／翌10時まで

備品・設備など

五右衛門風呂・シャワーあり、トイレ共同施設利用		なし、室内での火気禁止	
なし		照明、電源(電気ストーブレンタルあり)	
テーブルベンチ、タープスペースあり		小型犬のみゲージで室内可	

バンガローは森の中に佇み、車を横付けすることができる。4人用が15棟

カーペット敷きの室内

バンガロー近くの炊事場

自分でお湯をわかす五右衛門風呂

📍 周辺スポット

道の駅「しらたき」が旭川紋別自動車道の奥白滝IC・白滝パーキングエリアにある。売店では地元の農産品や特産品などを販売する。食堂ではそばや鹿肉ソーセージカレーが味わえる

白滝IC近くに、新たに国宝指定された「白滝遺跡群出土品」が展示される埋蔵文化財センターがある。体験ゾーンでは石器づくりや黒曜石のアクセサリーづくりもできる

♨ 温泉情報

最寄りの温泉としては丸瀬布へ行こう。キャンプ場から37kmほど走っていこいの森オートキャンプ場の前。日帰り入浴ができる。露天風呂もあり

丸瀬布温泉やまびこ　☎ 0158-47-2233

【営業時間】10時～21時営業(冬季休業あり)
【定休日】火曜休み(夏休み期間は無休)　【料金】大人600円、小学生400円

富里湖森林公園キャンプ場

湖畔

とみさとこしんりんこうえん　きゃんぷじょう

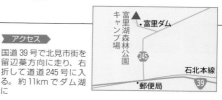

現地	北見市富里 393 番地
電話	0157-33-2520（現地管理棟）
予約	受付／バンガローのみ、5 月 1 日から現地管理棟にて受付 キャンセル料／キャンセル料はかからないが、早めの連絡をオフ期間／北見広域森林組合 ☎ 0157-23-7425

▶ アクセス ◀

国道 39 号で北見市街を留辺蘂方向に走り、右折して道道 245 号に入る。約 11km でダム湖に

静かなダム湖のほとりでおだやかな時間を過ごす

北見市の郊外、かんがい用のダム湖のほとりに整備されたキャンプ場。静かな湖と対岸の森を眺めながら、穏やかな時間を過ごすことができる。テントサイトは芝生がよく手入れされた平地。管理棟を挟んで左右の場所を利用できる。9 棟あるバンガローは湖を見下ろす斜面に、せり出すようなかっこうで立てられている。多目的広場や見晴台があり、管理棟の一階はイスとテーブルが置かれた休憩室。気温の低い日や雨の日には重宝されている。なお、釣りは湖岸からは OK だが、ボートからは禁止だ。

フリーサイトは緑まぶしい芝生のサイト。ところどころ立木が残され日陰をつくる

斜面に建つバンガローには階段を上って入る。湖への眺望がいい

管理棟の一階には休憩室がある

トイレ棟

DATA

開設期間	5 月 1 日～10 月 31 日
利用時間	IN／14 時～17 時、OUT／翌 12 時まで
ゲート	なし
管理人	8 時 30 分～17 時 30 分
利用料金	●1 泊 1 人 330 円
レンタル用品	ボート（30 分 240 円）
管理棟	受付、休憩室、自販機
その他	炊事場、トイレ棟（水洗）、多目的広場、野外卓、あずまや、見晴台、パークゴルフ場（ゴミ捨て場なし、各自持ち帰り）
キャンピングカー	駐車場は可

	1月	2月	3月	4月	5月	6月	7月	8月	9月	10月	11月	12月
開設期間					5月1日～10月31日							

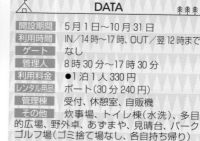

水洗

memo
■フィールド遊び
散策、釣り、昆虫採集、パークゴルフ

食材調達

●北見市は市町村合併でオホーツク海から内陸部まで大きな面積を有する市になった。ホタテなどの海産物やタマネギといった農産物など、さまざまな味覚が集う。焼肉のまちとしても有名で 70 店近い専門店がある。ラーメンならば「麺屋はる吉」がおすすめ。札幌の人気店「彩未」で修業した店主の味を堪能しよう

禁止事項　直火

道央　道南　道北　オホーツク　道東

女満別湖畔キャンプ場

湖畔

めまんべつこはん　きゃんぷじょう

現地	大空町女満別湖畔
電話	0152-74-4252（湖畔観光案内所 7月～8月のみ） 役場産業課商工グループ ☎ 0152-74-2111 （上記期間以外）
予約	不要

アクセス
女満別市街地内、JR
女満別駅の裏手

汽水湖の網走湖を目の前に市街地にも近いサイト

　網走湖は網走川を通じてオホーツク海に結ばれているため、潮の干満によって海水と河川水が入り込む特殊な汽水湖。この湖を目の前にして、木もれ日あふれる森の中の雰囲気でテントが張れる。受付・管理棟はJR女満別駅にほど近い場所にある湖畔観光案内所。管理人さんたちはやさしく親切。清掃も行き届いていて快適に過ごせる。自然度いっぱいの環境ながら、実は女満別の市街地はすぐ近くにあり、温泉には歩いても行ける。開設期間は夏の2カ月間のみ。この期間を逃さず訪問したい。

快適な芝生地、湖側には木々があり快適だ

シンプルな炊事場は3カ所

トイレ棟

キャンプ場から2.7kmほど離れた国道39号沿いには道の駅「メルヘンの丘めまんべつ」があり、アンテナショップで地元の野菜や加工品が買える。温泉は国道側300mほどに「湯元ホテル山水」があり、日帰り入浴ができる

DATA

開設期間	7月1日～8月31日
利用時間	フリー
ゲート	なし
管理人	8時45分～17時30分駐在
利用料金	大人300円、小学生以下200円
レンタル用品	なし
管理棟	受付、ゴミは持ち帰り
キャンピングカー	駐車場のみ可

	1月	2月	3月	4月	5月	6月	7月	8月	9月	10月	11月	12月
開設期間							7月1日～8月31日					

フリーサイト

オートサイト

コテージ

車椅子対応
水洗

温泉

memo
■フィールド遊び
カヌー、ヨット

ペット

ゴミ

たき火

WiFi

ランドリー

禁止事項 カラオケ・発電機・直火

東藻琴芝桜公園キャンプ場

ひがしもことしばざくらこうえん　きゃんぷじょう

公園

現地 大空町東藻琴末広 393

電話 0152-66-3111（現地管理棟）

予約 受付／ドリームハウス、オートサイトのみ、現地管理棟で
6 月 1 日から随時受付
キャンセル料／キャンセル料はかからないが、早めの連絡を
オフ期間／東藻琴芝桜公園（現地管理棟）で対応

アクセス

知床〜美幌を結ぶ国道 334 号で東藻琴市街から道道 102 号を経て、屈斜路湖方向へ約 8km

芝桜のお祭りが終わった後にキャンプ営業が開始

周囲の丘一面がピンク・ピンク・ピンクに染まる「芝桜まつり」が開催されるのは、毎年 5 月上旬から 5 月下旬にかけてのこと。多くの人で賑わう芝桜まつりが終了した後、公園内はキャンプ場としての利用がスタートする。サイトは平坦な芝生地。オートサイトとフリーサイトが利用できる。場内にはゴーカートコースや釣り堀があるほか、展望台や温泉もあって楽しい。UFO のようなバンガロー、ドリームハウスはユニークな宿泊施設。内部の間取りも工夫が随所にあり楽しめる。

オートサイトは 25 区画ある。14 区画は電源はなく、車を横付けできるタイプ

まるで UFO のようなドリームハウスが斜面中腹に 3 棟ある。いずれも 7 人用

キャンプサイトの横には日帰り温泉施設がある。温度の異なる 2 つの浴槽と休憩室がある。

開設期間	1月	2月	3月	4月	5月	6月	7月	8月	9月	10月	11月	12月
							7月1日〜9月30日					

フリーサイト　オートサイト　コテージ　車椅子対応水洗　温泉

ペット　ゴミ　たき火　Wi-Fi　ランドリー

memo

■フィールド遊び
遊歩道、ゴーカート、釣り堀、昆虫採集

△ DATA

開設期間	7月1日〜9月30日
利用時間	IN／14 時〜、OUT／翌 10 時まで
管理人	8 時〜17 時駐在
利用料金	●フリーサイト／中学生以上 400 円、小学生 200 円　●オートサイト／電源あり(11 区画)1 泊 1 区画 3,000 円、電源なし(14 区画)1 泊 1 区画 1,800 円　ゴーカート／1 周 2 人用 600 円、1 人用 400 円　釣り堀(1 時間釣り放題、8 月 31 日まで)／中学生以上 1,800 円、小学生以下 1,200 円
管理棟	受付／電話、炊事場、トイレ
その他の施設	コインシャワー(100 円)、足湯(無料)
キャンピングカー	10m まで可

食材調達

●大空町東藻琴の市街地には「ひがしもこと乳酪館」がある。地元特産のチーズについて映像やジオラマ模型などで学べるほか、試食・販売コーナーもある。オリジナルのソフトクリームが人気

⊗禁止事項 ペット同伴

クリオネキャンプ場

くりおねきゃんぷじょう

森林・川辺

現地	斜里町西町4
電話	080-4950-6904
予約	テント泊は予約不可の先着順 コテージなどは電話にて随時 キャンセル料は当日80%、前日50%、7日前から20%

アクセス
斜里中心部から西へ約2キロ。道道769号、斜里川渡ってすぐ

宿泊施設もテントサイトも多彩、旅人が集う

オホーツク管内斜里町の市街地からさほど離れていないにもかかわらず、自然豊かな場所でキャンプをしているかのような気分になる施設である。看板ゲートから入ってすぐにゲストハウスがあり、その奥はD型ハウスが並び食事や団らんスペースとして開放されている。BBQキッチン棟の奥が管理棟になっている。フリーのキャンプサイトは3カ所に分かれる。バンガローはログキャビンと山小屋があり、人数や好みによってタイプを選択できる。場内は、キャンパーをメインにさまざまな旅人が行き交う。

ライダーや自転車向けのテントサイト

管理棟の中は快適仕様

各種宿泊施設が場内に点在

温泉は徒歩約3分にある「斜里温泉湯元館」が利用できる。源泉掛け流しのモール泉。日帰り入浴大人400円・小学生200円がキャンプ場宿泊者は半額で利用できる

DATA

開設期間	4月1日〜10月末(ゲストハウスのみ通年)
利用時間	IN／15時〜20時、OUT／翌9時まで
ゲート	なし
管理人	駐在
利用料金	●キャンプは1人550円 ●オートキャンプ(フリーサイト) 最初の1人1,650円(2人以降の追加は1人550円) ●オートキャンプ(区画サイト)最初の1人2,200円(2人以降追加は1人550円) ●コテージ1棟5,500円(定員2人)〜1室12,100円(定員6人)
レンタル用品	BBQセット、たき火セット、石油ストーブなど各種あり
管理棟	受付、共有スペース、キッチン、ランドリー、シャワー
キャンピングカー	要問合せ

	1月	2月	3月	4月	5月	6月	7月	8月	9月	10月	11月	12月
開設期間				キャンプサイト 4月1日〜10月末								
				ゲストハウス 通年								

 水洗

memo
■フィールド遊び
昆虫採集、星空

禁止事項 直火・屋内全面禁煙・打ち上げ花火

国設知床野営場

こくせつ　しれとこやえいじょう

森林・川辺

現地	斜里町字ウトロ東
電話	0152-24-2722（現地管理棟）
予約	受付／ケビンのみ、現地管理棟で随時受付 キャンセル料／キャンセル料はかからないが、早めの連絡を オフ期間／知床斜里町観光協会 ☎ 0152-22-2125

アクセス
国道334号を斜里町からオホーツク海を左に見ながら、36km走るとウトロ市街。案内板に従って坂道を上った海側の突き当たり

世界自然遺産の知床を堪能する滞在拠点

どっしりと風格のある名野営場である。世界自然遺産の知床にあって、ウトロの高台にあるキャンプ場。市街地まで近いこともあり、ここを拠点に知床の観光地を巡るキャンパーも多い。ファミリー層を中心に、ソロのツーリスト、キャンピングカー利用者などあらゆる人を受け入れている。サイトは草地のフリーサイトのみになっている。車の駐車スペースが一部場内に許されていることから、オートサイト的に使える部分もある。場内は大きな樹木が茂り、おおらかな雰囲気。エゾシカが時折り顔を出し、びっくりする。

フリーサイトにはほどよい間隔でそれぞれのテントが立つ。自由な雰囲気

DATA

開設期間	6月1日～9月30日
利用時間	IN／11時～18時、OUT／翌11時まで
ゲート	なし
管理人	9時～18時駐在
利用料金	●持ち込みテント　1人1泊高校生以上500円、小中学生300円　●日帰り料金　大人300円、小中学生100円
レンタル用品	なし
管理棟	受付、自販機
キャンピングカー	駐車場のみ

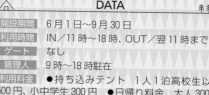

知床八景のひとつ「夕陽台」がサイトの一番奥にある。オホーツク海に沈む夕陽が眺められるスポット

食材調達

● 道の駅「うとろ・シリエトク」が、サイトから約1.5kmにある。ウトロ漁協の直売店が入っており新鮮な魚介類が買える。レストランや売店もある
● ウトロ市街まで約1km。コンビニや、食料品店「ビッグマートみたに」で食材が買える

簡素な水場が2カ所ある

知床ボランティア活動施設が受付

開設期間	1月 2月 3月 4月 5月 6月 7月 8月 9月 10月 11月 12月
	6月1日～9月30日

⊗ 禁止事項　直火・花火・カラオケ・発電機

memo
■ フィールド遊び
　遊歩道、昆虫採集

 DATA

タイプ・宿泊料金	●ケビン（4人用）5棟　1泊1棟4,000円　●ケビン（2人用）2棟　1泊1棟3,200円
利用時間	IN／14時～、OUT／翌10時まで

備品・設備など

共同施設利用	共同施設（炉付き）利用
2段ベッド（4人用）、板間にカーペット（2人用）。寝袋各自持参	照明
なし	室内同伴および放し飼いは禁止

場内の奥の方に4人用と2人用のケビンがある。車の横付けが可能

室内にはたたみ敷きの2段ベッド

2人用のかわいいケビン、コンセント1口あり

ヒグマの注意看板、英語版もある

🎯 周辺スポット

車では行くことができない知床の秘境を海上から船で見にいくクルーズツアーがある。知床岬の突端まで行くコースやヒグマの出没地ルシャまで行くコースなどいくつかのタイプがある

世界自然遺産の知床五湖はヒグマの活動期などによって散策方法が異なる。自由に散策できる時期もあるが、できればガイドツアーがおすすめだ。奥深い魅力を知ることができる

♨ 温泉情報

キャンプ場から歩いて5分ほどにある温泉。内風呂のほかに広くはないが露天風呂がある。コインランドリーもあって便利

夕陽台の湯　☎ 0152-24-2811
【営業時間】14時～20時（最終受付は19時30分）　※冬季休業あり
【定休日】無休　【料金】大人500円、小学生250円

道央／道南／道北／オホーツク／道東

253

清里オートキャンプ場
きよさと　おーときゃんぷじょう

田園・丘陵

現地　清里町江南 807 番地
電話　0152-25-3500（現地管理棟）
予約　受付／3月から電話受付。営業期間中は現地管理棟で、オープン前は
　　　きよさと観光協会で（平日9時〜17時）
　　　キャンセル料／キャンセル料はかからないが、早めの連絡を
　　　オフ期間／きよさと観光協会（平日9時〜17時）☎ 0152-25-4111

アクセス
清里市街から斜里岳方向へ。要所に誘導板があ
り、道道 857 号への分岐から約 7km

管理が行き届くコンパクトな総合サイト

オホーツク管内清里町は、道東観光の滞在拠点としてぴったりなところ。知床半島や網走、屈斜路湖と摩周湖にもアクセスがいい。このまちの郊外に比較的コンパクトな総合サイトが整備されている。場内は区画割されたカーサイトとフリーサイトが合わせて 40 あまり。一番奥に貸別荘タイプのコテージ 5 棟とバンガロー 7 棟が利用できる。センターハウスは靴を脱いで入るタイプ。炊事棟やトイレはもちろん、至るところ清掃が行き届いている印象。利用の際は、お互いきれいに使いたい。

電源と個別水場がついたカーサイト。フラットで広さも充分

DATA

開設期間	4 月 20 日〜9 月 21 日
利用時間	IN／13 時〜18 時、OUT／翌 7 時〜10 時
ゲート	22 時〜翌 6 時閉門
管理人	時間内は常駐（夜間は宿直が対応）
利用料金	入場料　中学生以上 500 円、小学生 300 円 ●フリーテントサイト／23 区画　1 泊 1 区画 1,000 円 ●カーサイト／20 区画（電源、流し台）1 泊 1 区画 2,000 円 ●ペット同伴サイト／5 区画　1 泊 1 区画 2,000 円
レンタル用品	バーベキュー炉（200 円）、MTB（3 時間 500 円）、e バイク（3 時間 700 円）
管理棟	受付、自販機、電話、休憩室、洗濯機（200 円）、乾燥機（100 円）、トイレ、売店（酒類、氷、インスタント食品、調味料、炭など）
キャンピングカー	6m まで可

二輪専用の駐車場もあり

清掃が行き届いた個別水場

ほとんど屋内感覚の炊事棟

食材調達

●清里市街まで 5km ほど。「A コープきよさと」がある。道の駅「パパスランドさっつる」でも農産物が買える

	1月	2月	3月	4月	5月	6月	7月	8月	9月	10月	11月	12月
開設期間						4月20日～9月21日						

禁止事項 ペット同伴・打上げ花火・カラオケ・発電機

 フリーサイト オートサイト コテージ 車椅子対応 WC 水洗 温泉

 ペット ゴミ たき火 Wi-Fi ランドリー

memo
■ フィールド遊び
遊歩道、自転車、昆虫採集、パークゴルフ

▲札弦へ　　カッコーの鳴き声 (5,6月) ノビタキ、コガラ、アカゲラなど　　▲清里市街へ

ドッグラン
フラワーパーク
ペット同伴サイト
あずまや
町道23号
さけますふ化場
バンガロー (7棟)
クワガタが外灯に集まる。トンボやキリギリスなども見られる
フリーサイト
炊
センターハウス
入口▶
カーサイト
P WC
大型あずまや
コテージ (5棟)
※山菜採りは自然を荒らすこととなるのでおすすめしていない

DATA

タイプ・宿泊料金	●コテージ(8人用)5棟　1泊1棟 14,000円　●バンガロー(4人用)7棟　1泊1棟 5,000円、いずれも入場料金別途
利用時間	IN／13時～18時、OUT／翌7時～10時

備品・設備など

シャワー、トイレ、洗面台	電気コンロ、電子レンジ、炊飯器、調理器具、食器類
2段ベッドとマット	照明、電源、冷蔵庫、テレビ、暖房／洗濯機(200円)は管理棟に
バーベキュー炉レンタル、タープスペースあり	NG

バンガローがサイトの奥に並ぶ。スクリーンタープも張れるスペースあり

中には2段ベッドとマットレスがあり

コテージタイプは8人用

リビングとキッチン、食器類もあり

周辺スポット

サイトから車で数分、場内を上るとパークゴルフ場があるほか、頂上部分には立派な展望台がある。階段を登れば斜里岳など一層眺望がよく、晴れた日の夜は満天の星空が眺められる

清里の市街地にある、きよさと情報交流施設「きよ～る」では観光案内はもちろん、町の特産品「清里焼酎」の試飲ができる。カフェもあって清里産小麦を使用したうどんなどが味わえる

温泉情報

サイトから5kmのところに、道の駅「パパスランドさっつる」があり、館内に温泉施設がある。露天風呂のほか、温度が異なる内湯と打たせ湯がある

パパスランド温泉　☎ 0152-26-2288
【営業時間】10時～21時営業　【定休日】無休
【料金】大人450円、高校生以下140円、小学生未満無料

美幌みどりの村森林公園キャンプ場

びほろみどりのむら　しんりんこうえんきゃんぷじょう

田園・丘陵

現地	美幌町美禽（みどり）
電話	0152-72-0178（一般財団法人　美幌みどりの村振興公社） 振興公社で通年対応
予約	受付／バンガローのみ、美幌みどりの村振興公社にて2月1日から 電話受付 キャンセル料／当日キャンセルの場合100%

▶アクセス
美幌市街から北見方向へ網走川を渡る（みどり橋）
と、沿道に案内板がある

美幌市街を一望するバンガローが人気の施設

オホーツク管内美幌町の市街地からやや離れた小高い丘に作られたキャンプ場。特徴は道内最大級となる3つのジャンボ滑り台があること。合計200メートルというロングコースを滑ることができる。フリーサイトは管理棟近くの芝生地が利用できる。ここではバンガローが人気だ。場内あちこちの斜面に「カラマツハウス」と名付けられたバンガローが合計19棟もある。斜面の上の方にあるものからは美幌市街が一望できる。三角錐のマッシュルームキャビンもユニークだ。子どもたちに喜ばれそうな宿泊施設。

フリーサイトでは、木陰などお気に入りの場所を選ぼう

DATA

開設期間	4月20日〜10月14日
利用時間	IN／15時〜16時30分、OUT／翌10時まで
ゲート	なし
管理人	9時〜17時駐在
利用料金	●サイト使用料／持ち込みテント　1人1泊高校生以上440円、小中学生330円
レンタル用品	寝袋（300円）、炉（500円、木炭別売り）
管理棟	受付、電話、自販機、炊事場
その他設備	コインシャワー、ジャンボ滑り台、コンビネーション遊具、トイレ棟
キャンピングカー	駐車場のみ可

食材調達

●JR美幌駅舎内には物産館「ぽっぽ屋」があり美幌町の特産物がたくさん置かれる。野菜コーナーや食品コーナーのほか、木工芸品もある

管理棟から少し上の部分

炊事場は管理棟と一体型

	1月	2月	3月	4月	5月	6月	7月	8月	9月	10月	11月	12月
開設期間					4月20日〜10月14日							

禁止事項 ペット散歩・打上げ花火・カラオケ・発電機

 フリーサイト オートサイト コテージ   車椅子対応 水洗 温泉

 ペット ゴミ たき火 Wi-Fi 一部 ランドリー

memo
■フィールド遊び
遊歩道、小川遊び、昆虫採集、バードウォッチング

DATA

タイプ・宿泊料金	●バンガロー(6人用)14棟　1泊1棟3,300円〜4,400円 ●15人用4,950円 ●10人用3,850円が各1棟ある ●マッシュルームキャビン(4人用)3棟　1泊1棟2,750円
利用時間	IN／15時〜16時30分、OUT／翌10時まで

備品・設備など

シャワー・トイレは共同施設利用	なし、室内での火気禁止
なし、一部2段ベッド付き／寝袋レンタルあり	照明、電源(マッシュルームキャビンはなし)
炉レンタルあり	場内散歩禁止

バンガローは4人用のマッシュルームキャビンから15人用まである

ログハウス型の内部には2段ベッド

サイトの下側にあるバンガロー

マッシュルームキャビン

周辺スポット

場内にはサイトの上の方から、ローラースライダーがあり、次にドームスライダー、もう一度ローラースライダーと3つ合わせて200mになる。ウッドチップが敷かれた遊歩道もある

美幌博物館
美幌の自然や歴史を紹介する博物館。郷土資料として、動植物や地形・地質、民族や開拓の歴史などが学べる。じっくりと見学してみたい

温泉情報

キャンプ場から約7km離れるが、広い駐車場がある公共の日帰り温泉。露天風呂や東藻琴の鉄平石を使った浴槽などがある

美幌温泉　峠の湯びほろ　☎0152-73-2121
【営業時間】10時〜22時(入浴は21時20分まで)　【定休日】第2水曜休み
【料金】大人600円、4歳〜小学生300円、3歳以下は無料

レイクサイドパーク・のとろ

湖畔

れいくさいどぱーく　のとろ

現地	網走市能取港町5丁目1番地
電話	0152-47-1255（センターハウス）
予約	受付／利用日2カ月前の1日から電話受付 （6・7月分の予約は5月1日から）受付時間8時〜17時 キャンセル料／キャンセル料はかからないが、早めの連絡を オフ期間／網走市水産漁港課漁業振興係　☎ 0152-44-6111

アクセス

網走市内大曲の国道分岐から39号を238号（能取湖・常呂方面）へ進み、能取湖へ、約11km

能取湖の近くに造成された快適総合サイト

能取湖はオホーツク海とつながる比較的大きな海水湖。春から夏にかけてはアサリの潮干狩りの名所としても知られている。湖畔にはサンゴ草と呼ばれるアッケシソウの群落地があり、毎年9月になると湿地帯全体を真っ赤に染める。この湖の近く、パークゴルフ場と共同運営をするキャンプサイトがある。場内は平坦な芝生地。開放的な雰囲気だ。オートサイト・フリーサイト・パオにコテージもあり、多彩なキャンプ場になっている。

細かな砂利が敷き詰められたオートテントサイト。個別の水場が付く

DATA

開設期間	6月1日〜9月30日
利用時間	IN／13時〜18時、OUT／翌8時〜11時
ゲート	21時〜翌7時30分閉鎖
管理人	24時間常駐
利用料金	●プライベートテントサイト／3区画（炊事台、電源）1泊1区画3,150円 ●オートテントサイト／22区画（電源なし）1泊1区画2,100円 ●フリーテントサイト／30張（芝生）1泊1区画1,050円 ●デイキャンプ（10〜16時）／1張520円
レンタル用品	寝袋、パークゴルフ用具、テント
管理棟	受付、自販機、コインランドリー・シャワー、水洗トイレ、売店コーナー（炭、着火剤、虫除けスプレーなど）
キャンピングカー	7mまで可

食材調達

● 6kmほど離れた大曲地区には、「長谷川ストアー」「セブンイレブン」「ローソン」があり、肉や野菜などが買える

コンロ使用時はこのブロックを使う

調理台がついた個別水場

キャンプ場から約12キロにある能取岬は絶景だ

道央　道南　道北　オホーツク　道東

	1月	2月	3月	4月	5月	6月	7月	8月	9月	10月	11月	12月
開設期間						6月1日～9月30日						

⊗ **禁止事項** 直火・指定場所以外での花火・カラオケ・発電機

フリーサイト／オートサイト／コテージ／車椅子対応 水洗／温泉

ペット 一部可／ゴミ／たき火／Wi-Fi／ランドリー

---

memo
■ フィールド遊び
パークゴルフ、釣り、昆虫採集

DATA

タイプ・宿泊料金	●コテージ(6人用)3棟　1泊1棟 10,500円　7人以上1人 1,050円増　●パオ(8人用)2棟　1泊1棟 6,300円　9人以上1人 520円増
利用時間	IN／13時～18時、OUT／翌8時～11時

備品・設備など

🚽	トイレ、洗面台、シャワーはセンターハウスに	🍳	流し台、換気扇、ガスコンロ、炊飯器、食器類。ただし室内で焼肉厳禁
🛏	フローリング／マットレス、毛布。寝袋のレンタルあり	📺	照明、電源、テレビ、冷蔵庫、ストーブ。洗濯機はセンターハウスに
🔥	コンロ用ブロック貸出、庭にタープスペースあり	🚫	NG

貸別荘タイプのコテージが3棟並ぶ。6人用。車も横付けが可能

リビングには暖房器具も

キッチンや冷蔵庫など充実

パオが2棟コテージ近くにある

📍 周辺スポット

サイトから近くの場所でアサリの潮干狩りができる。西網走漁業協同組合のご厚意により、4月15日～7月15日のみ開放されている。アサリのみ無料で採捕できるが、それ以外は不可だ

能取湖の卯原内一帯では秋、サンゴ草が美しく色づきあたりを真っ赤に染める。見頃は8月下旬～9月下旬ごろ

♨ 温泉情報

キャンプ場から約10km。網走湖の湖畔にある温泉ホテル。石組みの露天風呂のほか、大浴場や北欧風サウナなど多彩な湯船が楽しめる

ホテル網走湖荘 ☎ 0152-48-2311
【営業時間】13時～22時（最終受付は21時）営業
【定休日】無休　【料金】大人 700円、小学生以下 300円

道央 / 道南 / 道北 / オホーツク / 道東

259

道立オホーツク公園てんとらんど オートキャンプ場

どうりつおほーつくこうえんてんとらんど　おーときゃんぷじょう

現地　網走市字八坂1番地

電話　0152-45-2277（てんとらんど）

予約　道立オホーツク公園てんとらんどにて通年対応（年末年始は休み）公式
HPから予約
受付／利用月3カ月前の1日から、てんとらんどにて受付（8〜19時）
キャンセル料／無断キャンセルの場合は全額請求

アクセス
網走市街から道道683号に入り、天都山へ向かう
と沿道に案内板あり、約6km

オホーツク海と知床半島を眺める絶景サイト

　網走の観光施設が集まる天都山の
すぐ近くに、テントを張れるてんと
らんどがある。高台にあるため、オ
ホーツク海はもちろん、天気が良け
れば対岸にすーっと延びる知床半
島・知床連山も望める。サイトは
広々、傾斜地を上手く利用した、
キャンピングカーサイト・プライ
ベートサイト・フリーテントサイト
が整備される。ロッジと呼ばれる貸
別荘タイプのコテージが17棟建っ
ていて、こちらからも絶景をほしい
ままにする。センターロッジには多
目的ホールがあり、屋外にはドッグ
ラン施設も設置されている。

キャンプサイトはいくつかのゾーンに分かれている。芝生の管理も
よく清潔で快適

DATA

開設期間　4月下旬〜10月上旬

利用時間　IN／13時〜19時、OUT／翌8時〜10時

ゲート　22時〜翌7時閉門（ゲートは24時間作動）

管理人　24時間常駐（22時〜8時は警備員）

利用料金　●利用料金　中学生以上600〜1,200円、小学生
300〜500円　●フリーテントサイト／22張　1泊300〜500円、
日帰り500円　●プライベートサイト／20区画（電源、流し台）
1,400〜2,600円　●キャンピングカーサイト／8区画（電源、流
し台）2,000〜3,800円　※料金は利用時期（平日、週末、繁忙期）
による三段階設定、団体利用者特割料金（学校等）などがある

レンタル用品　テント、寝袋、マット、ランタン、延長
コード、イス・テーブル（サッカーボール、ビリヤー
ドなどの用具は無料貸出）

センターロッジ　受付、自販機、無料Wi-Fi、多目的ホール、
シャワー、ランドリー、売店

その他　BBQハウス2棟、大型BBQハウス1棟
（80人収容可能）、野外炉（6人用）7基、ドッグラン

キャンピングカー　駐車帯が5mと15mのサイトあり

食材調達

●「肉のまるゆう」のカルビ、ソーセージ
など宅配サービスあり（注文は宿泊日の
3日前まで）

トイレ棟近くのプライベートサイト　　　　炊事場ではお湯が使えてうれしい

	1月	2月	3月	4月	5月	6月	7月	8月	9月	10月	11月	12月
開設期間				4月下旬～10月上旬								

⊗ 禁止事項	打上げ花火・カラオケ・発電機・投光器

フリーサイト　オートサイト　コテージ　車椅子対応（水洗）　温泉

ペット（一部可）　ゴミ　たき火　Wi-Fi　ランドリー

---

memo

■ フィールド遊び

・散策路、パークゴルフ、昆虫採集

🏕 DATA

タイプ・宿泊料金＋利用料金
●ロッジA（8人用）11棟（うち1棟バリアフリー）1泊1棟9,700円～20,200円＋利用料金 ●ロッジB（5人用）6棟 1泊1棟6,400円～12,800円＋利用料金 ●利用料金は中学生以上700円～1,600円、小学生500円～700円（料金は時期や曜日、団体や個人、長期などの条件によって変動）

利用時間 IN／14時～19時、OUT／翌8時～10時

備品・設備など

🛁	バス（ロッジBはシャワーのみ）、トイレ、洗面台	🍳	ガスコンロ、レンジ、炊飯器、鍋類など
🛏	布団など寝具一式	📺	照明、電源、冷蔵庫、テレビ、暖房
🍖	テーブルベンチ、タープスペースあり	🔥	テントサイトは一部可（ロッジは不可）

貸別荘タイプのロッジは8人用と5人用があり、生活用品が完備

一階のリビング

二階には寝室コーナー

キッチンまわりもすべて揃って充実

📍 周辺スポット

キャンプ場からすぐに「オホーツク流氷館」がある。「流氷体感テラス」ではマイナス15℃の室内で本物の流氷が見られるほか、ぬれたタオルを凍らせる「しばれ実験」ができる

「博物館 網走監獄」は明治時代から実際に網走刑務所として使用されてきた建物を保存公開する。受刑者のリアルなようすを再現。建物も五翼放射状舎房という美しくも合理的な建築物

♨ 温泉情報

キャンプ場から車で約10分。網走湖側にあるホテル。石組みの露天風呂のほか、大浴場や北欧風サウナなど多彩な湯船が楽しめる

ホテル網走湖荘　☎ 0152-48-2311

【営業時間】13時～21時（最終受付は20時）営業
【定休日】無休　【料金】大人1,000円、小学生以下500円

津別 21 世紀の森キャンプ場

森林・川辺

つべつ 21 せいきのもり　きゃんぷじょう

現地	津別町字豊永 127
電話	0152-76-1737（現地管理棟）
予約	受付／開設中は現地管理棟、オフ期間は振興公社にて随時受付

キャンセル料／キャンセル料はかからないが、早めの連絡をオフ期間／津別町振興公社　☎ 0152-76-1283

アクセス

津別市街の木材工芸館近くのホクレン GS を曲がり、案内板を右折。道なりに 600m ほど進む

津別川のせせらぎに夏にはホタルが舞う

オホーツク管内津別町の市街地にほど近い、大きな公園の一角にあるサイト。7月中旬から8月中旬には、キャンプ場の横を流れる津別川などでホタルが舞う。夏の夜、ここは幻想的な景色に変わる。入り口が少々わかりにくいので初めて行く人はご注意を。公園内の通路を進んだ先に、駐車場と管理棟が見えてくる。キャンプ場はフリーサイトのみになっている。広い芝生の広場がサイトだ。シンプルな4人用のバンガローが管理棟近く、川のせせらぎが聞こえる場所に立つ。バーベキューハウスが使える。

広く平坦な芝生のサイトにはどこにテントを張っても自由だ

バンガローは川沿いに4棟並ぶ。室内は照明のみのシンプルなもの

受付となる管理棟。津別の市街地には町営の公衆浴場がある。温泉ならば、20キロほど離れた「ランプの宿森つべつ」へ

開設期間	1月 2月 3月 4月 5月 6月 7月 8月 9月 10月 11月 12月
	5月1日〜10月下旬

フリーサイト　オートサイト　コテージ　車椅子対応　水洗 WC　温泉

ペット　ゴミ　Wi-Fi　ランドリー

memo
■フィールド遊び
遊歩道、釣り、川遊び、昆虫採集

⊗ 禁止事項　たき火・花火・カラオケ・ペット同伴・発電機

DATA

開設期間	5月1日〜10月下旬
利用時間	IN／9時〜、OUT／翌17時まで
ゲート	あり　8時〜17時駐在
利用料金	●テント1張500円＋利用料（小学生以上1人300円）●日帰り利用テント1張500円＋利用料（小学生以上1人150円）●バーベキューコーナー　コンロ1台につき500円
管理棟	受付、自販機、バーベキューコーナー
公園内の施設	パークゴルフ場、フィールド・アスレチック、野鳥観察舎、グレステンスキー場
キャンピングカー	駐車は可

食材調達

●キャンプ場から約1kmの国道沿いに「セブンイレブン」がある。スーパーは津別市街に

●道の駅「あいおい」に行けば、新鮮野菜が購入できるほか、こだわりの手打ち十割そばが食べられる

道央
道南
道北
オホーツク
道東

262

ハイランド小清水キャンプ場

森林・川辺

はいらんど　こしみず　きゃんぷじょう

現地	小清水町字もこと山2番地
電話	0152-62-4481（小清水町役場商工観光係） 現地に電話なし
予約	受付／バンガローのみ、6月1日から商工観光係で受付 キャンセル料／キャンセル料はかからないが、早めの連絡を

6〜7人用のバンガローが3棟

memo
■**フィールド遊び**
散策、昆虫採集、山菜

⊗ 禁止事項 直火・発電機

アクセス 網走方面からは、道道102号で東藻琴市街を過ぎて20kmほど。弟子屈方面からは、国道391号から道道102号へ

屈斜路湖をダイナミックに見下ろす藻琴山（標高1,000メートル）の登山口が「ハイランド小清水」であり、その登山基地のような場所にある。標高600メートル近くにあり夏場は涼しい。バンガローと五右衛門風呂が使える。

開設期間	1月 2月 3月 4月 5月 6月 7月 8月 9月 10月 11月 12月
	7月5日〜9月30日

DATA

〈キャンプデータ〉
開設期間	7月5日〜9月30日
利用時間	IN／15時〜、OUT／翌10時まで
ゲート	なし
管理人	13時30分〜19時常駐（宿泊者がいる場合は常駐）
利用料金	●フリーサイト 18歳以上300円、18歳未満150円

レンタル用品	なし
管理棟	受付、シャワー（5分100円）、ゴミは有料で受け入れ

〈バンガローデータ〉
タイプ・宿泊料金	●バンガロー（6〜7人用）3棟、1泊1棟5,000円、日帰り利用1時間300円
キャンピングカー	駐車場のみ可

サウスヒルズ

田園・丘陵

さうすひるず

現地	北見市若松116番地
電話	なし　問い合わせ／south.hills.kitami@gmail.com
予約	完全予約制

利用料金 2,500円／1泊（大人1名、車両1台、サイト1区画）、1,000円／大人1名・1泊（小中学生1人500円、未就学児無料、1区画大人5名まで）、駐車車両追加1,000円／車両1台・1泊（トレーラーやバイク、自転車を含む）

開設期間	通年
利用時間	IN／12時〜19時、OUT／翌12時
管理人	駐在

滝上渓谷公園キャンプ場

公園

たきのうえけいこくこうえんきゃんぷじょう

現地	滝上町元町
電話	0158-29-4233（渓谷公園センターハウス） 0158-29-2111（滝上町まちづくり推進課）
予約	コテージのみ可、コテージはホテル渓谷（0158-29-3399）にて受付

利用料金 有料〈バンガロー利用料金〉●コテージ（4人用×1棟）1棟15,000円　●コテージ（8人用×1棟）1棟30,000円　※冬季は暖房料加算

開設期間	5月1日〜10月31日
利用時間	IN／9時〜17時、OUT／翌9時〜17時
管理人	8時〜16時駐在（センターハウス）

チミケップ湖キャンプ場

湖畔

ちみけっぷこきゃんぷじょう

現地	津別町沼沢204-1
電話	0152-77-8388（津別町役場商工観光係）
予約	不可

利用料金 無料

開設期間	6月上旬〜10月下旬（予定）
利用時間	フリー
管理人	巡回

十勝ワッカの森キャンプ場（清水町）

道東

十勝・釧路・根室管内の
キャンプ場を
紹介しています

RECAMP 和琴

湖畔

りきゃんぷわこと

現地	弟子屈町屈斜路和琴
電話	非公開
予約	キャンプ場予約サイト「なっぷ」から受付、キャンセル料あり

アクセス

弟子屈町または美幌町から国道243号へ。和琴半島への入り口案内版から約1km

プライベート感あふれるナチュラルサイト

屈斜路湖の南西部、和琴半島の付け根部分には左右に分かれて2つのキャンプ場がある。こちらは半島先端に向かって右側に位置する方だ。和琴半島の自然を案内する「和琴フィールドハウス」がキャンプ場の受付。場内は茶褐色のアスファルト敷きの通路がゆるやかにカーブを描き、その間を背の低い草木が茂る。ほどよくプライベート感を保った、落ち着くサイトが並ぶ。湖を直接望むサイトはないものの、カヌーポートがあって視界が開ける場所もある。トイレなどの設備はホテルのようだ。

和琴フィールドハウスが受付を兼ねる

トイレの手洗い設備

木道を少し歩いて、カヌーポートがある

和琴フィールドハウス内には屈斜路湖と和琴半島の成り立ちや、屈斜路湖畔の生き物たちといった解説パネルが充実している。事前に見てから半島の散策へ出かけよう

開設期間	1月	2月	3月	4月	5月	6月	7月	8月	9月	10月	11月	12月
					4月26日～11月4日							

フリーサイト   WC 車椅子対応 水洗

ペット ゴミ たき火 Wi-Fi ランドリー

memo
- **フィールド遊び**
  カヌー・昆虫採集・
  トレッキング

DATA

開設期間	4月26日～11月4日
利用時間	IN／13時～、OUT／翌11時まで
ゲート	なし
管理人	8時～17時駐在
利用料金	●フリーサイト　ソロ1,500円～、デュオ2,300円～、3人以上2,500円～　●区画サイト　3,000円～（時期によって変動あり、未就学児無料）
レンタル用品	各種あり
管理棟	多目的トイレ、コインランドリー＆乾燥機、シャワー（200円／10分）、ゴミは200円で袋を販売、Wi-Fiあり、カード利用可能
キャンピングカー	可

RECAMP 摩周

りきゃんぷましゅう

森林・川辺

現地	弟子屈町桜丘2丁目61-1
電話	非公開
予約	キャンプ場予約サイト「なっぷ」から受付、キャンセル料あり

アクセス

弟子屈市街から道道53号を経由し鐺別（とうべつ）川を渡って左折、約1キロ

弟子屈の市街地にも近い、道東観光の滞在拠点

屈斜路湖や摩周湖、阿寒湖方面に加え、中標津や別海、釧路方面への交通の要衝となる弟子屈町。このまちにあって市街地から1キロほど。便利な立地にあるのがRECAMP摩周（旧桜ヶ丘森林公園オートキャンプ場）で、装いも新たにRECAMPブランドとして定着しつつある。芝生が美しい林間サイトは雰囲気抜群。明るい広場を自由に使えるフリーサイト。場内奥にひっそりとたたずむプライベートサイト。入り口近くのオートサイト。幅広いキャンプスタイルに対応する。道東観光の滞在拠点には最適な場所だ。

管理棟と炊事場が近くにある

三角屋根の管理棟で受付をする

売店コーナーではグッズを販売

秋のサイトも趣きがあっていい感じだ

開設期間	1月 2月 3月 4月 5月 6月 7月 8月 9月 10月 11月 12月
	4月6日～12月31日

memo
■フィールド遊び
昆虫採集・野鳥観察・森林散策

禁止事項　直火・発電機

DATA

開設期間	4月6日～12月31日
利用時間	IN／13時～17時、OUT／翌11時まで
ゲート	なし
管理人	9時～17時駐在（定休日あり）
利用料金	●フリーサイト　ソロ1,000円～、デュオ1,800円～、3人以上2,000円～　●区画オートサイト　2,500円～　●電源付き4,000円～（時期によって変動あり、未就学児無料）
レンタル用品	各種あり
管理棟	受付、売店コーナー、トイレ、カード利用可
キャンピングカー	可

道央
道南
道北
オホーツク
道東

267

RECAMP 砂湯

湖畔

りきゃんぷ　すなゆ

現地	弟子屈町屈斜路砂湯
電話	非公開
予約	キャンプ場予約サイト「なっぷ」から、キャンセル料あり

アクセス

美幌から国道243号を弟子屈方面に進み、コタン分岐で道道52号に入り約7km。国道391号の場合は川湯から、道道52号を約8km

湖畔の砂を掘って自分だけの露天風呂で遊ぶ

断然楽しく、記憶に残るキャンプとなることうけあいである。何といっても、「プライベートのマイ露天風呂」がつくれて、浸かれるのだ。道内広しといえども、キャンプ場の目の前、湖畔の砂を掘ったら温泉が湧き出してくるのはここだけだろう。小型のスコップを持ち込めば、大きな露天風呂も夢ではない。キャンプ地はレストハウスを挟んで2カ所に分かれている。北側は区画サイト、南側はフリーサイトだ。屈斜路湖を目の前に、開放感あふれる場所と林間の趣がある部分とが選べる。

目の前が屈斜路湖。サイトは草地と土の部分がある

新しい炊事棟がサイトのほぼ中央にある

湖畔でも掘っている人多数、スワンボートもあり

湖畔にはレストハウスがあり、名物の「クッシーラーメン」やいくら丼が味わえる。自慢のソフトクリームや伝説のクッシーグッズも買える

	1月	2月	3月	4月	5月	6月	7月	8月	9月	10月	11月	12月
開設期間				4月6日～11月30日								

memo
■フィールド遊び
散策・ボート、カヌー・水遊び・昆虫採集

DATA

開設期間	4月6日～11月30日
利用時間	IN／13時～、OUT／翌11時まで
管理人	9時～17時駐在
利用料金	●フリーサイト　ソロ1,000円～、デュオ1,800円～、3人以上2,500円～ ●区画サイト　ソロ1,500円～、デュオ2,300円～、3人以上3,000円～（時期によって変動あり、未就学児無料）
レンタル用品	キャンプ用品一式、バッテリーなど各種あり
管理棟	受付、まき販売／炊事場2棟、トイレ
キャンピングカー	不適

⊗ 禁止事項　直火・打上げ花火・ペット

和琴湖畔キャンプフィールド

湖畔

わことはんとうきゃんぷふぃーるど

現地	弟子屈町字屈斜路和琴半島
電話	非公開
予約	公式 HP からのみ

アクセス

弟子屈市内または美幌市街から国道 243 号で屈斜路湖へ。和琴半島への入り口看板から約1km

道央
道南
道北
オホーツク
道東

屈斜路湖に面してフィールドは一級品の名キャンプ場

屈斜路湖の和琴半島にある 2 つのキャンプ場のうち、湖に向かって左側のキャンプ場。運営は変わったが、湖に面して波打ち際にテントが張れるグッドロケーションは変わらない。その雰囲気は、美笛や仲洞爺に似ている。テントサイトは約 10 メートル×10 メートルの「レイクサイドサイト」27 区画と、10 メートル×12 メートルほどの一回り大きい「DXサイト」4 区画、「ソロサイト」が 18 区画ある。従来からのバンガロー 12 棟も健在だ。荷物の搬入などは旧湖心荘の入り口からが便利だろう。

屈斜路湖に面して地面はやや粗い砂地

トイレ棟はしっかりした造り

炊事場は屋根がかかる簡素なもの

サイトから歩いていけるところに「和琴温泉」がある。ワイルドな無料の露天風呂。脱衣小屋はあり。混浴なので、女性は水着着用が無難

開設期間	1月 2月 3月 4月 5月 6月 7月 8月 9月 10月 11月 12月
	4月〜2月末

memo
■ フィールド遊び
昆虫採集・カヌー・
SUP

禁止事項 カラオケ・発電機

DATA

開設期間	4月から2月末
利用時間	IN／13 時〜17 時　OUT／翌 11 時まで
ゲート	なし
管理人	9 時〜17 時駐在
利用料金	●入場料　大人 1,100 円、高校生以下無料 ●サイト使用料　レイクサイド・DX サイト　1,650 円〜4,400 円　ソロサイト 1,650 円〜2,530 円　バンガロー 4,400 円〜5,500 円（各季節によって変動）
レンタル用品	あり
管理棟	受付、まきや炭の販売、コイン式ランドリー
キャンピングカー	不可

虹別オートキャンプ場

にじべつ　おーときゃんぷじょう

湖畔

現地　標茶町虹別
電話　015-488-2550（現地センターハウス）
予約　受付／3月1日から現地センターハウスにて電話受付
　　　キャンセル料／予約時に確認
　　　オフ期間／標茶町役場観光商工課　☎ 015-485-2111

アクセス
弟子屈と別海を結ぶ国道243号沿いにあり、虹別市街から1.5kmほど別海寄り

芝生や建物の管理も行き届いた快適空間

釧路管内標茶町の虹別地区はパイロット国道と呼ばれる国道243号と中標津標茶線の道道13号が交差する、交通の要衝として発展してきた。この市街地から少し離れた静かな場所に快適なキャンプ場が整備されている。場内はキャンピングカーサイトと、電源のみの個別カーサイトがある。フリーテントサイトは車の駐車スペースがすぐ横にあってオート感覚で使える場所もある。コテージは特徴ある外観に木のぬくもりあふれる造りが3棟。簡素なバンガローが2棟、少し離れたところに立っている。

広々個別カーサイト。車の駐車スペースには枕木が敷かれ芝生と調和させている

DATA

開設期間	5月1日〜10月31日
利用時間	IN／13時〜17時、OUT／翌7時〜10時
ゲート	22時〜翌7時閉門
管理人	7時〜22時駐在、夜巡回も
利用料金	●フリーサイト／20張　大人380円、小中学生220円　●個別カーサイト／25区画（電源）3,300円　●キャンピングカーサイト／5区画（電源・上下水道）4,400円　●パーティーサイト／1区画（電源・車4台分）6,600円　日帰り利用／各料金の半額
レンタル用品	食器セット、鍋セット、ガス・炭火コンロ、ランタン、スクリーン、テント
管理棟	受付、自販機、電話、ラウンジ、展望室、シャワー、洗濯機、乾燥機、トイレ、販売コーナー（酒類、炭、キャンプ用ガスボンベ、紙コップなど）
キャンピングカー	10mまで可

食材調達

● 1.8km先にある「セブンイレブン虹別店」が一番近い

● 西春別市街まで車で約10分。「Aコープ西春別店」やコンビニなどがある

L字型の炊事場は調理スペースもL字型

フリーサイトは生垣で囲われている

開設期間	1月 2月 3月 4月 5月 6月 7月 8月 9月 10月 11月 12月
	5月1日〜10月31日

⊗ 禁止事項　直火・手持ち以外の花火・カラオケ・発電機、5/1〜5/31はたき火禁止

フリーサイト

オートサイト

コテージ

車椅子対応
WC 水洗

道

ペット

ゴミ　たき火

Wi-Fi　ランドリー
センターハウスのみ

memo
■ フィールド遊び
　遊歩道・広場・昆虫採集

DATA

タイプ・宿泊料金　●コテージ(6〜8人用)3棟　1泊1棟 6,600円(5、6、9、10月)7〜8月は11,000円、6人以上の場合、1人増えるごとに1,100円増。追加は2人まで　●バンガロー(3〜4人用)2棟　1泊1棟 3,300円

利用時間　IN／バンガローは13時〜、コテージは14時〜17時、OUT／翌7時〜10時

備品・設備など

シャワー、トイレ、洗面台、ドライヤー		オーブンレンジ、電気ポット	
2段ベッド		照明、電源、冷蔵庫、テレビ	
バーベキュー炉、テーブルベンチ、タープスペースあり		放し飼い、室内同伴は禁止	

静かな森に佇むコテージ。土足のまま利用できる土間がある

カーペット敷きの室内、二階には2段ベッドが

屋外にはBBQテラスがついている

3〜4人用のバンガローは2棟

📍 周辺スポット

センターハウスの一角には、まきストーブが置かれ大きな窓から場内を見渡せる心地いい空間がある。雨天時などはここで静かに過ごすこともできそう

キャンプ場の隣には広い芝生広場がある。広場にはドッグランがあり、ペット連れのキャンパーに人気。その反対側にはシュワンベツダム湖があって、オショロコマやヤマメ、ニジマスの釣りができる

♨ 温泉情報

キャンプ場から別海方面に約10km、国道243号沿いに日帰り入浴とレストランを併設したペンションがある。源泉掛け流し、露天風呂やサウナも完備

西春別温泉 クローバーハウス　☎ 0153-77-1170

【営業時間】11時〜20時30分
【定休日】不定休　【料金】大人490円、小学生150円、幼児80円

道央　道南　道北　オホーツク　道東

271

田園・丘陵

多和平キャンプ場
たわだいら　きゃんぷじょう

現地　標茶町上多和

電話　015-486-2806
（現地管理棟・グリーンヒル多和）
オフ期間・☎ 015-485-2111（標茶町役場）

予約　なし

アクセス
標茶町市街から国道 391 号～道道 1040 号で約 20km

　ぐるり 360 度のパノラマ風景と、地平線が見える展望台の周辺にテントが張れる。ここは標高 195 メートル。北海道らしい雄大な景観が見られる。大きな駐車場に隣接してレストハウスが建ち、標茶産のメニューが味わえる。

開設期間	1月	2月	3月	4月	5月	6月	7月	8月	9月	10月	11月	12月
						5月1日～10月31日						

テントサイトは駐車場から展望台へ向かう丘の斜面。小さな炊事場があり、トイレは駐車場の横を使う

memo
■ フィールド遊び
　眺望・星空

禁止事項　カラオケ・花火・発電機

DATA

開設期間	5月1日～10月31日
利用時間	フリー
ゲート	なし
管理人	9時～17時駐在
利用料金	大人 380 円、小・中学生 220 円
レンタル用品	なし
管理棟	受付、売店、レストラン
キャンピングカー	駐車場のみ可

森林・川辺

摩周の森
ましゅうのもり

現地　弟子屈町摩周 3-6-1

電話　015-486-7188
（摩周の森　カフェ＆キッチン）

予約　可

開設期間	通年
利用時間	IN/11 時～、OUT/ 翌 12 時ころまで
管理人	11 時～20 時駐在

利用料金　●利用料　大人 800 円、小学生以下 500 円、幼児無料
※電源使用料は 1,000 円

海辺

来止臥野営場
きとうしやえいじょう

現地　釧路町昆布森来止臥

電話　0154-62-2193（釧路町役場商工観光課）

予約　不可

開設期間	6月1日～10月21日
利用時間	フリー
管理人	不在

利用料金　無料

森林・川辺

オーロラファーム・ヴィレッジ
おーろらふぁーむ・うぃれっじ

現地　標茶町栄 219-1

電話　015-488-4588

予約　完全予約制、利用日の 2 カ月前から、4/20 以降は電話にて受付

開設期間	4月中旬～11月末（毎週火・水曜日休村）
利用時間	IN/14 時から、OUT/ 翌 11 時まで
管理人	24 時間常駐

利用料金　●利用料　中学生以上 1,500 円、4 歳以上 750 円、3 歳以下 350 円 ※日帰り料金あり 〈バンガロー利用料金〉●コテージタイプ（6 人用×5 棟）　3,900 円　●ログタイプ（4 人用×5 棟）　2,900 円

鶴の里 CAMP FIELD

公園

つるのさときゃんぷふぃーるど

現地	鶴居村下幌呂
電話	0154-65-2225
予約	電話か公式HPから、キャンプ場予約サイト「なっぷ」からも可

アクセス

阿寒ICから道道222号・666号・釧路市湿原展望台を経由して約28km

タンチョウの姿が見られる湿原横のサイト

すぐ横が釧路湿原国立公園という自然豊かな場所にテントが張れる。芝生が美しいフラットなサイトは、もともとパークゴルフ場だったから。ふかふかの芝に車を乗り入れてオートキャンプができる。ここでは天然記念物のタンチョウが見られるかもしれない。給餌場がすぐそばにあることから、しばしば飛来しサイトを歩いているそうだ。炊事場やトイレは簡素だが、居心地のよさからか、旅人やファミリーといったあらゆるキャンパーを引き寄せている。トイレは全て洋式に変更されている。

場内はフカフカの芝生のサイト

炊事場には屋根がかかる

駐車場の奥にも新しい炊事場がある

「つるの里PG」と無造作に書かれたプレハブ小屋が受付棟だ。管理人さんは親切丁寧。ツイッターでこまめに情報発信しているのでチェックしよう

	DATA
開設期間	通年(3月中旬〜4月中旬クローズ)
利用時間	IN／9時〜16時、OUT／翌14時まで
ゲート	なし
管理人	9時〜16時駐在
利用料金	●高校生以上1泊1,000円、小中学生500円、幼児無料 ●車両横付け1台1泊500円
レンタル用品	テント、ランタン、ストーブなどあり
管理棟	受付、自動販売機
キャンピングカー	可

開設期間	1月	2月	3月	4月	5月	6月	7月	8月	9月	10月	11月	12月
			通 年(3月中旬〜4月中旬クローズ)									

フリーサイト　オートサイト　ロッジ　車椅子対応　WC水洗

memo
■フィールド遊び
タンチョウ観察

ペット　ゴミ　たき火　Wi-Fi　ランドリー

禁止事項　直火・発電機・花火・テントサウナ

道央
道南
道北
オホーツク
道東

273

森林・川辺

音別町憩いの森キャンプ場

おんべつちょう　いこいのもりきゃんぷじょう

現地	釧路市音別町茶安別
電話	01547-6-2231
	釧路市音別町行政センター地域振興課（平日8時50分〜17時）
予約	受付／バンガローは4月中旬から、上記にて電話受付。時間外は管理人（01547-6-8172）へ
	キャンセル料／当日キャンセル、または連絡なしの場合は全額徴収

アクセス ▶
音別市街のJR駅前から道道241号へ。誘導板に従い本流方向に17kmほど

サクラの名所に静かな森の公園型サイト

釧路市の飛び地、旧音別町の市街地から山の方へ進んだ先、開けた場所にあるサイト。ここはサクラが280本ほど植えられていて、春は花見の名所になっている。春が遅い釧路管内では、最初に咲くサクラとして知られている。場内は平坦な芝生地。グラウンドのような雰囲気になっている。炊事場が2カ所。バーベキューハウスが1棟ある。バンガローは一段高くなった部分、森の中に3タイプ4棟が立つ。こちらは車の乗り入れが可能。イスやテーブルの設備もあって便利に使える。

20人用と大人数でも利用できるバンガロー

本格的なログづくりの二階建て

場内入り口近くの炊事棟

受付棟は小さくかわいい

開設期間	1月	2月	3月	4月	5月	6月	7月	8月	9月	10月	11月	12月
					4月末〜10月31日							

水洗

バンガロー内は禁止

ペット

禁止事項　直火・打上げ花火・カラオケ

memo
■フィールド遊び
　散策路・釣り・
　昆虫採集

DATA

〈キャンプデータ〉

開設期間	4月末〜10月31日
利用時間	バンガロー以外はフリー
ゲート	なし
管理人	普段は巡回のみ、緊急時は管理人宅　電話01547-6-8172
利用料金	フリーサイト、持込みテント（先着順）無料、バーベキューコーナー（要予約）無料
レンタル用品	なし
管理小屋	受付、自販機、公衆電話
キャンピングカー	駐車場のみ可

〈バンガローデータ〉

タイプ・宿泊料金	●バンガロー（20人用）1棟　1泊1棟5,460円　●バンガロー（7人用）2棟・（5人用）1棟　1泊1棟いずれも2,720円　●管理センターで宿泊も可（6,820円）
利用時間	IN／15時〜、OUT／翌11時まで

森林・川辺

阿寒湖畔キャンプ場
あかんこはん　きゃんぷじょう

現地	釧路市阿寒町阿寒湖温泉5丁目1
電話	0154-67-3263（キャンプハウス） 期間外／☎ 0154-67-2785（自然公園財団阿寒支部）
予約	なし

▶ アクセス ◀
阿寒湖温泉街、アイヌ
シアターイコロから国道
240号を挟んで反対側

右側縦書き：道央　道南　道北　オホーツク　道東

阿寒の森に佇む、静かなサイト

　観光客でにぎわう阿寒湖畔から国道
240号を挟んだ先にある。阿寒の森の
中、静かなキャンプができる。名称に
「湖畔」とあるが、残念ながら阿寒湖は
見えない。利用者はライダーや自転車
ツーリストなどが中心。車中泊組も多
い。駐車場近くには小さなソロ用テント
が目立つ。取材時にはエゾシカが数頭、
サイトにやってきて驚いた。コンビニを
はじめ、温泉街やガソリンスタンドなど
にも近いことから、阿寒観光の滞在拠点
には最適な場所だろう。

場内の入り口部分。駐車場にも近くて便利。落ち着きた
い人はリヤカーを使って奥に陣どろう

ランドリー施設もある受付棟

トイレ棟はバリアフリータイプ

キャンプ場の奥には天然
温泉の足湯がある。屋根
付きのログコテージ風足
湯は広々としてくつろぐ
ことができる。また、阿
寒湖温泉街までは1km
と近いので気軽に日帰り
入浴も楽しめる

1月	2月	3月	4月	5月	6月	7月	8月	9月	10月	11月	12月

開設期間　5月11日〜10月上旬

DATA

開設期間	5月11日〜10月上旬
利用時間	10時〜17時
ゲート	なし
管理人	10時〜17時駐在
利用料金	大人 1,000円　小・中学生 500円
レンタル用品	木炭、ガスカートリッジなど販売
管理棟	受付、トイレ、ランドリー
キャンピングカー	駐車場のみ可

フリーサイト

オートサイト

コテージ

車椅子対応　温泉
水洗

ゴミ

たき火　Wi-Fi　ランドリー

◉ memo
■ フィールド遊び
　温泉街散策・アイヌコ
　タン散策・シアター

⊗ 禁止事項　カラオケ・花火・発電機

275

あかんランド丹頂の里

あかんらんど　たんちょうのさと

公園

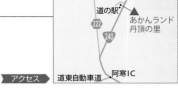

現地	釧路市阿寒町上阿寒
電話	0154-66-3810（現地管理棟）
予約	受付／バンガロー利用は、2カ月前の月の1日から現地管理棟にて電話受付
	キャンセル料／前日50%、当日100%
	オフ期間／赤いベレー ☎ 0154-66-2330

アクセス

釧路市内中心部から阿寒温泉に向かう国道240号、阿寒市街から4kmほど北上。阿寒ICからは8km

道の駅「阿寒丹頂の里」の隣に立地する

道東自動車道の阿寒ICから車で約10分。道の駅「阿寒丹頂の里」の隣にあるキャンプ場。入口にある「地域資源活用工房」と書かれた建物が受付だ。テントサイトは場内の池を取り囲むように広がる芝生の広場。開放感いっぱいの雰囲気になっており、イス＆テーブルセットが点在している。バンガローは林間部分に5棟ある。阿寒ポークといったブランド豚を含む各種バーベキューセットも用意されている。場内には鉄道資料館があり、蒸気機関車が静かに歴史を伝える。

テントサイトはフリーサイトのみ。少し高台になっていて開放的な広場風

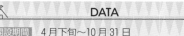
DATA

開設期間	4月下旬～10月31日
利用時間	IN／9時～、OUT／フリー
ゲート	17時～翌8時閉鎖
管理人	9時～17時（以降は「赤いベレー」へ）
利用料金	●フリーサイト／260張（荷物の搬入時のみ車両進入可）　持ち込みテント　1泊1張850円
レンタル用品	電気ストーブ、毛布など
管理棟	受付、自販機、売店（炭、酒類、氷、焼肉材料各種、アイスクリーム、かき氷、日用雑貨、菓子類など）　※ゴミは基本持ち帰り。捨てる場合は指定のゴミ袋（有料）が必要
キャンピングカー	不可、道の駅のRVパークへ

団体でも使えるBBQコーナー

池の反対側にある遊具やアスレチック

食材調達

- 管理棟にある売店には、肉の単品から野菜を取り合わせたバーベキューセットまでいろいろある。生ビールもある
- 道の駅「阿寒丹頂の里」がすぐそば。地元ブランド牛などの特産品が買える。また「赤いベレー」のレストランで阿寒モルト牛や、エゾシカ料理などが食べられる

開設期間	1月 2月 3月 4月 5月 6月 7月 8月 9月 10月 11月 12月
	4月下旬〜10月31日

禁止事項：たき火・打上げ花火・カラオケ・発電機

フリーサイト　オートサイト　コテージ　車椅子対応　温泉
水洗

ペット　ゴミ　たき火　Wi-Fi　ランドリー

memo
■ フィールド遊び
遊具・昆虫採集・自転車・パークゴルフ

5人用のバンガローが森の中に。ミニキッチンやトイレ、二階はロフトに

DATA
タイプ・宿泊料金	●バンガロー(5人用)5棟 1泊1棟 7,860円(7・8月) 6,050円(4〜6月、9・10月)
利用時間	IN/15時〜、OUT/翌10時まで

備品・設備など
トイレ/風呂は温泉「赤いベレー」で	流し台、換気扇
ロフト(毛布などのレンタルあり)	照明、電源(電気ストーブのレンタルあり)
野外炉、イス/ターブスペースあり	室内以外OK

 板張りの室内、清潔に保たれている

 入り口には野外炉とベンチが置かれる

 バンガローに近いところの炊事棟

周辺スポット
炭鉱と鉄道の資料館「雄鶴」がサイト内にある。建物裏手にはSLが置かれ、館内には炭鉱があった歴史やかつての駅舎待合室の情景を再現している

遊歩道を歩いて国道240号に面した道の駅に行ける。売店・マルシェには地元の特産品も多数販売されているのでぜひ買って味わおう

温泉情報

道の駅には温泉宿泊施設があり、レストランと温泉が利用できる。エゾシカ肉のステーキや阿寒ポーク、阿寒モルト牛などの地元グルメも美味

赤いベレー ☎ 0154-66-2330
【営業時間】10時〜22時
【定休日】無休　【料金】大人 550円、中学生 420円、小学生 140円

釧路市山花公園オートキャンプ場

森林・川辺

くしろしやまはなこうえん　おーときゃんぷじょう

現地	釧路市阿寒町下仁々志別 11-37
電話	0154-56-3020（現地管理棟）
予約	受付／コテージとカーサイトは 5 月 1 日から予約受付（9 時〜19 時、 　　　5 月中は 9 時〜17 時）、https://www.camp-net.jp/ でも予約可 キャンセル料／キャンセル料はかからないが、早めの連絡を オフ期間／釧路市公園緑化協会　☎ 0154-24-0513

アクセス

釧路市内中心部からは動物園方向へ道道 666 号で約 19km。道東自動車道阿寒 IC からは約 12km

広々とした森の中、動物園と遊園地も楽しめる

釧路市の郊外、道東道阿寒 IC から車で 10 分ほどの場所にある広大な総合サイト。近くには釧路市動物園と遊園地があって、これらもあわせて楽しみたい。場内はオートサイトをメインに、丘陵地に三角屋根の立派なコテージが 10 棟、森の中に佇んでいる。敷地内の一番奥側にフリーサイトがある。センターハウスは売店や各種機能がそろい充実している。開設期間は 6 月からとやや遅いスタート。夏休みを中心にイベントも多数開催している。工作コーナーは子どもたちの自由研究にもよさそうだ。

DATA	
開設期間	6 月 1 日〜10 月 20 日
利用時間	IN／13 時〜19 時、OUT／翌 7 時〜11 時
ゲート	23 時〜翌 6 時閉門
管理人	24 時間常駐（夜間交代）
利用料金	●入場料　大人 760 円、小学生 380 円 ●フリーサイト／47 張　1,260 円　●スタンダードカーサイト／44 区画（電源付）3,170 円　●キャンピングカーサイト／10 区画（電源・上下水道付）3,800 円 上記料金は 1 泊の宿泊料金、日帰り利用は半額、6・9・10 月の日曜〜木曜日は割引料金（祝日前日は除く）
レンタル用品	毛布、シーツ、ランタン
管理棟	受付、自販機、電話、ロビー、シャワー、ランドリー、トイレ、売店（氷、冷凍肉、インスタント食品、使い捨て食器、調味料、炭、たき付けなど） ※場内にバーベキューコーナーあり
キャンピングカー	可

背後に森があって落ち着くオートサイト。広さも充分

場内 5 カ所ある炊事棟

フリーサイト近くの BBQ ハウス

食材調達

●センターハウスの売店では、カップ麺やスナック菓子だけでなく、レトルト食品なども販売している

●山花温泉リフレ前で、シーズン中は毎週日曜日に「野菜市」が開かれているほか、リフレ内にレストランもある。また、近くの「マルシェ山花」にも野菜直売所がある

道央 道南 道北 オホーツク 道東

開設期間

| 1月 | 2月 | 3月 | 4月 | 5月 | 6月 | 7月 | 8月 | 9月 | 10月 | 11月 | 12月 |

6月1日〜10月20日

⊗ 禁止事項　手持ち以外の花火・カラオケ・発電機

フリーサイト　オートサイト　コテージ　車椅子対応　温泉
水洗

ペット　ゴミ　たき火　Wi-Fi　ランドリー
一部可

---

memo
■フィールド遊び
遊歩道・レンタサイクル・昆虫採集・遊具広場

 DATA

| タイプ・宿泊料金 | ●コテージ（6人用）10棟　1泊 1棟 12,660円　別に●入場料 大人 760円、小学生 380円 |
| 利用時間 | IN／15時〜19時、OUT／翌7時〜11時 |

備品・設備など

 シャワー、トイレ、洗面台、シャンプー、リンス

流し台、電気コンロ、調理器具（鍋、やかん、フライパン、包丁、まな板）

 フローリング床、マット／毛布レンタルあり

照明、電源、冷蔵庫、テレビ、扇風機、暖房／洗濯機は管理棟に

 バーベキュー炉、テーブルベンチ、タープスペースあり

NG

コテージはコンパクトながら充実機能。プライバシーも保たれている

リビングにはコンパクト家電も

二階の寝室コーナー

充実のセンターハウス

🗺 周辺スポット

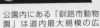

公園内にある「釧路市動物園」は道内最大規模の広さ。人気のホッキョクグマがいるほか、北海道ゾーンではシマフクロウやタンチョウを見ることができる。動物とふれあえるこども動物園も。一般は580円、中学生以下は無料

キャンプ場から約11Km、釧路湿原を見て、知って散策できる「釧路市湿原展望台」がある。入場無料部分と有料展示部分がある。展望台からは湿原が一望できるほか、1周約2.5Kmの遊歩道があり、トレッキングが楽しめる

♨ 温泉情報

広大な公園内には、キャンプ場から約2km離れるが温泉施設がある。露天風呂や薬湯、サウナや打たせ湯などがある。キャンプ場利用者は割引がある

山花温泉リフレ　☎ 0154-56-2233

【営業時間】10時〜21時営業（最終受付は20時30分）
【定休日】無休　【料金】大人 670円、中学生 560円、小学生 340円

達古武オートキャンプ場

湖畔

たっこぶ　おーときゃんぷじょう

現地　釧路町達古武 65 番地 2

電話　0154-40-4448（現地センター）
　　　管理者／釧路町振興公社　☎ 0154-62-2276

予約　受付／利用日の 1 カ月前より現地センターで電話受付（9 時～17 時）
　　　　　　先着順
　　　キャンセル料／キャンセル料はかからないが、必ず早めの連絡を

▶アクセス
国道 391 号沿いに入り口案内板あり。JR 細岡駅
への分岐から約 1km 北上した地点にある

釧路湿原を感じるコンパクトな総合サイト

　釧路市の中心部から車で約 30 分。釧路湿原の一部となる達古武湖に面した総合サイト。比較的コンパクトな場内には、オートサイト、フリーサイト、ロッジ、バンガローがそろっている。場内入り口に立つセンターハウスが充実していて、食堂・喫茶コーナーも。各種ラーメンやカレー、ホットコーヒーなどがオーダーできる。売店コーナーでは冷凍の肉も販売される。達古武湖は周囲 5 キロメートルほどの海跡湖。カヌーポートがあるのでカヌーに乗って湿原の湖へ漕ぎ出したい。

平坦な芝生のオートサイト。電源のあるサイトとないサイトが選べる

DATA

開設期間	5 月 1 日～10 月 31 日
利用時間	IN／13 時～、OUT／翌 11 時まで
ゲート	開放
管理人	24 時間常駐（9～17 時以降警備員）
利用料金	●入場料　大人 100 円、小中学生 50 円 ●フリーサイト／80 張　1 泊 1 張／5 人用まで 640 円、6～9 人用 830 円、10 人以上 960 円、日帰り 320 円 ●オートサイト（電源付き）9 区画　1 泊 1,490 円 ●オートサイト（電源なし）16 区画　1 泊 1,290 円、日帰り利用 1 時間 100 円
レンタル用品	寝袋、バーベキューコンロ、カヌー、テント
管理棟	受付、自販機、休憩室、トイレ、売店（酒類、氷、インスタント食品、調味料、冷凍肉、炭、虫除け、キャンプ用雑貨など）、軽食コーナー
キャンピングカー	可

食材調達

●釧路の市街地にある「釧之助本店」は、釧路の魚を見て食べて買うことができる大型店

三角屋根がかかる炊事場は場内 3 カ所

センターハウスには軽食コーナーもある

センターハウスには暖炉がある一角があって快適。バルコニーにはテラス席も完備。軽食コーナーではラーメンやカレーが食べられ、売店やシャワー室もある

道央

道南

道北

オホーツク

道東

開設期間	1月 2月 3月 4月 5月 6月 7月 8月 9月 10月 11月 12月
	5月1日～10月31日

⊗ **禁止事項** 打上げ花火・ジェットスキー・カラオケ・発電機

フリーサイト　オートサイト　コテージ　車椅子対応　水洗

ペット　ゴミ　たき火　Wi-Fi　ランドリー

---

memo

■ フィールド遊び

散策・カヌー・水遊び・昆虫採集

DATA

タイプ・宿泊料金	●ロッジ(4人用)5棟　1泊1棟 3,780円　日帰り料金1時間 270円　●バンガロー(2人用)10棟　1泊1棟 2,200円　●入場料 大人100円、小学生 50円
利用時間	IN／13時～、OUT／翌11時まで

備品・設備など

🛏 なし、シャワーはセンターハウスに	🍳 流し台のみ／ガスコンロのレンタルあり
🛏 マット敷き2段ベッド／寝袋レンタルあり	🧊 照明、電源／洗濯機はサイクルセンターに
🍖 バーベキュー炉、テーブルベンチ、タープスペースあり	🐕 放し飼い、室内同伴は禁止

［地図内ラベル］
達古武湖
5月初めはタンチョウ、オジロワシ、アオサギ、カワセミが見られる
コイ・フナ・ウグイなどが釣れる
遊歩道
ミズバショウの群落
カヌー乗場
P
広場
オニヤンマ・ミヤマクワガタが捕れる
WC
ウグイスの声がロッジ(5棟)間こえる
バーベキュー炉
炊
バンガロー(10棟)
パークゴルフ場
WC
炊
WC
炊
サイクルセンター
管理棟
◀国道391号へ
P
遊歩道
(夢ヶ丘展望台まで約2km)

湖畔に向かってロッジが並ぶ。野外炉とテーブルセットがある

室内には照明と2段ベッド×2の連結

ミニキッチンがついていて調理できる

2人用のバンガローがサイトの奥にある

📍 周辺スポット

サイトからカヌーを漕ぎ出せる。レンタルのカヌーもあり、スクールも開催。釧路川のショートツアーも実施されているのでぜひ水辺からの釧路湿原を楽しもう

キャンプ場から車で約15分の場所に、「細岡展望台」があり、釧路湿原の雄大な景観が楽しめる。夕景はまさに絶景だ

♨ 温泉情報

釧路市内にある温浴施設。天然温泉の主浴槽のほか、ヒノキの露天風呂やバイブラジェットバス、遠赤外線サウナなどがある。リラクゼーションコーナーは充実。お食事処では定食や丼ものなどメニュー多彩

ふみぞの湯　☎ 0154-39-1126

【営業時間】10時～23時(入浴終了22時50分)　【定休日】年中無休
【料金】大人490円、6歳～12歳未満150円、6歳未満80円

道央　道南　道北　オホーツク　道東

281

羅臼オートキャンプ場
らうすおーときゃんぷじょう

海辺

現地	羅臼町幌萌町 628-2
電話	0153-88-1094（農林漁業体験実習館）
予約	利用日の 2 カ月前から、上記へ

アクセス

羅臼市街から国道 335 号を標津方面へ約 12km、標津市街からは約 35km

根室海峡越しに国後島を眺めるキャンプ地

晴れた日には根室海峡越しに北方領土の国後島がはっきりと見える。キャンプ地は木立がほとんどないスカッと明るく開放的な雰囲気。電源のあるオートサイトと区画分けされただけのオートサイトの 2 種類がメイン。駐車スペースが近くにあって荷物の搬出入に便利なフリーサイトもある。受付は国道 335 号沿いにある「農林漁業体験実習館」になる。サイトはここから少し奥に入ったところ。必要な物は羅臼市街で調達しておきたい。温泉はその市街地のはずれにある「熊の湯」を利用しよう。

キャンピングカーサイトは広くてゆったり

炊事棟は場内 2 カ所

サイトはどこも平坦

羅臼の市街地、羅臼港からネイチャークルーズツアーが催行されている。5 月〜10 月はクジラやイルカなどを間近で見ることができる

	1月	2月	3月	4月	5月	6月	7月	8月	9月	10月	11月	12月
開設期間						6月中旬〜9月下旬						

水洗

memo
■ フィールド遊び
パークゴルフ

禁止事項 焚き火・直火・ペットの放し飼い・カラオケ・打上げ花火・発電機

DATA

開設期間	6月中旬〜9月下旬
利用時間	IN／13時〜17時、OUT／翌10時まで
ゲート	ヒグマ進入防止のための電気柵あり
管理人	9時〜17時駐在
利用料金	●キャンピングカーサイト 1泊 1,500円、●オートサイトA・B（電気コンセント 有）1泊 1,500円、●オートサイトC（電気コンセント 無）1泊 1,200円 ●フリーテントサイト 1人 1泊 300円 ※小学生未満無料 ※料金は変更になる場合あり
レンタル用品	なし
管理棟	受付、トイレ
キャンピングカー	10mのサイトと通路に止めるタイプあり

知床国立公園羅臼温泉野営場

しれとここくりつこうえんらうすおんせんやえいじょう

森林・川辺

現地	羅臼町湯ノ沢町
電話	0153-87-2126 （羅臼町役場産業創生課）
予約	不可

アクセス
羅臼市街から知床峠方面へ約4km

道央
道南
道北
オホーツク
道東

ワイルドな露天風呂「熊の湯」を堪能する野営場

正式名称よりも「熊の湯キャンプ場」と言った方が通りがいいかもしれない。キャンプ場から歩いて行ける「熊の湯」はワイルドな無料の露天風呂。町の有志が管理し地元客も利用する。観光客も受け入れてくれ、いつも人でにぎわっている温泉だ。キャンプサイトでは、温泉タオルがあちこちではためいている。場内はテント床になっているので、大型テントの場合は少々使いにくいかもしれない。ここは登山者・ライダー・キャンピングカー旅行者と、旅人が集う昔も今も名キャンプ場である。

管理棟から奥の方にあるファミリーゾーンのサイト

手前側のトイレと奥に管理棟

駐車場は広くキャンピングカーも

「熊の湯」は羅臼川のほとり、森の中に作られた秘湯の露天風呂。無料ながら、地元の愛好家の皆さんが管理している。泉質の良さと湯の熱さから、地元の漁師さんにも人気の温泉。男女別の脱衣所があり、浴槽も別なので安心

開設期間

	1月	2月	3月	4月	5月	6月	7月	8月	9月	10月	11月	12月

6月中旬〜9月下旬

DATA

開設期間	6月中旬〜9月下旬
利用時間	フリー
ゲート	なし
管理人	8時〜12時、15時〜19時駐在
利用料金	1人1泊300円（管理運営負担金）、小学生未満は無料
レンタル用品	なし
管理棟	受付
キャンピングカー	駐車場のみ可

フリーサイト

WC 車椅子対応 温泉 水洗
ペット ゴミ たき火 Wi-Fi ランドリー

memo
■ フィールド遊び
温泉・登山

⊗ 禁止事項　直火・カラオケ・花火・発電機・ペット放し飼い

しべつ「海の公園」オートキャンプ場

しべつ うみのこうえん おーときゃんぷじょう

現地	標津町南3条東1丁目
電話	0153-82-2265
予約	受付／4月29日から現地で随時受付、キャンプ場予約サイト「なっぷ」からも可 キャンセル料／当日の10時から、全額

アクセス
標津市街の郵便局横の交差点を海岸方向へ曲がり50mほどで現地

海を感じながら釣りや磯遊びに興じる

根室管内標津町の市街地にも近く、多目的広場やスポーツ広場などがある「海の公園」内にある総合キャンプ場。道の駅のような駐車場に隣接するトイレがある建物が管理棟。場内はフラットな平坦地で個別炊事場と電源が付いたオートサイトと、その横にユニークなフォルムのバンガローが置かれている。管理棟を挟んで反対側は広いフリーサイトになっている。海側に歩いて行けばビーチが整備されていて、磯遊びができる。その先は、100メートルの釣り突堤がある。カレイなどが釣れるそうだ。

DATA

開設期間	4月下旬～10月31日
利用時間	IN／13時～16時30分（7～9月は18時30分）、OUT／翌10時まで
ゲート	あり、駐車券を発行（24時間出入り自由）
管理人	9時～17時（7～9月は、19時まで）
利用料金	●オートサイト／7区画（電源・流し台付き）1泊1区画3,140円 ●フリーサイト（6人まで）1泊1張310円（7人用以上とテント・タープ一体型は630円）別に【清掃協力金】1人（小学生以上）何泊でも200円
レンタル用品	テント、タープ、炭用コンロ、寝袋、鍋セット、ランタン、釣竿、自転車（電動）、イス、テーブル
管理棟	受付、物販（木炭、カセットガス缶、釣エサなど）
キャンピングカー	10mまで可

オートサイトもフリーサイトもどちらも立木が少なく空が広い開放的な雰囲気

個別の炊事用ミニキッチン

場内の入り口にある管理棟

食材調達

●キャンプ場から徒歩圏内には各種商店がある。ぎんれい精肉店のジンギスカンはおすすめ。

●冷凍自販機が設置され、海鮮ものが販売されている。

	1月	2月	3月	4月	5月	6月	7月	8月	9月	10月	11月	12月
開設期間				4月下旬～10月31日								

禁止事項 花火・発電機・フリーサイトへの車の乗入れ
利用者以外の車の乗入れ

フリーサイト　オートサイト　コテージ　車椅子対応/水洗　温泉

ペット　ゴミ　たき火　Wi-Fi　ランドリー

memo
■ フィールド遊び
磯遊び・釣り・昆虫採集・各種スポーツ

DATA

タイプ・宿泊料金	●バンガロー(5.5畳)4棟　1泊1棟5,240円
利用時間	IN／13時～16時30分(7～9月は、18時30分まで)、OUT／翌10時まで

備品・設備など

なし	流し台、カセットコンロ、換気扇
寝袋持参	照明、電気ストーブ
炊事ブロックあり	室内は禁止、リードをつけること

近未来的な宿泊施設。駐車スペースとテントとタープを張るスペースあり

マップ内ラベル: クロガシラやマガレイなどが狙える / 100mの釣り突堤が整備されており安全に海釣りが楽しめる / 釣り突堤 / 磯遊び場 / 遊泳禁止 / サンライズビーチ / 多目的広場 / 多目的広場 / スポーツ広場 / スポーツ広場 / 更衣室 / 自然散策エリア / WC / 炊 / フリーサイト / 炊 / トンボなど / ←至羅臼 / 管理棟 / ゲート / WC / P / バンガロー(4棟) / バンガロー(4棟) / 国道244号 / 国道244号↓ / 択捉島

室内は清潔感ただよう

上部にはロフトスペースがある

ミニシンクとカセットコンロ

周辺スポット

公園内には100mの釣り突堤が整備されていて、安全にフィッシングが楽しめる。春から秋はカレイ、秋から冬はカラフトマス、シロサケ、コマイなどが釣れるとのこと

「標津サーモン科学館」が車で5分ほどの場所にある。ここはサケ科の魚類を30種類以上も飼育・展示している。標津川から水を引き込んだ「魚道水槽」もあり、川をそ上してくるサケを見ることができる

温泉情報

キャンプ場から約1km、2017年にリニューアルした源泉掛け流しの温泉。湯量が豊富で浴槽からなみなみとあふれる「美肌の湯」

ホテル 楠　☎ 0153-82-3412 (日帰り入浴)
【営業時間】日帰り利用は、平祝日は15時～20時30分、土日は13時から
【定休日】夏季は無休、11月～5月は第2・4火曜日休み
【料金】大人480円、6歳～11歳140円、幼児70円

森林・川辺

中標津町緑ヶ丘森林公園キャンプ場

なかしべつちょうみどりがおかしんりんこうえん　きゃんぷじょう

現地	中標津町北中 3 番地 16
電話	0153-73-2191（現地管理棟）
予約	受付／キャンプ場予約サイト「なっぷ」から

アクセス

国道 272 号から中標津市街の道道 69 号（中標津空港線）に入り、中標津大橋を渡って右手に役場があるので、その手前を左折する

大きな憩いの森で、のんびりとした時間を過ごす

従来のロッジが廃止されバンガローが新設されるなど、施設のリニューアルが進んでいる。根室管内中標津町の市街地から約 3 キロ。大きな森林公園の中で、木もれ日あふれる林間キャンプができる。サイトの入り口にはゲートがあるが、荷物の搬出入時には車の乗り入れが可能だ。4 人用のバンガローは床板などが更新されている。常設テントはなくなった。「バイクサイト」と書かれた二輪専用エリアも用意されている。予約はキャンプ場予約サイト「なっぷ」からの予約になった。

バンガロー A タイプ、4 人用 4 棟が新設

管理棟はどっしり風格がある

場内 2 カ所の炊事棟

キャンプ場近くに「野鳥観察センター」という建物がある。公園内で見られる鳥の写真が展示される。運がよければアカゲラやフクロウが見られるかも

| | 1月 | 2月 | 3月 | 4月 | 5月 | 6月 | 7月 | 8月 | 9月 | 10月 | 11月 | 12月 |
| 開設期間 | | | | | 5月1日〜10月31日 | | | | | | | |

フリーサイト　オートサイト　コテージ　車椅子対応　水洗

ペット　ゴミ　たき火　Wi-Fi　ランドリー

シート必須

禁止事項　花火（指定場所で手持ちのみは可）・ペット・発電機・直火

memo
■ フィールド遊び
遊歩道・昆虫採集・
バードウォッチング・
トリムコース

DATA

開設期間	5 月 1 日〜10 月 31 日
利用時間	IN／15 時〜、OUT／翌 11 時まで
ゲート	あり
管理人	8 時 30 分〜17 時（夏休み期間は 19 時まで）
利用料金	●持ち込みテント　1 泊 1 張　7 人用以下 220 円、8 人用以上 550 円、タープ 220 円　●バンガロー A タイプ（4 棟）4 人用 1 棟 1 日 4,000 円　B タイプ（7 棟）4 人用　1 棟 1 日 3,800 円　シャワー（5 分 100 円）バーベキューコーナーは無料（要申請）
レンタル用品	寝袋、毛布、焼肉用の網
管理棟	受付、自販機、炭販売／バーベキューハウス 2 棟、ジンギスカンハウス 1 棟
キャンピングカー	不適

別海町ふれあいキャンプ広場

公園

べつかいちょう　ふれあいきゃんぷひろば

現地	別海町別海 141-1
電話	0153-75-0982（管理棟）
予約	ペットサイト、ウッドデッキについては電話予約可（4月15日から）

アクセス

別海市街地から国道243号を西へ約1km。案内板を左折

市街地にも近い、公園のような広場サイト

　根室管内別海町の市街地にも近く、広い公園のような雰囲気の場所にキャンプ場がある。場内は反時計回りの一方通行。オートサイトとして場内4カ所に分かれた駐車スペースが合計71台分あり、車の後方にテントが張れる。広い場内には樹木も多く、場所によっては林間サイトのような雰囲気も選べる。バイクサイトも併設される。管理棟の売店では地元・別海町の特産品も販売される。乳製品はぜひ味わっていこう。温泉へは歩いて行ける「別海町ふるさと交流館」へ。源泉掛け流しのモール温泉だ。

生ビールの販売もある管理棟

ランドリーもあるトイレ棟

駐車スペースのすぐ後ろがサイト

遊戯広場には遊具もある。キャンプ場の隣には「ふるさとの森どうぶつ館」があってウサギやニワトリなど小動物とふれあえる

開設期間	1月 2月 3月 4月 5月 6月 7月 8月 9月 10月 11月 12月
	4月20日～10月上旬

水洗

防火シート必須

禁止事項　カラオケ・発電機

memo
■フィールド遊び
遊具・小動物ふれあい・昆虫採集

DATA

開設期間	4月20日～10月上旬
利用時間	IN／13時～17時、OUT／翌10時まで
ゲート	20時～翌7時閉鎖
管理人	24時間駐在
利用料金	●入場料　大人300円、小・中学生200円　●利用料　オートサイト1台800円、テントサイト（1張）400円、テント・タープなど2張目から1張につき200円、バイクサイト1張400円、ウッドデッキ1基2,600円、ペットサイト1台800円
レンタル用品	テント600円、寝袋300円、など
管理棟	受付、売店（防火シートの販売あり）
キャンピングカー	6mまで可

道央
道南
道北
オホーツク
道東

287

尾岱沼ふれあいキャンプ場

海辺

おだいとう　ふれあいきゃんぷじょう

現 地　別海町尾岱沼岬町66

電 話　0153-86-2208（現地管理棟）

予 約　受付／バンガロー、コテージのみ、4月1日から現地管理棟にて電話受付
　　　　キャンセル料／キャンセル料はかからないが、早めの連絡を

標津町
野付半島
尾岱沼
ふれあいキャンプ場
看板
野付湾
244

▶ アクセス
尾岱沼市街地から2kmほど北上（標津方向）すると沿道に入り口案内板

おだやかな野付湾を眺める、道東の名キャンプ場

全長26キロほどにも渡って「つ」の字のように海に飛び出す野付半島。国内最大の砂嘴である。この半島によるおだやかな湾内を眺められるようにキャンプサイトがある。ここはライダーや自転車ツーリスト、キャンピングカー利用者も多く、場内は旅情あふれるおだやかで自由な空気が漂っている。バンガロー15棟が立ち並ぶエリアと、道路脇に車を停められる駐車帯があるフリーエリアがメイン。木々に囲まれ落ち着いた雰囲気の場所もある。それぞれが、それぞれの時間を過ごせる道東の名キャンプ場だ。

車道の位置がテントサイトから一段低くなっているので、テントからの眺望はいい

DATA

開設期間	4月20日〜10月31日（コテージのみ3月末まで予定）
利用時間	IN／13時〜17時、OUT／翌10時まで
ゲート	20時〜翌7時閉門
管理人	24時間常駐
利用料金	●入場料　大人300円、小中学生200円 ●テントサイト／200張　持ち込みテント　1泊1張400円、貸しテント　1泊1張500円、キャンピングカー　1泊1台500円
レンタル用品	テント、寝袋、毛布
管理棟	受付、自販機、電話、シャワー（5分100円）、ランドリー、コミュニティールーム（有料）、販売コーナー（炭、たき付け、氷、日用品類など）。なお、管理棟の開錠時間は8時〜20時
キャンピングカー	通路を利用

食材調達

● 尾岱沼市街に、水産物直売所（海紋、大森商店）がある。車で3分ほど。セイコーマートも近くにある

● 近くに道の駅「おだいとう」があり、乳製品などのおみやげ品の購入ができる

清潔な炊事棟

落ち着いた林間部分サイト

	1月	2月	3月	4月	5月	6月	7月	8月	9月	10月	11月	12月
開設期間				4月20日～10月31日								

 禁止事項　直火・打上げ花火・カラオケ・発電機・立木の伐採

 フリーサイト　 オートサイト　 コテージ　 車椅子対応　温泉
WC 水洗

 ペット　ゴミ　たき火　Wi-Fi　ランドリー

memo
■ フィールド遊び
浜辺遊び・昆虫採集・潮干狩り・
花火は指定の場所で、20時まで

 DATA 🚩🚩🚩

タイプ・宿泊料金	●バンガロー（4〜5人用）15棟 1泊1棟4,000円 ●コテージ（10人まで）1泊1棟14,500円、コテージ冬期暖房費3,300円、コンテナサウナは要問い合わせ
利用時間	IN／13時〜、OUT／翌10時まで

備品・設備など	
🚿 シャワーは管理棟に、トイレは共同施設利用	🍴 なし
🛏 2段ベッド、毛布・寝袋のレンタルあり	💡 照明、電源
🔥 共同炉・グリルキャビン利用可、タープスペースあり	🚫 場内での散歩禁止、室内・貸しテント内への同伴禁止

潮干狩りができる。（要遊漁料）アサリ採りのイベントがある
エゾセンリョウ、シギ、アカアシ など、10月頃には白鳥やタンチョウが姿を見せることも
デイキャンプ場
フリーテントサイト
グリルキャビン
バンガローA（15棟）
コテージ
コンテナサウナ
かがり火広場
オニヤンマ、クワガタが見られる
ミズバショウ園 5月が見ごろ
ココミ、ゼンマイ、ギョウジャニンニク、タランボなど
ドッグラン
周辺でクロユリ、エゾカンゾウ、アヤメが見られる
中央管理棟「飛雁」
ケート
▼国道244号へ
野付湾

バンガローは車を横付けでき、スクリーンなども立てられる

バンガローには2段ベッドがある

狭い道の両側に立つバンガロー

10人用のコテージは森の中

 周辺スポット

根室半島と知床半島の間に、地図で見ると、海に突き出す線がある。それが野付半島。全長26kmほど、日本最大の砂の半島だ。細い砂浜には道950号が通っている。立ち枯れの有名な風景「トドワラ」や「ナラワラ」が見られる

半島の先には「野付半島ネイチャーセンター」があり、ガイドツアーがある。北海道遺産・ラムサール条約登録湿地の魅力を体感してみよう。5月から10月までは花が次々と咲きかわり半島を彩る

♨ **温泉情報**

キャンプ場から約1kmのところにある。露天風呂からは野付湾が目の前に広がる。源泉掛け流し、リンスインシャンプーとボディソープはあり

尾岱沼温泉 シーサイドホテル ☎ 0153-86-2316
【営業時間】13時〜20時営業
【料金】大人500円、小学生200円、幼児100円

289

きりたっぷ岬キャンプ場

海辺

きりたっぷみさき　きゃんぷじょう

現地	浜中町湯沸 41 番地
電話	0153-62-3726（霧多布温泉ゆゆ・現地電話なし）
予約	受付／バンガローのみ 5 月上旬から上記にて予約開始 キャンセル料／キャンセル料はかからないが、早めの連絡を オフ期間／霧多布温泉ゆゆ

▶アクセス
厚岸市街から国道 44 号、もしくは道道 123 号でいずれも 42km。霧多布の市街地からは岬方面へ約 3km

目の前に太平洋の大海原が迫る、絶景サイト

まさに絶景。この景色を求めて、ライダーやキャンピングカーの旅行者が集う。旅情あふれる旅の目的地である。太平洋に突き出した岬は、正式名称「湯沸岬」。この岬の先端部分、高台にあって太平洋の波濤を感じながら一夜を過ごせる。場内は小さな駐車場がある。その先、ゆるやかな傾斜地がテントサイト。4 人用のバンガローが広場を囲うように立っている。こんな絶景ロケーションのサイトがなんと無料である。夏場は名前のとおり霧に覆われる日も多い。

テントサイトから太平洋を眺める。こんな景色をずっと見ていられるのだ

DATA

開設期間	6 月上旬〜10 月上旬
利用時間	IN／14 時〜18 時、OUT／ 翌 12 時 まで 持ち込みテントはフリー
ゲート	なし
管理人	不在
利用料金	●持ち込みテント　無料、ゴミ処理有料
管理棟	なし
キャンピングカー	駐車場のみ可、タープなどの設置は不可。利用状況により、隣接する駐車場に移動をお願いすることもあり

食材調達

- 3km ほどの霧多布市街で食材の買い出しができる。スーパー「丸ヨ マツムラ」や「セイコーマート」などがある
- 市街地にある「寿司ひらの」はミシュラン掲載店。地元の新鮮な魚介を使った寿司や刺身のほか丼ものもある

駐車場と二輪置き場

広い炊事棟が場内にある

開設期間	1月 2月 3月 4月 5月 6月 7月 8月 9月 10月 11月 12月
	6月上旬〜10月上旬

⊗ 禁止事項　花火・カラオケ

フリーサイト　オートサイト　コテージ　車椅子対応　水洗
水洗

ペット　ゴミ　たき火　Wi-Fi　ランドリー

memo
■ フィールド遊び
　遊歩道

DATA

タイプ・宿泊料金	● バンガロー(4人用)18棟　1泊1棟1,760円　1棟2,200円(9時〜21時)ゴミ処理有料
利用時間	IN／14時〜18時、OUT／翌12時まで

備品・設備など

🛏 共同施設利用		🍳 炊事場利用	
🛏 寝袋各自持参		❄ 照明等なし	
🍖 なし		🐕 ペット専用バンガローあり、放し飼い厳禁	

浜中湾

霧多布市街へ
道道霧多布岬線
遊歩道
クリーンハウス
炊
炊
WC
TEL
テント設置箇所
バンガロー
ペット可
灯台へ▶

バンガロー
①えぞかんぞう　⑩はまふうろ
②はまなす　⑪すみれ
③ゆり　⑫せんだいはぎ
④りんどう　⑬わたすげ
⑤すずらん　⑭こざくら
⑥あやめ　⑮えぞきすげ
⑦えぞえんさく　⑯がんこうらん
⑧はなさんちどり　⑰さくらそう
⑨はなしのぶ　⑱たんぽぽ

バンガローは4人用18棟が弧を描くように並んでいる。一部はペット可

室内にはなにもなく、シンプルそのもの

サイト反対側にも小さな炊事場がある

📍 周辺スポット

琵琶瀬展望台
霧多布湿原の南に位置する高台にあり、展望台からは360度のパノラマが楽しめる。前方からは広大な霧多布湿原の中を琵琶瀬川が蛇行する大展望を展開。振り返ると太平洋の荒々しい景観が待ち受けている

霧多布湿原センター
霧多布湿原の魅力と情報を発信する施設。二階の展望ホールからは広大な湿原を一望でき、カフェでは浜中町産ホエイ豚のソーセージを使用したホットドッグや浜中産のホッキを使用したカレーなどが味わえる。

♨ 温泉情報

キャンプ場から約2km、市街地へ戻る途中に温浴施設がある。露天風呂のほか内風呂、サウナがある。ロビーにはショップも併設。リラクゼーションスペースも広くて快適

霧多布温泉 ゆうゆ　☎ 0153-62-3726
【営業時間】10時〜22時（最終受付は21時）
【定休日】無休　【料金】大人500円、小学生250円、乳幼児は無料

道央
道南
道北
オホーツク
道東

スノーピーク十勝ポロシリキャンプフィールド

森林・川辺

すのーぴーく　とかちぽろしり　きゃんぷふぃーるど

現地	帯広市拓成町第2基線2-7
電話	0155-60-2000 電話は問い合わせのみ（電話予約不可）
予約	WEB受付のみ 公式HPから予約

アクセス

帯広市街から道道240号を中札内方面へ約32km。
中札内の市街地からは約12km

春夏秋冬、四季を通じて野遊びができる施設

アウトドア用品の総合メーカー「スノーピーク」社が指定管理者となって運営するキャンプ場。全国に数カ所の運営施設がある中、道内ではここだけだ。センターハウスには同社の直営店が入り、キャンプ用品やウェア類がディスプレイされ購入することもできる。レンタル品はもちろん同社の用具が貸し出され、購入前に使い勝手を知ることもできる。場内はコンパクトながら、オートサイトとフリーサイトがあり、移動式ハウス「住箱」も5棟設置される。通年で利用ができる。

快適なオートサイト。車を置くスペースには枕木が敷かれている

DATA

開設期間	通年営業（7、8月以外は水曜定休）
利用時間	IN／13時〜、OUT／翌11時まで
管理人	9時〜17時　駐在
利用料金	●オートサイトA／30区画（電源なし）2,200円　●オートサイトB／13区画（電源あり）3,400円　●フリーサイト／8張　1泊（車1台、6人まで、テント1張り、タープ1張りまで）1,200円　●トレーラーサイト／2区画　3,400円　●デイキャンプ（10時〜16時）1,200円、冬期利用は要問い合わせ
レンタル用品	テント、タープ、テーブル、イス、たき火台など多数あり
センターハウス	受付、シャワー、ランドリー、アウトドア用品を販売
キャンピングカー	駐車帯が2m×8m、4m×12mのサイトあり

Aサイトにある炊事棟、景観にも配慮

スノーピーク製品が買えるセンターハウス

食材調達

●十勝は食材が豊富な食料基地。農家や牧場が経営するファームレストランが点在する。昔からの名物は豚丼。地元に愛されるソウルフードはカレーショップ「インデアン」のカレーだ

道央　道南　道北　オホーツク　道東

	1月	2月	3月	4月	5月	6月	7月	8月	9月	10月	11月	12月
開設期間						通　年						

⊗ 禁止事項　手持ち以外の花火・音楽機器・発電機・ドローン

フリーサイト　オートサイト　コテージ　車椅子対応　WC 通常・水洗

ペット 一部可　ゴミ　たき火　Wi-Fi 一部可　ランドリー

◆ memo
■ フィールド遊び
散策・川で釣り・パークゴルフ・昆虫採集

DATA

タイプ・宿泊料金	●モバイルハウス5棟　1泊1棟　2人利用13,000円　4人利用18,000円　●施設利用料金1泊400円必要
利用時間	IN／13時〜、OUT／翌11時まで

備品・設備など

🛏 なし		🍳 キャンプ道具あり	
🛌 ベッド、布団、枕		💡 照明、ストーブ	
🔥 なし		🐾 場内はOK 建物内はNG	

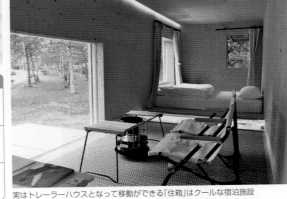

実はトレーラーハウスとなって移動ができる「住箱」はクールな宿泊施設

同社の製品がさりげなく使える

Bサイトにあるサニタリー棟

冬季も通年で利用ができる

📍 周辺スポット

センターハウス内にはスノーピーク社の提案するナチュラルライフスタイルを実践できる製品が展示・販売される。北海道内初の直営店。営業は10時〜17時

八千代牧場
ポロシリ岳のすそ野に広がる牧場。総面積が東京ドームの約210倍という広大な土地に、乳牛・馬などが放牧・育成されている。ソーセージや羊毛加工などの体験・宿泊施設、レストランもある。大自然のパノラマの中で十勝を満喫できる場所

♨ 入浴情報

Tokachi Airport Spa Sora

キャンプ場から一番近い温浴施設は、中札内村にできた快適なスパ。快適なサウナが人気の施設。タオル・シャンプー・化粧水などは完備している

十勝エアポートスパそら　☎ 0155-67-5959

【営業時間】7時〜22時　【定休日】なし
【料金】中学生以上1,000円、小学生500円、小学生未満無料

札内川園地キャンプ場

森林・川辺

さつないがわえんち　きゃんぷじょう

現地　中札内村南札内713

電話　0155-69-4378（日高山脈山岳センター）

予約　受付／宿泊施設の予約は、公式HPで、オープン後は山岳センターで受付
キャンセル料／キャンセル料あり
オフ期間／ホームページの問い合わせフォームへ

アクセス
国道236号から道道55号を経由して道道111号に入り、札内川ダム方向へ14km。ピョウタンの滝の手前

道央　道南　道北　オホーツク　道東

札内川のせせらぎを聞きながら川を楽しむ

　園地の一番奥側にタイプの異なる3つのテントエリアがある。地面に張られたロープにより区画が明示されたオートサイトとなっている。区画分けは若干の変更を加えながら進化しており、人気が高いのは札内川を眺められるAサイト。開放感があり、川のせせらぎが心地いい。Bサイトも捨てがたく、木陰が快適な空間を生み出している。全サイト車の乗り入れが可能で、オートキャンプスタイルで利用ができる。中札内村の市街地から20分ほど。近くに商店などはないので買い出しをしてから訪問しよう。

バンガローエリアから支流越しに見た林間部分。このあたりが一番人気のよう

DATA

開設期間	4月下旬〜11月上旬
利用時間	IN／12時〜、OUT／翌11時まで
ゲート	なし
管理人	24時間駐在、対応は7時〜20時
利用料金	●区画料（1泊）Aサイト1,000円、Bサイト800円、Cサイト500円　●管理料（1泊）大人800円、小学生400円、未就学児無料
レンタル用品	キャンプ用品各種有
山岳センター	受付、シャワー（100円）、展示コーナー（無料）、販売コーナー（食品、地場産食材、ソフトドリンク、ワイン、ビール、キャンプ用品）
キャンピングカー	可

食材調達

●中札内市街地に道の駅「なかさつない」がある。農産物直売所があり、新鮮野菜や特産品などを販売している。レストランや売店もある

すぐ横を札内川が流れる

炊事場は1カ所

ピョウタンの滝
名前は「滝」となっているが、本来は人造のダムであった。小水力発電用の農協ダムが洪水で水没し滝となった珍しい滝

開設期間	1月 2月 3月 4月 5月 6月 7月 8月 9月 10月 11月 12月
	4月下旬～11月上旬

⊗ **禁止事項** 直火・打上げ花火

フリーサイト　オートサイト　コテージ　車椅子対応 水洗　温泉

ペット　ゴミ　たき火　Wi-Fi（山岳センターのみ）　ランドリー

---

memo

■フィールド遊び

釣り・散策路・昆虫採集

（地図内ラベル）
クワガタなど／山菜・キノコなどが見つけられる／トレーラーハウス（住箱）（3棟）／面の沢／みどり橋／テニスコート／木製遊具／WC／自販機／ステージ／バーベキューハウス／文化の森／水道／レストハウス／WC／山岳センター／P／炊／WC／滝見橋／バンガロー（3棟）／炊／A／B／C／吊り橋／札内川／ビョウタンの滝／虹の大橋／ヤマメやニジマスが狙える／道道111号／←札内川ダム

DATA

タイプ・宿泊料金	●バンガロー（10人用）3棟　1泊1棟5,000円、大人1人800円、小学生以下1人400円　●トレーラーハウス　1棟10,000円（車の乗り入れ不可）　●管理料　大人800円、小学生400円、未就学児無料
利用時間	トレーラーハウスIN／13時～、バンガローIN／15時～、OUT／翌10時まで

備品・設備など

トイレは共同施設、シャワーは山岳センターに		炊事棟	
寝袋持参		照明、電源	
野外炉、テーブルベンチ		室内は禁止、リードをつけ、糞の後始末を	

バンガローは10人用が3棟。野外には炉とテーブルベンチが使える

室内は照明と電源のみ、清潔だ

トレーラーハウス「住箱」3棟がある

受付の山岳センター

◎ 周辺スポット

山岳センターには日高山脈の紹介や、登山者向けのジオラマも展示されている。じっくりと見ていたい。週末には中札内田舎どりを使用したローストチキンやオリジナルサンドを販売

場内は散策自由。屋外ステージがあり1時間500円、屋外ステージ前広場は1時間3,000円で利用が可能だ。釣りは山岳センター前の駐車場から徒歩で川に向かおう

♨ 入浴情報

Tokachi Airport Spa Sora

キャンプ場から車で約24分。キャンプ場から一番近い温浴施設は、中札内村にできた快適なスパ。快適なサウナが人気の施設だ。タオル・シャンプー・化粧水などは完備している

十勝エアポートスパそら　☎ 0155-67-5959

【営業時間】7時～22時　【定休日】なし
【料金】中学生以上1,000円、小学生500円、小学生未満無料

グランピングリゾート　フェーリエンドルフ
ぐらんぴんぐりぞーとふぇーりえんどるふ

森林・川辺

現地	中札内村南常盤東4線
電話	0155-68-3301
予約	公式HPから

▷ アクセス ◁
道の駅なかさつないから案内看板に沿って約5.2kmで現地

まるで異国、広い敷地中にドイツ伝統のコテージがずらり

　約10万坪。東京ドーム25個分に相当する広大な敷地に、歴史あるドイツ様式のコテージやグランピング・レストラン・カフェ・浴場・ドッグラン・遊具・ポニー小屋がある。コテージはドイツで実際に使われていた民家を参考に、ドイツの建築家が図面を制作。ドイツのヴィンテージ家具やラグジュアリーコテージ、食器がそろうコテージや大切なペットと一緒に宿泊できるコテージ、遊び心あふれる空間のコテージなど種類はさまざま。古き良きヨーロッパの雰囲気を味わいながら、贅沢な休日が楽しめるだろう。

究極のグラマラスキャンプが叶う

子供の遊び心を刺激する遊具もたくさん

プリンセススイートの豪華な室内

浴場施設の「十勝エアポートスパそら」

DATA

開設期間	通年営業（グランピングテントは5月〜10月）
利用時間	IN／15時〜20時（アーリーチェックイン12時〜）、OUT／8時〜11時（レイトチェックアウト〜14時）
ゲート	なし
管理人	
利用料金	大人1人7,600円〜25,000円（プラン・期間によって変動あり）
レンタル用品	寝袋
管理棟	受付、室内トイレ、売店
キャンピングカー	可

	1月	2月	3月	4月	5月	6月	7月	8月	9月	10月	11月	12月
開設期間					通年							
					グランピングテント　5月〜10月							

水洗

ペット　一部コテージあり　ゴミ　たき火　一部コテージであり　Wi-Fi　ランドリー

memo
■フィールド遊び
散策・星空・昆虫採集・サイクリング
■温泉
シャワーあり・敷地内に浴場施設あり

十勝ワッカの森キャンプ場

とかちわっかのもりきゃんぷじょう

森林・川辺

現地	清水町字旭山 28 番 46
電話	0156-67-7588 （電話受付時間：8 時～17 時）
予約	公式 HP から

十勝清水ICから約17km。遊び小屋コニファーを通り過ぎて1.5km進む

道央 / 道南 / 道北 / オホーツク / 道東

グランピングやテントサウナもある充実キャンプ場

四季折々の景色の中、通年でキャンプが楽しめる。直径7メートルの広々とした寒冷地仕様のドームテントでグランピングもあり、十勝の地元食材をふんだんに使ったBBQが人気。ロウリュや外気浴が体験できるプライベートテントサウナ（別途）もあり。充実した設備やアメニティを完備しており、初心者も安心できる。オートサイトやフリーサイト、ペットサイトは区画が広く過ごしやすい。管理棟は新しく快適。シャワールームや洗濯機も完備。トイレもピカピカで清潔感いっぱいだ。

のびのびと過ごせる、広く区画分けされたオートサイト

川の横に設置されたプライベートテントサウナ

木に囲まれたフリーサイト

ドッグランは小型・中型と分かれて利用できる

DATA

開設期間	通年営業
利用時間	IN／13 時～17 時、OUT／10 時、日帰り／10 時～15 時
ゲート	なし
管理人	グランピング利用者がいる日は24 時間常駐
利用料金	●施設利用料金 中学生以上 1,000円・小学生 600円・未就学児 0円、日帰り中学生以上 600円、小学生 300円、未就学児無料 ●サイト利用料 オートサイトAC電源無 1泊 3,000円・AC電源有 1泊 5,000円、フリーサイト 1泊 2,000円、ペットサイト 1泊 3,500円（犬 1匹につき 500円—3匹まで）、デイキャンプ オートサイトAC電源無 1,500円・オートサイトAC電源有 2,500円・フリーサイト 1,000円
レンタル用品	たき火台、たき火シート、テントサウナ、テント、イス、テーブルほか
管理棟	受付、室内トイレ、売店ほか
キャンピングカー	可

開設期間

1月 2月 3月 4月 5月 6月 7月 8月 9月 10月 11月 12月
通年

フリーサイト オートサイト コテージ 車椅子対応 温泉

   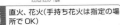
ペット ゴミ たき火 Wi-Fi ランドリー

禁止事項 直火、花火（手持ち花火は指定の場所でOK）

memo
■フィールド遊び
　散策・星空・昆虫採集
■コテージ なし
　グランピング施設あり
■温泉 なし
　シャワーあり

297

キタラキャンプフィールド
森林・川辺
きたらきゃんぷふぃーるど

現地	清水町字旭山 1 番地 13
電話	070-3601-1010 (10 時～17 時)
予約	公式 HP から

アクセス
十勝清水 IC から約 15km。遊び小屋コニファーより約 300m 先へ進むと右側に現地

数々のキャンプ場を訪れたオーナー夫妻がオープンさせた居心地の良い施設。サニタリー棟はとても清潔。宴会を伴うグループキャンプは禁止。アーリーチェックインもあり。

開設期間 | 1月 2月 3月 4月 5月 6月 7月 8月 9月 10月 11月 12月
4月末～11月下旬

DATA

開設期間	4 月末～11 月下旬
利用時間	IN/13 時～17 時、OUT/8 時～11 時、日帰り 10 時から 15 時
ゲート	なし　管理人　24 時間常駐
利用料金	(1 サイトにつき、テント・タープ各 1 張、車 1 台まで)大人(中学生以上)1,500 円、小人(小学生以下)1,000 円、ペット(犬)300 円、※冬季料金あり、デイキャンプ料金あり　●トレーラーハウス 4 人就寝用(1 棟)5,000 円(宿泊利用料別)※ペット不可
レンタル用品	テント、スクリーン、ポータブル電源、イス、テーブルなど
管理棟	受付、売店　キャンピングカー　可

サニタリー棟とトレーラーハウス

memo
■ フィールド遊び
・散策・星空・
　昆虫採集

禁止事項 直火、カラオケ、ラジオ、音楽、楽器、発電機、手持ち以外の花火

茂岩山自然公園キャンプ場
森林・川辺
もいわやましぜんこうえんきゃんぷじょう

開設期間	4 月下旬～11 月上旬
利用時間	IN/14 時～、OUT/翌 11 時まで
管理人	ホテルフロント 7 時～19 時

現地	豊頃町茂岩 50-8
電話	015-574-2111 (十勝ロイヤルホテル)
	管理者/豊頃町役場施設課 ☎ 015-574-2215
予約	受付/随時、十勝ロイヤルホテルで電話受付、役場施設課でも問い合わせ可　キャンセル料/キャンセル料はかからないが、事前に連絡を

利用料金 ●テントサイト利用　1 張 300 円、1 人 1 泊高校生以上 300 円、小中学生 200 円

長節湖キャンプ場
海辺
ちょうぶしこきゃんぷじょう

開設期間	7 月上旬～8 月下旬
利用時間	IN/13 時から、OUT/翌 11 時まで
管理人	7 時 30 分～18 時 30 分

現地	豊頃町長節
電話	015-574-2216 (豊頃町役場企画課)
	015-575-2329 (現地管理棟)
予約	不可。バンガロー、ドームハウスのみ役場にて 1 ヶ月前より、開設期間中は現地管理棟にて受付

利用料金 無料(テントサイト無料)　〈バンガロー利用料金〉●バンガロー 2 棟 1 棟 2,000 円 ●ドームハウス 4 棟 1 棟 5,000 円 ※どちらとも日帰り半額

オートキャンプ場 遊び小屋コニファー
森林・川辺
おーときゃんぷじょう　あそびごやこにふぁー

開設期間	通年
利用時間	IN/13 時～、OUT/11 時まで(調整可)
管理人	24 時間常駐

現地	清水町旭山 2 番 56
電話	01566-7-7747
予約	可能、管理人直通電話にて随時受付。インターネット予約可

利用料金 大人 1,500 円、小中学生 800 円、幼児無料　※日帰り半額　〈バンガロー利用料金〉●バンガロー(4～5 人用×1 棟) 1 棟 4,000 円 ●パピバンガロー(3～4 人用×1 棟) 1 棟 4,000 円 ●BBQ ハウスロフト部屋 1 部屋 4,000 円 ●1 部屋 4,000 円 ※入場料別途、冬季暖房料 1,000 円加算

十勝まきばの家

とかち まきばのいえ

田園・丘陵

現地	池田町清見144
電話	十勝まきばの家 015-572-6000
	https://www.makibanoie.com
予約	公式HPまたはキャンプ場予約サイト「なっぷ」から

アクセス
池田町市街の役場を過ぎてすぐの線路を越え、案内板に従って現地へ

オートキャンプサイトが新登場、珍しいワイン樽のサウナも

以前からある別荘タイプの平屋のコテージ7棟に加え、2022年からキャンプサイトが新設された。電源付きのオートサイト10区画、キャンピングカーサイト3区画が新たに加わった。屋外ドッグラン設備と共に利用ができる。コテージ側には珍しい「ワイン樽サウナ」3棟が完成している。これは実際に池田ワイン城で使われていたものを活用しているとのこと。ぜひ、利用して"ととのって"みたい。「森のワインショップ」では、ワインやソフトドリンクなども販売する。合わせて利用しよう。

高い天井には天窓がある

リビングスペース

ウッドデッキと食事用ガゼボが全棟にある

ガゼボ内では景色を見ながらBBQ

開設期間	1月 2月 3月 4月 5月 6月 7月 8月 9月 10月 11月 12月
	4月下旬～10月末(コテージは通年)

フリーサイト オートサイト コテージ 水洗
ペット 一部可 ゴミ たき火 Wi-Fi ランドリー

memo
■フィールド遊び
散策路・昆虫採集・水遊び

⊗ 禁止事項 コテージの野外でのバーベキュー

🏠 DATA ⚶⚶⚶

開設期間	4月下旬～10月末日
利用時間	オートサイトIN/14時、OUT/翌11時まで　コテージIN/15時、OUT/翌10時まで
ゲート	なし
管理人	9時～19時駐在
利用料金	●オートサイト1区画3,000円、利用料大人800円、小学生600円、幼児無料、犬1匹につき500円　●コテージ(5人用)2棟、(3人用)2棟、(犬同伴専用)3棟、1泊2食付き大人(小学生以上)1人10,500円～、犬同伴は小型犬・中型犬3,000円、大型犬4,000円
レンタル用品	なし
管理棟	売店
キャンピングカー	OK

うらほろ森林公園キャンプ場

うらほろしんりんこうえん　きゃんぷじょう

現地	浦幌町字東山町 22
電話	015-576-3455（現地管理棟）
予約	受付／4月1日から㈲レアスで、オープン後は現地管理棟にて受付 キャンセル料／キャンセル料はかからないが、早めに連絡を オフ期間／指定管理者㈲レアス ☎ 015-576-2881

アクセス

国道 38 号沿い道の駅「うらほろ」から森林公園への連絡路（表示板）があり、約 500m

場内を流れる小川遊びやアスレチック遊びも

国道 38 号のすぐ横、うらほろ森林公園は総面積 120 ヘクタールという広い公園。市民球場や林間広場、野外ステージなどが整備されている。公園の一角にキャンプ場がある。ひょうたん池から流れる小川がある一帯はフリーサイト。バンガローは 2 タイプ、合計 10 棟が並んでいる。オートサイトは駐車場を挟んだ反対側にあり、20 区画が用意されている。自然豊かな森林公園内には長さ 82 メートルの吊り橋もあり、ファミリーにはうれしいキャンプ場だ。

オートサイトは奥に細長いつくり。自然になじんだ雰囲気になっている

DATA

開設期間	4月27日〜10月31日
利用時間	IN／14時〜18時、OUT／翌11時まで
ゲート	なし
管理人	8時30分〜19時（夏期は22時）
利用料金	●テントサイト　1人用1泊1張500円（日帰り300円）、2人以上1泊1張1,000円（日帰り500円）●オートサイト／20区画（電源付き）　1区画1泊2,000円（日帰り1,000円）
レンタル用品	パークゴルフ用具1組（100円）
管理棟	受付、自販機、炊事場、トイレ棟／ほかにバーベキューハウス、せせらぎ広場、パークゴルフ場、ひょうたん池、遊歩道、展望台、つり橋
キャンピングカー	全長12mまで可

食材調達

●森林公園内の「ふるさとのみのり館」では、焼肉なども食べられる（要予約・水曜定休）

●サイトからすぐ近くの国道沿いに道の駅「うらほろ」がある。特産品販売コーナーや軽食コーナーがある。ギョウジャニンニクを使ったホットドッグや鮭とばは人気商品

オートサイトのトイレと炊事棟

管理棟近くの遊具

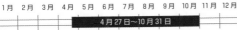

開設期間	1月 2月 3月 4月 5月 6月 7月 8月 9月 10月 11月 12月
	4月27日〜10月31日

⊗ 禁止事項　ペット・花火・カラオケ・発電機・たき火（一部禁止）

 フリーサイト オートサイト コテージ 車椅子対応 WC 温泉

ペット　ゴミ　たき火　Wi-Fi　ランドリー　水洗

memo
■ フィールド遊び
遊歩道・川遊び・遊具・昆虫採集

少し離れた場所にもバンガローがあり、6〜8人用。トイレとキッチンがある

DATA
タイプ・宿泊料金：●バンガローA（6人用）10棟 1泊1棟3,500円（日帰り利用2,000円）●バンガローB（8〜10人用）1棟 トイレ、流し台付き5,000円（日帰り利用3,000円）
利用時間：IN／14時〜18時、OUT／翌11時まで

備品・設備など
戸外の共同施設／水洗トイレ、洗面台（Bタイプのみトイレ付き）
戸外の炊事場／水道栓、流し台（Bタイプのみ流し台）
寝袋は各自持参
照明、電源のみ
前にタープスペース
NG

6人用のバンガローがずらりと並ぶ場内

カーペット敷きの室内

管理棟の売店には駄菓子類もあって楽しい

周辺スポット
キャンプ場から車で約20分、太平洋に面した浦幌丘陵地帯は絶景スポット。標高80mの崖が数キロに渡り続き、その中間地点にパラグライダーの発着場がある。「パラグライディング十勝」では事前予約で、インストラクターと2人乗りのタンデム飛行ができる

温泉情報

キャンプ場から約18キロ。道内トップクラスのPH10.0という高いアルカリ性の泉質を持ち、美肌によいと評判のお湯。露天風呂、サウナもある。

うらほろ留真温泉　☎ 015-576-4410
【営業時間】11時〜21時　【定休日】第3月曜日（祝日の場合は翌日）
【料金】大人500円、小人300円

道央 道南 道北 オホーツク 道東

301

十勝エコロジーパークオートキャンプ場

とかちえころじーぱーく　おーときゃんぷじょう

公園

現地	音更町十勝川温泉南18丁目
電話	0155-32-6780（現地管理事務所） 管理者／（一財）十勝エコロジーパーク財団
予約	受付／利用月の3カ月前の1日から、現地管理事務所で電話受付 （9時～17時） キャンセル料／なし、チェックインで支払いの後、返金はできない

アクセス

道道73号を十勝川温泉街から東へ約1kmのところに入口。帯広中心部から約12km

道内最大級の広さに遊びのメニューも充実

18ホールのゴルフ場が2つも3つも入るような、総面積409ヘクタールという広大な面積の自然公園。場内はキャンプゾーンとコテージ（コテッジ）ゾーンに分かれ、それぞれ離れた場所にある。機能充実のビジターセンター前には日帰りでも楽しめるピクニック広場と水と霧の遊び場があり、子どもたちの歓声が響く。フワフワドームは道内最大級だ。ここは十勝エリアを代表する総合キャンプ場。モール泉で知られる十勝川温泉も近い。連泊して十勝観光を楽しむ拠点にぴったりだ。

サイトは平坦。駐車スペースがサイト近くにあり、オート感覚で使える場所も

DATA

開設期間	4月29日～10月31日（コテージは、4/1～11/30）
利用時間	IN／13時～17時、OUT／翌8時～11時
ゲート	入場用リモコン貸与（22時～翌6時完全閉門）
管理人	期間中24時間常駐
利用料金	●入場料(1泊)小学生600円、中学生以上1,200円、デイキャンプ(高校生以上)は700円 ●プライベートサイト／30区画 1泊1区画1,500円 ●フリーテントサイト／専用駐車場70枠 1泊1張1,000円 ●デイキャンプ(フリーサイト使用) 1日1張400円
レンタル用品	自転車(1時間200円)9時～17時
ビジターセンター諸施設	受付、自販機、インドアガーデン、トイレ／フワフワドーム、水と霧の広場、ピクニック広場、BBQコーナー、コインランドリー(ゴミは希望があれば有料で処理)
キャンピングカー	可

食材調達

●国道38号沿いには北王農林の直売所がある。十勝の新鮮な野菜や加工品が販売されている

円形型のトイレ棟は男・女・多目的と3つ

自動センサーで照明がつく炊事場

	1月	2月	3月	4月	5月	6月	7月	8月	9月	10月	11月	12月
開設期間				キャンプサイト 4月29日～10月31日								
				コテージ 4月1日～11月30日								

⊗ 禁止事項　直火・打上げ花火・カラオケ・発電機・動植物の採取

 フリーサイト
 オートサイト
 コテージ
 車椅子対応 水洗
温泉

ペット 一部可
ゴミ
たき火
Wi-Fi
ランドリー

memo
■ フィールド遊び
散策路・水遊び・自転車

DATA

タイプ・宿泊料金	●コテージ(5人用)3棟　1泊1棟15,000円　7人用3棟21,000円、10人用1棟30,000円　●トレーラーハウス(5人用)3棟　1泊1棟15,000円(閑散期の割引料金あり)
利用時間	IN／15時～17時、OUT／翌8時～11時

備品・設備など

トイレ、シャワー(または風呂)、洗面台(石けん等なし)		流し台、電磁コンロ、炊飯ジャー、電子レンジ、鍋など	
掛・敷布団、フローリング床		照明、テレビ、冷蔵庫、FFストーブ、ラジオ	
バーベキュー炉、ベンチ		コテージ入室不可、プライベートサイトのみ入場可	

十勝川温泉街まで1km　道道73号　池田町

メインゲート
水鳥の湿原
トレーラーハウス(3棟)
あまりや
生態観察エリア
コテージゾーン
育成の森
ビジターセンター(管理事務所)
コテージ(7棟)
アヤメ、オオバナエンレイソウなど
森の遊び場
土のフォーリー
水と霧の遊び場
フワフワドーム
大池の広場
ハルニレ・ヤチダモの森
ピクニック広場
大池
ゴジュウカラ・シジュウカラ、アカゲラ、オオアカゲラ、カケス、オシドリ、カワセミ、マガモなど
水辺の遊び場
キャンプゾーン
炊 炊
シマリスやエゾリスなど
カシワの森
ドロヤナギ・ケショウヤナギの森
ファイヤーサークル
プライベートサイト
フリーテントサイト
秋にドングリやオニグルミがなる
フリーサイトの駐車場
十勝川

5人用から10人用まで4タイプ10棟がある。全棟、トイレとシャワーつき

室内にはテレビや冷蔵庫もあり

キッチンも充実

バリアフリーの洗面所

周辺スポット

ビジターセンターは明るく開放的な空間のインドアガーデンになっている。軽食カフェコーナーはメニューも充実

人気のフワフワドームは巨大なタイプ。子どもたちは夢中になって飛んだり跳ねたりして思いっきり楽しめる

温泉情報

十勝のおいしさを味わう4つのレストラン、農産物から雑貨までを扱うマルシェなどがある温泉施設。北海道遺産にもなっているモール温泉が楽しめる。無料レンタルの湯浴み着を着用して入浴するスタイル

道の駅ガーデンスパ十勝川温泉　☎ 0155-46-2447

【営業時間】9時～19時(金～日祝は21時まで)　【定休日】毎月第2火曜定休　【料金】13歳以上1,500円、4～12歳600円、3歳以下無料

道央
道南
道北
オホーツク
道東

303

カムイコタン公園キャンプ場

森林・川辺

かむいこたんこうえん　きゃんぷじょう

現地	大樹町字尾田 217-3 先
電話	01558-7-5623（現地管理棟）
予約	要予約。WEB システムあり、電話受付は 4 月 19 日から（7 時 30 分～10 時、15 時～17 時）

アクセス

大樹市街から道道622号で約9km

清流の近くに、オートサイトや区画サイトがある

　キャンプサイトの目の前を流れる清流・歴舟川は地元大樹町の「母なる川」。日高山脈に源をもち、大樹町の中心部を通って太平洋に注がれる、延長 65 キロほどの川だ。カヌーイストに人気が高く、ニジマスやヤマベなども多いことから釣り人にも親しまれている。キャンプ場は歴舟川を望む河川敷に C サイトが整備されている。B サイトはその少し上に木立に囲まれたオートサイト。A サイトは道路を超えた高台にある。それぞれ趣が異なるので、好みの場所をしっかりと選びたい。

管理棟から道路を渡って上にのぼった部分にある A サイト。白線が引かれた場所に張ろう

オートキャンプができる B サイトを上から

B サイトにあるトイレ棟

歴舟川は「日本一の清流」として名高いが、地元住民からは雨が降らなくても増水する川として知られているそう。川底に厚い岩盤があるためだ

DATA

開設期間	4 月第 3 金曜日～9 月
利用時間	IN／12 時から OUT／翌 10 時まで
ゲート	なし
管理人	常駐（10 時～15 時）
利用料金	1 人 600 円（中学生以下無料、ただし 1 サイトの利用料が 1,000 円に満たないときは 1,000 円になる）
レンタル用品	なし
キャンピングカー	不適

	1月	2月	3月	4月	5月	6月	7月	8月	9月	10月	11月	12月
開設期間				4月第3金曜日～9月								

フリーサイト　オートサイト　コテージ　車椅子対応　温泉

水洗

ペット（一部可）　ゴミ　たき火　Wi-Fi　ランドリー

memo
■フィールド遊び
釣り・（自己責任で）川
遊び・カヌー

禁止事項　カラオケ・発電機・直火・打上げ花火、テントサウナ

道央　道南　道北　オホーツク　道東

304

ナウマン公園キャンプ場

なうまんこうえん　きゃんぷじょう

公園

現 地	幕別町忠類白銀町 390-4
電 話	01558-8-2111（幕別町忠類総合支所）
予 約	要予約。キャンプ場予約サイト「なっぷ」より

▷ アクセス ▷

帯広広尾自動車道の忠類ICを降りてすぐ。道の駅「忠類」の裏手にサイト

キャンパーにうれしい施設と水辺の遊び場がある

2023 年シーズンから有料となり、予約が必要となっている。キャンプサイトは大きく 3 つに分かれた区画サイト。駐車スペースによっては、オート感覚で利用できる場所もある。第 3 サイトはオートサイトとして利用ができ、キャンピングカーの利用や車中泊も OK だ。すべて徒歩圏内に、道の駅、温泉ホテル、博物館、直売所、親水池、ネット遊具、パークゴルフ場などがある。夏季は非常ににぎわうため、ゴミの持ち帰りなどを含めて、お互いマナー良く利用したい。

駐車スペースとサイトが近いところもある

第 1 キャンプ場のセンター部分にある炊事場

遊具公園には滑り台やクライミング遊具のほか、水場もあり人気だ

散歩がてら温泉ホテルとレストランがある「ナウマン温泉ホテルアルコ」まで歩いていこう。11 時～21 時 30 分（受付は 21 時まで）、大人 600 円、小学生 300 円、幼児無料　朝風呂は 5 時～8 時 30 分（7 時受付終了）だ

開設期間	1月	2月	3月	4月	5月	6月	7月	8月	9月	10月	11月	12月
				4月下旬～10月下旬								

DATA	⛺
開設期間	4月下旬～10月下旬
利用時間	IN／13 時～18 時　OUT／翌 11 時まで
ゲート	なし
管理人	不在
利用料金	1 区画 1,500 円
レンタル用品	なし
管理棟	なし（受付はナウマン温泉ホテルアルコのフロント）
キャンピングカー	第 3 のみ可

フリーサイト・オートサイト・コテージ・車椅子対応・温泉・水洗

memo
■フィールド遊び
遊具・水遊び・昆虫採集・記念館見学

⊗ 禁止事項	ペット（一部可）・カラオケ・花火・発電機

道央
道南
道北
オホーツク
道東

305

さらべつカントリーパーク

田園・丘陵

さらべつかんとりーぱーく

現地	更別村弘和 541-62
電話	0155-52-5656

さらべつカントリーパーク(同上)で通年受付(8時〜17時)公式WEBからも予約可

予約	受付／利用月含む6カ月前の月の1日から公式HPで受付。キャンセル料／前日のキャンセルはサイト料金の25%、当日は100%徴収

▶ アクセス

国道236号から、帯広空港方向へ向かう道道更別幕別線に。誘導板に従い6kmほどで十勝スピードウェイに隣接

サーキット場近くにある総合サイト、遊具も充実

十勝管内更別村の国際サーキットコース「十勝スピードウェイ」の近くにあるサイト。キャンプ場はもともと、このサーキットを泊りがけで楽しめるようにと整備された。場内は電源付きキャンピングカーサイトと個別サイトがメイン。フリーサイトと貸別荘タイプのコテージ、トレーラーハウスが利用できる。木々がところどころにあり、いい陰影をもたらせている。センターハウス近くには、水場や遊具広場もあって子どもたちの歓声が響く。夏休みやお盆のころは大賑わいだ。

一般のオートサイトに相当する個別サイト。駐車スペースは道路に対して斜めに停める

DATA

開設期間	4月下旬〜10月下旬(コテージは通年)
利用時間	IN／13時〜、OUT／翌10時まで
ゲート	なし
管理人	24時間常駐
利用料金	●施設維持費 大人1,000円、小学生500円 ●フリーサイト／80張 1泊1張500円 ●個別サイト(電源)／58区画 1泊1区画2,000円 ●キャンピングカーサイト(電源、給排水栓)／5区画 1泊1区画3,000円
レンタル用品	テント、コンロ、タープ、延長コード、自転車、パークゴルフ用具、たき火台
管理棟	自販機、トイレ、シャワー・ランドリー室、BBQコーナー、売店コーナー(食品、キャンプ用消耗品、洗剤、日用雑貨、まきなど)
キャンピングカー	13.5mまで可

食材調達

● センターハウスで、ジンギスカン肉500g(1,800円)が購入できる。肉は村の推奨品でドングリマーク付き

● 道の駅「さらべつ」まで、車で5分ほど。野菜市(土・日)があり、新鮮な野菜を販売している。食事コーナーもありカレーやラーメンが食べられる

設備がそろうセンターハウス

炊事場とトイレが一体になった棟

開設期間	1月 2月 3月 4月 5月 6月 7月 8月 9月 10月 11月 12月
	キャンプサイト　4月下旬〜10月下旬
	コテージ・トレーラーハウス　通年

⊗ 禁止事項　指定サイト以外のたき火・指定場所以外の花火・カラオケ・発電機

 フリーサイト
 オートサイト
 コテージ
 車椅子対応
 WC
水洗
温泉
 ペット　建物内はNG
 ゴミ
たき火　指定サイトのみ
Wi-Fi　センターハウスのみ
ランドリー

memo
■ フィールド遊び
レース観戦・パークゴルフ・遊具・昆虫採集

DATA

タイプ・宿泊料金	● コテージ（6〜8人用）5棟　1泊1棟15,000円　● ミニコテージ（4〜5人用）5棟　1泊1棟10,000円。他に● トレーラーハウス（4〜5人用）5台　1泊1台10,000円。別に● 施設維持費　大人1,000円、小学生500円
利用時間	IN／13時〜、OUT／翌10時まで

備品・設備など

トイレ、洗面台、シャワー、バス	ガスコンロ、炊飯器、電子レンジ、食器など
ベッド、布団、枕	照明、電源、冷蔵庫、テレビ、洗濯機はセンターハウスに
野外炉付き、タープスペースもたっぷりある	野外はいいが、建物内への同伴は不可

貸別荘のような宿泊施設。二階建ての一軒家タイプ

一階のリビング。設備もそろって快適

ダイニングとキッチン、冷蔵庫やレンジも完備

吹き抜けがある二階はベッドルーム

📍 周辺スポット

十勝スピードウェイ　北海道唯一の公認サーキット。3本のコースがあり、メインスタンドからはコースのほとんどを見渡すことができる。時間単位で一般のマイカーを持ち込んでの走行ができる

キャンプ場内には水遊びができる水場のほか、サッカー場やバスケットコートなどもある。おもしろ自転車もあってアスファルトの道を走行可能。パークゴルフ場も隣接している

♨ 温泉情報

キャンプ場から約10kmに温泉施設がある。露天風呂にサウナ、寝風呂などがある

福祉の里温泉（更別村）　☎ 0155-53-3500
【営業時間】13時〜22時（最終受付21時）　【定休日】月曜休み
【料金】大人450円、中学生200円、小学生100円、幼児無料

くったり温泉レイクインキャンプ場

くったりおんせんれいくいんきゃんぷじょう

湖畔

現地	新得町字屈足 808
電話	0156-65-2141
予約	可

アクセス

新得の市街地から道道 75 号と 718 号を経由して北上、約 14km

受付や温泉はくったり温泉で

memo
■ フィールド遊び
　昆虫採集・サウナ

⊗ 禁止事項 カラオケ、発電機

屈足ダム湖のほとりに建つ温泉宿の敷地内にできた新サイト。フラットな敷地に電源付きオートサイトとフリーサイトがある。温泉入り放題チケットがあり、屋外サウナも予約すると有料で使える。

開設期間	1月 2月 3月 4月 5月 6月 7月 8月 9月 10月 11月 12月
	通年

DATA

開設期間	通年（冬期休館日あり）
利用時間	IN／13 時〜、OUT／翌 11 時まで
ゲート	なし
管理人	7 時〜20 時ホテルフロントにて駐在、夜間は警備スタッフが駐在
利用料金	●入館料　中学生以上 800 円、小学生 400 円　●フリーサイト 1 張 1,000 円〜　●オートサイト 1 区画 1,200 円〜
レンタル用品	なし
管理棟	なし（ホテルフロントにて対応）
キャンピングカー	可

国設然別峡野営場

こくせつしかりべつきょうやえいじょう

森林・川辺

現地	鹿追町然別峡
電話	0156-66-1135（鹿追町観光インフォメーションデスク）
予約	不可

アクセス

鹿追市街から然別方面へ。途中、道道 1088 号へ分岐しかんの温泉方面へ。分岐から約 11km

秘湯「鹿の湯」

memo
■ フィールド遊び
　無料の露天風呂

北海道内の秘湯中の秘湯と評される「かんの温泉」のすぐ近くにある。ソロやライダーの利用が多い。場内奥にある露天風呂「鹿の湯」はワイルドそのもの。すぐ隣を流れるシイシカリベツ川のせせらぎを BGM に、野趣あふれる湯浴みと野営ができる。

開設期間	1月 2月 3月 4月 5月 6月 7月 8月 9月 10月 11月 12月
	7月1日〜9月30日

DATA

開設期間	7 月 1 日〜9 月 30 日
利用時間	フリー
ゲート	なし　※キャンプエリア内への車やバイクの進入不可
管理人	周回（16 時〜17 時半）
利用料金	大人 250 円、小中学生 150 円
レンタル用品	なし
管理棟	受付のみ
キャンピングカー	駐車場のみ可（トレーラーは不可）

⊗ 禁止事項 カラオケ、花火、発電機、直火、動植物の捕獲・採取

国設然別湖北岸野営場

こくせつしかりべつこほくがんやえいじょう

湖畔

|現地| 鹿追町然別湖畔 |
|電話| 0156-66-1135（鹿追町観光インフォメーションデスク）|
|予約| 不可 |

アクセス

鹿追市街から道道85号を然別湖方面へ約30km。湖畔を越えて、湖の北側

豊かな原生林の中、森と湖を感じる上質な時間

十勝北部、大雪山国立公園の中にあって唯一の自然湖が然別湖。ここは標高約800メートル。北海道の湖では最も高い場所にあり、周囲の火山活動によってできたせきとめ湖だ。この湖の北側、周囲をトドマツやエゾマツ、ダケカンバといった原生林の中にキャンプ場がある。設備は極めてシンプルそのもの。野営場ということばがぴったりの雰囲気。周囲に人工の明かりが少ないため、夜は見渡す限りの星空が広がる。標高が高いこともあり、夏でも寒さ対策が必要になる日もあるだろう。

水洗トイレとバイオトイレがサイトの2カ所にある

三角屋根の炊事棟

荷物の搬入はリヤカーが使える

キャンプサイトから湖畔に下りると湖の風景が広がる。ここからカヌーで漕ぎ出したい。然別湖畔には「然別湖ネイチャーセンター」があり、カヌーやカヤックのガイドツアーがある。少し場所が離れるが「エア・トリップ」はぜひトライしたい

	1月	2月	3月	4月	5月	6月	7月	8月	9月	10月	11月	12月
開設期間							7月1日〜9月30日					

🏕	DATA	
開設期間	7月1日〜9月30日	
利用時間	フリー	
ゲート	なし	
管理人	16時〜18時駐在	
利用料金	大人250円、小中学生150円	
レンタル用品	なし	
管理棟	受付	
キャンピングカー	駐車場のみ可（トレーラーは不可）	

※キャンプエリア内には車やバイクの進入は不可

フリーサイト　オートサイト　コテージ　身障者対応　温泉
水洗

ペット
必ずリード着用

ゴミ　たき火　WiFi　コインランドリー

memo

■フィールド遊び

カヌー

⊗ 禁止事項　カラオケ・花火・発電機・直火・魚釣り・動植物の捕獲・採取

士幌高原ヌプカの里キャンプ場

田園・丘陵

しほろこうげんぬぷかのさと　きゃんぷじょう

現地　士幌町字上音更 21 番地 173

電話　01564-5-4274 （ロッジヌプカ）
管理者／㈱佐藤土建ヌプカの里事業部、上記電話で通年対応

予約　受付／コテージのみロッジヌプカで電話受付（10〜16 時）、
　　　火曜日休館（GW と夏休み除く）、冬期は休館
　　　キャンセル料／予約日の 2 日前 30%、前日 50%、当日 100%

アクセス
士幌市街から道道 661 号に入ると、沿道に案内板。20km ほどで現地

十勝平野を一望できる絶景ビューの高原施設

標高 600 メートルの高台、雄大な十勝平野を一望しながらキャンプができる。十勝管内士幌町内からぐんぐん坂を上っていった先の、行き止まりにある。受付を兼ねる「ロッジヌプカ」にはテイクアウトメニューや軽食レストランがあって便利。テントサイトはこの建物の手前側にある芝生の部分だ。傾斜地を段々畑状にしている。コテージはこのテントサイトよりさらに上部にあり、圧倒的な眺望の丘に建っている。朝起きてカーテンを開けると、目の前に飛び込むものすごい景色に心が奪われるだろう。

フリーサイトは傾斜地を段々畑のようにした部分。いくつかに分かれている

DATA

開設期間	4 月中旬〜11 月 30 日（火曜日休み、祝日、GW、7 月第 3 週から 8 月を除く）
利用時間	IN／10 時〜16 時、OUT／翌 10 時まで
ゲート	なし
管理人	10 時〜16 時駐在
利用料金	●テントサイト　1 張 1 泊 500 円　ロッジ内のシャワー利用可（16 時まで。大人 200 円、小学生以下 100 円）
レンタル用品	BBQ セット（2,000 円）
管理棟（ロッジヌプカ）	受付、休憩、軽食堂、展望台、電話、自販機、売店（みやげ品、菓子類、特産アイスクリームなど）
焼肉ハウス	ガスコンロ 18 台（要予約、80 名まで利用可）、士幌牛肉（要予約）、ジンギスカンも販売
キャンピングカー	駐車場のみ可

清潔なトイレ棟

ロッジヌプカには展望台もある

食材調達

● 管理棟になっている「ロッジヌプカ」で、焼肉用のしほろ牛やジンギスカンなどを購入できる

● 士幌市街地に「A コープ士幌店」やコンビニがある。また、道の駅「ピア 21 しほろ」で新鮮野菜や特産品が購入できる

開設 期間	1月	2月	3月	4月	5月	6月	7月	8月	9月	10月	11月	12月

4月中旬〜11月30日（キャンプ場は火曜休、GWと夏休みは無休）

⊗ 禁止 事項　たき火・打上げ花火・カラオケ・発電機

フリーサイト	オートサイト	コテージ	車椅子対応 水洗	風呂

ペット	ゴミ	たき火	Wi-Fi 一部	ランドリー

memo

■ フィールド遊び

トレッキング・昆虫採集・星空観察

 DATA

タイプ・宿泊料金	●コテージ(11人まで)6棟　1泊1棟8,000円　●加算料金1人1泊1,000円(GW期間、7月・8月は1,500円)　●ロッジヌプカの宿泊室は団体のみ　大人1,500円、高校生1,000円、小・中学生600円
利用時間	IN／15時〜、OUT／翌10時まで

備品・設備など

🚿	洗面台、バス、トイレ	🍳	電気コンロ、炊飯器、電子レンジ、ホットプレート、食器など
🛏	布団、枕、毛布	📺	照明、電源、冷蔵庫、テレビ、電話、暖房
🔥	タープスペースはたっぷりある	🚭	建物内はNG

白雲山登山口 ▲

🅿 WC　コマクサ園　コテージ

8月上旬までウグイスのさえずりが聞こえる

銅像

トリム遊具

ロッジ ヌプカ

高山 植物園

WC

焼肉ハウス　炊

カブト・クワガタが捕れるよ

🚚　🅿

←十勝平野が見える

士幌市街へ▶

コテージは6人〜11人用がある。団体向けだが管理棟にも宿泊が可能

生活用品は充実の室内

カーペットが敷かれたロフトコーナー

居室からはすごい眺望が楽しめる

📍 周辺スポット

サイトには木製のトリム遊具がある。高山植物園という一角があり、珍しい草花を鑑賞できる

サイトのすぐ下ではウシが放牧されていて、見ているだけでのどかな雰囲気に。本格的なトレッキングとして白雲山（標高1,187m）にも登りたい。往復3時間ほどだ

♨ 温泉情報

道の駅もかねる宿泊温泉施設。日帰り入浴やレストラン、軽食コーナーや売店などがある。温泉はお肌がつるつるになるモール泉で、2本の自家源泉から引く。露天風呂やジャグジー、サウナがある

しほろ温泉　プラザ緑風　☎ 01564-5-3630

【営業時間】11時〜23時（最終受付 22時）
【定休日】無休　【料金】大人500円、小学生250円

道央　道南　道北　オホーツク　道東

311

静山キャンプ村・義経の里御所

しずかやまきゃんぷむら・よしつねのさとごしょ

現地	本別町東町
電話	0156-22-4441（本別公園総合案内）
予約	受付／バンガロー、御所ともに6カ月前から キャンセル料／キャンセル料はかからないが、早めの連絡を

アクセス
国道242号を本別市街に入り、「本別公園」の案内
板に沿って道道658号を約2km

大きな公園の中にある無料サイト、和風の「御所」に泊まる

　十勝管内本別町の市街地から少し離れた奥座敷のような場所に「本別公園」という大きな公園がある。公園の一角にキャンプ場と一風変わったユニークな宿泊施設がある。テントサイトは2カ所あり、いずれも無料で利用できる。第1サイトは川のせせらぎを聞きながらの公園タイプ。駐車場も広い。第2サイトは森の雰囲気だ。「御所」と名付けられた平屋の一軒家は、町に伝わる義経伝説にちなむ。公園内の「かぶと池」ではボートにも乗れて、ゴーカート場もある。家族みんなで本別公園に行こう。

DATA

開設期間	6月1日〜10月31日（御所は4月〜3月）
利用時間	キャンプサイトはフリー
ゲート	なし
管理人	9時〜17時駐在（義経の館1F）
利用料金	●テントサイト　使用無料（バンガローのみ有料で予約も必要）
レンタル用品	なし
管理棟 （義経の館）	受付、義経資料室、休憩、売店（みやげ品） ゴミ袋は500円で販売
キャンピングカー	駐車場のみ可

第1サイトは車道の横にあるが、交通量が少ないので、音は気にならない

第2サイトの様子、やや傾斜があり

トイレ棟は第2サイトは1カ所

食材調達

●車で5分ほど走れば本別市街。スーパー「フクハラ」などがある
●近くの道の駅「ステラ★ほんべつ」は、廃線となった「ふるさと銀河線」の本別駅を改装した建物。レストランやパン屋、野菜直売コーナーがある
●豚肉料理「浮舟」はミシュラン掲載店。道産の豚肉を中心にロースのみを使う「とんてき」が人気のお店

	1月	2月	3月	4月	5月	6月	7月	8月	9月	10月	11月	12月
開設期間						キャンプサイト・バンガロー 6月1日〜10月31日						
				御所 4月〜3月								

⊗ 禁止事項　直火・打上げ花火

フリーサイト　オートサイト　コテージ　車椅子対応
　　　　　　　　　　　　　　　　　　水洗

ペット　ゴミ　たき火　Wi-Fi　ランドリー
　　　　　　　　　　御所のみ

memo
■ フィールド遊び
　遊歩道・アスレチック・ボート・昆虫採集

 DATA

タイプ・宿泊料金	●御所(5人用)5棟 1泊1棟 11,200円(延長1時間1,220円) ●バンガロー(16人用)2棟 1泊1棟 2,440円。他に●バンガロー(30人用)2棟 1泊1棟 3,660円
利用時間	IN/14時〜16時30分、OUT/翌10時まで(御所) IN/14時〜、OUT/翌10時まで(バンガロー)

備品・設備など			
🛏	洗面台、バス、シャワー、トイレ	🍳	ガスコンロ、炊飯器、電子レンジ、鍋、食器など
🛌	布団、枕、毛布	🧊	照明、電源、冷蔵庫、テレビ、暖房、洗濯機
🔥	なし	🚬	室外なら可、自己管理すること、芝の上は禁止

地元の本別産カラマツをつかった「御所」。ほかに団体用のバンガローもある

リビングはフローリング

和室があって落ち着く室内

ユニットバス、トイレ完備

📍 **周辺スポット**

公園内の池ではスワンボートや手こぎボートがあってのんびり水上散歩が楽しめる。池の中央には島があったり、元気なコイも泳いでいる。

多目的広場にはコンビネーション遊具などアスレチック広場がある。パークゴルフ場も整備。いろいろと遊べる公園だ

♨ **温泉情報**

キャンプ場から車で約35分。士幌町にある温泉。道の駅も兼ねている。温泉はお肌がつるつるになるモール泉。露天風呂やジャグジー、サウナもあり

しほろ温泉　プラザ緑風　☎ 01564-5-3630
【営業時間】11時〜23時 (最終受付22時)
【定休日】無休 【料金】大人500円、小学生250円

道央 / 道南 / 道北 / オホーツク / 道東

上士幌町航空公園キャンプ場

（公園）かみしほろちょう　こうくうこうえんきゃんぷじょう

現地	上士幌町字上士幌基線 241
電話	01564-2-4297（上士幌町役場建設課）
予約	不要、団体のみ上記へ

アクセス
上士幌市街から道道 337 号を約 2km

十勝管内上士幌町の市街地にもほど近く、キャンプ場の横を音更川が流れる。広いアスファルト敷きの駐車場には、キャンピングカーや車中泊組がいて、ライダーは入り口近くに、ファミリーは奥にいる。毎年 8 月には熱気球のイベント会場となる。

開設期間　1月 2月 3月 4月 5月 6月 7月 8月 9月 10月 11月 12月
5月上旬〜10月下旬

テントサイトは河川敷の公園サイトの趣き

memo
■ フィールド遊び
パークゴルフ場・釣り・昆虫採集

禁止事項 発電機・カラオケ・花火・直火

DATA

開設期間	5 月上旬〜10 月下旬
利用時間	フリー
ゲート	なし
管理人	巡回
利用料金	中学生以上 1 泊 500 円（車中泊も同様）
レンタル用品	なし
管理棟	なし
キャンピングカー	駐車場のみ可

国設ぬかびら野営場

（森林・川辺）こくせつぬかびらやえいじょう

現地	上士幌町字ぬかびら源泉郷
電話	01564-2-4291（上士幌町役場商工観光課）
予約	不要

アクセス
上士幌市街から国道 273 号で約 24km

ダム湖である糠平湖の近くにある小規模なキャンプ場。ここからは直接、湖面は望めない。サイトはシラカバが美しい林間地。テント床があり備え付けのテーブルセットが利用できる。車は入り口に停めて、リヤカーで荷物を搬出入する。

開設期間　1月 2月 3月 4月 5月 6月 7月 8月 9月 10月 11月 12月
6月25日〜9月24日

サイトの入り口、奥に管理棟

memo
■ フィールド遊び
遊歩道・釣り（有料）

禁止事項 花火・発電機・ペットは駐車場のみ

DATA

開設期間	6 月 25 日〜9 月 24 日（毎年固定）
利用時間	フリー
ゲート	なし
管理人	巡回
利用料金	中学生以上 1 泊 350 円、小学生 1 泊 200 円、幼児無料
レンタル用品	なし
管理棟	受付
キャンピングカー	駐車場のみ可

オンネトー国設野営場

おんねとー　こくせつやえいじょう

現地	足寄町茂足寄国有林内
電話	0156-28-3863（足寄町役場経済課）
予約	なし（団体の場合のみ必要）

アクセス
足寄市街から国道241号で約46km、阿寒湖温泉街からは約20km。国道に看板あり

コバルトブルーの水をたたえる神秘の湖

オンネトーは北海道三大秘湖のひとつに数えられる神秘の湖。周囲約2.5キロ、コバルトブルーの水をたたえる。湖面がその時々によって色を変えることから「五色沼」の別名もある。キャンプサイトは湖の近く、トドマツやエゾマツが茂る原生林の中にある。サイト内にはいくつかのイスとテーブルが設置され、U字型の炉も置かれる。森の中のあちこちには設営に適した空き地が点在する。秘境の中で一夜を過ごせる。2022年には、駐車スペースにアウトドアショップが開店した。

サイトは写真のとおり抜群の雰囲気だ

炊事棟は入り口近くに1カ所

駐車場内にアウトドアショップ「UPIオンネトー」がある

野中温泉はオンネトー入り口にある山の宿。渋い露天風呂と大浴場などがある。10時〜18時（露天風呂は11時から）、大人500円、小学生200円、幼児100円

DATA

開設期間	6月1日〜10月31日
利用時間	受付は10時〜17時
ゲート	なし
管理人	10時〜17時駐在
利用料金	大人1,000円、小・中学生500円
レンタル用品	たき火台、まきストーブ、ハンモックなど
管理棟	UPIオンネトーにて受付、まきの販売あり
キャンピングカー	駐車場可

	1月	2月	3月	4月	5月	6月	7月	8月	9月	10月	11月	12月
開設期間						6月1日〜10月31日						

フリーサイト　オートサイト　コテージ　車椅子対応　温泉
水洗

車椅子対応　水洗

ペット　ゴミ　たき火　Wi-Fi　ランドリー
UPIオンネトー内

禁止事項 カラオケ・花火・発電機・カヌーはできない

memo
■フィールド遊び
　自然観察・登山・散策

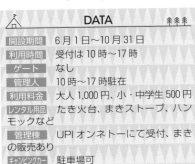

里見が丘公園キャンプ場

田園・丘陵

さとみがおか　こうえん　きゃんぷじょう

現地	足寄町里見が丘
電話	0156-25-6325（現地管理棟）
予約	受付／4月中はあしょろ観光協会でも受付 キャンセル料／キャンセル料はかからないが、 　　　　　　早めの連絡を オフ期間／あしょろ観光協会 ☎ 0156-25-6131

アクセス

道の駅「あしょろ銀河ホール21」付近から、上士幌方向へ約3km。国道241号沿い右手に入口

足寄町総合体育館や「里見が丘公園」とは入り口が異なる。登坂車線がある国道から脇道へ入って、細い道を上った先にキャンプ場がある。場内は大型のバーベキューハウスがあり、無料で使える。その奥に芝生のフリーサイトがあり、バンガローも点在する。里見が丘公園には2023年に温浴施設「銀河の湯あしょろ」がオープンし、露天風呂やサウナも完備している。

開設期間 5月1日～10月31日

「銀河の湯あしょろ」の外観。キャンプ場からはアップダウンがあるものの、徒歩約10分で行ける

memo
■ フィールド遊び
　散策・昆虫採集

禁止事項　直火

DATA

〈キャンプデータ〉

開設期間	5月1日～10月31日
利用時間	IN／13時～、OUT／翌10時まで
ゲート	なし
管理人	12時～17時駐在
利用料金	●持込みテント1泊1張400円
レンタル用品	網、鉄板などのバーベキュー用具

管理棟	受付、販売コーナー（炭、酒類など）、バーベキューハウス1棟

〈バンガローデータ〉

タイプ・宿泊料金	●バンガロー(6人用)6棟　1泊1棟2,100円　●バンガロー(20人用)1棟　1泊1棟4,100円
利用時間	IN／13時～、OUT／翌10時まで
キャンピングカー	駐車場のみ可

森のキッチンかわい

森林・川辺

もりのきっちんかわい

開設期間	5月～10月（火曜日宿泊不可）
利用時間	IN/15時～18時、OUT/翌10時まで
管理人	24時間常駐（火曜休）

現地	鹿追町瓜幕西28線27番地
電話	0156-67-2327
予約	不可、到着順

利用料金	●持ち込みテント　1人600円　●オートキャンプ　1台1,500円

晩成温泉キャンプ場

海辺

ばんせいおんせんきゃんぷじょう

開設期間	4月下旬～10月末
利用時間	IN/10時半～、OUT/翌10時まで（コテージのみ IN/15時～）
管理人	不在

現地	大樹町晩成2
電話	01558-7-8161（晩成温泉）
予約	不可 （コテージの予約は晩成温泉で受付、冬季は火曜休）

利用料金	大人1,000円、中学生800円、小学生700円（全て入浴料込み）、未就学児無料　〈バンガロー利用料金〉●コテージ(8人用)　1棟20,000円

サホロ湖キャンプ場

湖畔

さほろこきゃんぷじょう

開設期間	5月1日～10月31日
利用時間	フリー
管理人	不在

現地	新得町新内
電話	0156-64-0522（新得町役場）
予約	不可

利用料金	無料

道央

道南

道北

オホーツク

道東

MO-TTO かぜて

公園

もっとかぜて

現地	浜中町東6線66番地
電話	0153-64-3000（現地管理棟）
	0153-62-2147（浜中町役場商工観光課）
予約	不可

利用料金 ●持ち込みテント　5人用まで1張330円、6人用以上1張550円　※タープ、キャンピングカーも1張分の利用料が必要

開設期間	4月下旬〜10月31日
利用時間	IN/12時〜、OUT/翌11時まで
管理人	9時〜17時駐在(日・月・祝日は不在)　※不在時は無人受付(トイレ)利用

厚岸・筑紫恋キャンプ場

公園

あっけし・つくしこいきゃんぷじょう

現地	厚岸町筑紫恋2-2
電話	0153-52-6627（現地管理棟）
	0153-52-3131（厚岸町役場）
予約	可能、開設期間は現地管理棟にて、期間外は役場にて受付

利用料金 ●利用料　大人220円、小人110円　〈バンガロー利用料金〉●バンガロー(1〜4人用×12棟)　1棟2,200円

開設期間	7月1日〜9月30日と牡蠣まつり期間中における金・土・日曜日
利用時間	テントサイト　IN/フリー、OUT/翌12時まで　バンガロー　IN/13時〜、OUT/翌11時まで
管理人	7時〜21時駐在

ウシ空のキャンプ場／開陽台

田園・丘陵

うしぞらのきゃんぷじょう／かいようだい

現地	中標津町俣落2256-17
電話	0153-73-3111
	（中標津町役場経済振興課観光振興係）
	0153-73-4787（中標津町観光案内所）
予約	不可

利用料金 無料

開設期間	通年
利用時間	フリー
管理人	不在

塘路元村

湖畔

とうろもとむら

現地	標茶町上多和
電話	015-487-2172（元村ハウスぱる）
	期間外　015-485-2111（標茶町商工観光課）
予約	不可

利用料金 （持込テント料金）大人380円、小・中学生220円（日帰りはともに110円）

開設期間	5月1日〜10月31日(期間中無休)
利用時間	フリー(受付が9：00〜17：00)
管理人	駐在(9時〜17時)

えぞ鹿ファクトリーキャンプ場

公園

えぞしかふぁくとりい　きゃんぷじょう

現地	白糠町工業団地2丁目2-5
電話	非公開
予約	完全予約制、キャンプ場予約サイト「なっぷ」から

利用料金 基本料金3,500円(大人1人・車1台駐車料金含む)、人数追加料金大人500円、中学生以下無料

開設期間	5月1日〜10月31日
利用時間	IN/13時、OUT/翌11時
管理人	不在

明郷伊藤☆牧場　築拓キャンプ場

森林・川辺

あけさといとうぼくじょう　ちくたくきゃんぷじょう

現地	根室市明郷101-21
電話	0153-26-2798（明郷伊藤☆牧場）
予約	要予約、随時受付

利用料金 ●入場料　大人800円、3歳〜小学生550円　●フリーサイト　テント1張800円　●カーサイト　1区画2,500円　〈バンガロー利用料金〉●バンガロー(1〜2人用×1棟)　1棟3,000円

開設期間	4月下旬〜10月上旬
利用時間	IN/14時〜16時、OUT/翌11時まで
管理人	9時〜18時駐在

道央
道南
道北
オホーツク
道東

知床羅臼野遊びフィールド
しれとこらうすのあそびふぃーるど

現地	羅臼町礼文町31
電話	080-9398-6019
予約	必要、公式HPから

利用料金 1泊18,000円から（大人3名※小学生以下は2名で大人1名）

開設期間	5月（予定）〜10月31日（10月30日宿泊分まで受付）
利用時間	24時間
管理人	駐在（9時〜17時）

絶景｜美味｜快適
北海道 極上キャンプ

美しいキャンプ場
すごいキャンプ場
達人のキャンプスタイル
キャンプを極める
絶品キャンプ飯
究極のギア
買い出しスポット
ワイン・日本酒・コーヒー

総力結集！

Possibility.Labo
川手有沙
photographer
中嶋史治
アウトドアライター
タカマツミキ
フードコーディネーター
舛田悠紀子
ガイド本取材・執筆者
花岡俊吾
YouTuber・ライター
まるなな

北海道新聞社

Possibility.Labo
川手有沙

photographer
中嶋史治

アウトドアライター
タカマツミキ

ガイド本取材・執筆者
花岡俊吾

フードコーディネーター
舛田悠紀子

YouTuber / ライター
まるなな

本書の姉妹本となる
『北海道極上キャンプ』
好評発売中

本書とあわせてキャンプの楽しみが 倍増する一冊

　北海道新聞社では盛り上がりをみせるキャンプブームを受けて、これまでとは一味ちがったキャンプの楽しみ方を紹介するガイドブック『北海道極上キャンプ』を2023年に発売した。執筆陣はInstagramやTwitter、YouTubeなどでキャンプ情報を発信する道内在住の有名キャンパーや、Instagramで国内外にファンを持つフォトグラファー、個人ブログとしては道内最大クラスのPV（ページビュー）を誇るキャンプブロガー、ウェブメディアや新聞、雑誌に連載を持つアウトドアライターなど、6人が担当した。それぞれが得意分野を担当し、道内キャンプの魅力を紹介している。

　取材は全道各地に及び、約1年かけて撮影・執筆を行った。内容は心奪われる絶景キャンプシーンをはじめ、読み応え充分の道内キャンプ術、SNSで多大なフォロワー数を有する人気インフルエンサー20組26人のキャンプスタイル紹介や、アウトドア料理、アウトドアショップなど。巻頭グラビアと7つの章から構成されている。

　本書が北海道内のキャンプ場を紹介した教科書とするならば、いわば教科書の「副読本」としてあわせて読みたい一冊になっている。本の概要は以下の通り。

『北海道極上キャンプ』
北海道新聞社編
A5判・オールカラー、216頁、定価1,870円
全道の主要書店、道新販売所ほかネット書店で販売中
※こちらの本の情報は2023年3月現在の情報です

クジラの見える丘公園
羅臼神社
知床羅臼野遊びフィールド
根室海峡

楽しいキャンプのチェックリスト

道具
- ☐ テント、タープ一式
- ☐ 寝袋、マット
- ☐ イス・テーブル
- ☐ コンロ類
- ☐ グリル(燃料)
- ☐ 炭、まき、火ばさみ、着火バーナー
- ☐ ランタン、懐中電灯
- ☐ クーラーボックス・保冷剤
- ☐ ハンマー

食事
- ☐ 皿、コップ
- ☐ 箸、フォーク、スプーン
- ☐ テーブルクロス

調理
- ☐ 調味料(醤油・油・塩・胡椒・砂糖・味噌)
- ☐ 〃 (ローリエ・ケチャップ・コンソメ)
- ☐ 洗剤、スポンジ
- ☐ 鍋、フライパン、ボウル、お玉、フライ返し
- ☐ 包丁、まな板、はさみ
- ☐ ラップ、ホイル、ジップロック
- ☐ キッチンペーパー
- ☐ ふきん
- ☐ ゴミ袋、新聞紙

衣類
- ☐ くつ下、下着
- ☐ 長袖、半袖
- ☐ フリース類
- ☐ スウェット上下
- ☐ 帽子(日除け)
- ☐ サングラス
- ☐ 防寒ジャンパー
- ☐ カッパ、かさ
- ☐ 長靴、サンダル

風呂・洗面
- ☐ 歯ブラシセット
- ☐ 石鹸
- ☐ フェイスタオル
- ☐ バスタオル

応急・衛生
- ☐ 消毒薬
- ☐ ばんそうこう
- ☐ ガーゼ
- ☐ 胃腸薬など常備薬
- ☐ 体温計
- ☐ マスク
- ☐ 除菌用アルコールなど

小物
- ☐ ぞうきん
- ☐ ひも、S字フック、クリップハンガー
- ☐ ガムテープ
- ☐ ティッシュ・ウェットティッシュ
- ☐ 蚊取り線香、虫除けスプレー
- ☐ 日焼け止め
- ☐ 軍手
- ☐ ガイドブック、図鑑、虫捕り網・カゴ
- ☐ 乾電池

貴重品
- ☐ 財布
- ☐ 保険証
- ☐ スマホ(充電器)

その他
- ☐ 出かける時の戸締り
- ☐ クルマのガソリン満タン

メモ
....
....
....

319

北海道エリアマップ

道央・道南・
道北

オスコイ！
かもえない
神恵内村

神恵内青少年旅行村
70

盃野営場
133

ノチウアウトドア
PARK
133

67 コテージ「アリスの里」

いわないリゾートパーク
オートキャンプ場マリンビュー
68

余市アウトドア
パーク・ノボリ
67

農村公園フルーツパークにき
61

パラライフ北海道
キャンプフィールド
132

小樽望洋シャンツェオートキャン
ウィンケルビレッジ朝里川温泉
オートキャンプ場 62

66 小樽
monk
camp
site

赤井川
"シエル"
キャンプ
60

AKAIGAWA
TOMO PLAYPARK
60

Youtei Outdoor
キャンプサイト39

132 倶知安町旭ヶ丘公園キャンプ場

132 ニセコ野営場

132 冒険家族

132 半月湖野営場

MEMUの
キャンプ場

京極スリー
パークキャンプ

26
Rusan Village

46 ニセコ サヒナキャンプ場

蘭越町ふるさとの丘キャンプ場
48

羊蹄山自然公園
真狩キャンプ場
50

真狩村
ユリ園コテージ

真狩焚き火キャンプ場49

歌才オートキャンプ場ルピック
52

豊浦町森林公園
54

洞爺水辺の里
財田キャンプ場

仲洞爺
キャン

洞爺月の光キャン

アルトリ岬キャンプ
伊達市

真駒内ダム公園
161

長万部公園キャンプ場
149

礼文華海浜公園
キャンプ場 59

大岸シーサイドキャンプ場
56

豊浦町高岡オートキャンプ場
57

豊浦海浜公園キャンプ場
58

グリーンステイ洞爺湖
42

室蘭キャンプ＆
グランピングYUG
105

ピリカキャンプ場
157

せたな青少年旅行村
158

賽の河原公園キャンプ場
160

北追岬公園
キャンプ場
160

東風泊海岸海水浴場地
161

ペコレラ学舎
160

オートリゾート八雲 152

うにまるキャンプ場
〜NONA BASE〜
161

熊石青少年旅行村
150

ルート229元和台

遊食広場
ニヤマオートキャンプ場 142

東大沼キャンプ場143

YOU・遊・モ

148
グリーンピア大沼

鶉ダム
オートキャンプ場
ハチャムの森 154

YUKARA AUTO CAMP／
RVパークおおぬま 144

かもめ島キャンプ場
157

厚沢部レクの森
キャンプ場 156

北斗市きじひき高原
キャンプ場 146

夷王山キャンプ場
160

湯の沢水辺公園
148

白石公園はこだて
オートキャンプ場
138

函館市戸井ウォーターパ
オートキャンプ場

知内町農村公園
160

知内スターヒルズキャンピングヤード160

横綱の里ふくしま

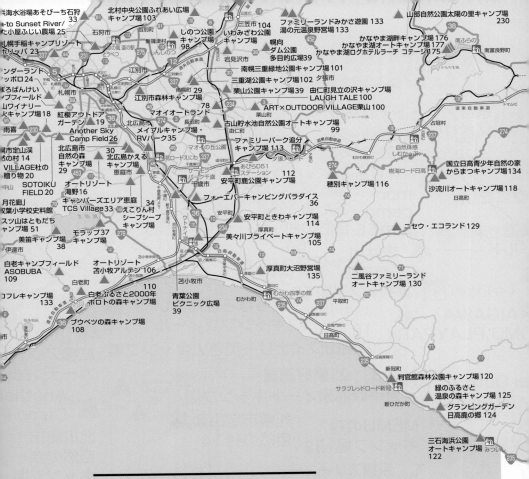

海水浴場あそびーち石狩
33
北村中央公園ふれあい広場
キャンプ場103
山部自然公園太陽の里キャンプ場
230
札幌手稲キャンプリゾート
ゃリッパ 23
 to Sunset River/
ん小屋ふじい農場 25
ファミリーランドみかさ遊園 133
湯の元温泉野営場 133
かなやま湖畔キャンプ場176
かなやま湖オートキャンプ場177
かなやま湖ログホテルラーチ コテージ175
三笠市104
しのつ公園
キャンプ場
98
幌向
ダム公園
多目的広場39
ンダーランド
ッポロ24
南幌三重緑地公園キャンプ場101
ろばんけい
ブフィールド
山ワイナリー
キャンプ場18
三重湖公園キャンプ場102 夕張市
栗山公園キャンプ場39 由仁町見立の沢キャンプ場
LAUGH TALE 100
江別市森林キャンプ場
マオイオートランド
78
雨喜
紅櫻アウトドア
ガーデン 19
Another Sky
Camp Field 26
メイプルキャンプ場・
RVパーク35
ART×OUTDOOR VILLAGE栗山 100
古山貯水池自然公園オートキャンプ場
99
市定山渓
の村 14
VILLAGE杜の
贈り物 20
SOTOIKU
FIELD 20
月花廊」
双葉小学校史料館
スツ山はともだち
キャンプ場 51
北広島市
自然の森
キャンプ場
29
30
北広島かえる
キャンプ場
ファミリーパーク追分
キャンプ場113
オートリゾート
滝野16
キャンパーズエリア恵庭
TCS Village33
34
えこりん村
シープシープ
キャンプ場
安平町鹿公園キャンプ場
穂別キャンプ場
国立日高青少年自然の家
からまつキャンプ場134
沙流川オートキャンプ場118
ニセウ・エコランド 129
美笛キャンプ場
38
モラップ37
キャンプ場
フォーエバーキャンピングパラダイス
36
安平町ときわキャンプ場
114
二風谷ファミリーランド
オートキャンプ場130
伊達市
白老キャンプフィールド
ASOBUBA
オートリゾート
苫小牧アルテン106
美々川プライベートキャンプ場
105
コフレキャンプ場
133
白老ぶるさと2000年
ポロトの森キャンプ場
青葉公園
ピクニック広場
39
厚真町大沼野営場
135
ブウベツの森キャンプ場
108
判官館森林公園キャンプ場120
緑のふるさと
温泉の森キャンプ場 125
グランピングガーデン
日高鹿の郷 124
三石海浜公園
オートキャンプ場
122

恵山海浜公園
142

キャンプ場・コテージ
エリアマップ
AREA MAP

※道央には石狩・後志・胆振・日高・空知管内のキャンプ
　場、道南には渡島・檜山管内のキャンプ場、道北には留
　萌・宗谷・上川管内のキャンプ場、オホーツクにはオ
　ホーツク管内のキャンプ場、道東には十勝・釧路・根室
　管内のキャンプ場を掲載しています。
※黒の数字は本文の掲載ページです。

札幌圏内拡大図

33
石狩浜海水浴場
あそびーち石狩

余市アウトドアパーク・
ノボリ67

小樽望洋シャンツェ
オートキャンプ場 39

ウィンケルビレッジ朝里川温泉
オートキャンプ場 62

余市町
ップルよいち

229

余市IC

小樽塩谷IC

後志自動車道

小樽市

小樽IC

銭函IC

337

44

231

クにき

monk
camp
site 66

おたる
自然の村
64

札幌手稲キャンプリゾート
ホリッパ 23

5

新川IC

札幌北IC

海道 仁木町
ールド

36

手稲IC

124

札幌西IC

札幌市

赤井川
"シエル"
キャンプ場 59

393

24
ワンダーランドサッポロ

1

あかいがわ

赤井川村

さっぽろばんけい
22キャンプフィールド

89

82

KAIGAWA
OMO PLAYPARK　18
60　八剣山ワイナリー焚き火キャンプ場

紅櫻アウト
ガーデン

ei Outdoor
プサイト 39

393

39
21晴好雨喜
豊平峡温泉オートキャンプ場

95

230

Another
Camp F

倶知安町

MEMUの森
キャンプ場132

札幌市定山渓
自然の村14

北広島市
自然の森
キャンプ場
29

276

京極スリーユー
パークキャンプ場 66

VILLAGE杜の
贈り物 20

453

117

26
Rusan Village

名水の郷きょうごく

京極町

230

望羊中山

SOTOIKU
FIELD 20

オートリゾ
滝野16

営場

真狩村

喜茂別町

「雪月花廊」

78

キャンパー
TCS Villag

97

真狩フラワーセンター

旧双葉小学校史料館 27

支笏湖

真狩村
ユリ園コテージ
49

66

230ルスツ

ルスツ山はともだちキャンプ場 51

留寿都村

695

276

38
美笛キャンプ場

モラップ
キャンプ

97

230

とうや湖

洞爺水辺の里
財田キャンプ場40

伊達市

洞爺湖町

仲洞爺
キャンプ場45

453

白老キャンプフィールド
ASOBUBA
109

オ
苫

白老町

86

キャンプ場 76

Para-to
Sunset River/
れた小屋
ふじい農場
:5

皆楽公園キャンプ場 82

美唄市

美唄IC

道央自動車道

ファミリーランド
みかさ遊園 133

北村中央公園ふれあい広場
キャンプ場 103

当別町

三笠

三笠IC

湯の元温

桂沢湖

三笠市 104

新篠津村

しのつ公園
キャンプ場 98

いわみざわ公園
キャンプ場

幌向
ダム公園
多目的広場39

かー

の風 道の駅
べつ

しんしのつ

岩見沢IC

岩見沢市

江別市

江別東IC

南幌三重緑地公園キャンプ

三重湖公園キャンプ場102 夕張

南幌町 29

江別市森林キャンプ場

栗山公園キャンプ場39 由仁
LAU

マオイオートランド 78

ART×OUTDOOR

栗山町

北広島市

長沼町

古山貯水池自然公園オートキャン

メイプルキャンプ場・
RVパーク35

由仁町

マオイの丘公園

ファミリーパーク追分
キャンプ場 113

道東

北広島かえる
キャンプ場

花ロードえにわ

恵庭市

千歳東IC

追分町IC

夕張IC

夕張メロード

あびらD51
ステーション 112

リア恵庭 34
えこりん村
シープシープ
キャンプ場

恵庭IC

サーモン
パーク千歳

安平町鹿公園キャンプ場

千歳市

フォーエバーキャンピングパラダイス 36

千歳恵庭JCT

新千歳空港IC

千歳IC

ウトナイ湖

安平町

安平町ときわキャンプ場 114

リゾート
アルテン 106

苫小牧東IC

美々川プライベートキャンプ場 105

厚真町

沼ノ端西IC

日高自動車道

苫小牧中央IC

沼ノ端東IC

苫小牧東IC

厚真IC

厚真町大沼野営場 135

苫小牧西IC

110

苫小牧市

鵡川IC

道央・道東

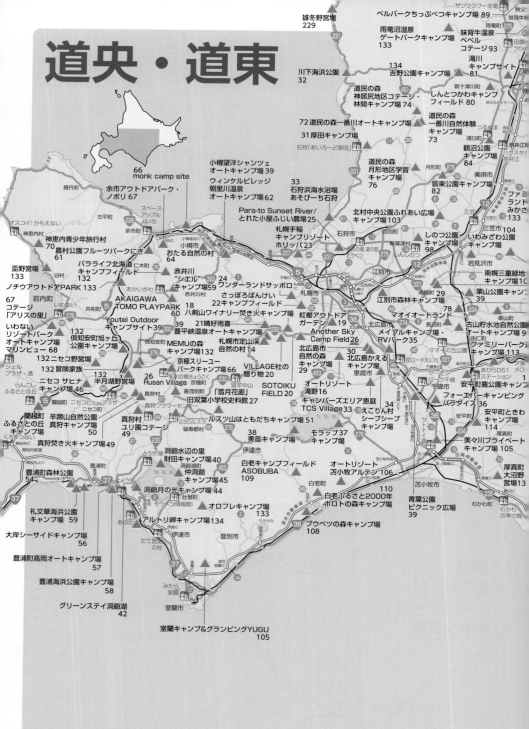

雄冬野営場 229

サンフラワー北竜

ベルパークちっぷべつキャンプ場 89

秩父

妹背牛温泉

雨竜沼湿原
ゲートパークキャンプ場 133

ベベル
コテージ93

滝川
キャンプサイト

川下海浜公園 32

134 吉野公園キャンプ場

道民の森
神居尻地区コテージ・
林間キャンプ場 74

しんとつかわキャンプ
フィールド 80

72 道民の森一番川オートキャンプ場

道民の森
一番川自然体験
キャンプ場 73

31 厚田キャンプ場

石狩「あいろーど厚田」

鶴沼公園
キャンプ場 84

小樽望洋シャンツェ
オートキャンプ場39

道民の森
月形地区学習
キャンプ場 76

皆楽公園キャンプ場
82

ウィンケルビレッジ
朝里川温泉
オートキャンプ場62

33
石狩浜海水浴場
あそびーち石狩

北村中央公園ふれあい広場
キャンプ場103

ファミ
ランド
みかさ
133

Para-to Sunset River/
とれた小屋ふじい農場25

66
monk camp site

余市アウトドアパーク・
ノボリ 67

三笠 104
いわみざわ公園
キャンプ場

しのつ公園
キャンプ場
98

神恵内青少年旅行村
70

農村公園フルーツパークにき
61

赤井川
"シエル"
キャンプ場59

おたる自然の村
64

24
ワンダーランドサッポロ
さっぽろばんけい
22キャンプフィールド

南幌三重緑地
キャンプ場
39

栗山公園キャンプ

盃野営場
133

ノチウアウトドアPARK 133

67
コテージ
「アリスの里」

パラライフ北海道
キャンプフィールド
132

AKAIGAWA
TOMO PLAYPARK
60

18
八剣山ワイナリー焚き火キャンプ場

江別市森林キャンプ場
78

古山貯水池自然公園
オートキャンプ場 9

Youtei Outdoor
キャンプサイト39

21晴好雨喜
豊平峡温泉オートキャンプ場

紅櫻アウトドア
ガーデン

マオイオートランド

マオイの丘公園
ファミリーパーク
キャンプ場113

132
いわない
リゾートパーク
オートキャンプ場
マリンビュー 68

MEMUの森
キャンプ場132

Another Sky
Field 26

メイプルキャンプ場・
RVパーク35

北広島市
自然の森
キャンプ場
29

132ニセコ野営場

京極スリーユー
パークキャンプ場 66

札幌市定山渓
自然の村14

VILLAGE杜の
贈り物 20

あびらエコロジーパーク
オートキャンプ場

安平町鹿公園キャンプ

132 冒険家族

26
Rusan Village

SOTOIKU
FIELD 20

北広島かえる
キャンプ場
恵庭市

フォーエバーキャンピング
パラダイス 36

132
半月湖野営場

ニセコ サヒナ
キャンプ場46

オートリゾート
滝野16

34

安平町ときわ
キャンプ場
114

関越町
ふるさとの丘
キャンプ場

羊蹄山自然公園
真狩キャンプ場
50

真狩村
ユリ園コテージ
49

ルスツ山はともだちキャンプ場 51

キャンバーズエリア恵庭
TCS Village 33

シーブシーブ
キャンプ場

モラップ37
キャンプ場

美々川プライベート
キャンプ場 105

真狩焚き火キャンプ場49

38
美笛キャンプ場

厚真町
大沼野
営場13

豊浦町森林公園
54

洞爺水辺の里
財田キャンプ場40

白老キャンプフィールド
ASOBUBA
109

オートリゾート
苫小牧アルテン106

厚真町
大沼野
営場13

仲洞爺
キャンプ場45

礼文華海浜公園
キャンプ場 59

洞爺月の光キャンプ場44

110
白老ぶらさと2000年
ポロトの森キャンプ場

青葉公園
ピクニック広場
39

大岸シーサイドキャンプ場
56

オロフレキャンプ場
133

ブウベツの森キャンプ場
108

豊浦町高岡オートキャンプ場
57

アルトリ岬キャンプ場134

豊浦海浜公園キャンプ場

グリーンステイ洞爺湖
42

室蘭キャンプ&グランピングYUGU
105

324

深川市
ランド 12
カムイの杜公園 37 キトウシの森 188
キャンプ場 183
186 西神楽公園キャンプ場 ひがしかわ「道草館」 旭川市21世紀の森 184
アグリ工房まあぶコテージ 92 東川町 神楽岡公園少年キャンプ村 186 （ファミリーゾーン）
まあぶオートキャンプ場 90 層雲峡 おんねゆ温泉
まあぶ公園フリーテントサイト 92 アサヒの丘キャンプ場 230 オートキャンプ場 166 つつじ公園キャンプ場
市 180 ひがしかぐら森林公園キャンプ場 237
エルム高原家族旅行村 88 オートキャンプ場フローレ 旭岳青少年野営場 187
エルム高原オートキャンプ場 86
ないチロルの湯 スタープラザ芦別 美瑛町 びえい「丘のくら」
岳ビレッジ 芦別市 びえい「白金ビルケ」
市 千代田の丘キャンプ場 230
道子どもの国 日の出公園 172 上富良野町 国設白金野営場 170
ンプ場 93 オートキャンプ場
滝里湖 中富良野町 白銀荘前キャンプ場 174
オートキャンプ場 星に手のとどく丘 国設ぬかびら野営場 314
94 キャンプ場 178 308
452 富良野市 国設然別峡野営場
230 309 上士幌町航空公園 里見が丘公園キャンプ場
山部自然公園 国設然別湖北岸野営場 キャンプ場 314 316
太陽の里キャンプ場 179 上士幌町 足寄町
元温泉野営場 310 かみしほろ あしょろ観光
133 士幌高原ヌプカの里キャンプ場 ホール21
316 森のキッチンかわい 316 静内キャンプ村・
かなやま湖群キャンプ場 176 サホロ湖キャンプ場 士幌町 義経の里御所
かなやま湖オートキャンプ場 177 うりまく 312
かなやま湖ログホテルラーチ コテージ 175 くったり温泉レイクインキャンプ場 しほろ温泉 本別町
向ダム公園多目的広場 39 308 しかおい ステラ★
夕張市 鹿追町 ほんべつ
三重湖公園キャンプ場 102 新得町 本別 JCT
仁町見立の沢キャンプ場 64
AUGH TALE 100 音更町 ガーデンスパ
RT×OUTDOOR 十勝川温泉
LLAGE栗山 100 十勝まきばの家
オートキャンプ場 十勝エコロジー 299
穂別キャンプ場 116 遊び小屋コニファー パークオートキャンプ場
298 キタラキャンプ 帯広市 幕別町 302
国立日高青少年自然の家 フィールド 298
からまつキャンプ場 134 十勝ワッカの森
沙流川オートキャンプ場 118 キャンプ場 297 茂岩山自然公園 うらほろ
日高町 キャンプ場 298 うらほろ森林公園
ニセウ・エコランド 129 豊頃町 キャンプ場 300
スノーピーク十勝
ポロシリキャンプフィールド
292 長節湖
二風谷ファミリーランド 296 さらべつカントリーパーク キャンプ場 298
オートキャンプ場 130 グランピングリゾート 306
札内川園地キャンプ場 フェーリエンドルフ 晩成温泉キャンプ場
294 中札内村 更別村 316
カムイコタン公園キャンプ場
判官館森林公園キャンプ場 120 304 ナウマン公園キャンプ場 305
サラブレッドロード新冠
緑のふるさと 温泉の森キャンプ場 125 忠類
グランピングガーデン日高鹿の郷 124 大樹町 コスモール大樹
浦河町自然体験実習館 柏陽館 125
三石海浜公園オートキャンプ場 122
広尾町
様似ダムキャンプ場 134
親子岩ふれ愛ビーチキャンプ場 アポイ山麓ファミリー
124 様似町 パークキャンプ場 128
えりも町
百人浜オートキャンプ場
126

日の出岬
キャンプ場 234

なよろ健康の森 228
トムテ文化の森キャンプ場

サンピラーパーク 190
森の休暇村オートキャンプ場

さるる海水浴場 236
キャンプ場

紋別市
紋別ガリヤ地区港湾緑地 238

コムケ国際キャンプ場 239

ふうれん望湖台 192
自然公園キャンプ場

森のなかヨックル 167

西興部森林公園 237
キャンプ場

滝上渓谷公園 263
キャンプ場

かみゆうべつ温泉
チューリップの湯

三里浜キャンプ場 242

つくも水郷公園キャンプ場 202

焚き火キャンプ場士別ペコラ 200

岩尾内湖 201
白樺キャンプ場

五鹿山公園 240
キャンプ場

コムケ国際キャンプ場 239

サロマ湖キムアネップ岬 243
キャンプ場

けんぶち絵本の里 193
家族旅行村

三笠山自然公園キャンプ場 228

グリーンパークぴっぷ 202

とうまスポーツランドキャンプ場 164

きのこの里あいべつ 169
オートキャンプ場

旭川モンゴル村 186
キャンプ場

上川ファミリー 167
オートキャンプ村／
Village kamikawa

白滝高原キャンプ場 246

呼人浦 237
キャンプ場

北見市端野町 237
森と木の里キャンプ場

丸瀬布いこいの森 244
オートキャンプ場

富里湖森林公園 248
キャンプ場

旭川市21世紀の森 184
（ファミリーゾーン）

キトウシの森 188

おんねゆ温泉 237
つつじ公園キャンプ場

北見市

サウスヒルズ 263

美幌みどりの 256
森林公園
キャンプ場

アサヒの丘キャンプ場 230

ひがしかぐら森林公園キャンプ場／ 180
オートキャンプ場フローレ

層雲峡 166
オートキャンプ場

チミケップ湖キャンプ場 263

旭岳青少年野営場 187

千代田の丘キャンプ場 230
びえい「白金ビルケ」

国設白金野営場 170

白銀荘前キャンプ場 174

日の出公園 172
オートキャンプ場

オーロラタウン
93りくべつ

阿寒湖畔キャンプ場 275

オンネトー国設野営場 315

星に手のとどく丘 178
キャンプ場

国設然別峡野営場 308

国設ぬかびら野営場 314

176
かなやま湖畔キャンプ場
177
かなやま湖オートキャンプ場
175
かなやま湖ログホテルラーチ コテージ

国設然別湖北岸野営場 309

上士幌町航空公園 314
キャンプ場

里見が丘公園キャンプ場 316

316
サホロ湖キャンプ場

士幌高原ヌプカの里キャンプ場 310

森のキッチンかわい 316

静山キャンプ村・ 312
義経の里御所

あかんランド丹頂の里 27

国立日高青少年自然の家 134
からまつキャンプ場

沙流川オートキャンプ場 118

くったり温泉レイクインキャンプ場 308

音別町憩いの森キャンプ場 274

オートキャンプ場 298
遊び小屋コニファー

キタラキャンプ 298
フィールド

十勝ワッカの森 297
キャンプ場

十勝まきばの家 299

十勝エコロジー 302
パークオートキャンプ場

茂岩山自然公園 298
キャンプ場

うらほろ森林公園 300
キャンプ場

スノーピーク十勝
ボロシリキャンプフィールド

道北・オホーツク・道東

ノイクサイドパーク・
ひとろ 258
網走市

道立オホーツク公園てんとらんど
オートキャンプ場 260

別湖畔キャンプ場 249
ルヘンの丘めまんべつ

ノンキーランド
ひがしもこと

琴芝桜公園
ンプ場

制21世紀の森
ンプ場 262

るっと
ノラマ

琴湖畔
ャンプフィールド
9

RECAMP摩周
267

オーロラファームヴィレッジ
272

鶴の里CAMP FIELD
273

釧路市山花公園
オートキャンプ場
278

えぞ鹿ファクトリー
キャンプ場 317

クリオネキャンプ場 251
斜里町

はなやか(葉菜野花)小清水

清里オートキャンプ場 254
清里町

パパスランド
さっつる

ハイランド小清水キャンプ場 263

RECAMP砂湯
268

RECAMP和琴
266

摩周の森 272
弟子屈町
摩周温泉

多和平キャンプ場
272

標茶町

塘路元村 317

達古武オートキャンプ場
280

来止臥野営場
272

うとろ・シリエトク

国設知床野営場 252
羅臼町

知床羅臼野遊び
フィールド
317

知床国立公園
羅臼温泉野営場
283
知床・らうす

羅臼オートキャンプ場
282

ウシ空のキャンプ場

317
開陽台

中標津町
緑ヶ丘森林公園
キャンプ場
286

中標津町

虹別オート
キャンプ場 270

標津町

しべつ「海の公園」
オートキャンプ場
284

尾岱沼ふれあい
キャンプ場 288

おだいとう

別海町ふれあいキャンプ広場
287

別海町

明郷 伊藤☆牧場
築拓キャンプ場
317

MO-TTOかぜて

317

根室市

スワン44ねむろ

きりたっぷ岬キャンプ場
290

厚岸グルメパーク

厚岸・筑紫恋キャンプ場
317

浜中町

327

213 久種湖畔キャンプ場
212 礼文島緑ヶ丘公園キャンプ場
礼文町
礼文島

214 利尻島ファミリーキャンプ場「ゆ〜に」
利尻北麓野営場 215
沓形岬公園キャンプ場 175
利尻町森林公園 175
利尻富士町
利尻町
利尻島

わっかない
稚内市
稚内森林公園キャンプ場 210
北海道立宗谷ふれあい公園オートキャンプ場 208

さるふつ公園
さるふつ公園キャンプ場 211
猿払村

兜沼公園キャンプ場・オートキャンプ場 216
豊富町
豊富サロベツIC

浜頓別町
クッチャロ湖畔キャンプ場 はまとんべつ温泉コテージ 206
ウソタンナイ砂金採掘公園 175

ウスタイベ千畳岩キャンプ場 22
枝幸町
はまなす交流広場キャンプ場 22

幌延町ふるさとの森林公園キャンプ場 203
幌延町

中頓別村

マリーンアイランド岡島

てしお
天塩町
鏡沼海浜公園キャンプ場 218

ピンネシリ
ピンネシリオートキャンプ場 204

なかがわ
中川町
中川町オートキャンプ場 ナポートパーク 196

遠別町
遠別川河川公園 229

音威子府村
おといねっぷ
うたのぼり健康回復村ふれあいの森キャンプ 229

えんべつ富士見
天塩川リバーサイドキャンプ場 228

☆ロマン街道しょさんべつ
初山別村
221 初山別村みさき台公園オートキャンプ場
220 初山別村みさき台公園キャンプ場

森林公園びふかアイランド 198
びふか

美深北IC
美深IC

228 なよろ健康の森 トムテ文化の森キャンプ場
サンピラーパ 森の休暇村 オートキャン

(羽幌町)
焼尻島
焼尻島白浜野営場 222

天売島

ほっと♡はぼろ
羽幌町
とままえ夕陽ヶ丘オートキャンプ場 223
風Wとままえ
苫前町

朱鞠内湖畔キャンプ場 194

もち米の里☆なよろ
名寄市
森のなかヨッ

ふうれん望湖台自然公園キャンプ場

202 つくも水郷公園キャンプ場
羊のまち 侍・レベ

焚き火キャンプ場 士別ペコラ 200

おびら鰊番屋
232
小平町

森と湖の里ほろかない

絵本の里けんぷち
けんぷち絵本の里 家族旅行村 193
剣淵町

望洋台キャンプ場 224

ほろかない湖公園キャンプ場 230

和寒町

三笠山自然公園キャンプ場 228
グリーンパークぴっぷ 202

黄金岬キャンプ場 228

春光台公園グリーンスポーツ施設 186
鷹栖町パレットヒルズ 168
ムーンライトキャンピングガーデン 230
比布JCT
比布町
南丘森林公園キャンプ場 192

るもい
留萌IC

増毛リバーサイドパークオートキャンプ場 226
増毛町

沼田町ほたるの里オートキャンプ場 96
沼田町

江丹別若者の郷 182

旭川市
神楽岡公園少年キャンプ村
あさひかわ
旭川モンゴ…キャンプ…186

雄冬野営場 229

229 増毛町暑寒沢野営場

ベルパークちっぷべつキャンプ場 89
秩父別町
サンフラワー北竜

ベルパーク コテージ 93
妹背牛温泉
妹背牛町
深川市

カムイの杜公園キャンプ場 183

キトウシの森186
ひがしかわ
東川町

雨竜沼湿原 133 ゲートパークキャンプ場
雨竜町

道北・オホーツク・道央

雄武町 おうむ

日の出岬
キャンプ場 234

おこっぺ

さるる海水浴場
キャンプ場 236

興部町

にしおこっぺ花夢

西興部村

紋別市
紋別ガリヤ地区港湾緑地
238
オホーツク紋別

西興部森林公園
キャンプ場 237

263
滝上渓谷公園
キャンプ場

滝上町

コムケ国際キャンプ場
239

湧別町

内湖
キャンプ場 201

かみゆうべつ温泉
チューリップの湯

三里浜キャンプ場
242

レイクサイドパーク・
のとろ 258

香りの里たきのうえ

五鹿山公園
キャンプ場
240

道立オホーツク公園
てんとらんど
オートキャンプ場 260

愛ランド湧別

サロマ湖

サロマ湖

サロマ湖キムアネップ岬
キャンプ場
243

237
呼人浦キャンプ場

網走市
流水街道網走

遠軽町

佐呂間町

うまスポーツランド
ンプ場 164

りこの里あいべつ
ートキャンプ場 169

上川町

丸瀬布

遠軽藤野町IC
まるせっぷ

遠軽IC
遠軽
森の
オホーツク

北見市端野町
森と木の里キャンプ場

女満別湖畔キャンプ場 249

メルヘンの丘めまんべつ

上川ファミリー
オートキャンプ村／
Village kamikawa 167

333

旭川紋別自動車道

浮島IC

黒白滝IC

白滝IC

丸瀬布いこいの森
オートキャンプ場
244

富里湖森林公園
キャンプ場 248

ノンキーランド
ひがしもこと

美幌バイパス

市21世紀の森
ァミリーゾーン）

層雲峡
オートキャンプ場 166

白滝高原キャンプ場
246

おんねゆ温泉
つつじ公園キャンプ場
237

北見市

美幌みどりの村
森林公園
キャンプ場
256

東藻琴芝桜公園
キャンプ場 250

ヒの丘キャンプ場

おんねゆ温泉

サウスヒルズ
263

美幌町

ハイランド小清水
キャンプ場
263

津別町

訓子府町

五十音索引

決定版 北海道道の駅ガイド 2023-24
A5変型判、272頁、オールカラー
花岡俊吾著
北海道新聞社から発売中

北海道市町村位置図

オートリゾート滝野(札幌市)

礼文町
利尻富士町
利尻町
稚内市
猿払村
豊富町
浜頓別町
幌延町
中頓別町
天塩町
音威子府村
枝幸
遠別町
中川町
美深町
初山別村
名寄市
天売島
焼尻島
羽幌町
幌加内町
剣淵町
士
苫前町
和寒町
比布町
鷹栖町
当
小平町
深川市
旭川市
留萌市
沼田町
妹背牛町
秩父別町
東神楽
美
増毛町
北竜町
芦別市
上富良
雨竜町
滝川市
歌志内市
新十津川町
砂川市
赤平市
中富良野町
当別町
浦臼町
富良野市
石狩市
月形町
奈井江町
上砂川町
南富良野
積丹町
余市町
新篠津村
美唄市
古平町
新十津川町
岩見沢市
栗山町
占冠村
神恵内村
仁木町
小樽市
江別市
南幌町
由仁町
夕張市
泊村
赤井川村
長沼町
岩内町
共和町
倶知安町
京極町
札幌市
北広島市
むかわ町
寿都町
蘭越町
ニセコ町
喜茂別町
恵庭市
安平町
平取町
島牧村
黒松内町
真狩村
留寿都村
千歳市
厚真町
長万部町
豊浦町
洞爺湖町
苫小牧市
新冠町
せたな町
今金町
壮瞥町
白老町
室蘭市
登別市
伊達市
日高町
新ひ
八雲町
奥尻町
森町
鹿部町
乙部町
七飯町
江差町
厚沢部町
北斗市
函館市
上ノ国町
木古内町
知内町
松前町
福島町

334

鶴沼公園キャンプ場（浦臼町）

興部町
紋別市
滝上町
湧別町
佐呂間町
遠軽町
北見市
網走市
置戸町
訓子府町
美幌町
斜里町
小清水町
大空町
陸別町
津別町
清里町
標津町
足寄町
弟子屈町
中標津町
上士幌町
鶴居村
別海町
士幌町
標茶町
本別町
音更町
白糠町
浜中町
根室市
池田町
釧路町
厚岸町
幕別町
浦幌町
豊頃町
釧路市
更別町
中札内村
大樹町
広尾町
様似町
えりも町

択捉島

国後島

色丹島

歯舞群島

サウスヒルズ（北見市）

あとがき　AFTER WORD

　コロナ禍とともにアウトドアブームが訪れ、民間を中心に多くのキャンプ場が開設された。本書では 300 カ所あまりのキャンプ場を紹介しているが、新たに誕生した施設の取材では、著者である私のほかにアウトドアライターのタカマツミキさんに取材・撮影を手伝っていただいた。この場を借りてお礼を申し上げたい。

　2020 年から「キャンプ場ガイド」の著者となり、キャンプ本を出版するのは 5 回目となったが、本を通して自然豊かな北海道のキャンプフィールドの魅力を発信したいとの思いは変わらない。多彩な環境下で楽しめる四季折々の風を感じていただきたい。

　今回も多くのみなさまの協力によって本書を生み出すことができた。取材に対応してくださったキャンプ場の関係者や、編集担当である北海道新聞社出版センターの五十嵐裕揮さんをはじめとするみなさまに感謝したい。

　本書を片手にあなたのキャンピングライフが一層充実することを願っている。

編集協力　タカマツミキ
　　　　　アフェクション

著者略歴

花岡俊吾（はなおか・しゅんご）
取材・執筆・撮影

　1965 年（昭和 40 年）、恵庭市生まれ。江別市在住。高崎経済大学を卒業後、札幌の広告会社（株）ピーアールセンターに就職し、企業や団体の宣伝活動に従事。2007 年に独立し、現在は取材活動がメイン。著書に「北海道キャンプ場&コテージガイド」「決定版北海道道の駅ガイド」「北海道大人の日帰りスポット」（すべて北海道新聞社）ほか。

　幼少期からの野次馬根性はいまだ完治せず、地図を眺めては、道内各地の行ったことがないところを訪れ、取材している。セイコーマートをこよなく愛す。カラオケと病院は大の苦手。趣味はランニングと登山。体力低下と老眼進行が目下の悩み。

北海道 キャンプ場&コテージガイド 2024-25

2024 年 4 月 21 日初版第 1 刷発行

著　者　花岡俊吾
発行者　惣田　浩
発行所　北海道新聞社
　　　　〒060-8711 札幌市中央区大通西 3 丁目 6
　　　　出版センター　編集　011(210)5742
　　　　　　　　　　　営業　011(210)5744
印　刷　（株）アイワード

ISBN 978-4-86721-128-1

本書の情報は 2024 年 3 月現在の情報です。施設の現況は変わることがありますので、ご承知おきください。